高职高专教育"十二五"规划教材

经 济 数 学

（修订版）

王洪明　　郝春田　　主　编

宋学林　　王跃东　　安伯香

郑希锋　　王小琴　　刘金荣　　副主编

科学出版社

北　京

内 容 简 介

　　本书是在认真总结、分析、吸收全国高职高专院校经济管理类专业经济数学教学改革经验的基础上编写的。本书从高职高专人才培养目标出发，结合经济管理类专业特点，设计了教学内容。在编写中注重理论联系实际，紧密结合专业，适当降低了难度，遵循循序渐进的教学原则，同时，每节精心配置了例题、案例与习题，每章配有综合训练，便于学生对有关知识的掌握与应用。

　　本书的主要内容包括函数、极限与连续、导数与微分、导数的应用、积分学及其应用、线性代数初步、随机事件与概率、随机变量及其数字特征、数理统计初步、数学软件 Mathematica 等。本书加 * 部分是供教师根据专业及课时情况作为选学内容。

　　本书适用于高职高专院校及本科院校经济管理类专业经济数学的教学，也可以作为经济管理人员参考用书。

图书在版编目（CIP）数据

经济数学/王洪明等主编. —北京：科学出版社，2010
　（高职高专教育"十二五"规划教材）
　ISBN 978-7-03-027605-6

　Ⅰ. ① 经… Ⅱ. ① 王… Ⅲ. ① 经济数学—高等学校：技术学校—教材 Ⅳ. ① F224.0

中国版本图书馆 CIP 数据核字（2010）第 089276 号

策划：姜天鹏　李洪旺
责任编辑：王纯刚　隽青龙 / 责任校对：耿　耘
责任印制：吕春珉 / 封面设计：东方人华平面设计部

科 学 出 版 社 出版
北京东黄城根北街 16 号
邮政编码：100717
http://www.sciencep.com

铭浩彩色印装有限公司 印刷
科学出版社发行　各地新华书店经销
*
2011 年 7 月修　订　版　开本：787×1092　1/16
2016 年 9 月第七次印刷　印张：17 1/4
字数：385 000
定价：**33.00 元**
（如有印装质量问题，我社负责调换〈骏杰〉）
销售部电话 010-62140850　编辑部电话 010-62135517-2037

前　言

本书是在充分研究当前高职高专教育现状，认真分析、总结、吸收高职高专院校经济管理类专业经济数学教学教改经验，结合高职高专学生特点和市场人才需求的基础上编写的。本书从高职高专教育人才培养目标出发，充分考虑了高职高专经济管理类专业学生的知识需求和接受能力，以及不同专业或专业方向的要求，精心设计了内容。

本书在编写过程中力求做到条理清晰、通俗易懂，基本内容表述清楚，层次清晰，结构合理，重点突出，例题、习题、案例针对性强，特别注意培养学生用数学概念、方法、思想消化吸收经济概念、经济问题的能力，侧重培养学生将实际问题转化为数学模型的能力，突出了学生数学应用技能的训练与培养。本书取材合适，深度适宜，富有启发性，有利于激发学生的学习兴趣。

本书每节都配有一定数量的习题和案例，每章后面还配有综合训练。这些习题可以帮助学生加深对基本内容的理解，提高学生分析问题的能力，逐步培养学生自学的能力。

本书具有以下特色：

1. 每章均采用目标导学的方法，有利于学生对学习目标的把握；

2. 精选例题、案例和习题，注重结合专业特点，理论联系实际，突出学科之间的交叉性；

3. 特别注重教学概念与经济问题的联系，给出了许多问题的经济解析；

4. 减弱了理论推导与证明，不追求理论上的系统性；

5. 教材内容函盖面广，为不同专业或专业方向提供了更大的选择空间；

6. 本书介绍了数学软件 Mathematica 及应用，有利于培养学生利用计算机及相关数学软件求解数学模型的能力。

本书由王洪明、郝春田主编，宋学林、王跃东、安伯香、郑希锋、王小琴、刘金荣任副主编。其中，第七章由王洪明编写，第四、五、六章由郝春田编写，第二、三章由宋学林编写，第一章由安伯香编写，第八章由郑希锋、王小琴编写，第九章由王跃东、刘金荣编写。由宋立温教授担任本书的主审。

鉴于我们的研究能力和学术水平有限，加之时间仓促，书中难免有疏漏之处，恳切期望读者批评指正，以便进一步修改和完善。

编　者

2010 年 4 月

目　　录

第1章 函 数

学习目标：

- 理解函数的概念，熟练掌握函数定义域和值域的求法，了解分段函数的特点．
- 掌握函数的基本性质和表示方法．
- 熟练掌握六类基本初等函数的概念、表达式、图形和性质．了解复合函数、初等函数的概念和性质，掌握复合函数的分解方法．
- 了解常用经济函数的概念及相关运算，会建立简单的函数关系式．

函数是微积分学的主要研究对象，它的实质是变量之间的对应关系．本章将在中学数学知识的基础上，进一步研究函数的概念与性质，为学习微积分知识打下必要的基础．

1.1 函数的概念

1.1.1 函数的概念

引例1 自由落体运动 设物体下落的时间为 t，下落距离为 s，假定开始下落的时刻 $t = 0$，那么 s 与 t 之间的依赖关系由

$$s = \frac{1}{2}gt^2$$

给出，其中 g 为重力加速度．在这个关系中，距离 s 随着时间 t 的变化而变化．其特点是，当下落的时间 t 取定一个值时，对应的距离 s 的值也就确定了．

引例2 医师用药 医师给儿童用药和成年人不一样，用药量可由儿童的体重来确定．要计算 $1 \sim 12$ 岁的儿童的体重可用经验公式 $y = 2x + 7$，其中 x 代表年龄（岁），y 代表体重（公斤），年龄确定了，相应的体重也就确定了．

上述两个引例的变化过程中，出现的变量不都是独立变化的，而是按照一定的规律相互制约．分析这种变量间的对应关系，可抽象出"函数"的概念．函数的概念在 17 世纪之前一直与公式紧密关联，到了 1837 年，德国数学家狄利克雷（1805 ～ 1859）抽象出了直至今日仍为人们易于接受，并且较为合理的函数概念．函数的定义如下：

定义1 设 x，y 是同一变化过程中的两个变量，若当 x 取其变化范围内任一值时，按照某种对应规则，总能唯一确定变量 y 的一个值与之对应，则称 y 是 x 的函数，记作

$$y = f(x)$$

x 叫做自变量，y 叫做因变量．x 的取值范围叫做函数的定义域，与 x 的值对应的 y 的值的集合叫做函数的值域．

当自变量 x 取数值 x_0 时，因变量 y 按照对应法则 f 所对应的数值，称为函数 $y = f(x)$ 在点 x_0 处的函数值，记作 $y = f(x_0)$.

为区别同一问题中的不同函数关系，可采用不同的函数记号来表示这些函数. 如 $F(x)$、$G(x)$、$g(x)$ 等.

由函数定义可知，当函数的定义域和函数的对应法则确定后，这个函数就完全确定了. 因此，把函数的定义域和对应法则叫做函数的两个要素. 两个函数只有它们的定义域和对应关系完全相同时，这两个函数才是相同的. 而与变量符号无关. 如 $y = |x|$ 与 $z = \sqrt{v^2}$ 就是相同的函数.

例 1.1　设 $f(x) = 2x^2 - 3$，求 $f(-1)$，$f(x_0)$.

解　$f(-1) = 2 \times (1)^2 - 3 = -1$

$f(x_0) = 2 (x_0)^2 - 3 = 2x_0{}^2 - 3$

例 1.2　求函数求函数 $f(x) = \dfrac{x-1}{x^2 + 2x - 3}$ 的定义域.

解　要使分式有意义，必须分母 $x^2 + 2x - 3 \neq 0$，即 $x \neq -3$ 且 $x \neq 1$，所以这个函数的定义域是 $(-\infty, -3) \bigcup (-3, 1) \bigcup (1, +\infty)$.

求函数定义域时应遵守以下原则：

(1) 代数式中分母不能为零；

(2) 偶次根式内表达式非负；

(3) 基本初等函数要满足各自的定义要求；

(4) 对于表示实际问题的解析式，还应保证符合实际意义.

1.1.2　函数的表示

常用的函数表示方法有表格法、图像法、解析法.

(1) 将自变量的值与对应的函数值列成表格以表示函数的方法叫表格法，如三角函数表、对数表及许多的财务报表等.

(2) 用图像来表示自变量值与函数值的关系的方法叫图像法，它的特点是较直观.

(3) 用数学表达式表示自变量和因变量的对应关系的方法叫解析法，如 $y = \sin x$，$y = 2x + 1$ 等，它的特点是便于推理与演算.

以下几种是我们以后常遇到的函数.

1. 分段函数

引例 3　乘座火车时，铁路部门规定：随身携带物品不超过 20 千克免费，超过 20 千克部分，每千克收费 0.2 元，超过 50 千克部分，再加收 50%，应如何计算携带物品所交的费用.

解　设物品的重量为 x，应交费用为 y，则有

$$y = \begin{cases} 0 & x \leqslant 20 \\ 0.2(x-20) & 20 < x \leqslant 50 \\ 0.3(x-50) + 6 & x > 50 \end{cases}$$

对于分段函数，要注意以下几点：

（1）分段函数是由几个公式合起来表示一个函数，而不是几个函数.

（2）分段函数的定义域是各段定义域的并集.

（3）在处理问题时，对属于某一段的自变量就应用该段的表达式.

2. 反函数

定义　如果已知 y 是 x 的函数，$y = f(x)$，则由它所确定的以 y 为自变量，x 为因变量的函数 $x = \varphi(y)$ 就是 $y = f(x)$ 的反函数，而 $y = f(x)$ 称为直接函数.

但习惯上，用 x 表示自变量，用 y 表示因变量，于是把 $y = f(x)$ 的反函数 $x = \varphi(y)$ 写成 $y = \varphi(x)$，并用 $f^{-1}(x)$ 来表示（$y = \varphi(x) = f^{-1}(x)$），即 $y = f(x)$ 的反函数为 $y = f^{-1}(x)$.

函数 $y = f(x)$ 的定义域和值域分别是其反函数 $y = f^{-1}(x)$ 的值域和定义域.

函数 $y = f(x)$ 和它的反函数 $y = f^{-1}(x)$ 的图像关于直线 $y = x$ 对称.

单调函数存在反函数，且函数与其反函数单调性相同.

例 1.3　求函数 $y = x^2$，$x \in [0, +\infty)$ 的反函数.

解　因为函数 $y = x^2$ 在区间 $[0, +\infty)$ 上单调递增，所以存在反函数. 由 $y = x^2$ 解得 $x = \sqrt{y}$，$y \geqslant 0$，于是 $y = x^2$ 的反函数为 $y = \sqrt{x}$，$x \in [0, +\infty)$ 求反函数的步骤是从 $y = f(x)$ 中解出 x，得到 $x = f^{-1}(y)$，再将 x 和 y 互换即可.

例 1.4　求 $y = 2x + 1$ 的反函数.

解　由 $y = 2x + 1$ 得 $x = \dfrac{y-1}{2}$，互换字母 x，y 得所求反函数为 $y = \dfrac{x-1}{2}$.

1.1.3　函数的性质

1. 函数的奇偶性

定义 2　设函数 $y = f(x)$ 的定义域 D 关于原点对称，即 $x \in D \Leftrightarrow -x \in D$，

若 $f(-x) = f(x)$，$x \in D$，则称 $f(x)$ 为偶函数；

若 $f(-x) = -f(x)$，$x \in D$，则称 $f(x)$ 为奇函数.

例如：$y = x^2$，$x \in R$，是偶函数，其图像如图 1-1 所示；$y = x^3$，$x \in R$，是奇函数，其图像如图 1-2 所示.

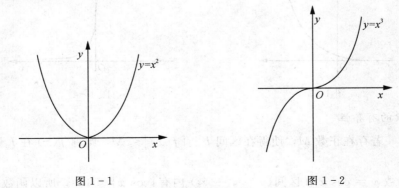

图 1-1　　　　　　　　　　　　　图 1-2

偶函数的图像关于 y 轴对称，奇函数的图像关于原点对称.

两个偶函数之和、差、积、商仍是偶函数，两个奇函数之和、差仍是奇函数，两个奇函数之积、商是偶函数，奇函数与偶函数之积、商是奇函数.

例 1.5　判断下列函数的奇偶性.

(1) $f(x) = x^4 - x^2 + 8$　　　　　　　　(2) $f(x) = \lg(x + \sqrt{x^2 + 1})$

解　(1) 因为 $f(-x) = (-x)^4 - (-x)^2 + 8 = x^4 - x^2 + 8 = f(x)$，即 $f(-x) = f(x)$.

所以 $f(x) = x^4 - x^2 + 8$ 是偶函数.

(2) 因为 $f(-x) = \lg(-x + \sqrt{x^2 + 1})$

所以 $f(-x) + f(x) = \lg(-x + \sqrt{x^2 + 1}) + \lg(x + \sqrt{x^2 + 1})$

$$= \lg(-x + \sqrt{x^2 + 1})(-x + \sqrt{x^2 + 1}) = \lg 1 = 0,$$

即 $f(-x) = -f(x)$.

所以 $f(x) = \lg(x + \sqrt{x^2 + 1})$ 是奇函数.

2. 函数的周期性

定义 3　给定函数 $y = f(x)$, $x \in D$，若存在常数 T 使得 $x \in D \Leftrightarrow x + T \in D$ 且 $f(x + T) = f(x)$, $x \in D$，则称 $f(x)$ 为周期函数，常数 T 称为周期. 满足条件的最小正数 T 称为 $f(x)$ 的最小正周期，通常所说的周期函数的周期是指它的最小正周期. 例 $\sin x$, $\cos x$ 是周期为 2π 的函数, $\tan x$, $\cot x$ 是周期为 π 的函数. 以 T 为周期的函数图像沿 x 轴方向左右平移 T 的整数倍，图像将重合.

3. 函数的单调性

定义 4　若对于区间 I 内任意两点 x_1, x_2，当 $x_1 < x_2$ 时，有 $f(x_1) < f(x_2)$，则称 $f(x)$ 在 I 上单调增加(如图 1-3)，区间 I 称为单调递增区间；若 $f(x_1) > f(x_2)$，则称 $f(x)$ 在 I 上单调减少(如图 1-4)，区间 I 称为单调递减区间.

单调增加与单调减少分别称为递增与递减. 单调递增区间或单调递减区间统称为单调区间.

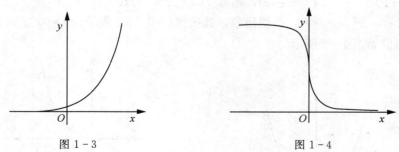

图 1-3　　　　　　　　　　　　　　图 1-4

4. 函数的有界性

定义 5　若存在正数 M，使得在区间 I 上 $|f(x)| \leqslant M$，则称 $f(x)$ 在 I 上有界. 否则称为无界.

例如函数 $y = \cos x$ 在区间 $(-\infty, +\infty)$ 内有 $|\cos x| \leqslant 1$，，所以函数 $y = \cos x$ 在 $(-\infty, +\infty)$ 内是有界的.

习　题　1.1

1. 下列函数是否表示同一函数？为什么？

(1) $f(x) = \lg x^2$，$g(x) = 2\lg x$

(2) $f(x) = x$，$g(x) = \sqrt{x^2}$

(3) $f(x) = \sqrt{1 - \sin^2 x}$，$g(x) = \cos x$

(4) $f(x) = \ln x^3$，$g(x) = 3\ln x$

2. 设 $f(x) = \begin{cases} -(x+1) & x < -1 \\ \sqrt{1+x^2} & -1 \leqslant x < 1 \\ 0 & x \geqslant 1 \end{cases}$，求 $f(-2)$，$f(0)$.

3. 求下列函数的反函数.

(1) $y = \sqrt[3]{x+1}$ 　　　　(2) $f(x) = \begin{cases} x-1 & x < 0 \\ x^2 & x \geqslant 0 \end{cases}$

4. 判断下列函数的奇偶性.

(1) $f(x) = x(x+1)(x-1)$ 　　　(2) $f(x) = x\sin x$

(3) $y = 3^x$ 　　　(4) $y = e^x - e^{-x}$

1.2　初　等　函　数

1.2.1　基本初等函数

常函数：$y = c$（c 为常数）.

幂函数：$y = x^a$（a 为常数）.

指数函数：$y = a^x$（$a > 0$，且 $a \neq 1$，a 为常数）.

对数函数：$y = \log_a x$（$a > 0$，且 $a \neq 1$，a 为常数）.

三角函数：$y = \sin x$，$y = \cos x$，$y = \tan x$，$y = \cot x$.

以上五类函数统称为基本初等函数，为了大家便于复习，现将它们的定义域、值域、图像和性质列表，见表 1.1.

表 1.1

函　数	表　达　式	定义域与值域	图　像	特　性
常函数	$y = c$	$x \in (-\infty, +\infty)$ $y \in \{c\}$		偶函数

续表

函 数	表 达 式	定义域与值域	图 像	特 性
幂函数	$y = x^a$	定义域与值域随 a 的不同而不同		若 $a > 0$，在 $[0, +\infty)$ 内单调增加若 $a < 0$，在 $(0, +\infty)$ 内单调减少
指数函数	$y = a^x$ $a > 0$, $a \neq 1$	$x \in (-\infty, +\infty)$ $y \in (0, +\infty)$		$a > 1$, a^x 单调增加 $0 < a < 1$, a^x 单调减少
对数函数	$y = \log_a x$ $a > 0$, $a \neq 1$	$x \in (0, +\infty)$ $y \in (-\infty, +\infty)$		$a > 1$, $\log_a x$ 单调增加 $0 < a < 1$, $\log_a x$ 单调减少
正弦函数	$y = \sin x$	$x \in (-\infty, +\infty)$ $y \in [-1, 1]$		奇函数，周期 2π，有界
余弦函数	$y = \cos x$	$x \in (-\infty, +\infty)$ $y \in [-1, 1]$		偶函数，周期 2π，有界

续表

函 数	表 达 式	定义域与值域	图 像	特 性
正切函数	$y = \tan x$	$x \neq k\pi + \dfrac{\pi}{2}$ $(k \in \mathbf{Z})$ $y \in (-\infty, +\infty)$	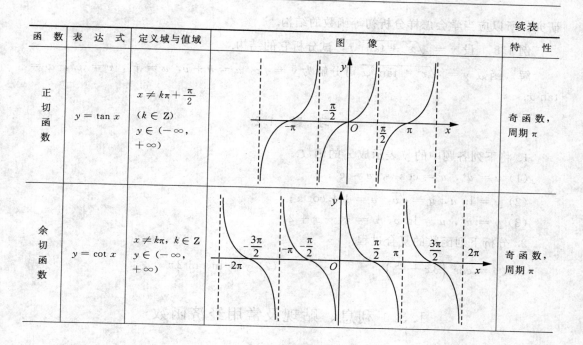	奇函数，周期 π
余切函数	$y = \cot x$	$x \neq k\pi,\ k \in \mathbf{Z}$ $y \in (-\infty, +\infty)$		奇函数，周期 π

1.2.2 复合函数

定义 设 y 是 u 的函数 $y = f(u)$，u 是 x 的函数 $u = \varphi(x)$，如果 $u = \varphi(x)$ 的值域或其部分包含于 $y = f(u)$ 定义域中，则 y 通过中间变量 u 构成 x 的函数，称为 x 的复合函数，记为 $y = f[\varphi(x)]$，其中 x 是自变量，u 是中间变量.

例 1.6 设 $y = 2^u$，$u = \sin x$，则由这两个函数组成的复合函数为 $y = 2^{\sin x}$.

复合函数也可以由两个以上的函数经过复合构成，例如，由函数 $y = \sin u$，$u = e^v$，$v = \tan x$ 复合后可得复合函数 $y = \sin e^{\tan x}$.

例 1.7 函数 $y = \ln e^{x^2}$ 是由哪些基本初等函数复合而成的？

解 设 $u = e^v$，$v = x^2$，则 $y = \ln e^{x^2}$ 是由函数 $y = \ln u$，$u = e^v$，$v = x^2$ 复合而成的复合函数.

1.2.3 初等函数

由基本初等函数经过有限次四则运算和有限次复合运算而得到的，并且能用一个式子表示的函数，称为初等函数.

例如，$f(x) = 2^{x^2+1} + 5\ln^4 x$，$y = \sqrt{1-x^2}$，$y = \sqrt{\cot \dfrac{x}{3}}$ 等都是初等函数. 而 $y = 1 + x + x^2 + x^3 + \cdots$ 不满足有限次运算，$f(x) = \begin{cases} x & x \geqslant 0 \\ -x & x < 0 \end{cases}$ 不是一个解析式子表示，因此都不是初等函数.

一般情况下，把基本初等函数经过有限次四则运算所得到的函数称为简单函数.

在微积分运算中，常把一个初等函数分解为基本初等函数或简单函数的形式进行研究，所以应当学会怎样分析初等函数的结构.

例 1.8　设 $y = \sqrt{x^2 + \tan^2 x}$，试分析它的结构.

解　函数 $y = \sqrt{x^2 + \tan^2 x}$ 可分解为 $y = \sqrt{z}$，$z = u + v$，$u = x^2$，$v = w^2$，$w = \tan x$.

习　题　1.2

1. 将下列各题中的 y 表示成 x 的函数.

(1) $y = u^3$，$u = \cos v$，$v = e^x$；

(2) $y = \ln u$，$u = \sqrt[3]{v}$，$v = 1 + \cot x$；

(3) $y = u^2$，$u = \ln v$，$v = x^2 - x + 2$.

2. 分析下列函数的复合过程.

(1) $y = \cos^2\left(3x + \dfrac{\pi}{4}\right)$　　　　　　　　　(2) $y = \ln \tan 2x$

1.3　利息、贴现及常用经济函数

1.3.1　单利、复利与贴现

利息是指借款者向贷款者支付的报酬，它是根据本金的数额按一定比例计算出来的. 利息分为存款利息、贷款利息、债券利息、贴现利息等几种主要形式.

1. 单利计算公式

设初始本金为 P 元，银行年利率为 r.

第一年末的利息为 $P \cdot r$，本利和为
$$S_1 = P + P \cdot r = P(1 + r)$$

第二年利息不计入本金，即本金为 P，第二年末的利息仍为 $P \cdot r$，本利和为
$$S_2 = P(1 + r) + P \cdot r = P(1 + 2r)$$

依此方法，第 n 年末的本利和 S_n 为
$$S_n = P(1 + n \cdot r) \tag{1.1}$$

这就是以年为期的单利计算公式.

2. 复利计算公式

设初始本金为 P 元，银行年利率为 r.

第一年末的本利和为
$$S_1 = P + P \cdot r = P(1 + r)$$

第二年利息计入本金，第二年末的利息为 $r \cdot P(1 + r)$，本利和为
$$S_2 = P(1 + r) + r \cdot P(1 + r) = P(1 + r)^2$$

依此方法，第 n 年末的本利和 S_n 为
$$S_n = P(1 + r)^n \tag{1.2}$$

这就是以年为期的复利计算公式.

例 1.9 设有初始本金 2000 元，银行年储蓄利率为 4%.

试求：

(1) 按单利计算，3 年末的本利和是多少？

(2) 按复利计算，3 年末的本利和是多少？

解 (1) 本金 $P = 2000$ 元，年利率 $r = 0.04$，存期 3 年，由单利计算公式(1.1)知
$$S_3 = P(1 + n \cdot r) = 2000 \times (1 + 3 \times 0.04) = 2240 (元)$$

(2) 由复利计算公式(1.2)知
$$S_3 = P(1 + r)^n = 2000 \times (1 + 0.04)^3 \approx 2249.73 (元)$$

请大家思考一下，本利和增长一倍所需的时间与本金的多少有无关系？

3. 贴现

债券或其他票据的持有人，为了在票据到期以前获得资金，从票面金额中扣除未到期期间的利息后，得到所余金额的现金，这就是贴现.

假设未来 n 年复利年利率 r 不变，n 年后到期价值 R 的票据现值为 P，则由复利计算公式(1.2)可得
$$P = \frac{R}{(1+r)^n} \tag{1.3}$$

这就是贴现计算公式，R 表示第 n 年后到期的票据金额，r 表示贴现率，P 表示现在进行票据转让时银行付给的贴现金额.

例如，复利年利率为 5%，5 年后到期价值是 1000 元的票据的现值为
$$P = \frac{1000}{(1+0.05)^5} \approx 783.53 (元)$$

1.3.2 需求函数与供给函数

1. 需求函数

一种商品的市场需求量与消费群体的人数、收入、习惯及该商品的价格等诸多因素有关，为简化问题的分析，我们只考虑商品价格对需求量的影响，而其他因素暂时保持某种状态不变，需求量 Q 可以看成价格 P 的一元函数，称为需求函数，记作
$$Q = Q(P)$$

一般地，价格 P 越高，需求量 Q 要下降；价格 P 越低，需求量 Q 要上升，所以需求函数为价格 P 的单调减少函数.

常见需求函数有以下几种类型：

(1) 线性需求函数 $Q = a - bP$，其中 $b \geqslant 0$，$a \geqslant 0$ 均为常数；

(2) 二次需求函数 $Q = a - bP - cP^2$，其中 $a \geqslant 0$，$b \geqslant 0$，$c \geqslant 0$ 均为常数；

(3) 指数需求函数 $Q = ae^{-bq}$，其中 $a \geqslant 0$，$b \geqslant 0$ 均为常数.

需求函数 $Q = Q(P)$ 的反函数就是价格函数，记作 $P = P(Q)$.

2. 供给函数

在市场经济规律作用下，某种商品的市场供给量将依赖于该商品的价格高低，价

格上涨将刺激该商品的供给量增多，供给量 S 可以看成是价格 P 的函数，称为供给函数，记作

$$S = S(P)$$

一般地，供给函数为价格 P 的单调增加函数. 常见的供给函数有线性函数、二次函数、幂函数、指数函数等.

3. 市场均衡

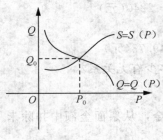

图 1 - 5

需求函数与供给函数可以帮助我们分析市场规律，由于需求函数 Q 是单调减少函数，供给函数 S 是单调增加函数，若把需求与供给曲线画在同一坐标系（如图 1 - 5），它们将相交于一点（P_0，Q_0），这里的 P_0 就是供、需平衡的价格，叫做均衡价格，Q_0 就是均衡数量，此时我们称之为市场均衡.

例 1.10　某种商品的供给函数和需求函数分别是

$$S = 25P - 10, \quad Q = 200 - 5P$$

求该商品的市场均衡价格和市场均衡数量.

解　按市场均衡条件 $Q = S$，即 $25P - 10 = 200 - 5P$，则 $P_0 = 7$，此时 $Q_0 = 200 - 5 \times 7 = 165$，即市场均衡价格为 7，市场均衡数量为 165.

1.3.3　成本、收入和利润函数

在生产和产品经营活动中，成本、收入和利润这些经济变量都与产品的产量或销售量 q 密切相关，它们都可以看成 q 的函数，分别称为总成本函数，记作 $C = C(q)$；收入函数，记作 $R = R(q)$；利润函数，记作 $L = L(q)$.

1. 总成本函数

总成本 C 由固定成本 C_0 和可变成本 C_1 两部分组成. 固定成本 C_0 如厂房、设备、企业管理费等与产量 q 无关. 可变成本 C_1 如原材料费、劳动者工资等随产量 q 的变化而变化，即 $C_1 = C_1(q)$，这样总成本 $C = C_0 + C_1(q)$.

单从总成本无法看出企业生产水平的高低，还要进一步考察单位产品的成本，即平均成本，记作 $\overline{C} = \dfrac{C(q)}{q}$，其中 $C(q)$ 是总成本.

例 1.11　已知某种产品的总成本函数是 $C = 2000 + \dfrac{1}{8}q^2$，求生产 400 件该产品时的总成本和平均成本.

解　总成本　　$C(400) = 2000 + \dfrac{1}{8} 400^2 = 22000$

平均成本　　$\overline{C}(400) = \dfrac{C(400)}{400} = \dfrac{22000}{400} = 55$

2. 收入函数

收入是指销售某种商品所获得的收入，又可分为总收入和平均收入.

设 P 为商品价格，q 为商品的销售量，则有

总收入函数：$R = p \cdot q$

平均收入函数：$\bar{R} = \dfrac{R}{q} = p$

例 1.12 已知某种商品的需求函数是 $q = 400 - 5p$，求该商品的收入函数 R，并求出销售 40 件该商品时的总收入.

解 由需求函数得

$$p = 80 - \frac{q}{5}$$

所以收入函数为

$$R = \left(80 - \frac{q}{5}\right) \cdot q$$

即

$$R = 80q - \frac{1}{5}q^2$$

由此，销售 40 件该商品的总收入 $R = 80 \times 40 - \dfrac{1}{5} \times 40^2 = 2880$.

3. 利润函数

生产一定数量的产品的总收入与总成本之差就是它的总利润，记作

$$L = L(q) = R(q) - C(q)$$

其中 q 为产品数量.

它的平均利润，记作 $\bar{L}$

$$\bar{L} = \bar{L}(q) = \frac{L(q)}{q}$$

例 1.13 已知生产某种商品 q 件时的总成本（单位：万元）为 $C = 8 + 5q + 0.1q^2$，该商品每件售价是 9 万元，试求：

(1) 该商品的利润函数；

(2) 生产 10 件该商品时的总利润和平均利润；

(3) 生产 40 件该商品时的总利润.

解 (1) 按题意，收入函数 $R = 9q$，所以利润为

$$
\begin{aligned}
L &= R - C \\
&= 9q - (8 + 5q + 0.1q^2) \\
&= 4q - 8 - 0.1q^2
\end{aligned}
$$

(2) 生产 10 件该商品时的总利润为

$$L(10) = 4 \times 10 - 8 - 0.1 \times 10^2 = 22 \text{（万元）}$$

此时平均利润为

$$\bar{L}(10) = \frac{L(10)}{10} = \frac{22}{10} = 2.2 \text{（万元）}$$

(3) 生产 40 件该商品时的总利润为

$$L(40) = 4 \times 40 - 8 - 0.1 \times 40^2 = -8 \text{（万元）}$$

从上例看出，利润并不总是随产量的增加而增加，有时产量增加，反而亏损，我们把当某一生产经营既不盈利也不亏本时称为盈亏平衡，满足 $L(q) = 0$ 的点 q_0 称为盈

亏平衡点(或保本点). 盈亏分析常用于企业管理中各种定价或生产决策.

例 1.14 已知某种商品的成本函数为 $C = 12 + 3q + q^2$,销售单价定为 11 元/件,试求该商品的盈亏平衡点,并说明随产量 q 变化时的盈亏情况.

解 该商品的收入函数 $R = 11q$

利润函数 $L(q) = R - C = 8q - 12 - q^2$

由 $L(q) = 0$,得

两个盈亏平衡点 $q_1 = 2$,$q_2 = 6$.

再由利润函数 $L(q) = 8q - 12 - q^2 = -(q-2)(q-6)$,当 $q < 2$ 时,$L < 0$;当 $2 < q < 6$ 时,$L > 0$;当 $q > 6$ 时,$L < 0$,即,当 $q < 2$ 时亏损,当 $2 < q < 6$ 时盈利,当 $q > 6$ 时,又转为亏损.

习 题 1.3

1. 现将 2000 元钱存入银行,单年利率为 6%,5 年后到期的本利和是多少?

2. 如果年利率为复利,现将 300 元存入银行,10 年后到期的本利和是 500 元,那么年利率是多少?

3. 设生产某种商品 x 件时的总成本为

$$C(x) = 100 + 3x + x^2 (万元)$$

若每售出一件该商品的收入是 43 万元,求生产 30 件时的总利润和平均利润.

4. 已知某种商品的成本函数与收入函数分别是 $C = 7 + 2q + q^2$,$R = 10q$,试求:

(1) 该商品的利润函数;

(2) 销售量为 4 时的总利润和平均利润;

(3) 盈亏平衡点,并说明盈亏情况.

本 章 小 结

一、本章主要内容及学习要点

1. 函数的概念

(1) 函数的实质为变量之间的对应关系,函数的自变量与因变量在一定条件下的相互转化,对应法则的实际意义和广泛的外延.

(2) 函数的两要素是定义域与对应法则.

(3) 函数的定义域是指使函数关系有意义的自变量的取值范围.

确定函数定义域方法的常用原则:

① 分母不能为零;

② 偶次根式内必须非负;

③ 对数的底数、真数必须大于零,底数不能等于 1;

④ 基本初等函数各自的定义要求;

⑤ 表达实际应用问题要有实际意义.

(4) 函数的表示方法及特点.

2. 函数的基本性质

(1) 奇偶性.

判定函数的奇偶性, 还可利用奇偶函数的运算性质进行.

① 对于奇函数有 $f(x) + f(-x) = 0$.

② 两个奇(偶) 函数之和, 仍是奇(偶) 函数.

③ 两个奇(偶) 函数之积或商(分母不为零) 是偶函数.

④ 一奇一偶之积或商(分母不为零) 是奇函数.

(2) 单调性.

利用定义常用方法是差比法、分析法、反证法. 对于较复杂的函数要利用后面要讲到的导数判别法.

(3) 周期性.

(4) 有界性.

3. 反函数和复合函数

判断给定函数是否存在反函数的结论是: 严格单调函数必存在反函数, 反函数 $x = f^{-1}(y)$ 与 $y = f(x)$ 在同一直角坐标系下, 它们是同一个图形, 习惯上记为 $y = f^{-1}(x)$, 它与 $y = f(x)$ 的图形关于直线 $y = x$ 对称.

反函数的求法是从 $y = f(x)$ 解出 x 用 y 表达的式子, 然后互换 x 与 y 的位置即可, 对应的定义域与值域互换.

对于复合函数要注意:

① 两个函数复合后定义域的变化.

② 并非任意两个函数都可以进行复合.

③ 特别注意学习将复合函数分解成基本初等函数或简单函数的方法.

4. 基本初等函数与初等函数

要熟记基本初等函数的定义、定义域、图形与特性.

5. 经济函数

(1) 需求函数与供给函数.

(2) 总成本函数.

(3) 收入函数.

(4) 利润函数.

二、重点与难点

1. 重点

函数的概念、定义域求法; 基本初等函数的概念、图形及特性; 复合函数的分解过程; 函数的单调性、有界性与奇偶性; 常见经济函数关系式的建立方法.

2. 难点

函数概念的理解; 复合函数的分解; 经济函数模型的建立.

综合训练

一、填空题

1. 函数 $y = \sqrt{\log_a(\cos x + 2^x)}$ 是由____、____、____复合而成的.

2. 函数 $f(x) = \sqrt{x-2} + \lg(5-x)$ 的定义域是____.

3. 函数 $y = \dfrac{\ln(x+2)}{\sqrt{3-x}}$ 的定义域是____.

4. 设 $f(x) = \begin{cases} 3x+2 & x \leqslant 0 \\ x-2 & x > 0 \end{cases}$，则 $f[f(1)] = $ _____.

5. 函数 $y = \sin^2(3x+1)$ 是由____、____、____复合而成的.

6. 设 $f(x) = x^2 - 1$，则 $f[f(x)] = $ _____.

7. 函数 $y = 1 + \ln x$ 的反函数是_____.

8. 函数 $f(x) = 3\cos x - 1$ 的值域是_____.

9. 设某商品的需求函数是 $Q = 25 - 2P$，供给函数是 $S = 3P - 12$，则该商品的市场均衡价格是_____.

10. 某产品的固定成本为 1000 元，每生产 1 个产品，变动成本为 2 元，则生产该产品 x 单位，总成本函数是_____.

二、选择题

1. 设函数 $f(x) = x^2$，$\varphi(x) = 2^x$，则 $f[\varphi(x)]$ 为（　　）.
   A. 2^{x^2}　　　　　　B. x^{2^x}　　　　　　C. x^{2x}　　　　　　D. 2^{2x}

2. 函数 $y = \sin 2x$ 在 $\left[0, \dfrac{\pi}{2}\right]$ 上的单调性是（　　）.

   A. 单调递增　　　B. 先递增后递减　　C. 单调递减　　　D. 先递减后递增

3. 函数 $f(x) = \ln \dfrac{1-x}{1+x}$ 在其定义域内的奇偶性是（　　）.

   A. 奇函数　　　　　　　　　　　B. 偶函数
   C. 既是奇函数又是偶函数　　　　D. 非奇非偶函数

4. 函数 $y = \log_9 \sqrt{x} + \log_9 3$ 的反函数是（　　）.
   A. $y = 9^{2x-1}$　　　　B. $y = 9x - 1$　　　　C. $y = 3^{2x-1}$　　　　D. $y = 9^{x-1}$

5. 设函数 $f(e^x) = x$，则 $f(10) = $（　　）.
   A. e^{10}　　　　　　B. 10^e　　　　　　C. $\ln 10$　　　　　　D. 1

6. 下列函数中图像关于原点对称的是（　　）.
   A. $y = \dfrac{\sin x}{x}$　　　B. $y = \dfrac{5^x + 5^{-x}}{2}$　　　C. $y = x^3 + \cos x$　　　D. $y = \dfrac{|x|}{x}$

三、计算题

1. 求下列函数的定义域.

(1) $y = \sqrt{x^2 + x - 12}$　　　　　　　(2) $y = \sqrt{\log_3(3^x - 1)}$

2. 设函数 $f(x) = \begin{cases} x + e & x \leqslant 0 \\ e & 0 < x \leqslant 1 \\ -\ln x & 1 < x \leqslant 8 \end{cases}$，求 $f(0)$，$f(x)$ 的定义域.

3. 判断下列函数的奇偶性.

(1) $y = \sqrt{1 - x^2}$　　　(2) $y = x f(x^2)$　　　(3) $y = \ln \dfrac{x-1}{x+1}$　　　(4) $y = \dfrac{2^x - 1}{2^x + 1}$

4. 写出下列函数的复合过程.

(1) $y = e^{\sqrt{x^2 + 1}}$　　　　　　　(2) $y = \ln \sin(5x^2 - 3)$

5. 现将本金 5000 元存入银行，年利率是 6%，求：

(1) 按单利率计算 5 年的本利和；

(2) 按复利计算 5 年末的本利和.

6. 某商品的成本函数和收入函数分别为 $C = 18 - 7q + q^2$ 和 $R = 4q$，求：

(1) 该商品的利润函数；

(2) 销售量为 5 时的总利润；

 阅读材料

国际数学家大会

1897 年元旦，苏黎世联邦工业大学教授闵科夫斯基等 21 位数学家发起召开国际数学家会议. 同年 8 月 8 日，第一次国际数学家大会在瑞士苏黎世召开，会期 3 天，来自 16 个国家的 208 名数学家到会，庞加莱、F. 克莱因等作了报告. 1900 年，第二次国际数学家大会在巴黎举行，在会上希尔伯特发表了著名演说，提出了 23 个问题，为 20 世纪的数学发展揭开了光辉的一页. 此后，国际数学家大会(International Congress of Mathematicians，简称 ICM)每隔 4 年举行一次，除两次世界大战期间外，未曾中断. 现在 ICM 已经成为规模最大，水平最高的全球性数学科学学术会议，平均与会人数达 3000 人左右. 会议邀请的 1 小时大会报告和 45 分钟报告，一般被认为代表了近期数学科学中最大的成果与进展而受到高度重视. 另外每次大会开幕式上同时举行颇具声誉的菲尔兹奖颁奖仪式，更使历届国际数学家界乃至舆论界瞩目的盛事.

历届 ICM 举办地点与时间如下：

瑞士苏黎世(1897)，法国巴黎(1900)，德国海德堡(1904)，意大利罗马(1908)，英国剑桥(1912)，法国斯特拉斯堡(1920)，加拿大多伦多(1924)，意大利波伦亚(1928)，瑞士苏黎世(1932)，挪威奥斯陆(1936)，美国坎布里奇(1950)，荷兰阿姆斯特丹(1954)，英国爱丁堡(1958)，瑞典斯德哥尔摩(1962)，苏联莫斯科(1966)，法国尼斯(1970)，加拿大温哥华(1974)，荷兰赫尔辛基(1978)，波兰华沙(1983)，美国伯克利(1986)，日本京都(1990)，瑞士苏黎世(1994)，德国柏林(1998)，中国北京(2002).

在 1986 年前，华罗庚、陈景润、冯康曾被邀请参加国际数学家大会，但均因中国

代表权问题而未能到会．在此后的历届 ICM 上，都有中国学者到会作 45 分钟报告，
1986 年是吴文俊，1990 年是田刚和林芳华，1994 年是张恭庆、马志明、励建书和李
骏，1998 年是张寿武、阮永斌、夏志宏和侯一钊．2002 年北京大会上，有 20 位数学家
在全体大会上作 1 小时报告，其中有我国的田刚院士和旅美华裔学者肖荫堂、张圣蓉．
此外，在 174 名作 45 分钟报告的数学家中有 11 名中国内地的数学家，8 名中国内地赴
海外的数学家，2 名旅居海外的华裔数学家．

　　在一国举办 ICM 是该国数学发展水平和国际地位的标志．2002 年国际数学家大会
（简称 ICM2002）于 2002 年 8 月 20～28 日在北京举行，取得了圆满成功．来自 104 个
国家和地区的 4157 名数学家到会（其中我国内地数学家 1965 名），是历届 ICM 最多的．
当时的中国国家领导人江泽民、李岚清、温家宝等出席了开幕式，江泽民主席应邀为
本届菲尔兹奖得者颁奖．ICM2002 名誉主席是陈省身，主席是吴文俊，组织委员会主
席是中国数学会理事长马志明．大会期间，约 1300 名数学家作了学术报告，此外还在
会前与会后安排了 46 个卫星会议中国（内地 35 个，香港 3 个，澳门 1 个，台湾 1 个），周
边国家 6 个．为了使公众更好地了解数学，加强数学与社会的联系，大会期间共组织了
四场公众报告（general public talks）．我国首届国家最高科技奖获得者吴文俊院士，诺
贝尔奖获得者、美国普林斯顿大学的纳什教授，美国纽约大学的 Poovey 教授，就数学
的作用和对其他科学乃至对社会的影响等方面作了一场公众报告．世界著名数学家、
英国剑桥大学的霍金（Hawking）教授也做了一场公众报告．这些报告产生了广泛而热
烈的反响．ICM2002 大会取得了巨大的成功，也得到了国际数学界广泛的高度评价．
它将以 21 世纪数学界的首次最高盛会和历史上第一次在发展中国家举办的国际数学家
大会而载入史册．

第2章 极限与连续

 **学习目标：**

- 了解极限的描述性定义，左右极限的定义.
- 掌握极限四则运算法则，熟练使用两个重要极限.
- 了解无穷小的定义及性质，了解无穷小与无穷大的关系，会利用其求极限.
- 理解并会利用无穷小的比较求极限方法.
- 了解函数连续的定义，会判断函数在一点的连续性.
- 了解闭区间上连续函数的性质，会求函数的间断点.

极限是微积分的重要概念之一，它是数学理论研究的重要工具. 本章重点介绍极限的概念、性质和计算方法，在此基础上，进而讨论函数的连续性.

2.1 极 限

2.1.1 数列的极限

1. 极限的概念

设 a_1，a_2，a_3，$\cdots$，a_n，$\cdots$ 是一数列，记为 $\{a_n\}$，今天我们要研究的问题是当项数 n 无限增大时，通项 a_n 的变化趋势是什么. 为此，先看下面三个数列的变化趋势：

(1) $a_n = \dfrac{1}{n}$：1，$\dfrac{1}{2}$，$\dfrac{1}{3}$，$\dfrac{1}{4}$，$\cdots$，$\dfrac{1}{n}$，$\cdots$

(2) $a_n = \dfrac{n-1}{n}$：0，$\dfrac{1}{2}$，$\dfrac{2}{3}$，$\dfrac{3}{4}$，$\cdots$，$\dfrac{n-1}{n}$，$\cdots$

(3) $a_n = \left(-\dfrac{1}{2}\right)^n$：$-\dfrac{1}{2}$，$\dfrac{1}{4}$，$-\dfrac{1}{8}$，$\dfrac{1}{16}$，$\cdots$，$\left(-\dfrac{1}{2}\right)^n$，$\cdots$

为直观起见，我们把这三个数列的前 n 项分别在数轴上表示出来(图 $2-1$，图 $2-2$，图 $2-3$).

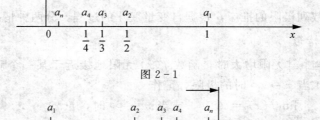

图 $2-1$

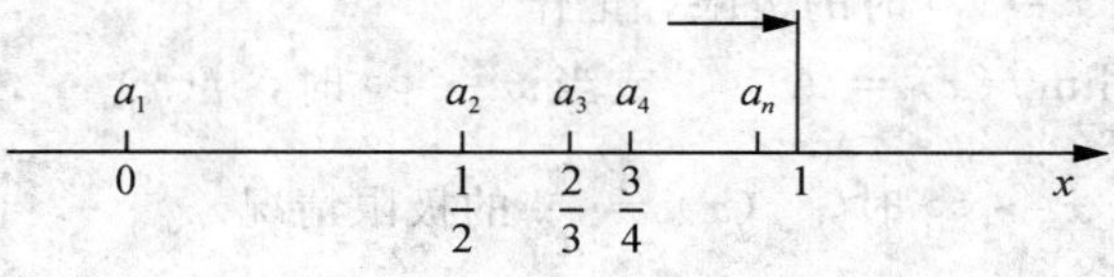

图 $2-2$

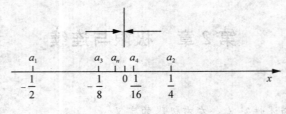

图 2 - 3

可以看出，随着数列项数逐渐增大，它们有着各自的变化趋势．由图 2-1 知，当 n 无限增大时，表示数列 a_n 的点逐渐密集在 $x = 0$ 的右侧；即数列 $\left\{ \dfrac{1}{n} \right\}$ 从 $x = 0$ 的右侧逐渐接近于零；图 2-2 知，当 n 无限增大时，数列 $\left\{ \dfrac{n-1}{n} \right\}$ 从 $x = 1$ 的左侧无限接近于 1；由图 2-3 知，当 n 无限增大时，数列 $\left\{ \left(-\dfrac{1}{2} \right)^n \right\}$ 从 $x = 0$ 的两侧无限接近于零；

由此我们给出如下定义．

定义　设有数列 $\{a_n\}$，当 n 无限增大时，a_n 无限接近于某个确定的常数 A，那么 A 就称为数列 $\{a_n\}$ 的极限，记作

$$\lim_{n \to \infty} a_n = A \qquad \text{或当 } n \to \infty \text{ 时，} a_n \to A$$

此时，也称数列 $\{a_n\}$ 收敛于 A，否则称数列没有极限，或称数列发散．

数列 $\left\{ \dfrac{1}{2^n} \right\}$ 是收敛的，且 $\lim\limits_{n \to \infty} \dfrac{1}{2^n} = 0$．

数列 $\{ (-1)^n \}$ 是发散的．

所谓"当 n 无限增大时，a_n 无限接近于一个确定的常数 A" 意思是：当 n 充分大时，a_n 与常数 A 可以任意靠近，即 $|a_n - A|$ 无限接近于零．

由数列极限定义可知，极限是一个确定的常数，而求极限则是一个过程．

2. 数列极限的性质

性质 1　若数列收敛，则其极限值必唯一．

性质 2　若数列收敛，则它必有界．

性质 3　单调有界数列必有极限．

2.1.2　函数的极限

函数极限是数列极限的推广，根据自变量变化的过程，分两种情况讨论．

1. $x \to \infty$ 的情形

定义　如果当 $|x|$ 无限增大时，函数 $f(x)$ 无限地接近于某一个确定的常数 A，则称 A 为函数 $f(x)$ 当 $x \to \infty$ 时的极限，记作

$$\lim_{x \to \infty} f(x) = A \qquad \text{或当 } x \to \infty \text{ 时，} f(x) \to A$$

例 2.1　判断当 $x \to \infty$ 时，$f(x) = \dfrac{1}{x^2}$ 的极限情况．

解 如图 2-4 为 $f(x) = \dfrac{1}{x^2}$ 的图像，可以看出，当 $|x| \to \infty$，

即 $x \to +\infty$ 和 $x \to -\infty$ 时，图像无限接近于零，所以 $\lim\limits_{x \to \infty} \dfrac{1}{x^2} = 0$.

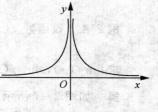

图 2-4

注：① $x \to \infty$ 包含两种情形，即 $x \to +\infty$ 和 $x \to -\infty$.

② 数列极限是函数极限的特例，即函数 $f(n) = a_n$，当 $n \to +\infty$ 时的极限.

③ 当 $x \to +\infty$ 时，函数 $f(x)$ 无限接近于常数 A，则称 A 为 $x \to +\infty$ 时的极限，记 $\lim\limits_{x \to +\infty} f(x) = A$. 同样，当 $x \to -\infty$ 时，函数 $f(x)$ 无限接近于常数 B，则称 B 为 $x \to -\infty$ 时的极限，记为 $\lim\limits_{x \to -\infty} f(x) = B$.

定理 当 $x \to \infty$ 时，函数 $f(x)$ 的极限存在的充分必要条件是当 $x \to +\infty$ 时和 $x \to -\infty$ 时函数 $f(x)$ 的极限都存在而且相等，即

$$\lim_{x \to \infty} f(x) = A \quad \Leftrightarrow \quad \lim_{x \to +\infty} f(x) = \lim_{x \to -\infty} f(x) = A$$

2. $x \to x_0$ 的情形

定义 设函数 $f(x)$ 在 x_0 的左右两侧有定义，如果当 x 无限接近 x_0 时，函数值 $f(x)$ 无限接近于某一确定的常数 A，则称 A 是函数 $f(x)$ 当 $x \to x_0$ 时的极限，记作

$$\lim_{x \to x_0} f(x) = A \quad \text{或当 } x \to x_0 \text{ 时，} f(x) \to A$$

定义 当 x 从 x_0 左侧（或右侧）无限接近于 x_0 时，函数 $f(x)$ 无限地趋于某一确定的常数 A，则称 $x \to x_0^-$（或 $x \to x_0^+$）时，函数 $f(x)$ 的左（右）极限为 A，记作

$$\lim_{x \to x_0^-} f(x) = A \quad (\text{或} \lim_{x \to x_0^+} f(x) = A)$$

例2.2 求当 $x \to 1$ 时，函数 $f(x) = 2x + 1$ 的极限.

解 如图 2-5 所示，当 x 从 1 的左右两侧接近于 1 时，对应的函数值从数值 3 两侧无限接近于 3，因此

$$\lim_{x \to 1} (2x + 1) = 3$$

例2.3 $f(x) = \begin{cases} \dfrac{2(x^2 - 1)}{x - 1} & x \neq 1 \\ 1 & x = 1 \end{cases}$，当 $x \to 1$ 时，函数 $f(x)$ 的极限情况.

解 如图 2-6 所示，当 x 无限接近于 1 时，$f(x)$ 的函数值从数值 4 的两侧无限接近于 4，即 $\lim\limits_{x \to 1} f(x) = 4$.

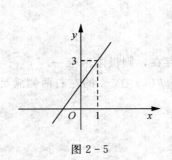

图 2-5

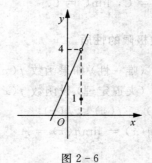

图 2-6

例 2.4 设函数 $f(x) = \begin{cases} x-1 & x < 0 \\ 0 & x = 0 \\ x+1 & x > 0 \end{cases}$,

求 $\lim\limits_{x \to 0^-} f(x)$,$\lim\limits_{x \to 0^+} f(x)$.

解 如图 2-7 所示,当 x 从 0 的右侧接近于 0 时,函数值 $f(x)$ 接近于数值 1,即 $\lim\limits_{x \to 0^+} f(x) = 1$. 当 x 从 0 的左侧接近于 0 时,函数值 $f(x)$ 接近于数值 -1,即 $\lim\limits_{x \to 0^-} f(x) = -1$.

关于函数 $f(x)$ 在一点处极限存在有如下定理.

定理 $\lim\limits_{x \to x_0} f(x) = A \Leftrightarrow \lim\limits_{x \to x_0^-} f(x) = \lim\limits_{x \to x_0^+} f(x) = A$

例 2.5 设函数 $f(x) = \begin{cases} x^2 & -\infty < x < 0 \\ x & 0 < x < +\infty \end{cases}$,问当 $x \to 0$ 时,$f(x)$ 的极限是否存在? 若存在是多少?

解 如图 2-8 所示,当 x 从 0 的左侧接近于 0 时,有 $\lim\limits_{x \to 0^-} x^2 = 0$;当 x 从 0 的右侧接近于 0 时,有 $\lim\limits_{x \to 0^+} x = 0$,根据极限在一点处存在的定理知,函数 $f(x)$ 在 $x \to 0$ 时极限存在,且 $\lim\limits_{x \to 0} f(x) = 0$.

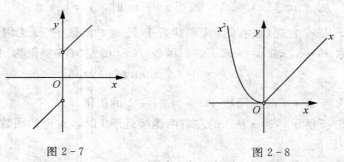

图 2-7   图 2-8

注:① 在讨论函数的极限时,一定离不开自变量的变化趋势.

② $\lim\limits_{x \to x_0} f(x)$ 是否存在和 $f(x)$ 在点 x_0 处是否有定义无关.

③ 可以验证,初等函数在其定义域内每点处的极限都存在,且等于该点处的函数值.

④ 一般地 $\lim\limits_{x \to \infty} \dfrac{1}{x^a} = 0$ $(a > 0)$,$\lim\limits_{x \to -\infty} a^x = 0 (a > 1)$,$\lim\limits_{x \to +\infty} a^x = 0 (0 < a < 1)$,

$\lim\limits_{x \to \infty} C = C$,$\lim\limits_{x \to x_0} C = C$.

2.1.3 函数极限的性质

性质 1 (唯一性) 如果函数 $f(x)$ 的极限存在,则极限值唯一.

性质 2 (夹逼定理) 设函数 $f(x)$,$g(x)$,$h(x)$ 在 x_0 的左右两侧满足条件:

(1) $g(x) \leqslant f(x) \leqslant h(x)$

(2) $\lim\limits_{x \to x_0} g(x) = \lim\limits_{x \to x_0} h(x) = A$

则　$\lim\limits_{x \to x_0} f(x) = A$

2.1.4　函数极限的四则运算法则

定理　如果 $\lim f(x) = A$，$\lim g(x) = B$，则

(1) $\lim [f(x) \pm g(x)] = \lim f(x) \pm \lim g(x) = A \pm B$

(2) $\lim f(x) \cdot g(x) = \lim f(x) \cdot \lim g(x) = A \cdot B$

(3) 当 $B \neq 0$ 时，$\lim \dfrac{f(x)}{g(x)} = \dfrac{\lim f(x)}{\lim g(x)} = \dfrac{A}{B}$

注：① 极限下标没有注明自变量的变化情况，是指在自变量变化趋势相同下的任一情况定理都成立，以后无特别说明，均与此相同.

② 定理中的各自函数极限必须确切存在为常数才成立.

③ 函数的个数可以推广到有限个情况，定理仍成立.

例 2.6　求 $\lim\limits_{x \to 2}(2x^3 - x^2 + 1)$.

解　$\lim\limits_{x \to 2}(2x^3 - x^2 + 1) = \lim\limits_{x \to 2}2x^3 - \lim\limits_{x \to 2}x^2 + \lim\limits_{x \to 2}1 = 2 \times 2^3 - 2^2 + 1 = 13$

例 2.7　求 $\lim\limits_{x \to 1}(x + 1) \cdot (2x + 3)$.

解　$\lim\limits_{x \to 1}(x + 1) \cdot (2x + 3) = \lim\limits_{x \to 1}(x + 1) \cdot \lim\limits_{x \to 1}(2x + 3) = 2 \times 5 = 10$

例 2.8　求 $\lim\limits_{x \to 0} \dfrac{x + 5}{x^2 - 3}$.

解　$\lim\limits_{x \to 0} \dfrac{x + 5}{x^2 - 3} = \dfrac{\lim\limits_{x \to 0}(x + 5)}{\lim\limits_{x \to 0}(x^2 - 3)} = -\dfrac{5}{3}$

习　题　2.1

1. 选择题

(1) 极限 $\lim\limits_{x \to 2}(x^2 + 2x) = ($ 　　$)$.

　　A. 0　　　　　　　B. 1　　　　　　　C. 4　　　　　　　D. 8

(2) 极限 $\lim\limits_{x \to +\infty} e^{-x} = ($ 　　$)$.

　　A. ∞　　　　　　B. 0　　　　　　　C. $-\infty$　　　　　　D. e^{-1}

(3) $\lim\limits_{x \to \infty}\left[1 - \dfrac{1}{2} + \dfrac{1}{4} - \dfrac{1}{8} + \cdots + (-1)^n \dfrac{1}{2^n}\right] = ($ 　　$)$.

　　A. 1　　　　　　　B. 0　　　　　　　C. $\dfrac{2}{3}$　　　　　　D. $\dfrac{3}{2}$

(4) $\lim\limits_{x \to 0} \dfrac{x + 1}{x^2 + x + 2} = ($ 　　$)$.

　　A. 1　　　　　　　B. $\dfrac{1}{2}$　　　　　　C. $\dfrac{1}{3}$　　　　　　D. 0

(5) $\lim\limits_{x \to 1} \dfrac{2x}{x^2 - 1} = ($ 　　$)$.

　　A. 0　　　　　　　B. 1　　　　　　　C. -1　　　　　　D. 不存在

2. 已知函数 $f(x) = \begin{cases} x+1 & x < 3 \\ 0 & x = 3 \\ 2x-3 & x > 3 \end{cases}$ ，讨论在 $x \to 3$ 时，$f(x)$ 的极限是否存在？

3. 设 $f(x) = \begin{cases} x^2-1 & x < 0 \\ x & 0 \leqslant x \leqslant 1 \\ 2-x & 1 < x \leqslant 2 \end{cases}$ ，求 $\lim\limits_{x \to 0} f(x)$，$\lim\limits_{x \to 1} f(x)$.

4. 设 $f(x) = \begin{cases} 3x & -1 < x < 1 \\ a & 1 < x < 2 \end{cases}$ ，且 $\lim\limits_{x \to 1} f(x)$ 存在，求 a 的值.

5. 设 $f(x) = \begin{cases} e^x+1 & x < 0 \\ 2x+b & x > 0 \end{cases}$ ，且 $\lim\limits_{x \to 0} f(x)$ 存在，求 b 的值.

2.2 两个重要极限与无穷小、无穷大

2.2.1 两个重要极限

1. 重要极限 I

$$\lim_{x \to 0} \frac{\sin x}{x} = 1 \qquad \left(\text{或} \lim_{x \to 0} \frac{x}{\sin x} = 1\right)$$

注意，第 I 重要极限形式为 " $\dfrac{0}{0}$ " 形式，为了强调其形式，可形象记为

$$\lim_{\square \to 0} \frac{\sin \square}{\square} = 1 \qquad \left(\lim_{\square \to 0} \frac{\square}{\sin \square} = 1\right) \quad \text{其中方框 } \square \text{ 代表同一变量.}$$

例 2.9   求 $\lim\limits_{x \to 0} \dfrac{\sin 5x}{\sin 2x}$.

解 $\lim\limits_{x \to 0} \dfrac{\sin 5x}{\sin 2x} = \lim\limits_{x \to 0} \left(\dfrac{\sin 5x}{5x} \cdot \dfrac{2x}{\sin 2x} \cdot \dfrac{5}{2}\right) = \dfrac{5}{2}$

例 2.10   求 $\lim\limits_{x \to 0} \dfrac{\tan x}{x}$.

解 $\lim\limits_{x \to 0} \dfrac{\tan x}{x} = \lim\limits_{x \to 0} \dfrac{\dfrac{\sin x}{\cos x}}{x} = \lim\limits_{x \to 0} \dfrac{\sin x}{x} \cdot \dfrac{1}{\cos x} = 1$

例 2.11   求 $\lim\limits_{x \to 0} \dfrac{1-\cos x}{x^2}$.

解 $\lim\limits_{x \to 0} \dfrac{1-\cos x}{x^2} = \lim\limits_{x \to 0} \dfrac{2\sin^2 \dfrac{x}{2}}{x^2} = \lim\limits_{x \to 0} \dfrac{1}{2} \cdot \dfrac{\sin^2 \dfrac{x}{2}}{\left(\dfrac{x}{2}\right)^2} = \dfrac{1}{2}$

例 2.12   求 $\lim\limits_{x \to 2} \dfrac{\sin(x-2)}{x^2-4}$.

解 $\lim\limits_{x \to 2} \dfrac{\sin(x-2)}{x^2-4} = \lim\limits_{x \to 2} \dfrac{\sin(x-2)}{x-2} \cdot \dfrac{1}{x+2} = \dfrac{1}{4}$

例 2.13　设 $\lim\limits_{x \to 0} \dfrac{\sin ax}{x} = 4$，求 a.

解　因为 $\lim\limits_{x \to 0} \dfrac{\sin ax}{x} = \lim\limits_{x \to 0} \dfrac{\sin ax}{ax} \cdot a = a = 4$

所以 $a = 4$.

2. 重要极限 Ⅱ

$$\lim_{x \to 0} (1 + x)^{\frac{1}{x}} = \mathrm{e} \quad \left(\text{或} \lim_{x \to \infty} \left(1 + \frac{1}{x} \right)^{x} = \mathrm{e} \right)$$

重要极限 Ⅱ 的形式是 "1^{∞}" 类型，为了强调其形式，我们也可将它表示为

$\lim\limits_{\square \to 0} (1 + \square)^{\frac{1}{\square}} = \mathrm{e}$ （或 $\lim\limits_{\square \to \infty} \left(1 + \dfrac{1}{\square} \right)^{\square} = \mathrm{e}$），其中方框 $\square$ 表示同一变量.

例 2.14　求 $\lim\limits_{x \to \infty} \left(1 + \dfrac{2}{x} \right)^{x}$.

解　$\lim\limits_{x \to \infty} \left(1 + \dfrac{2}{x} \right)^{x} = \lim\limits_{x \to \infty} \left(1 + \dfrac{2}{x} \right)^{\frac{x}{2} \cdot 2} = \lim\limits_{x \to \infty} \left[\left(1 + \dfrac{2}{x} \right)^{\frac{x}{2}} \right]^{2} = \mathrm{e}^{2}$

例 2.15　求 $\lim\limits_{x \to 0} (1 - 2x)^{\frac{1}{x}}$.

解　$\lim\limits_{x \to 0} (1 - 2x)^{\frac{1}{x}} = \lim\limits_{x \to 0} \left[(1 + (-2x))^{-\frac{1}{2x}} \right]^{-2} = \mathrm{e}^{-2}$

例 2.16　求 $\lim\limits_{x \to \infty} \left(1 - \dfrac{3}{x} \right)^{x+1}$.

解　$\lim\limits_{x \to \infty} \left(1 - \dfrac{3}{x} \right)^{x+1} = \lim\limits_{x \to \infty} \left(1 - \dfrac{3}{x} \right)^{x} \cdot \lim\limits_{x \to \infty} \left(1 - \dfrac{3}{x} \right)$

$$= \lim_{x \to \infty} \left[\left(1 + \dfrac{-3}{x} \right)^{-\frac{x}{3}} \right]^{-3} = \mathrm{e}^{-3}$$

例 2.17　求 $\lim\limits_{x \to 0} \left(\dfrac{1}{1 + x} \right)^{\frac{1}{x}}$.

解　$\lim\limits_{x \to 0} \left(\dfrac{1}{1 + x} \right)^{\frac{1}{x}} = \dfrac{1}{\lim\limits_{x \to 0} (1 + x)^{\frac{1}{x}}} = \dfrac{1}{\mathrm{e}}$

例 2.18　求 $\lim\limits_{x \to \infty} \left(\dfrac{x + 3}{x - 1} \right)^{x}$.

解　$\lim\limits_{x \to \infty} \left(\dfrac{x + 3}{x - 1} \right)^{x} = \lim\limits_{x \to \infty} \left(\dfrac{x - 1 + 4}{x - 1} \right)^{x} = \lim\limits_{x \to \infty} \left(1 + \dfrac{4}{x - 1} \right)^{x}$

$$= \lim_{x \to \infty} \left[\left(1 + \dfrac{4}{x - 1} \right)^{\frac{x-1}{4}} \right]^{4} \cdot \left(1 + \dfrac{4}{x - 1} \right) = \mathrm{e}^{4} \cdot 1 = \mathrm{e}^{4}$$

2.2.2　无穷小量(简称无穷小)

1. 无穷小的定义

定义　以零为极限的变量称为无穷小量，简称无穷小，常用希腊字母 α，β，γ 来表示无穷小. 关于无穷小一定要注意以下几点：

(1) 谈无穷小一定离不开自变量的变化趋势.

(2) 不能把无穷小混同于一个非常小的数，但零是唯一可以作为无穷小的常数，因为 $\lim 0 = 0$.

例 2.19　自变量 x 在怎样的变化过程中，下列函数为无穷小.

(1) $y = \dfrac{1}{x+1}$　　　　(2) $y = x - 1$　　　(3) $y = \mathrm{e}^x$　　　　(4) $y = \left(\dfrac{1}{2}\right)^x$

解

(1) 因为 $\lim\limits_{x\to\infty} \dfrac{1}{x+1} = 0$，所以 $x \to \infty$ 时 $y = \dfrac{1}{x+1}$ 是无穷小.

(2) 因为 $\lim\limits_{x\to 1} (x-1) = 0$，所以 $x \to 1$ 时 $y = x - 1$ 是无穷小.

(3) 因为 $\lim\limits_{x\to-\infty} \mathrm{e}^x = 0$，所以 $x \to -\infty$ 时 $y = \mathrm{e}^x$ 是无穷小.

(4) 因为 $\lim\limits_{x\to+\infty} \left(\dfrac{1}{2}\right)^x = 0$，所以 $x \to +\infty$ 时 $y = \left(\dfrac{1}{2}\right)^x$ 是无穷小.

2. 无穷小的性质

性质 1　有限个无穷小的代数和是无穷小.

性质 2　有界函数与无穷小的乘积是无穷小.

例 2.20　求 $\lim\limits_{x\to 0} x\sin\dfrac{1}{x}$.

解　因为 $\lim\limits_{x\to 0} x = 0$，而 $x \to 0$ 时 $\left|\sin\dfrac{1}{x}\right| \leqslant 1$，即 $\sin\dfrac{1}{x}$ 是有界函数，

所以 $\lim\limits_{x\to 0} x\sin\dfrac{1}{x} = 0$

推论　常数与无穷小的乘积是无穷小.

性质 3　有限个无穷小的积是无穷小.

2.2.3　无穷大量（简称无穷大）

定义　在自变量 x 的某个变化过程中，若相应函数值的绝对值 $|f(x)|$ 无限增大，则称 $f(x)$ 为该自变量变化过程中的无穷大量，简称无穷大，记作 $\lim f(x) = \infty$.

例如，$\dfrac{1}{x}$ 是 $x \to 0$ 时的无穷大，可记为 $\lim\limits_{x\to 0} \dfrac{1}{x} = \infty$. 关于无穷大要注意以下几点.

(1) 谈无穷大不能离开自变量的变化趋势.

(2) 不能将无穷大与非常大的常数混为一谈.

(3) 借用 $\lim f(x) = \infty$，并不表示 $f(x)$ 的极限存在，事实上 $f(x)$ 的极限不存在.

2.2.4　无穷小与无穷大的关系

定理　在自变量的同一个变化过程中，无穷大的倒数是无穷小，除常数零外的无穷小的倒数是无穷大.

例如，当 $x \to 0$ 时，$2x$ 是无穷小，则当 $x \to 0$ 时，$\dfrac{1}{2x}$ 为无穷大.

又例如，当 $x \to \infty$ 时，$x^2 + 2$ 是无穷大，则当 $x \to \infty$ 时，$\dfrac{1}{x^2+2}$ 是无穷小.

2.2.5 无穷小的比较

定义 设 α 和 β 是同一变化过程中的无穷小,即 $\lim\alpha=0$,$\lim\beta=0$.

(1) 如果 $\lim\dfrac{\alpha}{\beta}=0$,则称 α 是 β 的高阶无穷小,记为 $\alpha=0(\beta)$.

(2) 如果 $\lim\dfrac{\alpha}{\beta}=\infty$,则称 α 是 β 的低阶无穷小.

(3) 如果 $\lim\dfrac{\alpha}{\beta}=C(C\neq0)$,则称 α 与 β 是同阶无穷小.

(4) 如果 $\lim\dfrac{\alpha}{\beta}=1$,则称 α 与 β 是等价无穷小.

例如,因为 $\lim\limits_{x\to2}\dfrac{(x-2)^2}{x-2}=0$,所以当 $x\to2$ 时,$(x-2)^2$ 是比 $x-2$ 高阶的无穷小;因为 $\lim\limits_{x\to0}\dfrac{2x^2+x}{x}=1$,所以当 $x\to0$ 时,$2x^2+x$ 与 x 是等价无穷小. 因为 $\lim\limits_{x\to1}\dfrac{x^2-1}{x-1}=2$,所以当 $x\to1$ 时,x^2-1 与 $x-1$ 是同阶无穷小. 另外要注意,并非任意两个无穷小都可以比较,例如 $\lim\limits_{x\to0}\dfrac{x\sin\frac{1}{x}}{x}=\lim\limits_{x\to0}\sin\dfrac{1}{x}$ 不存在.

下面是常用的等价无穷小:当 $x\to0$ 时,$\sin x\sim x$,$\tan x\sim x$,$\ln(1+x)\sim x$,$\mathrm{e}^x-1\sim x$,$1-\cos x\sim\dfrac{1}{2}x^2$,$\arctan x\sim x$.

定理 设 α_1、α_2、β_1、β_2 是同一变化过程中的无穷小,且有 $\alpha_1\sim\alpha_2$,$\beta_1\sim\beta_2$,若 $\lim\dfrac{\beta_2}{\alpha_2}=A$(或无穷大),则

$$\lim\frac{\beta_1}{\alpha_1}=A(\text{或无穷大}).$$

此定理提供了利用等价无穷小替换求极限的依据. 但由定理可知,替换的只能是分子或分母的整体(或对分子、分母的因式进行替换),而对分子、分母中"+","−"号连接的各部分不能替换.

例 2.21 求下列极限:

(1) $\lim\limits_{x\to0}\dfrac{1-\cos x}{3x^2}$; (2) $\lim\limits_{x\to0}\dfrac{\tan5x}{3x}$;

(3) $\lim\limits_{x\to0}\dfrac{\ln(1+x)}{\mathrm{e}^x-1}$; (4) $\lim\limits_{x\to0}\dfrac{\tan x-\sin x}{x^3}$.

解 (1) $\lim\limits_{x\to0}\dfrac{1-\cos x}{3x^2}=\lim\limits_{x\to0}\dfrac{\frac{1}{2}x^2}{3x^2}=\dfrac{1}{6}$.

(2) $\lim\limits_{x\to0}\dfrac{\tan5x}{3x}=\lim\limits_{x\to0}\dfrac{5x}{3x}=\dfrac{5}{3}$.

(3) $\lim\limits_{x\to0}\dfrac{\ln(1+x)}{\mathrm{e}^x-1}=\lim\limits_{x\to0}\dfrac{x}{x}=1$.

(4) $\lim_{x \to 0} \dfrac{\tan x - \sin x}{x^3} = \lim_{x \to 0} \dfrac{\sin x(1 - \cos x)}{x^3 \cos x}$

$\qquad\qquad = \lim_{x \to 0} \dfrac{\sin x}{x} \cdot \dfrac{1 - \cos x}{x^2} \cdot \dfrac{1}{\cos x}$

$\qquad\qquad = \lim_{x \to 0} \dfrac{x}{x} \cdot \dfrac{\frac{1}{2} x^2}{x^2} \cdot \dfrac{1}{\cos x}$

$\qquad\qquad = \dfrac{1}{2}$

注意避免(4)出现 $\lim_{x \to 0} \dfrac{\tan x - \sin x}{x^3} = \lim_{x \to 0} \dfrac{x - x}{x^3} = 0$ 的错误做法.

习 题 2.2

1. 选择题

(1) 下列运算中正确的是( ).

    A. $\lim_{x \to \infty} \dfrac{\sin 3x}{x} = 1$ B. $\lim_{x \to \infty} \dfrac{\sin x}{x} = 1$

    C. $\lim_{x \to \infty} \dfrac{\sin 3x}{x^3} = 1$ D. $\lim_{x \to 0} \dfrac{\sin 3x}{3x} = 1$

(2) 当 $x \to 1^+$ 时，下列运算中为无穷大的有( ).

    A. $3^{\frac{1}{x-1}}$ B. $\dfrac{x^2 - 1}{x - 1}$ C. $\dfrac{1}{x}$ D. $\dfrac{x - 1}{x^2 - 1}$

(3) 当 $x \to 1$ 时，$1 - x$ 是 $\dfrac{1}{3}(1 - x^2)$ 的( ).

    A. 高阶无穷小   B. 低阶无穷小   C. 同阶无穷小   D. 等价无穷小

(4) $\lim_{x \to 0} \dfrac{\sin^3 ax}{x^3}$ (a 为常数) 等于( ).

    A. 0   B. 1   C. a^3 D. $\dfrac{1}{a^3}$

(5) $\lim_{x \to \infty} \left(1 + \dfrac{a}{x}\right)^{bx+d}$ 等于( ).

    A. e   B. e^b C. e^{ab} D. e^{ab+d}

(6) 极限 $\lim_{x \to 0} \dfrac{3x}{\tan 4x} = ($).

    A. 0   B. 3   C. $\dfrac{3}{4}$ D. $\dfrac{4}{3}$

(7) 当 $x \to +\infty$，下列变量中是无穷大的( ).

    A. $\dfrac{1}{x}$ B. $\ln(1 + x)$ C. $\sin x$ D. e^{-x}

(8) $\lim_{x \to 0} \dfrac{\sin 3x}{2x} = ($).

    A. $\dfrac{2}{3}$ B. $\dfrac{3}{2}$ C. 1   D. 0

(9) 极限 $\lim\limits_{x\to 0}\dfrac{\sin x^2}{x^2}=(\qquad)$.

　　A. 1　　　　　　　　B. 0　　　　　　　　C. ∞　　　　　　　　D. 不存在

(10) $\lim\limits_{x\to\infty}\left(1+\dfrac{1}{x}\right)^{x+1}=(\qquad)$.

　　A. $\mathrm{e}+1$　　　　　　B. e　　　　　　C. 1　　　　　　　D. ∞

2. 求下列极限

(1) $\lim\limits_{x\to 0}x^2\sin\dfrac{1}{x^2}$　　　　(2) $\lim\limits_{x\to 1}\dfrac{\sin(x-1)}{x-1}$　　　　(3) $\lim\limits_{x\to\infty}\dfrac{\sin x+\cos x}{x}$

(4) $\lim\limits_{x\to\infty}x\tan\dfrac{1}{x}$

3. 已知 $\lim\limits_{x\to\infty}\left(\dfrac{x+c}{x-c}\right)^x=\mathrm{e}^4$，求 c 的值.

2.3　函数的连续性

　　现实世界中很多变量的变化都是连续不断的，如气温的变化、植物的生长都是连续的变化，这种现象在函数关系上的反映，就是函数的连续性. 函数的连续性是函数的重要性态之一，也是进一步研究函数的微分和积分的基础，函数的连续性在几何上表现为，连续函数的图形是一条连续不断的曲线.

2.3.1　函数连续的定义

　　定义　设 $\Delta x=x-x_0$ 是自变量的增量，$\Delta y=f(x)-f(x_0)$ 是函数的增量，函数 $y=f(x)$ 在 x_0 的左右两侧(含 x_0 点)有定义，当自变量的改变量 Δx 趋于零时，相应的函数改变量 Δy 也趋于零，即 $\lim\limits_{\Delta x\to 0}\Delta y=0$，则称 $y=f(x)$ 在点 x_0 处连续.

　　不难推出，函数连续的等价定义：设函数 $f(x)$ 在 x_0 的左右两侧(含 x_0 点)有定义，如果当 $x\to x_0$ 时，$f(x)$ 趋向于函数值 $f(x_0)$，即 $\lim\limits_{x\to x_0}f(x)=f(x_0)$，则称函数 $y=f(x)$ 在 x_0 点处连续.

　　由此定义可知，函数 $f(x)$ 在点 x_0 处连续必须满足以下 3 个条件：

(1) 函数 $f(x)$ 在 x_0 及其近旁有定义；

(2) $\lim\limits_{x\to x_0}f(x)$ 存在；

(3) $\lim\limits_{x\to x_0}f(x)=f(x_0)$.

　　这三个条件提供了判断函数 $f(x)$ 在 x_0 点是否连续的具体方法；另外，由函数 $f(x)$ 在点 x_0 处连续，一定有 $\lim\limits_{x\to x_0}f(x)=f(x_0)$，为求连续函数的极限提供了便利.

　　若 $\lim\limits_{x\to x_0^-}f(x)=f(x_0)$，称函数 $f(x)$ 在点 x_0 处左连续；若 $\lim\limits_{x\to x_0^+}f(x)=f(x_0)$，称函数 $f(x)$ 在点 x_0 处右连续.

　　由此得到，$f(x)$ 在点 x_0 处连续的充分必要条件是 $f(x)$ 在点 x_0 处既左连续又右连续，此结论是讨论分段函数在分段点是否连续的依据.

在区间上每一点都连续的函数，称为在该区间上的连续函数，或者说函数在该区间上连续，该区间也称为函数的连续区间.

例 2.22　若 $f(x)=x^2$，证明 $y=f(x)$ 在 $x=1$ 处连续.

证明　$\Delta y=f(1+\Delta x)-f(1)=(1+\Delta x)^2-1^2=2\cdot\Delta x+(\Delta x)^2$

而 $\lim\limits_{\Delta x\to 0}\Delta y=\lim\limits_{\Delta x\to 0}[2\cdot\Delta x+(\Delta x)^2]=0$，所以函数 $f(x)=x^2$ 在 $x=1$ 处连续.

例 2.23　设某城市出租车白天的收费(单位：元)y 与路程(单位：km)x 之间的关系为

$$y=f(x)=\begin{cases}5+1.2x & 0<x<7\\13.4+2.1(x-7) & x\geqslant 7\end{cases}$$

讨论函数 $f(x)$ 在 $x=7$ 处是否连续.

解　因为　$\lim\limits_{x\to 7^+}f(x)=\lim\limits_{x\to 7^+}[13.4+2.1(x-7)]=13.4$

$\qquad\qquad\lim\limits_{x\to 7^-}f(x)=\lim\limits_{x\to 7^-}(5+1.2x)=13.4$

所以　$\lim\limits_{x\to 7}f(x)=13.4$

又　因为　$f(7)=13.4$

所以　$\lim\limits_{x\to 7}f(x)=f(7)$

故函数 $f(x)$ 在 $x=7$ 处连续

2.3.2　连续函数的运算

1. 连续函数的四则运算

设函数 $f(x)$，$g(x)$ 在点 x_0 处连续，则有以下性质.

性质 1　$f(x)\pm g(x)$ 在 x_0 处连续.

性质 2　$f(x)\cdot g(x)$ 在 x_0 处连续.

性质 3　若 $g(x_0)\neq 0$，则 $\dfrac{f(x)}{g(x)}$ 在 x_0 处连续.

2. 复合函数的连续性

定理　设函数 $u=g(x)$ 在 $x=x_0$ 处连续，$y=f(u)$ 在 $u_0=g(x_0)$ 处连续，则复合函数 $y=f[g(x)]$ 在 x_0 点处连续.

注：一切初等函数在其定义域内部是连续的.

例 2.24　求 $\lim\limits_{x\to -2}\dfrac{x^3+3x^2+2x}{x^2-x-6}$.

解　原式 $=\lim\limits_{x\to -2}\dfrac{x(x^2+3x+2)}{x^2-x-6}=\lim\limits_{x\to -2}\dfrac{x(x+1)(x+2)}{(x-3)(x+2)}$

$\qquad=\lim\limits_{x\to -2}\dfrac{x(x+1)}{(x-3)}=\dfrac{-2\times(-1)}{-5}=-\dfrac{2}{5}$

例 2.25　求 $\lim\limits_{x\to 2^+}\dfrac{\sqrt{x}-\sqrt{2}}{x-2}$.

解　原式 $=\lim\limits_{x\to 2^+}\dfrac{\sqrt{x}-\sqrt{2}}{(\sqrt{x}+\sqrt{2})(\sqrt{x}-\sqrt{2})}=\lim\limits_{x\to 2^+}\dfrac{1}{(\sqrt{x}+\sqrt{2})}=\dfrac{\sqrt{2}}{4}$

例 2.26 求 $\lim\limits_{x \to 0} \dfrac{\sqrt{x+1}-1}{\sin x}$.

解 原式 $= \lim\limits_{x \to 0} \dfrac{x}{(\sqrt{x+1}+1)\sin x} = \dfrac{1}{2}$

例 2.27 求 $\lim\limits_{x \to 0} \dfrac{\ln(1+2x)}{x}$.

解 原式 $= \lim\limits_{x \to 0} \ln(1+2x)^{\frac{1}{x}} = \ln \lim\limits_{x \to 0} (1+2x)^{\frac{1}{x}}$

$$= \ln \lim\limits_{x \to 0} \left[(1+2x)^{\frac{1}{2x}}\right]^2 = \ln \mathrm{e}^2 = 2$$

在求连续的复合函数极限时,极限符号与函数符号可交换次序,即

$$\lim\limits_{x \to x_0} f[g(x)] = f\left[\lim\limits_{x \to x_0} g(x)\right]$$

2.3.3 闭区间上连续函数的性质

若 $f(x)$ 在闭区间上连续,则有以下性质.

性质 1(有界定理) 若 $f(x)$ 在 $[a,b]$ 上连续,则 $f(x)$ 在 $[a,b]$ 上有界.

性质 2(最值定理) 若 $f(x)$ 在 $[a,b]$ 上连续,则 $f(x)$ 在 $[a,b]$ 上必能取得最大值和最小值.

性质 3(介值定理) 若 $f(x)$ 在 $[a,b]$ 上连续,且最大值和最小值分别为 M 和 m,则对于介于 m 和 M 之间的任意实数 $C(m < C < M)$,必定存在点 $\xi \in (a,b)$,使得 $f(\xi) = C$.

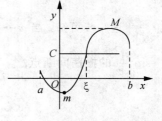

图 2-9

性质 3 的几何意义是:设 $f(x)$ 在 $[a,b]$ 上连续,C 是介于最大值 M 和最小值 m 之间的任一值,则连续曲线 $y = f(x)$ 与水平线 $y = C$ 至少有一个交点(如图 2-9 所示).

2.3.4 函数的间断点

定义 如果函数 $f(x)$ 在 x_0 处不连续,则称点 x_0 为 $f(x)$ 的一个间断点.

根据连续的定义,有下列三种情况之一的点 x_0 即为函数 $f(x)$ 的间断点:

(1) 在点 x_0 处,$f(x)$ 无定义;

(2) 在点 x_0 处,$f(x)$ 的极限不存在;

(3) 在点 x_0 处有定义,且有极限,但 $\lim\limits_{x \to x_0} f(x) \neq f(x_0)$.

函数的间断点分为两类,若函数 $f(x)$ 在间断点 x_0 处的左、右极限都存在,则称 x_0 为 $f(x)$ 的第一类间断点,其他间断点称为第二类间断点.

在第一类间断点中,左、右极限相等的点称为函数的可去间断点;左、右极限不相等的点称为函数的跳跃间断点. 在第二类间断点中,左、右极限至少有一个为无穷大的点称为函数的无穷间断点. 如果在自变量趋于这点时,函数的变化趋势是无限地振荡,则称此点为振荡间断点.

例 2.28 求 $f(x) = \begin{cases} x^2 + 1 & x < 0 \\ x & x \geqslant 0 \end{cases}$ 的间断点.

解　因为　$\lim\limits_{x\to 0^-}f(x)=\lim\limits_{x\to 0^-}(x^2+1)=1$, $\lim\limits_{x\to 0^+}f(x)=\lim\limits_{x\to 0^+}x=0$, 左、右极限存在但不相等.

所以　$x=0$ 为 $f(x)$ 的跳跃间断点.

例 2.29　求 $f(x)=\dfrac{x^2-1}{x-1}$ 的间断点.

解　$f(x)$ 在 $x=1$ 处无定义, 所以 $x=1$ 是 $f(x)$ 的间断点.

而　$\lim\limits_{x\to 1}f(x)=\lim\limits_{x\to 1}\dfrac{x^2-1}{x-1}=\lim\limits_{x\to 1}(x+1)=2$, 所以 $x=1$ 是 $f(x)$ 的可去间断点.

例 2.30　讨论 $f(x)=\dfrac{1}{x}$ 在 $x=0$ 处间断点的类别.

解　因为　$\lim\limits_{x\to 0}f(x)=\lim\limits_{x\to 0}\dfrac{1}{x}=\infty$

所以　$x=0$ 是 $\dfrac{1}{x}$ 的无穷间断点.

例 2.31　讨论 $f(x)=\sin\dfrac{1}{x}$ 间断点的类别.

解　因为　$f(x)=\sin\dfrac{1}{x}$ 在 $x=0$ 处无定义

所以　$x=0$ 是 $f(x)=\sin\dfrac{1}{x}$ 的间断点.

进一步可知, 当 $x\to 0$ 时, $f(x)=\sin\dfrac{1}{x}$ 在 -1 和 1 之间振荡, 所以 $x=0$ 是 $f(x)=\sin\dfrac{1}{x}$ 的振荡间断点.

习　题　2.3

1. 选择题

(1) 极限 $\lim\limits_{x\to\infty}(x-\sqrt{x^2-1})=(\quad)$.

　　A. 0　　　　　　　B. $\dfrac{3}{2}$　　　　　　C. 3　　　　　　D. ∞

(2) 设函数 $f(x)=\begin{cases}\dfrac{\sqrt{x+4}-2}{x} & x\neq 0 \\ k & x=0\end{cases}$ 在点 $x=0$ 处连续, 则 k 等于($\quad$).

　　A. 0　　　　　　　B. $\dfrac{1}{6}$　　　　　　C. $\dfrac{1}{4}$　　　　　D. 2

(3) 函数 $f(x)$ 在点 x_0 处的左右极限存在且相等, 则它是函数 $f(x)$ 在 x_0 处连续的($\quad$).

　　A. 充分不必要条件　　　　　　B. 必要不充分条件

　　C. 充分必要条件　　　　　　　D. 既不充分也不必要条件

(4) 函数 $f(x)$ 在点 x_0 处有定义是函数 $f(x)$ 在 x_0 处连续的($\quad$).

　　A. 必要不充分条件　　　　　　B. 充分不必要条件

　　C. 充分必要条件　　　　　　　D. 既不充分也不必要条件

(5) 函数 $y = \dfrac{\sqrt{x-3}}{(x+1)(x+2)}$ 的连续区间是(　　).

　　A. $(-\infty, -2), (-2, -1), (-1, +\infty)$

　　B. $[3, +\infty)$

　　C. $(-\infty, -2), (-2, +\infty)$

　　D. $(-\infty, -1), (-1, +\infty)$

2. 设函数 $f(x) = \begin{cases} x+3 & x \leqslant 0 \\ x^2 + a & 0 < x \leqslant 1 \\ bx & x \geqslant 1 \end{cases}$，在 $(-\infty, +\infty)$ 内连续，求 a, b 的值.

3. 求下列各题的极限.

(1) $\lim\limits_{x \to +\infty} x(\sqrt{x^2+1} - x)$ 　　　　　(2) $\lim\limits_{x \to 1^+} \dfrac{x - \sqrt{x}}{\sqrt{x} - 1}$

(3) $\lim\limits_{x \to \frac{\pi}{2}} \lg \sin x$ 　　　　　(4) $\lim\limits_{x \to +\infty} x[\ln(1+x) - \ln x]$

4. 求函数 $f(x) = \dfrac{x^3 + 3x^2 - x - 3}{x^2 + x - 6}$ 的连续区间，并求极限 $\lim\limits_{x \to 0} f(x)$，$\lim\limits_{x \to -3} f(x)$.

5. 求下列函数的间断点并说明类型.

(1) $f(x) = \dfrac{x^2 - 1}{x^2 - 3x + 2}$ 　　　　　(2) $f(x) = \dfrac{1}{x^2 - 1}$

(3) $f(x) = \dfrac{x^2 - 4}{x - 2}$ 　　　　　(4) $f(x) = \begin{cases} \dfrac{x^2 - 1}{x + 1} & x \neq -1 \\ 0 & x = -1 \end{cases}$

本 章 小 结

一、本章主要内容及学习要点

1. 极限的概念

(1) 极限是指描述在给定过程中函数变化的趋势. 极限存在是一个确定的常数.

(2) 极限存在的充要条件是左极限等于右极限.

(3) 函数在某一点极限存在与否与这一点有无定义无关.

(4) 参与四则运算的每个函数的极限都要存在，作商时，还要分母的极限不为零.

2. 无穷小与无穷大的概念

(1) 无穷大的倒数是无穷小，非零无穷小的倒数是无穷大.

(2) 不要将无穷小与无穷大理解成非常小的数和非常大的数，它们都是在给定过程中函数的一种变化趋势.

3. 连续的概念

函数在一点连续有三个要素，缺一不可.

(1) $f(x)$ 在点 x_0 处有定义.

(2) $\lim\limits_{x \to x_0} f(x)$ 存在.

(3) $\lim\limits_{x \to x_0} f(x) = f(x_0)$.

4. 函数的间断点及其类型的判定

函数 $f(x)$ 在点 x_0 间断, 是指满足下列三个条件之一.

(1) 函数 $f(x)$ 在 x_0 无定义.

(2) 函数 $f(x)$ 在 x_0 极限不存在.

(3) 函数 $f(x)$ 在 x_0 的极限值不等于函数值 $f(x_0)$.

函数的间断点分类如下:

$$
\text{间断点} \begin{cases} \text{第一类间断点} \\ \text{(左、右极限存在)} \\ \\ \text{第二类间断点} \\ \text{(左、右极限至少一侧不存在)} \end{cases} \begin{cases} \text{可去间断点} \\ \text{(左、右极限相等)} \\ \text{跳跃间断点} \\ \text{(左、右极限不相等)} \\ \\ \text{无穷间断点} \\ \text{(极限不存在为无穷大)} \\ \text{振荡间断点} \\ \text{(极限不存在, 且不是无穷大)} \end{cases}
$$

5. 极限的计算方法

计算极限主要有以下方法.

(1) 利用极限的定义来观察, 并求出极限.

(2) 利用极限的四则运算法则.

(3) 两个重要极限.

$$\lim\limits_{x \to 0} \frac{\sin x}{x} = 1 \qquad \lim\limits_{x \to 0} (1+x)^{\frac{1}{x}} = \mathrm{e}$$

(4) 利用函数的连续性.

如果已知函数 $f(x)$ 在点 x_0 处连续, 则可直接求 $f(x_0)$ 来替换 $\lim\limits_{x \to x_0} f(x)$.

(5) 利用无穷小的运算性质.

(6) 恒等变形.

(7) 无穷小与无穷大的关系.

(8) 利用有理分式极限的结论, 当 $x \to \infty$ 时, 若 $a_0 \neq 0$, $b_0 \neq 0$, 则

$$\lim\limits_{x \to \infty} \frac{a_0 x^n + a_1 x^{n-1} + \cdots + a_n}{b_0 x^m + b_1 x^{m-1} + \cdots + b_m} = \begin{cases} 0 & n < m \\ \dfrac{a_0}{b_0} & n = m \\ \infty & n > m \end{cases}$$

(9) 利用等价无穷小代换, 例如, 当 $x \to 0$ 时, $\sin x \sim x$, $\tan x \sim x$, $\ln(1+x) \sim x$,

$\arctan x \sim x$，$e^x - 1 \sim x$ 等，但在因式加减运算中不能替换，只能在乘除运算中应用.

6. 求函数连续区间的方法

（1）求初等函数的连续区间，就是求初等函数的定义域.

（2）对于分段函数的连续区间，除了考察每一段内函数连续性外（往往是初等函数），主要判断分段点处的连续性.

（3）判断分段函数在分界点 x_0 处的连续性的方法为：先研究在 x_0 处 $f(x)$ 的左、右极限情况，再用函数在一点连续的定义判断.

由于函数的连续性与间断是两个相互对立的概念，因此讨论函数的连续区间等价于求出函数的所有间断点.

二、重点与难点

1. 重点

函数极限的描述性定义，函数在一点处连续的概念，初等函数的连续性，函数极限的四则运算法则，两个重要极限的理解与应用；极限的求法.

2. 难点

极限与连续的概念的理解，无穷小，无穷大，无穷小之间的比较；判断分段函数在分界点处的极限与连续性.

综 合 训 练

一、填空题

1. $\lim\limits_{x \to 0} \dfrac{x^2 \sin \dfrac{1}{x}}{\sin x} = $ _____.

2. $\lim\limits_{x \to 1} \left(\dfrac{1}{x-1} - \dfrac{2}{x^2-1} \right) = $ _____.

3. $\lim\limits_{n \to \infty} \dfrac{an^2 + 3n - 2}{(n-1)^2} = 3$ 则，$a = $ _____.

4. 当 $x \to 1$ 时，$1 - x$ 是 $\dfrac{1}{2}(1 - x^2)$ 的_____无穷小.

5. 若 $x \to 0$ 时，$f(x)$ 是比 x^2 高阶的无穷小量，那么，$\lim\limits_{x \to 0} \dfrac{f(x)}{\sin^2 x} = $ _____.

6. 要使函数 $f(x) = \dfrac{x^2 - 3x + 2}{x - 2}$ 在 $x = 2$ 处连续，应在 $x = 2$ 处补充定义 $f(2) = $ _____.

7. $f(x) = \sqrt{x^2 - 3x + 2}$ 的连续区间是_____.

8. $x = 0$ 是 $f(x) = \dfrac{\sin x}{x}$ 的_____间断点.

9. 若 $\lim\limits_{x \to \infty} \varphi(x) = a$（$a$ 为常数），则 $\lim\limits_{x \to \infty} e^{\varphi(x)} = $ _____.

10. 设 $f(x) = \dfrac{\sin x}{x^2 - 2}$，则 $f(x)$ 的第二类间断点的个数为_____.

二、选择题

1. 下列极限存在的是（   ）.

   A. $\lim\limits_{x \to \infty} \dfrac{x^2}{x^2 - 1}$ B. $\lim\limits_{x \to 0} \dfrac{1}{2^x - 1}$ C. $\lim\limits_{x \to \infty} \sin x$ D. $\lim\limits_{x \to 0} e^{\frac{1}{x}}$

2. 下列变量在给定变化过程中为无穷小量的是（   ）.

   A. $2^x - 1 \ (x \to 0)$ B. $\dfrac{\sin x}{x} \ (x \to 0)$

   C. $\dfrac{1}{(x-1)^2} \ (x \to 1)$ D. $2^{-x} \ (x \to 1)$

3. $\lim\limits_{\Delta x \to 0} \dfrac{(x + \Delta x)^2 - x^2}{\Delta x} = ($ $)$.

   A. x B. $2x$ C. $3x$ D. $4x$

4. 为使函数 $f(x) = \begin{cases} 2x & x < 1 \\ a & x \geq 1 \end{cases}$ 在 $x = 1$ 处连续，应取 $a = ($ $)$.

   A. 2   B. 1   C. 0   D. -1

5. 当 $x \to 0$ 时，$3x^2$ 是 $3x$ 的（   ）.

   A. 同阶无穷小   B. 等价无穷小   C. 低阶无穷小   D. 高阶无穷小

6. 函数 $f(x) = \dfrac{x^2 - 4}{x - 1}$ 的间断点 $x = ($ $)$.

   A. -1   B. 2   C. -2   D. 1

7. 若 $\lim\limits_{x \to 0} \dfrac{f(x)}{x^2} = 2$，则 $\lim\limits_{x \to 0} \dfrac{f(x)}{1 - \cos x} = ($ $)$.

   A. 2   B. 4   C. 1   D. 0

8. 极限 $\lim\limits_{n \to \infty} \left(\dfrac{n - 3}{2n - 1} \right)^2 = ($ $)$.

   A. 0   B. $\dfrac{1}{4}$ C. $\dfrac{1}{2}$ D. ∞

9. 设 $f(x) = \begin{cases} x^2 + 1 & x \leq 0 \\ 2x & x > 0 \end{cases}$，则 $f\left[\lim\limits_{x \to -1} f(x)\right] = ($ $)$.

   A. 0   B. 2   C. 4   D. 5

10. 下列式子不成立的是（   ）.

   A. $\lim\limits_{n \to \infty} \left(1 + \dfrac{1}{n} \right)^{n+1} = e$ B. $\lim\limits_{n \to \infty} \left(1 - \dfrac{2}{n} \right)^{\frac{n}{2} - 3} = e^{-1}$

   C. $\lim\limits_{n \to \infty} \left(1 + \dfrac{2}{n} \right)^{2n} = e^4$ D. $\lim\limits_{n \to \infty} \left(1 - \dfrac{2}{n^2} \right)^{n^2} = e^2$

三、计算题

1. 设 $\lim\limits_{x \to \infty} \left(1 + \dfrac{2}{x} \right)^{kx} = e^{-4}$，求 k.

2. 求 $\lim\limits_{x \to 0} \left(\dfrac{1}{1+3x} \right)^{\frac{1}{2x}}$.

3. 设 $\lim\limits_{x \to \infty} \left(\dfrac{x-k}{x} \right)^{-2x} = \dfrac{1}{2}$，求 k.

4. 设 $f(x) = \begin{cases} \dfrac{\sin x}{x} & x < 0 \\ a & x = 0 \\ \sqrt{1-x^2} & x > 0 \end{cases}$，在 $x = 0$ 处连续，求 a 的值.

5. 设 $f(x) = \begin{cases} x+1 & x \leqslant 1 \\ 6x-4 & x > 1 \end{cases}$，试讨论 $f(x)$ 在 $x = 1$ 处的连续性，写出 $f(x)$ 的连续区间.

6. 求 $\lim\limits_{x \to \infty} \dfrac{(5x-3)^{30}\,(5x+2)^{20}}{(5x+1)^{50}}$.

7. 求 $\lim\limits_{x \to 0} \dfrac{x - \tan x}{x + \tan x}$.

8. 求函数 $f(x) = \dfrac{1}{\sqrt{x^2-1}}$ 的连续区间.

 阅读材料

连续复利问题

下面关于在银行存取货币的问题的讨论，不完全符合实际情况，只不过是一种简单的理想情形。假设银行按照复利计算利息，即储户将钱存入银行后，每到一定周期，银行将本带利一起算作新的本金继续转存，重新计算利息。假定按利息计算复利，银行存款的年利率为 r，现在（$t=0$）将货币 A 存入银行，每年一次计算复利，则 t（年）以后的将来值（即 t 年以后本利总和）等于 $A(t) = A_0\,(1+r)^t$.

假定一年 n 次计算复利（$\dfrac{1}{n}$ 年计算一次利息），则每一次计算的利率为 $\dfrac{r}{n}$，那么 t 年以后的将来值（t 年中共计算复利 nt 次）为 $A(t) = A_0\,(1+\dfrac{r}{n})^{nt}$. 如果计算复利的周期趋向于零（每年计算复利的次数趋向于无穷），就称为连续复利计算利息，t 年以后的将来值就是

$$A(t) = \lim_{n \to \infty} A_0 \left(1 + \frac{r}{n}\right)^{nt} = A_0 e^{rt}.$$

第 3 章 导数与微分

 **学习目标：**

- 理解导数的概念，导数的几何意义，会求曲线的切线方程，了解可导与连续的关系.
- 了解左右导数的概念，了解可导的充要条件.
- 熟练掌握导数基本公式，四则运算法则，复合函数求导法则.
- 会求二阶导数以及较简单函数的 n 阶导数.
- 了解微分概念，掌握求微分的方法.

本章将在函数极限的基础上，从实际问题出发引入导数与微分的概念，并由此建立一整套的微分公式和法则，从而系统地解决初等函数的求导问题.

3.1 导数的概念

我们在解决实际问题时，除了需要了解变量之间的函数关系外，有时还要研究变量变化快慢的程度. 例如城市人口增长的速度、国民经济发展的速度、劳动生产率等，所有这些问题在数量关系上都归结为函数的变化率，即导数. 本节将以速度问题和切线问题作为实际背景来建立导数概念.

3.1.1 两个引例

1. 变速直线运动的瞬时速度

设一物体做变速直线运动，其运动方程（路程 s 与时间 t 之间的函数关系）为 $s = s(t)$，求该物体在 t_0 时刻的瞬时速度.

当时间由 t_0 变到 $t_0 + \Delta t$ 时，物体经过的路程为

$$\Delta s = s(t_0 + \Delta t) - s(t_0)$$

从 t_0 到 $t_0 + \Delta t$ 这一段时间的平均速度 $\bar{v}$ 表示为

$$\bar{v} = \frac{\Delta s}{\Delta t} = \frac{s(t_0 + \Delta t) - s(t_0)}{\Delta t}$$

当 Δt 很小时，可以用 $\bar{v}$ 近似表示为物体在 t_0 时刻的瞬时速度，Δt 越小，$\bar{v}$ 就越接近物体在 t_0 时刻的瞬时速度. 而 t_0 时刻的瞬时速度即为平均速度当 $\Delta t \to 0$ 的极限，即

$$v\big|_{t=t_0} = \lim_{\Delta t \to 0} \frac{\Delta s}{\Delta t} = \lim_{\Delta t \to 0} \frac{s(t_0 + \Delta t) - s(t_0)}{\Delta t}$$

2. 切线的斜率

设曲线 L 的方程为 $y = f(x)$，求此曲线上点 M 处切线的斜率 k（图 3-1）

设 M、N 是曲线 L 上的任意两个定点，作直线 MN，称 MN 为曲线 L 的割线，当点

N 沿曲线 L 趋于定点 M 时，割线 MN 趋于极限位置 MT，称 MT 为曲线 L 在点 M 处的切线.

下面求切线 MT 的斜率 k. 设点 M 的坐标为 $(x_0,\ f(x_0))$，点 N 的坐标为 $(x_0 + \Delta x,\ f(x_0 + \Delta x))$，割线 MN 对 x 轴的倾角为 φ，切线 MT 对 x 轴的倾角为 α，割线 MN 的斜率为

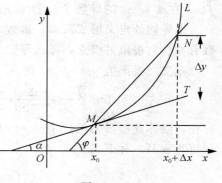

图 3 - 1

$$\tan \varphi = \frac{\Delta y}{\Delta x} = \frac{f(x_0 + \Delta x) - f(x_0)}{\Delta x}$$

当 $\Delta x \to 0$ 时，点 N 就沿曲线 L 趋于点 M，此时割线 MN 就随之趋于它的极限位置 MT，所以当 $\Delta x \to 0$ 时，若 $\tan \varphi = \dfrac{\Delta y}{\Delta x}$ 的极限存在，则定义此极限值为曲线 L 在点 M 处的切线 MT 的斜率 k，即

$$k = \tan \alpha = \lim_{\Delta x \to 0} \frac{\Delta y}{\Delta x} = \lim_{\Delta x \to 0} \frac{f(x_0 + \Delta x) - f(x_0)}{\Delta x}$$

上面两个问题一个是物理问题，一个是几何问题，虽然它们的具体意义各不相同，但从数学结构上看，却具有完全相同的形式：函数的增量与自变量的增量之比，当自变量的增量趋于零时的极限，这种形式的极限在自然科学和工程技术领域内还有许多概念，如电流强度、加速度、线密度等都可以归结为这种形式，我们撇开这些量的具体意义，抓住它们在数量关系上的共性，就得到了函数导数的概念.

3.1.2　导数的定义

定义　设函数 $y = f(x)$ 在点 x_0 及近旁有定义，当自变量 x 在 x_0 处取得增量 Δx 时，相应的函数 y 取得增量 $\Delta y = f(x_0 + \Delta x) - f(x_0)$；如果极限

$$\lim_{\Delta x \to 0} \frac{\Delta y}{\Delta x} = \lim_{\Delta x \to 0} \frac{f(x_0 + \Delta x) - f(x_0)}{\Delta x}\ \text{存在}，$$

则称函数 $y = f(x)$ 在点 x_0 处可导，并称这个极限值为函数 $y = f(x)$ 在点 x_0 处的导数，记作：$f'(x_0)$，$y'\big|_{x=x_0}$，$\dfrac{\mathrm{d}y}{\mathrm{d}x}\Big|_{x=x_0}$，$\dfrac{\mathrm{d}f}{\mathrm{d}x}\Big|_{x=x_0}$.

如果极限不存在，则称函数 $y = f(x)$ 在点 x_0 处不可导.

有了导数这个概念，前面两个引例中的问题可以重述如下。

(1) 变速直线运动在时刻 t_0 的瞬时速度，就是路程 s 在 t_0 处对时间 t 的导数，即

$$v\big|_{t=t_0} = \frac{\mathrm{d}s}{\mathrm{d}t}\Big|_{t=t_0} = s'(t_0)$$

(2) 平面曲线的切线斜率是曲线纵坐标 y 在该点对横坐标 x 的导数，即

$$k = \tan \alpha = \frac{\mathrm{d}y}{\mathrm{d}x}\Big|_{x=x_0} = f'(x_0)$$

若函数 $y = f(x)$ 在开区间 I 内的每一点均可导，就称 $y = f(x)$ 在 I 内可导，此时，若 $\forall x \in I$，就有唯一导数值 $f'(x)$ 与之对应，这样就构造了一个新的函数，称之为函数 $y = f(x)$ 在 I 内的导函数（或简称导数），记为 y'，$f'(x)$，$\dfrac{\mathrm{d}y}{\mathrm{d}x}$，由此可知，函数 $y =$

$f(x)$ 在 $x = x_0$ 的导数 $f'(x_0)$ 就是其导函数 $f'(x)$ 在点 x_0 处的函数值.

由导数的定义形式可知，函数的导数实际上是一种特殊形式的函数极限，既然函数有左、右极限的概念，那么导数也将有左、右导数的概念.

定义 设函数 $y = f(x)$ 在 x_0 点及左侧（右侧）有定义，若极限

$$\lim_{\Delta x \to 0^-} \frac{\Delta y}{\Delta x} = \lim_{\Delta x \to 0^-} \frac{f(x_0 + \Delta x) - f(x_0)}{\Delta x} \left(\lim_{\Delta x \to 0^+} \frac{\Delta y}{\Delta x} = \lim_{\Delta x \to 0^+} \frac{f(x_0 + \Delta x) - f(x_0)}{\Delta x} \right)$$

存在，则称此极限为函数 $y = f(x)$ 在点 x_0 处的左（右）导数，记作 $f'_-(x_0)(f'_+(x_0))$，也可写成另一种形式

$$f'_-(x_0) = \lim_{x \to x_0^-} \frac{f(x) - f(x_0)}{x - x_0}$$

$$f'_+(x_0) = \lim_{x \to x_0^+} \frac{f(x) - f(x_0)}{x - x_0}$$

定理 函数 $y = f(x)$ 在 x_0 点可导的充分必要条件是它在这一点处的左、右导数存在且相等.

左右导数的定义及定理主要用于判断闭区间的左右端点的可导性及分段函数分界点处的可导性.

例 3.1 讨论 $f(x) = \begin{cases} e^{2x} & x < 0 \\ \sin 2x + 1 & x \geqslant 0 \end{cases}$ 在 $x = 0$ 处的导数.

解 因为 $f(0) = 1$，所以有

$$f'_-(0) = \lim_{x \to 0^-} \frac{f(x) - f(0)}{x - 0} = \lim_{x \to 0^-} \frac{e^{2x} - 1}{x} = \lim_{x \to 0^-} \frac{2x}{x} = 2$$

$$f'_+(0) = \lim_{x \to 0^+} \frac{f(x) - f(0)}{x - 0} = \lim_{x \to 0^+} \frac{(\sin 2x + 1) - 1}{x} = \lim_{x \to 0^+} \frac{2\sin 2x}{2x} = 2$$

即 $f'_-(0) = f'_+(0)$，则 $f(x)$ 在 $x = 0$ 处可导.

3.1.3 利用定义求导数

根据导数的定义求导数，可归纳为以下三个步骤（俗称求导三步曲）.

（1）当自变量 x 在 x_0 处取得增量 Δx 时，求函数 y 相应的增量 $\Delta y = f(x_0 + \Delta x) - f(x_0)$.

（2）求两个增量的比值.

$$\frac{\Delta y}{\Delta x} = \frac{f(x_0 + \Delta x) - f(x_0)}{\Delta x}$$

（3）求当 $\Delta x \to 0$ 时，$\frac{\Delta y}{\Delta x}$ 的极限，即

$$y' = \lim_{\Delta x \to 0} \frac{\Delta y}{\Delta x}$$

例 3.2 求常数函数 $y = C$ 的导数.

解 （1）求增量：因为 $y = C$ 不论 x 取什么值，y 的值总等于 C，所以 $\Delta y = c - c = 0$.

（2）算比值：$\frac{\Delta y}{\Delta x} = 0$

(3) 取极限：$y' = \lim\limits_{\Delta x \to 0} \dfrac{\Delta y}{\Delta x} = 0$

即常数函数的导数等于零.

例 3.3　求函数 $y = x^2$ 的导数，并求 $y'|_{x=1}$.

解　(1) 求增量：$\Delta y = (x + \Delta x)^2 - x^2 = 2x\Delta x + (\Delta x)^2$

(2) 算比值：$\dfrac{\Delta y}{\Delta x} = \dfrac{2x\Delta x + (\Delta x)^2}{\Delta x} = 2x + \Delta x$

(3) 取极限：$y' = \lim\limits_{\Delta x \to 0} \dfrac{\Delta y}{\Delta x} = \lim\limits_{\Delta x \to 0}(2x + \Delta x) = 2x$

即　　$(x^2)' = 2x$

所以　$y'|_{x=1} = (2x)|_{x=1} = 2 \times 1 = 2$

例 3.4　求 $f(x) = x^n$（n 为正整数）在 $x = a$ 点的导数.

解　(1) 求增量：$\Delta y = f(x) - f(a) = x^n - a^n$

(2) 算比值：$\dfrac{\Delta y}{\Delta x} = \dfrac{f(x) - f(a)}{x - a} = \dfrac{x^n - a^n}{x - a}$

(3) 取极限：$\lim\limits_{x \to a} \dfrac{\Delta y}{\Delta x} = \lim\limits_{x \to a} \dfrac{x^n - a^n}{x - a}$

$$= \lim\limits_{x \to a}(x^{n-1} + ax^{n-2} + \cdots + a^{n-2}x + a^{n-1}) = na^{n-1}$$

即　$f'(a) = na^{n-1}$

若将 a 视为任一点，并用 x 取代 a，即得

$$f'(x) = (x^n)' = nx^{n-1}$$

更一般地，$(x^u)' = ux^{u-1}$

例 3.5　求函数 $f(x) = \sin x$ 的导数.

解　(1) 求增量：$\Delta y = f(x + \Delta x) - f(x) = \sin(x + \Delta x) - \sin x$

$$= 2\cos\left(x + \frac{\Delta x}{2}\right)\sin\frac{\Delta x}{2}$$

(2) 算比值：$\dfrac{\Delta y}{\Delta x} = \dfrac{2\cos\left(x + \dfrac{\Delta x}{2}\right)\sin\dfrac{\Delta x}{2}}{\Delta x}$

(3) 取极限：$\lim\limits_{\Delta x \to 0} \dfrac{\Delta y}{\Delta x} = \lim\limits_{\Delta x \to 0} \dfrac{2\cos\left(x + \dfrac{\Delta x}{2}\right)\sin\dfrac{\Delta x}{2}}{\Delta x}$

$$= \lim\limits_{\Delta x \to 0} \dfrac{\cos\left(x + \dfrac{\Delta x}{2}\right)\sin\dfrac{\Delta x}{2}}{\dfrac{\Delta x}{2}} = \cos x$$

所以　$(\sin x)' = \cos x$

同理可得　$(\cos x)' = -\sin x$

例 3.6　求 $f(x) = \log_a x$（$a > 0$，$a \neq 1$）的导数.

解　(1) 求增量：$\Delta y = \log_a(x + \Delta x) - \log_a x$

$$= \log_a \frac{x + \Delta x}{x} = \log_a\left(1 + \frac{\Delta x}{x}\right)$$

（2）算比值：$\dfrac{\Delta y}{\Delta x} = \dfrac{\log_a\left(1 + \dfrac{\Delta x}{x}\right)}{\Delta x} = \dfrac{1}{\Delta x}\log_a\left(1 + \dfrac{\Delta x}{x}\right)$

$\qquad\qquad\qquad = \log_a\left(1 + \dfrac{\Delta x}{x}\right)^{\frac{1}{\Delta x}}$

（3）取极限：$\lim\limits_{\Delta x \to 0}\dfrac{\Delta y}{\Delta x} = \lim\limits_{\Delta x \to 0}\log_a\left(1 + \dfrac{\Delta x}{x}\right)^{\frac{1}{\Delta x}}$

$\qquad\qquad = \lim\limits_{\Delta x \to 0}\log_a\left[\left(1 + \dfrac{\Delta x}{x}\right)^{\frac{x}{\Delta x}}\right]^{\frac{1}{x}} = \lim\limits_{\Delta x \to 0}\dfrac{1}{x}\log_a\left(1 + \dfrac{\Delta x}{x}\right)^{\frac{x}{\Delta x}}$

$\qquad\qquad = \dfrac{1}{x}\log_a e = \dfrac{1}{x\ln a}$

即

$$(\log_a x)' = \dfrac{1}{x\ln a} \quad 特别地 \quad (\ln x)' = \dfrac{1}{x}$$

3.1.4 导数的几何意义

由引例 2 及导数的定义可知，函数 $y = f(x)$ 在 x_0 处的导数 $f'(x_0)$ 就是该曲线在 x_0 点处的切线斜率 k，从而得到曲线 $y = f(x)$ 在点 x_0 处的切线方程为

$$y - y_0 = f'(x_0)(x - x_0)$$

法线方程为

$$y - y_0 = -\dfrac{1}{f'(x_0)}(x - x_0)$$

但要注意函数在某一点导数不存在不等于它对应的曲线在该点无切线，如曲线在某点的切线垂直于 x 轴，而函数在这一点却不可导.

例 3.7 求曲线 $y = x^2$ 在点 $(1，1)$ 处的切线和法线方程.

解 因为 $y' = (x^2)' = 2x$，由导数的几何意义知，曲线 $y = x^2$ 在点 $(1，1)$ 处的切线斜率为

$$y'\big|_{x=1} = (2x)\big|_{x=1} = 2$$

所以，所求切线方程为 $y - 1 = 2(x - 1)$ 即 $y = 2x - 1$.

法线方程为 $y - 1 = -\dfrac{1}{2}(x - 1)$，即 $y = -\dfrac{1}{2}x + \dfrac{3}{2}$.

3.1.5 导数的经济应用

某产品的总成本函数是 $C = C(q)$，q 是产品的产量，当产量由 q_0 变到 $q_0 + \Delta q$ 时，总成本相应的改变量为

$$\Delta c = f(q_0 + \Delta q) - f(q_0)$$

则总成本的变化率为

$$\dfrac{\Delta c}{\Delta q} = \dfrac{f(q_0 + \Delta q) - f(q_0)}{\Delta q}$$

当 $\Delta q \to 0$ 时，极限 $\lim\limits_{\Delta q \to 0}\dfrac{\Delta c}{\Delta q} = \lim\limits_{\Delta q \to 0}\dfrac{f(q_0 + \Delta q) - f(q_0)}{\Delta q}$ 是产量为 q_0 时的总成本的变

化率，又称边际成本．

同样收入函数 $R = R(q)$ 的导数 $R' = R'(q)$ 称为边际收入；利润函数 $L = L(q)$ 的导数 $L' = L'(q)$ 称为边际利润．

3.1.6　可导与连续的关系

定理　如果函数在点 x_0 处可导，则在该点处必连续．

注意：本定理的逆定理不成立，即连续未必可导．

例如，函数 $y = |x| = \begin{cases} x & x \geqslant 0 \\ -x & x < 0 \end{cases}$ 在 $x = 0$ 处连续，但却不可导，因为

$$\Delta y = f(0 + \Delta x) - f(0) = |\Delta x|$$

所以 $\lim\limits_{\Delta x \to 0} \Delta y = \lim\limits_{\Delta x \to 0} |\Delta x| = 0$．

即 $y = |x|$ 在 x_0 处连续，但该函数在 $x = 0$ 处的左导数是

$$f'_-(0) = \lim_{\Delta x \to 0^-} \frac{\Delta y}{\Delta x} = \lim_{\Delta x \to 0^-} \frac{|\Delta x|}{\Delta x} = \lim_{\Delta x \to 0^-} \frac{-\Delta x}{\Delta x} = -1$$

而右导数是

$$f'_+(0) = \lim_{\Delta x \to 0^+} \frac{\Delta y}{\Delta x} = \lim_{\Delta x \to 0^+} \frac{|\Delta x|}{\Delta x} = \lim_{\Delta x \to 0^+} \frac{\Delta x}{\Delta x} = 1$$

左右导数不相等，故函数在该点不可导，所以连续是可导的必要而非充分条件．

习　题　3.1

1. 用函数 $f(x)$ 在 x_0 的导数 $f'(x_0)$ 表示下列极限．

(1) $\lim\limits_{\Delta x \to 0} \dfrac{f(x_0 + 2\Delta x) - f(x_0)}{\Delta x}$
　　　　(2) $\lim\limits_{\Delta x \to 0} \dfrac{f(x_0 - \Delta x) - f(x_0)}{2\Delta x}$

(3) $\lim\limits_{\Delta x \to 0} \dfrac{f(x_0 + \Delta x) - f(x_0 - \Delta x)}{\Delta x}$
　　　　(4) $\lim\limits_{x \to x_0} \dfrac{f(x_0) - f(x)}{x - x_0}$

2. 用导数的定义求下列函数的导数．

(1) $y = ax + b$　$(a \neq 0)$　　　(2) $y = \dfrac{1}{x}$　　　(3) $y = e^x$　　　(4) $y = \cos x$

3. 利用基本公式 $(x^u)' = ux^{u-1}$，求下列函数的导数．

(1) $y = x^e$　　　　　　　　　　(2) $y = x^{-\frac{1}{3}}$　　　(3) $y = \dfrac{\sqrt{x}}{\sqrt[3]{x}}$

4. 求曲线 $y = \ln x$ 在 $(1，0)$ 点处的切线与法线方程．

5. 求曲线 $y = x^2$ 在 $(3，9)$ 处的切线方程．

3.2　求 导 法 则

前面我们根据导数的定义，求出了一些简单函数的导数，但是对于一些较复杂的函数，按照定义来求它们的导数往往很困难，所以在实际计算中，人们多利用导数的基本公式和求导法则来求已知函数的导数．本节我们由导数的四则运算法则和复合函

数的求导法则，导出基本初等函数的求导公式，然后建立起一些特殊的求导方法，如反函数求导法，对数求导法，隐函数求导法，参数方程求导法等.

3.2.1　函数的和、差、积、商求导法则

定理　若函数 $u(x)$ 与 $v(x)$ 在点 x 处可导，则

(1) 函数 $u(x)\pm v(x)$ 在点 x 处可导，且 $[u(x)\pm v(x)]'=u'(x)\pm v'(x)$；

(2) 函数 $u(x)\cdot v(x)$ 在点 x 处可导，且 $[u(x)\cdot v(x)]'=u'(x)v(x)+u(x)v'(x)$；

(3) 特别对任意常数 C，有 $[Cu(x)]'=Cu'(x)$；

(4) 若 $v(x)\neq 0$，函数 $\dfrac{u(x)}{v(x)}$ 在点 x 处可导，且 $\left[\dfrac{u(x)}{v(x)}\right]'=\dfrac{u'(x)v(x)-u(x)v'(x)}{v^2(x)}$

其中法则(1)、(2)可推广到有限个函数的情形，下面只给出法则(1)的证明.

证　设 $f(x)=u(x)\pm v(x)$

$$f'(x)=\lim_{\Delta x\to 0}\frac{f(x+\Delta x)-f(x)}{\Delta x}$$
$$=\lim_{\Delta x\to 0}\frac{[u(x+\Delta x)\pm v(x+\Delta x)-(u(x)\pm v(x))]}{\Delta x}$$
$$=\lim_{\Delta x\to 0}\left[\frac{u(x+\Delta x)-u(x)}{\Delta x}\pm\frac{v(x+\Delta x)-v(x)}{\Delta x}\right]$$
$$=u'(x)\pm v'(x)$$

则　$[u(x)\pm v(x)]'=u'(x)\pm v'(x)$

例 3.8　求 $y=\sin x+x^2$ 的导数.

解　$y'=(\sin x+x^2)'$
$$=(\sin x)'+(x^2)'$$
$$=\cos x+2x$$

例 3.9　设 $y=x^3-\cos x+\ln x+\sin 5$，求 y'.

解　$y'=(x^3-\cos x+\ln x+\sin 5)'$
$$=(x^3)'-(\cos x)'+(\ln x)'+(\sin 5)'$$
$$=3x^2+\sin x+\frac{1}{x}$$

例 3.10　求 $y=\sin 2x$ 的导数.

解　因为　$y=\sin 2x=2\sin x\cos x$

所以　$y'=2(\sin x)'\cos x+2\sin x(\cos x)'$
$$=2[\cos^2 x-\sin^2 x]$$
$$=2\cos 2x$$

例 3.11　已知 $y=(x^2+1)(\sin x-1)$，求 y'.

解　$y'=[(x^2+1)(\sin x-1)]'$
$$=(x^2+1)'(\sin x-1)+(x^2+1)(\sin x-1)'$$
$$=2x(\sin x-1)+(x^2+1)\cos x$$

例 3.12　求 $y=\tan x$ 的导数.

解　$y' = (\tan x)' = \left(\dfrac{\sin x}{\cos x}\right)'$

$\qquad = \dfrac{(\sin x)' \cos x - (\cos x)' \sin x}{\cos^2 x} = \dfrac{\cos^2 x + \sin^2 x}{\cos^2 x}$

$\qquad = \dfrac{1}{\cos^2 x} = \sec^2 x$

同理可得：$(\cot x)' = -\csc^2 x$.

例 3.13　求 $y = \sec x$ 的导数.

解　$y' = (\sec x)' = \left(\dfrac{1}{\cos x}\right)'$

$\qquad = \dfrac{-(\cos x)'}{\cos^2 x} = \dfrac{\sin x}{\cos^2 x}$

$\qquad = \tan x \cdot \sec x$

同理可得：$(\csc x)' = -\cot x \cdot \csc x$.

可得法则(4)的推论，当 $f(x)$ 可导，且 $f(x) \neq 0$，$\left[\dfrac{1}{f(x)}\right]' = \dfrac{-f'(x)}{f^2(x)}$.

例 3.14　求 $y = \dfrac{x+1}{x-1}$ 的导数.

解　$y' = \left(\dfrac{x+1}{x-1}\right)' = \dfrac{(x+1)'(x-1) - (x-1)'(x+1)}{(x-1)^2}$

$\qquad = \dfrac{(x-1) - (x+1)}{(x-1)^2} = \dfrac{-2}{(x-1)^2}$

例 3.15　求 $y = 3x^5 + x\tan x + \dfrac{\cos x}{x}$ 的导数.

解　$y' = (3x^5)' + (x\tan x)' + \left(\dfrac{\cos x}{x}\right)'$

$\qquad = 15x^4 + x'\tan x + x(\tan x)' + \dfrac{x(\cos x)' - x'\cos x}{x^2}$

$\qquad = 15x^4 + \tan x + x\sec^2 x - \dfrac{x\sin x + \cos x}{x^2}$

3.2.2　复合函数的求导法则

由例 3.10 知，$(\sin 2x)' = 2\cos 2x$ 而不等于 $\cos 2x$，其原因在于 $y = \sin 2x$ 是复合函数，关于复合函数求导我们有如下法则.

定理　如果 $u = \varphi(x)$ 在点 x 处可导，而 $y = f(u)$ 在对应的点 $u = \varphi(x)$ 处可导，则复合函数 $y = f[\varphi(x)]$ 在点 x 处可导，且有

$$\frac{\mathrm{d}y}{\mathrm{d}x} = f'(u) \cdot \varphi'(x) \quad \text{或} \quad \frac{\mathrm{d}y}{\mathrm{d}x} = \frac{\mathrm{d}y}{\mathrm{d}u} \cdot \frac{\mathrm{d}u}{\mathrm{d}x} = y'_u \cdot u'_x$$

由定理知，复合函数的导数等于复合函数对中间变量的导数乘以中间变量对自变量的导数，该法则可推广到有限次复合函数的求导运算.

若 $y = f(u)$，$u = \varphi(v)$，$v = g(x)$，则复合函数 $y = f\{\varphi[g(x)]\}$ 的导数为

$$\frac{\mathrm{d}y}{\mathrm{d}x} = \frac{\mathrm{d}y}{\mathrm{d}u} \cdot \frac{\mathrm{d}u}{\mathrm{d}v} \cdot \frac{\mathrm{d}v}{\mathrm{d}x} = y'_u \cdot u'_v \cdot v'_x$$

该法则称为复合函数的链式法则. 因此在计算复合函数的导数时, 其关键是弄清楚复合函数的结构, 即它是由哪几个基本初等或简单函数复合而成, 然后再求导.

例 3.16 求下列函数的导数.

(1) $y = (1 - 2x)^7$ (2) $y = \sin^2 x$ (3) $y = \sqrt{\cot \frac{x}{2}}$ (4) $y = \ln \sin \mathrm{e}^x$

解 (1) 函数 $y = (1 - 2x)^7$ 是由 $y = u^7$, $u = 1 - 2x$ 两个函数复合而成的.
所以

$$y' = y'_u \cdot u'_x = 7u^6 \cdot (-2) = -14(1 - 2x)^6$$

(2) 函数 $y = \sin^2 x$ 是由函数 $y = u^2$, $u = \sin x$ 复合而成.
所以

$$y' = y'_u \cdot u'_x = 2u \cdot \cos x = 2\sin x \cdot \cos x = \sin 2x$$

与例 3.10 求法比较一下, 看谁更简单.

对于复合函数的分解比较熟练之后, 就不必写出中间变量, 可采用下列直接由外及里, 逐层处理复合关系的方式进行求导.

(3) $y' = \dfrac{1}{2} \left(\cot \dfrac{x}{2} \right)^{-\frac{1}{2}} \cdot \left(\cot \dfrac{x}{2} \right)'$

$\qquad = \dfrac{1}{2\sqrt{\cot \dfrac{x}{2}}} \cdot \left(-\csc^2 \dfrac{x}{2} \right) \cdot \left(\dfrac{x}{2} \right)'$

$\qquad = -\dfrac{1}{4} \sqrt{\tan \dfrac{x}{2}} \cdot \csc^2 \dfrac{x}{2}$

(4) $y' = \dfrac{1}{\sin \mathrm{e}^x} \cdot (\sin \mathrm{e}^x)' = \dfrac{\cos \mathrm{e}^x}{\sin \mathrm{e}^x} \cdot (\mathrm{e}^x)'$

$\qquad = \mathrm{e}^x \cdot \cot \mathrm{e}^x$

例 3.17 设 $y = \ln(x + \sqrt{x^2 + 1})$, 求 y'.

解 $y' = \dfrac{1}{x + \sqrt{x^2 + 1}} \cdot \left(1 + \dfrac{1}{2\sqrt{x^2 + 1}} \cdot 2x \right)$

$\qquad = \dfrac{1}{\sqrt{x^2 + 1}}$

例 3.18 已知 $y = f(\sin x)$, 且 $f(u)$ 可导, 求 y'.

解 $y' = [f(\sin x)]' = f'(\sin x) \cdot (\sin x)'$

$\qquad = f'(\sin x) \cdot \cos x$

注意: $[f(\sin x)]'$ 是对复合函数的自变量 x 求导, 而 $f'(\sin x)$ 的含义是将 $\sin x$ 看做一个整体中间变量 u 的导数, 它们的含义是不同的.

*3.2.3 反函数的求导法则

前面已经求出了一些基本初等函数的导数公式, 在此我们主要解决反三角函数的求导公式，可由复合函数求导法则推出反函数的求导法则.

定理　如果单调连续函数 $x = \varphi(y)$ 在点 y 处可导，而且 $\varphi'(y) \neq 0$，那么它的反函数 $y = f(x)$ 在对应点 x 处可导，且有

$$f'(x) = \frac{1}{\varphi'(y)} \quad 或 \quad \frac{\mathrm{d}y}{\mathrm{d}x} = \frac{1}{\frac{\mathrm{d}x}{\mathrm{d}y}}$$

例 3.19　求 $y = \arcsin x$ 的导数.

解　$y = \arcsin x$ 是 $x = \sin y$ 的反函数，$x = \sin y$ 在区间 $(-\frac{\pi}{2}, \frac{\pi}{2})$ 内单调、可导，且 $\frac{\mathrm{d}x}{\mathrm{d}y} = \cos y > 0$，所以

$$y' = \frac{1}{\frac{\mathrm{d}x}{\mathrm{d}y}} = \frac{1}{\cos y} = \frac{1}{\sqrt{1-\sin^2 y}} = \frac{1}{\sqrt{1-x^2}}$$

即

$$(\arcsin x)' = \frac{1}{\sqrt{1-x^2}}$$

同样可得

$$(\arccos x)' = -\frac{1}{\sqrt{1-x^2}}$$

$$(\arctan x)' = \frac{1}{1+x^2}$$

$$(\text{arccot } x)' = -\frac{1}{1+x^2}$$

例 3.20　求 $y = a^x (a > 0, a \neq 1)$ 的导数.

解　$y = a^x$ 是 $x = \log_a y$ 的反函数，且 $\log_a y$ 在 $(0, +\infty)$ 内单调、可导，又 $\frac{\mathrm{d}x}{\mathrm{d}y} = (\log_a y)' = \frac{1}{y\ln a} \neq 0$，所以 $y' = \frac{1}{\frac{\mathrm{d}x}{\mathrm{d}y}} = y\ln a = a^x \ln a$

即

$$(a^x)' = a^x \ln a$$

3.2.4　基本初等函数的求导公式

现把基本初等函数求导公式归纳如下：

$C' = 0 (C \text{ 为常数})$ 　　　　　　　$(x^u)' = ux^{u-1} (u \text{ 为实数})$

$(\log_a x)' = \frac{1}{x \ln a}$ 　　　　　　$(\ln x)' = \frac{1}{x}$

$(a^x)' = a^x \ln a$ 　　　　　　　　$(\mathrm{e}^x)' = \mathrm{e}^x$

$(\sin x)' = \cos x$ 　　　　　　　$(\cos x)' = -\sin x$

$(\tan x)' = \sec^2 x$ 　　　　　　$(\cot x)' = -\csc^2 x$

$$(\sec x)' = \tan x \cdot \sec x \qquad (\csc x)' = -\cot x \cdot \csc x$$

$$*(\arcsin x)' = \frac{1}{\sqrt{1-x^2}} \qquad *(\arccos x)' = -\frac{1}{\sqrt{1-x^2}}$$

$$*(\arctan x)' = \frac{1}{1+x^2} \qquad *(\text{arccot } x)' = -\frac{1}{1+x^2}$$

*3.2.5　几个常用的求导方法

1. 隐函数求导法

前面我们所遇到的函数，如 $y = \sin x$，$y = \ln \tan x$ 等，都是由 $y = f(x)$ 这样的形式表示的，我们称这样的函数叫做显函数. 有些函数的表达式却不是这样的，如方程 $x + y^3 = R^2$，$e^{x+y} = xy$ 等，它是由方程 $F(x, y) = 0$ 所确定的函数，称之为隐函数.

一般地，如果在方程 $F(x, y) = 0$ 中，当 x 取某区间内任一值时，相应地总有满足这方程的唯一的 y 值存在，那么就说方程 $F(x, y) = 0$ 在该区间内确定了一个 y 是 x 的隐函数.

有些隐函数容易化成显函数，如 $3x^2 + 2y - 5 = 0$ 化为 $y = -\frac{1}{2}(3x^2 - 5)$；有些隐函数则很难显化，如由 $e^{x+y} = xy$ 所确定的函数. 但在实际问题中，有时需要计算隐函数的导数，因此，我们有必要找出直接由方程 $F(x, y) = 0$ 来求隐函数的导数方法.

求方程 $F(x, y) = 0$ 确定的隐函数 y 的导数 $\frac{dy}{dx}$，只要将方程中的 y 看成 x 的函数，利用复合函数的求导法则，方程两边同时对 x 求导，得到一个关于 $\frac{dy}{dx}$ 的方程，然后从中解出 $\frac{dy}{dx}$ 即可.

例 3.21　求由方程 $e^y + xy - e = 0$ 所确定的隐函数 $y = f(x)$ 的导数 $\frac{dy}{dx}$.

解　方程两端同时对 x 求导，遇到 y 要注意 y 是 x 的函数，要用复合函数求导法则，得

$$e^y \cdot \frac{dy}{dx} + y + x \cdot \frac{dy}{dx} = 0$$

从而

$$\frac{dy}{dx} = -\frac{y}{x + e^y}$$

例 3.22　求曲线 $x^2 + xy + y^2 = 4$ 在点 $(2, -2)$ 处的切线方程.

解　由 $x^2 + xy + y^2 - 4 = 0$ 两边对 x 求导，得

$$2x + y + xy' + 2y \cdot y' = 0$$

解得

$$y' = -\frac{2x + y}{x + 2y}$$

由导数的几何意义知，曲线在 $(2, -2)$ 处切线斜率 $k = y'\big|_{\substack{x=2 \\ y=-2}} = 1$.

所以，所求切线方程为 $y + 2 = 1 \cdot (x - 2)$

即

$$y - x + 4 = 0$$

2. 对数求导法

对于特殊类型函数 $y = [u(x)]^{v(x)}$（它既不是指数函数，又不是幂函数，称为幂指函数）或若干个因子通过乘、除、乘方、开方所构成的比较复杂的函数，通常采用对数化成加、减变成隐函数，然后按隐函数求导法则求函数的导数，此方法称为对数求导法.

例 3.23　求函数 $y = x^{\sin x}\,(x > 0)$ 的导数.

解　将函数 $y = x^{\sin x}$ 两边取对数，得

$$\ln y = \sin x \cdot \ln x$$

上式两边同时对 x 求导得

$$\frac{1}{y} \cdot y' = \cos x \cdot \ln x + \frac{\sin x}{x}$$

即

$$y' = y\left(\cos x \cdot \ln x + \frac{\sin x}{x}\right)$$

所以

$$y' = x^{\sin x}\left(\cos x \cdot \ln x + \frac{\sin x}{x}\right)$$

例 3.24　求 $y = \sqrt{\dfrac{(x-1)(x-2)}{(x-3)(x-4)}}$ 的导数.

解　两边取对数得

$$\ln y = \frac{1}{2}\big[\ln(x-1) + \ln(x-2) - \ln(x-3) - \ln(x-4)\big]$$

上式两边对 x 求导得

$$\frac{1}{y} \cdot y' = \frac{1}{2}\left(\frac{1}{x-1} + \frac{1}{x-2} - \frac{1}{x-3} - \frac{1}{x-4}\right)$$

所以

$$y' = \frac{1}{2}\sqrt{\frac{(x-1)(x-2)}{(x-3)(x-4)}} \cdot \left(\frac{1}{x-1} + \frac{1}{x-2} - \frac{1}{x-3} - \frac{1}{x-4}\right)$$

*3. 参数方程求导法

在实际问题中，函数 y 与自变量 x 可能不是直接由 $y = f(x)$ 表示，而是通过一参变量 t 来表示，即

$$\begin{cases} x = \varphi(t) \\ y = \psi(t) \end{cases}\text{称为函数的参数方程.}$$

有时需要直接计算由参数方程所确定的函数 y 对 x 的导数 y'，通常并不需要由参数方程消去参数 t，化为 y 与 x 之间直接函数关系后再求导. 下面讨论这种求导方法.

设 $x = \varphi(t)$ 有反函数 $t = \varphi^{-1}(x)$，又 $\varphi'(t)$ 与 $\psi'(t)$ 存在，且 $\varphi'(t) \neq 0$，则 y 与 x 的函数可看成复合函数 $y = \psi[\varphi^{-1}(x)]$，利用反函数与复合函数求导法则，得

$$\frac{\mathrm{d}y}{\mathrm{d}x} = \frac{\mathrm{d}y}{\mathrm{d}t} \cdot \frac{\mathrm{d}t}{\mathrm{d}x} = \psi'(t) \cdot \frac{1}{\varphi'(t)} = \frac{\psi'(t)}{\varphi'(t)} = \frac{y_t'}{x_t'}$$

即

$$\frac{\mathrm{d}y}{\mathrm{d}x}=\frac{\dfrac{\mathrm{d}y}{\mathrm{d}t}}{\dfrac{\mathrm{d}x}{\mathrm{d}t}}$$

例 3.25　求由参数方程 $\begin{cases} x = 2\cos^3\varphi, \\ y = 4\sin^3\varphi \end{cases}$ 所确定的函数的导数 $\dfrac{\mathrm{d}y}{\mathrm{d}x}$.

解　$\dfrac{\mathrm{d}y}{\mathrm{d}x}=\dfrac{y'_\varphi}{x'_\varphi}=\dfrac{12\sin^2\varphi\cdot\cos\varphi}{-6\cos^2\varphi\cdot\sin\varphi}=-\tan\varphi.$

3.2.6　高阶导数

在某些问题中，需要对函数 $y=f(x)$ 多次求导，如路程对时间连续两次求导便得到加速度.

连续两次以上对某个函数求导数，所得的结果称为这个函数的高阶导数.

定义　如果函数 $y=f(x)$ 的导数 $f'(x)$ 在点 x 处可导，则称 $f'(x)$ 在点 x 处的导数为函数 $y=f(x)$ 在点 x 处的二阶导数，记为 y''，$f''(x)$，$\dfrac{\mathrm{d}^2y}{\mathrm{d}x^2}$.

类似地，二阶导数的导数，叫做三阶导数，三阶导数的导数叫做四阶导数，……$(n-1)$ 阶导数的导数叫做 n 阶导数，分别记作 y'''，$y^{(4)}$，…，$y^{(n)}$ 或 $\dfrac{\mathrm{d}^3y}{\mathrm{d}x^3}$，$\dfrac{\mathrm{d}^4y}{\mathrm{d}x^4}$，…，$\dfrac{\mathrm{d}^ny}{\mathrm{d}x^n}$.

函数的二阶及二阶以上的导数统称为函数的高阶导数.

由上述可知，求高阶导数只需应用一阶导数的基本公式和求导法则反复进行求导运算即可.

例 3.26　设 $y=x^2\sin x$，求 y''.

解　$y'=2x\sin x+x^2\cos x$

$\qquad y''=2\sin x+2x\cos x+2x\cos x-x^2\sin x$

$\qquad\quad\ =2\sin x+4x\cos x-x^2\sin x$

例 3.27　已知 $y=\ln(1+x^2)$，求 $y''(0)$.

解　$y'=\dfrac{2x}{1+x^2}$，$y''=\dfrac{2(1+x^2)-2x\cdot 2x}{(1+x^2)^2}=\dfrac{2(1-x^2)}{1+x^2}$

$y''(0)=2$

例 3.28　求 $y=\mathrm{e}^x$ 的 n 阶导数.

解　$y'=\mathrm{e}^x$，$y''=\mathrm{e}^x$，$y'''=\mathrm{e}^x$，$y^{(4)}=\mathrm{e}^x$，一般地，可得 $y^{(n)}=\mathrm{e}^x$

例 3.29　求 $y=\sin x$ 的 n 阶导数.

解　$$y=\sin x,$$

$$y'=\cos x=\sin\left(x+\frac{\pi}{2}\right)$$

$$y''=-\sin x=\sin\left(x+2\cdot\frac{\pi}{2}\right)$$

$$y'''=-\cos x=\sin\left(x+3\cdot\frac{\pi}{2}\right)$$

$$y^{(4)} = \sin x = \sin\left(x + 4 \cdot \frac{\pi}{2}\right)$$

一般地，可得

$$y^{(n)} = \sin\left(x + n \cdot \frac{\pi}{2}\right)$$

即

$$(\sin x)^{(n)} = \sin\left(x + n \cdot \frac{\pi}{2}\right)$$

类似方法，可得　$(\cos x)^{(n)} = \cos\left(x + n \cdot \frac{\pi}{2}\right)$.

习　题　3.2

1. 求下列函数的导数.

(1) $y = 3x^2 - \dfrac{2}{x^2} + \sin\dfrac{\pi}{5}$
　　　　　　(2) $y = \dfrac{x^5\sqrt{x} + x - \sqrt[3]{x}}{x\sqrt[3]{x}}$

(3) $x^2(2 + \sqrt{x})$
　　　　　　(4) $y = x^{10} + 10^x + \lg 10$

(5) $y = x\ln x$
　　　　　　(6) $y = (\sqrt{x} + 1)\left(\dfrac{1}{\sqrt{x}} - 1\right)$

(7) $y = \tan x + \dfrac{1}{\ln x}$
　　　　　　(8) $y = \sqrt{x\sqrt{x\sqrt{x}}}$

(9) $y = x\sin x\ln x$

2. 求下列函数的导数.

(1) $y = (2x - 1)^4$　　(2) $y = \sin^2\left(3x + \dfrac{\pi}{4}\right)$　　(3) $y = \ln\tan\dfrac{1}{2}x$

(4) $y = \dfrac{1}{\sqrt{a^2 - x^2}}$　　(5) $y = \cos x^3$

* 3. 求下列函数的导数.

(1) $e^y x - 10 + y^2 = 0$
　　　　　　(2) $e^{xy} + y\ln x = \cos 2x$

(3) $x^y = y^x$
　　　　　　(4) $xe^y + ye^x = 0$

* 4. 利用对数求导法求下列函数的导数.

(1) $y = (\cos x)^{\sin x}$
　　　　　　(2) $y = x\sqrt{\dfrac{1-x}{1+x}}$

(3) $y = 2x^{\sqrt{x}}$
　　　　　　(4) $y = \dfrac{x^2}{1-x}\sqrt[3]{\dfrac{5-x}{(3+x)^2}}$

5. 求下列函数的二阶导数.

(1) $y = \ln(1 - x^2)$
　　　　　　(2) $y = xe^x$

* (3) $y = (1 + x^2)\arctan x$
　　　　　　(4) $y = x\cos x$　求 $y''\left(\dfrac{\pi}{2}\right)$

3.3　函数的微分及应用

在实际问题中，常常要计算当自变量有一微小改变时，相应的函数有多大变化. 一般来说，计算函数增量的精确值比较麻烦，甚至很难. 有时候，在精确度允许的情况下，只要计算它的近似值就可以了，这就是我们要介绍的微分问题.

3.3.1　微分的概念

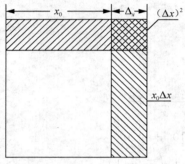

图 3 - 2

先分析一个具体问题. 一块正方形金属薄片受温度变化的影响，其边长由 x_0 变到 $x_0 + \Delta x$（如图 3 - 2），问此薄片的面积改变了多少？

分析　设此薄片的边长为 x，面积为 S，则 $S = x^2$，薄片受温度变化的影响，面积的改变量是自变量 x 在 x_0 处取得增量 Δx 时，函数 S 相应的增量，即

$$\Delta S = (x_0 + \Delta x)^2 - x_0^2$$
$$= 2x_0 \cdot \Delta x + (\Delta x)^2$$

从上式可以看出，ΔS 分成两部分，第一部分 $2x_0 \cdot \Delta x$ 是 Δx 的线性函数，即图形中带有斜线的两个矩形面积之和，在 ΔS 中占有很大比例；而第二部分 $(\Delta x)^2$ 在图中是带有交叉斜线的小正方形的面积，当 $\Delta x \to 0$ 时，第二部分是比 Δx 高阶的无穷小，即 $(\Delta x)^2 = o(\Delta x)$. 由此可见，如果边长改变很微小，即 $|\Delta x|$ 很小时，面积的改变量 ΔS 可近似地用第一部分来代替.

定义　设函数 $y = f(x)$ 在点 x 及其近旁有定义，$x + \Delta x$ 仍在这个范围内，如果函数的增量

$$\Delta y = f(x + \Delta x) - f(x)$$

可表示为 $\Delta y = A\Delta x + o(\Delta x)$.

其中 A 是不依赖于 Δx 的常数，而 $o(\Delta x)$ 是比 Δx 高阶的无穷小，那么称函数 $y = f(x)$ 在点 x 处是可微的，而 $A\Delta x$ 叫做函数 $y = f(x)$ 在点 x 处的微分，记作 $\mathrm{d}y$，即

$$\mathrm{d}y = A\Delta x$$

那么，什么样的函数是可微的呢？当 $f(x)$ 在点 x 处可微时，其微分式 $\mathrm{d}y = A\Delta x$ 中的 A 又是什么呢？下面的定理回答了这一问题.

定理　函数 $y = f(x)$ 在点 x 处可微的充要条件是 $f(x)$ 在点 x 处可导，且有 $\mathrm{d}y = f'(x)\Delta x$.

关于定义及定理的几点说明：

(1) 由定义知 $\mathrm{d}x = \Delta x$，$\mathrm{d}x$ 称为自变量的微分，从而 $\mathrm{d}y = f'(x)\mathrm{d}x$.

(2) 由 $\mathrm{d}y = f'(x)\mathrm{d}x$ 可得 $\dfrac{\mathrm{d}y}{\mathrm{d}x} = f'(x)$，因此函数的导数 $f'(x)$ 又称为函数的微商.

(3) 由定理知，一元函数的可导与可微是等价的，但它们是有区别的：导数是函数在一点处的变化率；而微分是函数在一点处由自变量增量所引起的函数增量的主要部

分，由于它是 Δx 的线性函数，因此又称微分为线性主部，导数值只与 x 有关，而微分值与 x 和 Δx 都有关.

（4）定理告诉我们，求函数的微分 $\mathrm{d}y$ 只需求出函数导数 $f'(x)$，然后再乘以 $\mathrm{d}x$ 即可.

（5）函数的微分 $\mathrm{d}y$ 与其增量 Δy 之间有关系

$$\Delta y = \mathrm{d}y + o(\Delta x)$$

事实上，$\lim\limits_{\Delta x \to 0} \dfrac{\Delta y}{\Delta x} = f'(x) \Leftrightarrow \lim\limits_{\Delta x \to 0}\left[\dfrac{\Delta y}{\Delta x} - f'(x)\right] = 0 \Leftrightarrow \lim\limits_{\Delta x \to 0} \dfrac{\Delta y - f'(x)\Delta x}{\Delta x} = 0$$

$$\Leftrightarrow \Delta y - f'(x)\Delta x = o(\Delta x) \Leftrightarrow \Delta y = \mathrm{d}y + o(\Delta x) \quad (\Delta x \to 0)$$

这表明，若函数 $y = f(x)$ 在点 x 处可导，当 $|\Delta x|$ 很小时在该点处的函数的微分 $\mathrm{d}y$ 与函数的增量 Δy 之差，仅仅是 Δx 的高阶无穷小，因此，函数 $y = f(x)$ 在点 x 处取得很小改变量时，可以用 $\mathrm{d}y$ 近似代替 Δy，即 $\Delta y \approx \mathrm{d}y(|\Delta x|$ 很小).

例 3.30　求函数 $y = x^3$ 在 $x_0 = 1$，$\Delta x = 0.03$ 时的改变量和微分.

解　
$$\Delta y = f(x_0 + \Delta x) - f(x_0) = (x_0 + \Delta x)^3 - x^3$$
$$= (1 + 0.03)^3 - 1^3 = 0.092727$$

而 $\mathrm{d}y = 3x^2 \Delta x$，则

$$\mathrm{d}y\Big|_{\substack{x_0=1 \\ \Delta x=0.03}} = f'(1) \cdot \Delta x = 3 \times 0.03 = 0.09$$

比较 Δy 与 $\mathrm{d}y$ 知，$\Delta y - \mathrm{d}y = 0.092727 - 0.09 = 0.002727$ 较小.

3.3.2　微分的几何意义

为了对微分有个比较直观的了解，我们研究微分的几何意义.

设可微函数 $y = f(x)$ 的图形如图 3-3 所示，在曲线上任取点 $M(x, y)$，过 M 作曲线的切线 MT，则其斜率为 $k = f'(x) = \tan \alpha$，当自变量 x 处取得增量 Δx 时，就得到曲线上另一点 $N(x + \Delta x, y + \Delta y)$，由图 3-3 可知，$MQ = \Delta x$，$NQ = \Delta y$，$QP = MQ \cdot \tan \alpha = f'(x)\Delta x = \mathrm{d}y$.

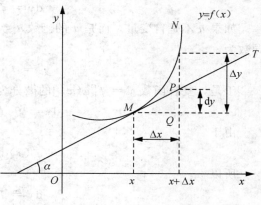

图 3-3

由此可见，Δy 在几何图形上表示曲线 $y = f(x)$ 上的点 $M(x, y)$ 在曲线上纵坐标的增量，$\mathrm{d}y$ 在几何图形上表示过点 $M(x, y)$ 的曲线的切线上纵坐标的增量. 当 $|\Delta x|$ 很小时，$|\Delta y - \mathrm{d}y|$ 比 $|\Delta x|$ 小得多，因此在点 M 的邻近，我们可以用直线段来近似代替曲线段.

3.3.3　微分基本公式与运算法则

1. 微分基本公式

$\mathrm{d}(C) = 0(C$ 为常数$)$　　　　　　　　　　$\mathrm{d}(x^u) = ux^{u-1}\mathrm{d}x$

$$d(\ln x) = \frac{1}{x}dx \qquad\qquad d(\log_a x) = \frac{1}{x\ln a}dx$$

$$d(e^x) = e^x dx \qquad\qquad d(a^x) = a^x \ln a dx$$

$$d(\sin x) = \cos x dx \qquad\qquad d(\cos x) = -\sin x dx$$

$$d(\tan x) = \sec^2 x dx \qquad\qquad d(\cot x) = -\csc^2 x dx$$

$$d(\sec x) = \tan x \sec x dx \qquad\qquad d(\csc x) = -\cot x \csc x dx$$

$$* \, d(\arcsin x) = \frac{1}{\sqrt{1-x^2}}dx \qquad * \, d(\arccos x) = -\frac{1}{\sqrt{1-x^2}}dx$$

$$* \, d(\arctan x) = \frac{1}{1+x^2}dx \qquad\quad * \, d(\text{arc cot } x) = -\frac{1}{1+x^2}dx$$

2. 函数的和、差、积、商的微分运算法则

设 $u(x)$、$v(x)$ 都是可微函数，则有

$$d[u(x) \pm v(x)] = du(x) \pm dv(x)$$

$$d[u(x) \cdot v(x)] = v(x)du(x) + u(x)dv(x)$$

$$d[u(x)] = Cdu(x) \quad (C \text{ 为常数})$$

$$d\left[\frac{u(x)}{v(x)}\right] = \frac{v(x)du(x) - u(x)dv(x)}{v^2(x)} \quad (v(x) \neq 0)$$

3. 复合函数微分法则

设函数 $y = f(u)$ 可微，根据微分的定义，函数 $y = f(u)$ 的微分是

$$dy = f'(u)du$$

如果 u 不是自变量，而是 x 的函数 $u = \varphi(x)$ 且可微，则复合函数 $y = f[\varphi(x)]$ 的导数为

$$y' = f'(u)\varphi'(x)$$

于是，复合函数 $y = f[\varphi(x)]$ 的微分为

$$dy = f'(u)\varphi'(x)dx$$

由于

$$\varphi'(x)dx = du$$

所以

$$dy = f'(u)du$$

由此可见，不论 u 是自变量还是中间变量，函数 $y = f(u)$ 的微分总保持同一形式 $dy = f'(u)du$，称这一性质为一阶微分形式不变性，有时利用这个性质求复合函数的微分非常方便.

例 3.31　设 $y = \sin 2x$，求 dy.

解　$dy = \cos 2x d(2x)$

$\qquad = 2\cos 2x dx$

例 3.32　设 $y = \ln(x^2 - x + 2)$，求 dy.

解　$dy = \dfrac{1}{x^2 - x + 2}d(x^2 - x + 2)$

$$= \frac{2x - 1}{x^2 - x + 2} dx$$

例 3.33　设 $y = e^{\sin^2 x}$，求 dy.

解　$dy = e^{\sin^2 x} d(\sin^2 x)$

$$= e^{\sin^2 x} \cdot 2\sin x d(\sin x)$$

$$= e^{\sin^2 x} \cdot 2\sin x \cos x dx$$

$$= e^{\sin^2 x} \cdot \sin 2x dx$$

例 3.34　设 $y = e^{1-3x} \cos x$，求 dy.

解　$dy = \cos x \cdot d(e^{1-3x}) + e^{1-3x} \cdot d(\cos x)$

$$= \cos x \cdot e^{1-3x} d(1 - 3x) - e^{1-3x} \cdot \sin x dx$$

$$= -e^{1-3x}(3\cos x + \sin x) dx$$

3.3.4　微分在近似计算中的应用

从微分的定义可知，$\Delta y \approx dy$，（当 $|\Delta x|$ 很小），即

$$\Delta y = f(x_0 + \Delta x) - f(x_0) \approx f'(x_0)\Delta x \tag{3.1}$$

$$f(x_0 + \Delta x) \approx f(x_0) + f'(x_0)\Delta x \tag{3.2}$$

公式(3.1)提供了求函数增量近似值的方法；公式(3.2)提供了求函数值近似值的方法.

例 3.35　某工厂每周生产 x 件产品所获得利润为 y 元，已知 $y = 6\sqrt{1000x - x^2}$，当每周产量由 100 件增至 102 件时，试用微分求其利润增加的近似值.

解　由题意，$x = 100$，$\Delta x = dx = 102 - 100 = 2$，

因为　　　　　$dy = (6\sqrt{1000x - x^2})' dx = \frac{6(500 - x)}{\sqrt{1000x - x^2}} dx$

$$dy \Big|_{\substack{x=100 \\ dx=2}} = \frac{6(500 - x)}{\sqrt{1000x - x^2}} dx \Big|_{\substack{x=100 \\ dx=2}} = \frac{2400}{\sqrt{100000 - 10000}} \cdot 2 = 16(\text{元})$$

即每周产量由 100 件增至 102 件可增加利润约 16 元.

例 3.36　计算 $\cos 60°30'$ 的近似值.

解　设 $f(x) = \cos x$，则 $f'(x) = -\sin x$　（x 为弧度）

因为　$x_0 = \dfrac{\pi}{3}$，$\Delta x = \dfrac{\pi}{360}$，　所以　$f\left(\dfrac{\pi}{3}\right) = \dfrac{1}{2}$，$f'\left(\dfrac{\pi}{3}\right) = -\dfrac{\sqrt{3}}{2}$

则　　　　　　　　　$\cos 60°30' = \cos\left(\dfrac{\pi}{3} + \dfrac{\pi}{360}\right)$

$$\approx \cos\frac{\pi}{3} - \sin\frac{\pi}{3} \cdot \frac{\pi}{360}$$

$$= \frac{1}{2} - \frac{\sqrt{3}}{2} \cdot \frac{\pi}{360}$$

$$\approx 0.4924$$

在公式(3.2)中，令 $x_0 + \Delta x = x$，且 $x_0 = 0$，则公式(3.2)变为

$$f(x) \approx f(0) + f'(0)x \quad (|x| \text{很小}) \tag{3.3}$$

利用公式(3.3)可以推得下面几个在工程上常用的近似计算公式

(1) $\sqrt[n]{1+x} \approx 1 + \dfrac{1}{n}x$ 　　　　　　(2) $\sin x \approx x$

(3) $\tan x \approx x$ 　　　　　　　　　(4) $e^x \approx 1 + x$

(5) $\ln(1+x) \approx x$

例 3.37 证明下列近似式.

(1) $e^x \approx 1 + x$ 　　　　　　　　(2) $\ln(1+x) \approx x$

证：

(1) 令 $f(x) = e^x$，则 $f'(x) = e^x$，当 $x = 0$ 时，$f(0) = 1$，$f'(0) = 1$，由 $f(x) \approx f(0) + f'(0)x$ 得 $e^x \approx 1 + x$.

(2) 令 $f(x) = \ln(1+x)$，则 $f'(x) = \dfrac{1}{1+x}$，当 $x = 0$ 时，$f(0) = 0$，$f'(0) = 1$，由 $f(x) \approx f(0) + f'(0)x$ 得 $\ln(1+x) = x$.

习 题 3.3

1. 求下列函数的微分

(1) $y = x^2 + \sin^2 x - 3x + 4$ 　　　　(2) $y = \dfrac{x}{1+x^2}$

(3) $y = e^{2x} \sin \dfrac{x}{3}$ 　　　　　　　(4) $y = \ln \sqrt{1-x^3}$

(5) $y = \cos^2(2x - 5)$ 　　　　　　(6) $y = e^{\cot x}$

(7) $y = \dfrac{\cos x}{1-x^2}$ 　　　　　　　(8) $y = \sqrt[3]{1+x^2}$

2. 在下列各括号中填入一个函数，使各等式成立

(1) $3x^2 \mathrm{d}x = \mathrm{d}(\qquad)$ 　　　　　(2) $\dfrac{1}{1+x^2} \mathrm{d}x = \mathrm{d}(\qquad)$

(3) $2\cos 2x \mathrm{d}x = \mathrm{d}(\qquad)$ 　　　　(4) $\dfrac{1}{x-1} \mathrm{d}x = \mathrm{d}(\qquad)$

(5) $\dfrac{1}{x} \ln x \mathrm{d}x = \mathrm{d}(\qquad)$ 　　　　(6) $\dfrac{1}{x^2} \mathrm{d}x = \mathrm{d}(\qquad)$

本 章 小 结

一、本章主要内容及学习要点

1. 导数的概念

导数的概念是微积分中最重要的一个概念，它是一种特殊的极限，它描述的是函数改变量随自变量改变量变化的快慢程度.

$$f'(x) = \lim_{\Delta x \to 0} \frac{\Delta y}{\Delta x} = \lim_{\Delta x \to 0} \frac{f(x + \Delta x) - f(x)}{\Delta x}$$

对于上式定义式要注意以下几点：

（1）$\lim\limits_{\Delta x \to 0} \dfrac{f(x + \Delta x) - f(x)}{\Delta x}$ 中变量是 Δx 而不是 x.

（2）函数的改变量 Δy 要对应于自变量的改变量，对于这一点我们从定义式 $\lim\limits_{\Delta x \to x_0}$ $\dfrac{f(x) - f(x_0)}{x - x_0}$ 中更容易看出：分母的自变量是从 x_0 变到 x，对于分子函数是从 $f(x_0)$ 变到 $f(x)$.

（3）如果 x 是常数，那么 $f'(x)$ 是一个确定的数，如果 x 是变量，那么 $f'(x)$ 是 x 的函数.

（4）要判断函数是否可导必须用定义.

（5）$f'(x_0)$ 存在并不是曲线 $y = f(x)$ 在 x_0 处有切线的必要条件，如果 $f(x)$ 在点 x_0 处不可导，曲线 $y = f(x)$ 在 x_0 处可能有垂直于 x 轴的切线.

2. 导数的计算

（1）基本初等函数的求导公式.

① $C' = 0$（C 为常数）

② $(x^u)' = ux^{u-1}$（u 为实数）

③ $(\log_a x)' = \dfrac{1}{x\ln a}$，$(\ln x)' = \dfrac{1}{x}$

④ $(a^x)' = a^x\ln a$，$(\mathrm{e}^x)' = \mathrm{e}^x$

⑤ $(\sin)' = \cos x$，$(\cos x)' = -\sin x$，$(\tan x)' = \sec^2 x$，$(\cot)' = -\csc^2 x$，$(\sec x)' = \sec x\tan x$，$(\csc x)' = -\csc x\cot x$；

＊⑥ $(\arcsin x)' = \dfrac{1}{\sqrt{1 - x^2}}$，$(\arccos x)' = -\dfrac{1}{\sqrt{1 - x^2}}$，$(\arctan x)' = \dfrac{1}{1 + x^2}$，$(\operatorname{arccot} x)' = -\dfrac{1}{1 + x^2}$

（2）分段函数在分段点处的导数.

求分段函数在分段点处的导数时，必须求其分段点处的左、右导数；

$$f'_-(x_0) = \lim_{\Delta x \to 0^-} \frac{f(x_0 + \Delta x) - f(x_0)}{\Delta x}$$

$$f'_+(x_0) = \lim_{\Delta x \to 0^+} \frac{f(x_0 + \Delta x) - f(x_0)}{\Delta x}$$

如果左、右导数均存在且相等，则在分段点处可导，否则不可导，有如下结论：

函数 $y = f(x)$ 在 x_0 点可导 $\Leftrightarrow f(x)$ 在 x_0 点的左右导数均存在且相等.

（3）初等函数的导数.

如果函数是四则运算结构，应优先用导数的四则运算法则. 如果函数构成是复合而成的，应使用复合函数求导法则，复合函数求导法是函数求导的灵魂，也是隐函数求导法、对数求导法、参数方程求导法等的基础. 它的关键是将函数分解成几个基本初等函数或简单函数，由外及里逐层求导，直至对自变量可以直接求出导数为止，每层的导数要连乘. 容易出现的错误：一是丢层，二是先后顺序错误，三是求导没有进行到底.

（4）隐函数求导数.

隐函数求导是方程对自变量求导，求导过程中时刻注意 y 是 x 的函数，遇到 y 要用复合函数求导法则，得到一个关于 y' 的方程，解出 y' 即可.

（5）对数求导法.

对数求导法适合两类函数的求导：一是幂指函数，另一类是由 n 个初等函数经过连乘、除、乘方、开方构成的函数.

（6）由参数方程所确定函数求导数.

求由参数方程所确定的函数的导数时，不必死记公式，可以先求出微分 $\mathrm{d}y$，$\mathrm{d}x$，然后作比值 $\dfrac{\mathrm{d}y}{\mathrm{d}x}$ 即可.

（7）高阶导数.

求高阶导数时，应从一阶导数求起，沿用各种求导方法和公式逐次求导. 欲求一个函数的 n 阶导数的一般式，常运用归纳法.

3. 微分

求函数微分可利用微分的定义、运算法则、一阶微分形式不变性等，利用微分形式不变性可以不考虑变量之间是怎样的复合关系，有时求微分更方便.

要注意微分与导数是两个不同的概念，微分是由于函数的自变量发生变化而引起的函数变化量的近似值，而导数则是函数在一点处的变化率.

利用微分可以作近似计算，如果函数 $y=f(x)$ 在点 x_0 处可微，且 $|\Delta x|$ 很小，则有如下两个近似公式：

① 求函数增量的近似公式：$\Delta y=f(x_0+\Delta x)-f(x_0)\approx \mathrm{d}y=f'(x_0)\Delta x$

② 求函数值的近似公式：$f(x_0+\Delta x)\approx f(x_0)+f'(x_0)\Delta x$

利用上述近似公式进行相应的近似计算时，关键要把握以下两点：

① 对于给定的问题，要选择合适的函数 $f(x)$；

② 函数 $f(x)$ 选定后，要合适选择点 x_0；选择 x_0 的原则是 $f'(x_0)$ 容易求出且 $|\Delta x|$ 很小.

4. 可导（可微）与连续的关系

可导（可微）是连续的充分条件，连续是可导（可微）的必要条件.

$f(x)$ 在点 x_0 处可导 $\Leftrightarrow f(x)$ 在点 x_0 处可微 $\Rightarrow f(x)$ 在点 x_0 处连续 $\Rightarrow \lim\limits_{x\to x_0}f(x)$ 存在.

二、重点与难点

1. 重点

导数和微分的定义及几何意义，导数基本公式、四则运算法则、复合函数的求导法则；导数与微分的计算.

2. 难点

导数的定义；复合函数的求导.

综 合 训 练

一、填空题

1. 已知 $f(x)$ 可导，则 $\lim\limits_{\Delta x \to 0} \dfrac{f(x - 2\Delta x) - f(x)}{\Delta x} = $ _____.

2. 函数 $f(x) = x^3 - 3x^2 + 2$ 在点 $x = -1$ 处的切线方程 _____.

3. 若 $f'(x_0)$ 存在，则 $\lim\limits_{x \to x_0} \dfrac{f^2(x) - f^2(x_0)}{x - x_0} = $ _____.

4. 已知 $f'(x_0) = -1$，则 $\lim\limits_{x \to 0} = \dfrac{f(x_0 - x) - f(x_0)}{x} = $ _____.

5. 已知 $f(x) = \sin(ax^2)$，则 $f'(a) = $ _____.

二、选择题

1. 设 $f(x) = \begin{cases} x + 1 & x \leqslant 1 \\ 2x^2 & x > 1 \end{cases}$，则 $f(x)$ 在 $x = 1$ 处（　　）

    A. $\lim\limits_{x \to 1} f(x)$ 不存在　　　　　　　　　　B. 不连续

    C. 连续但不可导　　　　　　　　　　　D. 可导

2. 设函数 $f(x)$ 在点 $x = 1$ 处可导，且 $\lim\limits_{\Delta x \to 0} \dfrac{f(1 - \Delta x) - f(1)}{\Delta x} = \dfrac{1}{2}$，则 $f'(1) = $ （　　）

    A. $-\dfrac{1}{2}$　　　　　　B. $\dfrac{1}{2}$　　　　　　C. -2　　　　　　D. 2

3. 曲线 $y = xe^x$ 在点 $x = 1$ 处的切线方程是（　　）

    A. $y = 2ex - e$　　　B. $y = 2ex + e$　　　C. $y = ex$　　　D. $y = -ex + 2e$

4. 设 $f(x)$ 在 $(-\infty, +\infty)$ 内为可导的奇函数，且 $f'(x_0) = a \neq 0$，则 $f'(-x_0) = $ （　　）

    A. $-a$　　　　　　B. a　　　　　　C. $\dfrac{1}{a}$　　　　　　D. 0

5. 如果曲线 $f(x)$ 在点 x_0 有切线，则 $f'(x_0)$（　　）

    A. 0　　　　　　B. 一定存在　　　　C. 一定不存在　　　D. 不一定存在

6. 设 $y = e^{-2x}$，则 $y'''(\ln 2) = $ （　　）

    A. $\dfrac{1}{4}$　　　　　　B. -2　　　　　　C. 2　　　　　　D. $-\dfrac{1}{4}$

7. 若函数 $y = f(x)$ 在点 x_0 处导数 $f'(x_0) = 0$，则曲线 $y = f(x)$ 在点 $(x_0, f(x_0))$ 处的法线（　　）

    A. 与 x 轴平行　　　　　　　　　　B. 与 x 轴垂直

    C. 与 y 轴垂直　　　　　　　　　　D. 与 x 轴既不平行也不垂直

三、求下列函数的导数

1. $y = \dfrac{1}{2a}\ln\dfrac{x-a}{x+a}$

2. $y = \ln\sqrt{1+x^2}$

3. $y = \dfrac{x}{2}\sqrt{x^2+1}$

四、求下列函数的微分

1. $y = \ln\sin(3x)$

2. $y = e^{-x}\cos(3-x)$

五、解答题

1. 已知抛物线 $y = ax^2 + bx + c$ 与指数函数 $y = e^x$ 在 $x = 0$ 处相交，并有相同的一阶、二阶导数，求 a,b,c 的值.

2. 设 $f(x) = \begin{cases} x^2 & x \leqslant 1 \\ ax+b & x > 1 \end{cases}$ 在 $x = 1$ 处可导，求 a,b 的值.

第 4 章　导数的应用

学习目标:

了解罗尔中值定理，理解拉格朗日中值定理及其推论.

• 熟练掌握用洛必达法则求"$\dfrac{0}{0}$"型和"$\dfrac{\infty}{\infty}$"型未定式极限的方法.

• 掌握函数单调性的判别法，会求单调区间.

• 理解函数极限值的概念，了解极值点、驻点、不可导点之间的关系，掌握求极值的方法.

• 掌握函数凸凹性的判别法，会求函数的拐点.

• 了解函数最值的概念，会求闭区间上函数的最值，熟练掌握求平均成本函数、收入函数、利润函数等常见经济函数的最值方法.

• 理解边际、弹性的概念及其经济意义，掌握求成本、收入和利润等经济函数边际的方法，掌握求弹性特别是需求弹性的方法.

导数刻画了函数的一种局部特性，本章将利用导数来研究函数及曲线的某些性态，并利用这些知识来解决一些实际问题. 为此，先要介绍微分学的几个中值定理，它们是一元微分学的理论基础.

*4.1　微分中值定理

4.1.1　罗尔定理

罗尔(Rolle)中值定理：如果函数 $f(x)$ 满足

(1) 在闭区间 $[a, b]$ 上连续;

(2) 在开区间 (a, b) 内可导;

(3) 在区间两端点处的函数值相等，即 $f(a) = f(b)$,那么在开区间 (a, b) 内至少存在一点 ξ，使得函数 $f(x)$ 在该点的导数等于零,

即

$$f'(\xi) = 0$$

例如，$f(x) = x^2 - 2x - 3 = (x-3)(x+1)$ 在 $[-1, 3]$ 上连续，在 $(-1, 3)$ 内可导，且 $f(-1) = f(3) = 0$，因为 $f'(x) = 2(x-1)$，取 $\xi = 1$, $1 \in (-1, 3)$，有 $f'(1) = 0$.

罗尔中值定理从几何上可解释如下：当曲线弧在 $[a, b]$ 上为连续弧段，在 (a, b) 内曲线弧上每一点都有不垂直于 x 轴的切线，且端点的函数值相等，则曲线弧段上至少有一点，过该点的切线必平行于 x 轴(图 4-1).

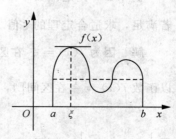

图 4-1

　　注意：罗尔定理的条件有三个，缺少其中任何一个条件，定理将不一定成立．但罗尔中值定理的条件是充分的，不必是必要条件，即定理的逆命题不成立．

　　例如，$f(x) = (x-1)^2$ 在 $[0, 3]$ 上不满足罗尔中值定理的第三条件（$f(0) \neq f(3)$），但是存在 $\xi = 1 \in (0, 3)$，使 $f'(1) = 0$．

　　例 4.1　不必求出函数 $f(x) = x(x-1)(x-2)(x-3)$ 的导数，说明方程 $f'(x) = 0$ 有几个实根，并指出它们所在的区间．

　　解　因为 $f(x)$ 在 $(-\infty, +\infty)$ 上连续可导，并且有 $f(0) = f(1) = f(2) = f(3) = 0$，由罗尔定理可以得到：在区间 $(0, 1)$，$(1, 2)$，$(2, 3)$，各存在一点 ξ_1，ξ_2，ξ_3，使得 $f'(\xi_1) = f'(\xi_2) = f'(\xi_3) = 0$，而一元三次方程 $f'(x) = 0$ 最多有三个实根，故在区间 $(0, 1)$，$(1, 2)$，$(2, 3)$ 内各有一个实根．

　　因为罗尔中值定理的条件比较苛刻，如果我们去掉第三个条件，定理将变成更一般情况下的拉格朗日中值定理，定理适用更广泛．

4.1.2　拉格朗日中值定理

　　拉格朗日（Lagrange）中值定理　如果函数 $f(x)$ 满足

　　(1) 在闭区间 $[a, b]$ 上连续；

　　(2) 在开区间 (a, b) 内可导，则至少存在一点 $\xi \in (a, b)$，使得

$$f(b) - f(a) = f'(\xi)(b-a)$$

或

$$f'(\xi) = \frac{f(b) - f(a)}{(b-a)} \tag{4.1}$$

公式 (4.1) 叫做拉格朗日中值公式．关于拉格朗日公式说明如下：

　　(1) 如果 $f(a) = f(b)$，则 $f'(\xi) = \dfrac{f(b) - f(a)}{(b-a)} = 0$，即罗尔定理是拉格朗日中值定理的特例．

　　(2) 当 $a > b$ 时，公式 (4.1) 也成立．

　　拉格朗日中值定理的几何意义如图 4-2 所示：当曲线弧在 $[a, b]$ 上为连续弧段，在 (a, b) 内曲线弧上每一点均有不垂直于 x 轴的切线，那么曲线弧至少有一点 C，曲线在该点处的切线平行于过曲线两个端点的弦 AB．

　　例 4.2　判定函数 $f(x) = \dfrac{1}{x}$ 在区间 $[1, 2]$ 上是否满足拉格朗日中值定理的条件．若满足，求适合定理的 ξ 值．

　　解　因为 $f(x) = \dfrac{1}{x}$ 在区间 $[1, 2]$ 上连续，且在 $(1, 2)$ 内可导，且 $f'(x) = -\dfrac{1}{x^2}$，所以函数 $f(x) = \dfrac{1}{x}$ 在区间 $[1, 2]$ 上满足拉格朗日中值定理的条件，由拉格朗日中值定理得

$$f(2) - f(1) = f'(\xi)(2-1)$$

即 $\dfrac{1}{2} - 1 = -\dfrac{1}{\xi^2}$，解得 $\xi = \sqrt{2}$．

　　由拉格朗日中值定理容易得到两个有用的推论．

推论 1　设函数 $y = f(x)$ 在 (a, b) 内可导，且 $f'(x) \equiv 0$，则 $f(x)$ 在该区间内是一个常值函数.

证　$\forall x_1, x_2 \in (a, b)$，不妨设 $x_1 < x_2$，因为 $f(x)$ 在闭区间 $[x_1, x_2]$ 上满足拉格朗日中值定理的条件，则有

$$f(x_2) - f(x_1) = f'(\xi)(x_2 - x_1) \quad (x_1 < \xi < x_2)$$

由假设有 $f'(\xi) = 0$，所以可得 $f(x_2) = f(x_1)$. 这就是说，在开区间 (a, b) 内任意两点的函数值都相等，所以，$f(x)$ 在区间 (a, b) 内是一个常值函数.

例 4.3　设 $x \in (-1, 1)$，证明 $\arcsin x + \arccos x = \dfrac{\pi}{2}$.

证　构造函数 $f(x) = \arcsin x + \arccos x$，则有

$$(\arcsin x)' = \frac{1}{\sqrt{1 - x^2}} \quad (-1 < x < 1)$$

$$(\arccos x)' = \frac{-1}{\sqrt{1 - x^2}} \quad (-1 < x < 1)$$

从而有 $f'(x) = (\arcsin x)' + (\arccos x)' = 0$，故 $f(x)$ 是一个常值函数.

为了确定这个常值函数的值，在 $(-1, 1)$ 中取一个 $x = \dfrac{1}{2}$，这时 $\arcsin \dfrac{1}{2} = \dfrac{\pi}{6}$，$\arccos \dfrac{1}{2} = \dfrac{\pi}{3}$，于是 $\arcsin \dfrac{1}{2} + \arccos \dfrac{1}{2} = \dfrac{\pi}{2}$.

故

$$\arcsin x + \arccos x = \frac{\pi}{2} \quad (x \in (-1, 1))$$

推论 2　如果函数 $f(x)$ 与 $g(x)$ 在开区间 (a, b) 内每一点导数 $f'(x)$ 与 $g'(x)$ 都相等，那么，这两个函数在 (a, b) 内至多相差一个常数.

推论 2 也可以写成：若在 (a, b) 内恒有 $f'(x) = g'(x)$，则有 $f(x) = g(x) + C$，其中 C 为常数.

事实上，由已知条件及导数运算性质可得：$[f(x) - g(x)]' = f'(x) - g'(x) = 0$，由推论 1 可知

$$f(x) - g(x) = C, \quad 即 \quad f(x) = g(x) + C$$

拉格朗日中值定理还可用来证明一些不等式.

例 4.4　证明不等式 $|\sin a - \sin b| \leqslant |a - b|$.

证　构造函数 $f(x) = \sin x$，则在区间 $[a, b]$ 上满足拉格朗日中值定理，有

$$\sin a - \sin b = \cos \xi (a - b) \quad (a < \xi < b)$$

故

$$|\sin a - \sin b| = |\cos \xi| \, |(a - b)| \leqslant |a - b|$$

例 4.5　当 $x > 0$ 时，试证不等式 $\dfrac{x}{1 + x} < \ln(1 + x) < x$.

证　构造辅助函数 $f(x) = \ln(1 + x)$，取区间 $[0, x]$，则 $f(x)$ 在区间 $[0, x]$ 上满足拉格朗日中值定理，因此知必定存在一点 $\xi \in (0, x)$，使得

$$f(x) - f(0) = \ln(1 + x) = f'(\xi) \cdot x$$

而 $f'(x) = \dfrac{1}{1 + x}$，则 $f'(\xi) = \dfrac{1}{1 + \xi}$，又因 $0 < \xi < x$，所以 $\dfrac{1}{1 + x} < \dfrac{1}{1 + \xi} < 1$，从而

$$\frac{x}{1+x} < \frac{x}{1+\xi} < x, \quad 即$$

$$\frac{x}{1+x} < \ln(1+x) < x$$

4.1.3　柯西中值定理

柯西(Cauchy)中值定理　设函数 $f(x)$，$g(x)$，满足：

(1) 在闭区间 $[a, b]$ 上都连续；

(2) 在开区间 (a, b) 内都可导；

(3) 在开区间 (a, b) 内 $g'(x) \neq 0$，则至少存在一点 $\xi \in (a, b)$，使得

$$\frac{f'(x)}{g'(x)} = \frac{f(b) - f(a)}{g(b) - g(a)}$$

在柯西中值定理中，若取 $g(x) = x$，则得到拉格朗日中值定理. 因此柯西中值定理可以看成拉格朗日中值定理的推广.

习　题　4.1

1. 下列函数在指定的区间上是否满足罗尔中值定理的条件？如果满足，求出定理结论中的数值 ξ.

(1) $f(x) = \dfrac{1}{x^2}$，$[-2, 2]$　　　　　　(2) $f(x) = x^2 - 4x + 4$，$[1, 3]$

(3) $f(x) = \sqrt{2x - x^2}$，$[0, 2]$　　　　(4) $f(x) = |x|$，$[-1, 1]$

2. 设 $f(x) = x(x-1)(x-2)(x-3)(x-5)$，判断 $f'(x) = 0$ 有几个实根，并指出这些根所在的区间.

3. 下列函数在给定区间上是否满足拉格朗日中值定理的条件？如果满足，求出定理结论中的数值 ξ.

(1) $f(x) = x^3 + 2x$，$[0, 3]$　　　　　(2) $f(x) = \sin x$，$\left[0, \dfrac{\pi}{2}\right]$

(3) $f(x) = \ln x$，$[1, e]$　　　　　　(4) $f(x) = \ln(1+x)$，$[0, 1]$

4. 证明下列不等式.

(1) 设 $0 < b \leqslant a$，证明 $\dfrac{a-b}{a} \leqslant \ln \dfrac{a}{b} \leqslant \dfrac{a-b}{b}$.

(2) 当 $a > b > 0$ 时，$nb^{n-1}(a-b) < a^n - b^n < na^{n-1}(a-b)$.

(3) 当 $x \in \left(0, \dfrac{\pi}{2}\right)$ 时，证明 $\dfrac{x}{1+x^2} < \arctan x < x$.

4.2　洛必达法则

在运用极限的运算法则求函数极限时，会遇到分子、分母同时趋于零或无穷大的情况，对这样的式子直接用商的极限运算法则求极限会遇到困难，这些极限我们称为"不定式"，分别记为 "$\dfrac{0}{0}$" 或 "$\dfrac{\infty}{\infty}$" 不定式.

例如求 $\lim\limits_{x\to 0}\dfrac{1-\cos x}{x^2}$，属于 "$\dfrac{0}{0}$" 型不定式，求 $\lim\limits_{x\to +\infty}\dfrac{\mathrm{e}^x}{x^n}(n\in \mathrm{N}^+)$，属于 "$\dfrac{\infty}{\infty}$" 型不定式.

利用柯西中值定理可以导出一种非常有效的求不定式极限的方法 —— 洛必达法则，它主要用于求 "$\dfrac{0}{0}$" 和 "$\dfrac{\infty}{\infty}$" 型不定式的极限.

4.2.1　"$\dfrac{0}{0}$" 型或 "$\dfrac{\infty}{\infty}$" 型的极限

对于 $\lim\limits_{x\to x_0}\dfrac{f(x)}{g(x)}$ 为 "$\dfrac{0}{0}$" 型不定式，有如下定理.

定理(洛必达(L'Hospital)法则)　设函数 $f(x)$，$g(x)$ 在 x_0 的左右两侧可导，且满足：

(1) $\lim\limits_{x\to x_0}f(x)=\lim\limits_{x\to x_0}g(x)=0$；

(2) $g'(x)\neq 0$；

(3) $\lim\limits_{x\to x_0}\dfrac{f'(x)}{g'(x)}=A$(或 ∞)，则

$$\lim_{x\to x_0}\frac{f(x)}{g(x)}=\lim_{x\to x_0}\frac{f'(x)}{g'(x)}$$

定理表明，如果 $\lim\limits_{x\to x_0}\dfrac{f(x)}{g(x)}$ 是 "$\dfrac{0}{0}$" 型不定式，而 $\lim\limits_{x\to x_0}\dfrac{f'(x)}{g'(x)}$ 存在或为 ∞，则两者相等，于是可通过计算 $\lim\limits_{x\to x_0}\dfrac{f'(x)}{g'(x)}$ 来求 $\lim\limits_{x\to x_0}\dfrac{f(x)}{g(x)}$，即

$$\lim_{x\to x_0}\frac{f(x)}{g(x)}=\lim_{x\to x_0}\frac{f'(x)}{g'(x)}$$

例 4.6　求极限 $\lim\limits_{x\to 0}\dfrac{\sin x}{x}$.

解　这是 "$\dfrac{0}{0}$" 型不定式，且满足洛必达法则条件，故有

$$\lim_{x\to 0}\frac{\sin x}{x}=\lim_{x\to 0}\frac{\cos x}{1}=1$$

例 4.7　求极限 $\lim\limits_{x\to 1}\dfrac{x^n-1}{x^m-1}$.

解　这是 "$\dfrac{0}{0}$" 型不定式，且满足洛必达法则条件，故有

$$\lim_{x\to 1}\frac{x^n-1}{x^m-1}=\lim_{x\to 1}\frac{nx^{n-1}}{mx^{m-1}}=\frac{n}{m}$$

例 4.8　求极限 $\lim\limits_{x\to 0}\dfrac{1-\cos x}{x^2}$

解　这是 "$\dfrac{0}{0}$" 型不定式，且满足洛必达法则条件，故有

$$\lim_{x\to 0}\frac{1-\cos x}{x^2}=\lim_{x\to 0}\frac{\sin x}{2x}=\frac{1}{2}$$

在使用洛必达法则时，如果 $\lim\limits_{x \to x_0} \dfrac{f'(x)}{g'(x)}$ 还是 "$\dfrac{0}{0}$" 型不定式，且函数 $f'(x)$ 与 $g'(x)$ 仍满足洛必达法则的条件，则可继续使用洛必达法则，即 $\lim\limits_{x \to x_0} \dfrac{f(x)}{g(x)} = \lim\limits_{x \to x_0} \dfrac{f'(x)}{g'(x)}$ $= \lim\limits_{x \to x_0} \dfrac{f''(x)}{g''(x)}$，且可依次继续下去.

例 4.9　求极限 $\lim\limits_{x \to 1} \dfrac{x^3 - 3x + 2}{x^3 - x^2 - x + 1}$.

解
$$\lim_{x \to 1} \frac{x^3 - 3x + 2}{x^3 - x^2 - x + 1}$$
$$= \lim_{x \to 1} \frac{3x^2 - 3}{3x^2 - 2x - 1}$$
$$= \lim_{x \to 1} \frac{6x}{6x - 2} = \frac{3}{2}$$

注意：上式中 $\lim\limits_{x \to 1} \dfrac{6x}{6x - 2}$ 已不是未定式，不能再对它使用洛必达法则，否则要导致错误的结果. 在反复使用洛必达法则的过程中，要特别注意验证每次所求的极限是不是未定式，如果不是未定式，就不能使用洛必达法则.

例 4.10　求极限 $\lim\limits_{x \to 0} \dfrac{e^x - \cos x}{x \sin x}$

解　这是 "$\dfrac{0}{0}$" 型不定式，且满足洛必达法则条件，故有
$$\lim_{x \to 0} \frac{e^x - \cos x}{x \sin x} = \lim_{x \to 0} \frac{e^x + \sin x}{\sin x + x \cos x} = \infty$$

对于洛必达法则的应用范围，我们不加证明地指出两点：
(1) 在定理中若 $x \to \pm \infty$，洛必达法则仍成立；
(2) 将定理中的条件(1)改为 $\lim f(x) = \lim g(x) = \infty$ 结论仍然成立，因此洛必达法则不仅适用于 "$\dfrac{0}{0}$" 不定型，也适用于 "$\dfrac{\infty}{\infty}$" 不定型求极限.

例 4.11　求极限 $\lim\limits_{x \to +\infty} \dfrac{\ln^2 x}{x}$.

解　这是 "$\dfrac{\infty}{\infty}$" 类型，应用洛必达法则.
$$\lim_{x \to +\infty} \frac{\ln^2 x}{x} = \lim_{x \to +\infty} \frac{2 \ln x}{x} = \lim_{x \to +\infty} \frac{2}{x} = 0$$

例 4.12　求极限 $\lim\limits_{x \to +\infty} \dfrac{x^2}{e^x}$.

解　这是 "$\dfrac{\infty}{\infty}$" 类型，应用洛必达法则
$$\lim_{x \to +\infty} \frac{x^2}{e^x} = \lim_{x \to +\infty} \frac{2x}{e^x} = \lim_{x \to +\infty} \frac{2}{e^x} = 0$$

例 4.13　求极限 $\lim\limits_{x \to 0} \dfrac{\ln \sin ax}{\ln \sin bx}$.

解
$$\lim_{x\to 0}\frac{\ln \sin ax}{\ln \sin bx}$$

$$=\lim_{x\to 0}\frac{a\cos ax \cdot \sin bx}{b\cos bx \cdot \sin ax}$$

$$=\lim_{x\to 0}\frac{\cos ax}{\cos bx}(用等价无穷小替换)$$

$$=1$$

例 4.14 求 $\lim\limits_{x\to\frac{\pi}{2}}\dfrac{\tan x}{\tan 3x}$.

解
$$\lim_{x\to\frac{\pi}{2}}\frac{\tan x}{\tan 3x}=\lim_{x\to\frac{\pi}{2}}\frac{\sec^2 x}{3\sec^2 3x}$$

$$=\frac{1}{3}\lim_{x\to\frac{\pi}{2}}\frac{\cos^2 3x}{\cos^2 x}=\frac{1}{3}\lim_{x\to\frac{\pi}{2}}\frac{-6\cos 3x\sin 3x}{-2\cos x\sin x}$$

$$=\lim_{x\to\frac{\pi}{2}}\frac{\sin 6x}{\sin 2x}=\lim_{x\to\frac{\pi}{2}}\frac{6\cos 6x}{2\cos 2x}=3$$

综上所述，在使用洛必达法则时应注意以下几点.

（1）洛必达法则只适用于"$\frac{0}{0}$"或"$\frac{\infty}{\infty}$"型的极限求法. 因此，每次用该法则时必须检查所求极限是否为"$\frac{0}{0}$"型或"$\frac{\infty}{\infty}$"型.

（2）如果 $\lim\dfrac{f'(x)}{g'(x)}$ 仍是"$\frac{0}{0}$"型或"$\frac{\infty}{\infty}$"型，则可继续使用洛必达法则.

（3）如果 $\lim\dfrac{f'(x)}{g'(x)}$ 不存在且不是 ∞，并不表明 $\lim\dfrac{f(x)}{g(x)}$ 不存在，只表明洛必达法则失效，这时应该用别的办法来求极限.

例如，求 $\lim\limits_{x\to 0}\dfrac{x^2\sin\frac{1}{x}}{\sin x}$ 极限，这是"$\frac{0}{0}$"型，如果用洛必达法则，有

$$\lim_{x\to 0}\frac{x^2\sin\frac{1}{x}}{\sin x}=\lim_{x\to 0}\frac{2x\sin\frac{1}{x}-\cos\frac{1}{x}}{\cos x}$$

导致不能确定极限存在与否，事实上，

$$\lim_{x\to 0}\frac{x^2\sin\frac{1}{x}}{\sin x}=\lim_{x\to 0}\left(\frac{x}{\sin x}\cdot x\cdot\sin\frac{1}{x}\right)$$

$$=\lim_{x\to 0}\frac{x}{\sin x}\cdot\lim_{x\to 0}x\cdot\sin\frac{1}{x}=1\cdot 0=0$$

*4.2.2 可化为"$\frac{0}{0}$"或"$\frac{\infty}{\infty}$"型的"$0\cdot\infty$"与"$\infty-\infty$"型的极限

1. "$0\cdot\infty$"型的极限

对于"$0\cdot\infty$"型极限，常见的求解方法是先将函数转化为"$\frac{0}{0}$"型或"$\frac{\infty}{\infty}$"型，

再用洛必达法则.

例 4.15 求极限 $\lim\limits_{x \to 0^+} x \ln x$.

解 这是"$0 \cdot \infty$"型,先将函数进行变形化为"$\dfrac{\infty}{\infty}$"型,再用洛必达法则,有

$$\lim_{x \to 0^+} x \ln x = \lim_{x \to 0^+} \frac{\ln x}{\frac{1}{x}} = \lim_{x \to 0^+} \frac{\frac{1}{x}}{-\frac{1}{x^2}} = \lim_{x \to 0^+} (-x) = 0$$

注意:此题若将"$0 \cdot \infty$"型化为"$\dfrac{0}{0}$"型,则增加解题困难.

$$\lim_{x \to 0^+} x \ln x = \lim_{x \to 0^+} \frac{x}{\frac{1}{\ln x}} = \lim_{x \to 0^+} \frac{1}{-\frac{1}{\ln^2 x} \cdot \frac{1}{x}}$$
$$= -\lim_{x \to 0^+} x \ln^2 x$$

结果还是"$0 \cdot \infty$"型,但比原题又增加了难度,由此看来,要根据简单要求转化.

2. "$\infty - \infty$"型的极限

对于"$\infty - \infty$"型极限,先将函数进行恒等变形(通分或有理化等)化为"$\dfrac{0}{0}$"型或"$\dfrac{\infty}{\infty}$"型,再用洛必达法则.

例 4.16 求极限 $\lim\limits_{x \to 1} \left(\dfrac{2}{x^2 - 1} - \dfrac{1}{x - 1} \right)$.

解 这是"$\infty - \infty$"型,

$$\lim_{x \to 1} \left(\frac{2}{x^2 - 1} - \frac{1}{x - 1} \right) = \lim_{x \to 1} \frac{1 - x}{x^2 - 1} = \lim_{x \to 1} \frac{-1}{2x} = -\frac{1}{2}$$

*4.2.3 "1^∞、0^0、∞^0"型的极限

这三种不定型,可借取对数法或者利用公式 $e^{\ln N} = N$,转为"$\dfrac{0}{0}$"或"$\dfrac{\infty}{\infty}$"型的极限来求.

例 4.17 求极限 $\lim\limits_{x \to 1} x^{\frac{1}{1-x}}$.

解 这是"1^∞"型,先设 $y = x^{\frac{1}{1-x}}$,然后取对数得

$$\ln y = \frac{1}{1 - x} \cdot \ln x = \frac{\ln x}{1 - x} \quad (\text{"}\frac{0}{0}\text{" 型})$$

用洛必达法则,有

$$\lim_{x \to 1} \ln y = \lim_{x \to 1} \frac{\ln x}{1 - x} = \lim_{x \to 1} \frac{\frac{1}{x}}{-1} = -1$$

$$\lim_{x \to 1} x^{\frac{1}{1-x}} = \lim_{x \to 1} e^{\ln y} = e^{\lim_{x \to 1} \ln y} = e^{-1}$$

例 4.18 求极限 $\lim\limits_{x \to 0^+} (\sin x)^{2x}$.

解　这是"0^0"型，直接利用公式 $\sin x = \mathrm{e}^{\ln \sin x}$，

$$\lim_{x \to 0^+}(\sin x)^{2x} = \lim_{x \to 0^+}\mathrm{e}^{2x\ln \sin x} = \mathrm{e}^{\lim\limits_{x \to 0^+}\frac{2\ln \sin x}{\frac{1}{x}}}$$

$$= \mathrm{e}^{\lim\limits_{x \to 0^+}\left(-2x^2 \cdot \frac{\cos x}{\sin x}\right)} = \mathrm{e}^{\lim\limits_{x \to 0^+}\left(-2x\cos x \cdot \frac{x}{\sin x}\right)}$$

$$= \mathrm{e}^0 = 1$$

例 4.19　求极限 $\lim\limits_{x \to \left(\frac{\pi}{2}\right)^-}(\tan x)^{2x-\pi}$.

解　这是"∞^0"型，因为 $(\tan x)^{2x-\pi} = \mathrm{e}^{(2x-\pi)\ln \tan x}$

于是

$$\lim_{x \to \left(\frac{\pi}{2}\right)^-}(2x-\pi)\ln \tan x = \lim_{x \to \left(\frac{\pi}{2}\right)^-}\frac{\ln \tan x}{\frac{1}{2x-\pi}}$$

$$= \lim_{x \to \left(\frac{\pi}{2}\right)^-}\frac{\frac{1}{\tan x} \cdot \frac{1}{\cos^2 x}}{\frac{-2}{(2x-\pi)^2}} = -\lim_{x \to \left(\frac{\pi}{2}\right)^-}\frac{(2x-\pi)^2}{\sin 2x}$$

$$= -\lim_{x \to \left(\frac{\pi}{2}\right)^-}\frac{4(2x-\pi)}{2\cos 2x} = 0$$

因此　　$$\lim_{x \to \left(\frac{\pi}{2}\right)^-}(\tan x)^{2x-\pi} = \lim_{x \to \left(\frac{\pi}{2}\right)^-}\mathrm{e}^{(2x-\pi)\ln \tan x} = \mathrm{e}^0 = 1$$

当然，求极限时洛必达法则可以与前面所学的求极限方法结合使用，需要在具体问题中灵活应用.

习　题　4.2

1. 用洛必达法则求下列极限.

(1) $\lim\limits_{x \to a}\dfrac{\sin x - \sin a}{x - a}$　　　　　(2) $\lim\limits_{x \to a}\dfrac{x^m - a^m}{x^n - a^n}(a \neq 0)$

(3) $\lim\limits_{x \to +\infty}\dfrac{\ln\left(1+\frac{1}{x}\right)}{\arctan x - \frac{\pi}{2}}$　　　(4) $\lim\limits_{x \to -\infty}\dfrac{\ln(\mathrm{e}^x+1)}{\mathrm{e}^x}$

(5) $\lim\limits_{x \to 0}x^2\dfrac{1}{\mathrm{e}^{x^2}}$　　　　　(6) $\lim\limits_{x \to 1}\left(\dfrac{x}{x-1}-\dfrac{x}{\ln x}\right)$

(7) $\lim\limits_{x \to 0}\dfrac{\tan x - x}{x^2\sin x}$　　　　(8) $\lim\limits_{x \to 0^+}\dfrac{\cot x}{\ln x}$

(9) $\lim\limits_{x \to +\infty}\dfrac{x^2+\ln x}{x\ln x}$　　　* (10) $\lim\limits_{x \to 0}\left(\dfrac{\mathrm{e}^x+\mathrm{e}^{2x}+\cdots+\mathrm{e}^{nx}}{n}\right)^{\frac{1}{x}}$

* (11) $\lim\limits_{x \to \frac{\pi}{2}}(\tan x)^{2x-\pi}$　　* (12) $\lim\limits_{x \to 0^+}x^{\sin x}$

* (13) $\lim\limits_{x \to \infty}\left(1-\dfrac{2}{x}\right)^{3x}$　　* (14) $\lim\limits_{x \to 0^+}\left(\dfrac{1}{x}\right)^{\tan x}$

2. 下列极限可否用洛必达法则求？如不能，请用其他方法来求.

(1) $\lim\limits_{x \to +\infty} \dfrac{e^x - e^{-x}}{e^x + e^{-x}}$ 　　　　　(2) $\lim\limits_{x \to \infty} \dfrac{x + \sin x}{x}$

(3) $\lim\limits_{x \to \infty} \dfrac{x - \sin x}{x + \sin x}$ 　　　　　(4) $\lim\limits_{x \to 0} \dfrac{e^x - \cos x}{x \sin x}$

3. 讨论函数 $f(x) = \begin{cases} \dfrac{\ln \cos (x-1)}{1 - \sin \dfrac{\pi}{2} x} & x \neq 1 \\ 1 & x = 1 \end{cases}$ 处 $x = 1$ 是否连续？若不连续，修改

$f(x)$ 在 $x = 1$ 处的定义，使之连续.

4. 问 c 取何值时，有极限 $\lim\limits_{x \to +\infty} \left(\dfrac{x+c}{x-c} \right)^x = 4$.

4.3　函数单调性的判别

前面我们已经介绍了函数单调的概念，然而直接根据定义来判定函数的单调性，对很多函数来说，一般来说是比较麻烦的. 下面我们利用拉格朗日中值定理，导出一个根据导数符号确定函数单调性的简便方法.

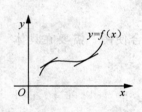 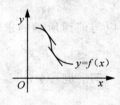

图 4 - 2

从图 4-2 可以看出：如果函数在某区间上单调增加（单调减少），则它的图形是随 x 的增大而上升（下降）的曲线，如果所给曲线每一点处都存在非铅直的切线，则曲线上各点处的切线斜率非负（非正），即 $f'(x) \geqslant 0$ $(f'(x) \leqslant 0)$.

反过来，我们能否用导数的符号来判断函数的单调性呢？有如下定理.

定理　设函数 $y = f(x)$ 在区间 $[a, b]$ 上连续，在 (a, b) 内可导.

(1) 如果在 (a, b) 内 $f'(x) > 0$，则函数 $f(x)$ 在 $[a, b]$ 上单调增加.

(2) 如果在 (a, b) 内 $f'(x) < 0$，则函数 $f(x)$ 在 $[a, b]$ 上单调减少.

证　$\forall x_1, x_2 \in (a, b)$，不妨设 $x_1 < x_2$，则函数 $f(x)$ 在 $[x_1, x_2]$ 应用拉格朗日中值定理，得

$$f(x_2) - f(x_1) = f'(\xi)(x_2 - x_1) \quad (x_1 < \xi < x_2)$$

如果在 (a, b) 内恒有 $f'(x) > 0$，必有 $f'(\xi) > 0$，又因 $x_2 - x_1 > 0$，则定有 $f(x_2) > f(x_1)$.

所以函数 $f(x)$ 在 $[a, b]$ 上单调增加.

同理，如果在 (a, b) 内 $f'(x) < 0$，可推出 $f(x)$ 在 $[a, b]$ 单调减少.

注意：(1) 定理中 $[a, b]$ 可换成任意区间，结论仍成立.

(2) 有的可导函数在某区间内的个别点处，导数等于零，但不影响定理判断其单调

性. 例如，幂函数 $y = x^3$，它的导数 $y' = 3x^2$，当 $x = 0$ 时，$y' = 0$，如图 4-3 所示，$y = x^3$ 在 $(-\infty, +\infty)$ 内是单调增加的.

例 4.20　判定函数 $f(x) = x - \sin x$ 在 $[0, 2\pi]$ 上的单调性.

解　因为 $f(x) = x - \sin x$ 在 $[0, 2\pi]$ 上连续，在 $(0, 2\pi)$ 内可导，且有

$$f'(x) = 1 - \cos x > 0$$

所以由定理知，$f(x) = x - \sin x$ 在 $[0, 2\pi]$ 上单调增加.

有时，函数在其整个定义域内并不具有单调性，但在其各个部分区间上却具有单调性，如图 4-4 所示，函数 $f(x)$ 在区间 $[a, x_1]$，$[x_2, b]$ 上单调增加，而在 $[x_1, x_2]$ 上单调减少，从图中看出单调区间的分界点是函数导数为零的点或不可导的点，即 $f'(x) = 0$ 或 $f'(x)$ 不存在，这些点将函数的定义域分成了若干单调区间.

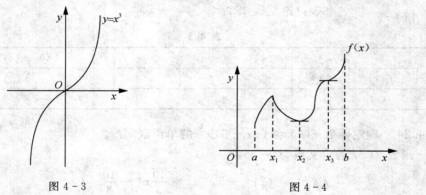

图 4-3　　　　　　　　　　　　　　　图 4-4

由此得到，确定函数单调区间的方法：

(1) 指出函数定义域，求出 $f'(x)$；

(2) 求出 $f'(x) = 0$ 的点或 $f'(x)$ 不存在的点；

(3) 这些点把定义域分成若干区间，在这些区间上根据导数的符号判断其单调性.

例 4.21　讨论函数 $f(x) = e^x - x - 1$ 的单调性.

解　函数 $f(x) = e^x - x - 1$ 的定义域为 $(-\infty, +\infty)$，

$f'(x) = e^x - 1$ 令，$f'(x) = 0$ 得 $x = 0$，见表 4.1.

表 4.1

x	$(-\infty, 0)$	$(0, +\infty)$
$f'(x)$	$-$	$+$
$f(x)$	↘	↗

例 4.22　确定函数 $f(x) = 2x^3 - 9x^2 + 12x - 3$ 的单调区间.

解　$f(x) = 2x^3 - 9x^2 + 12x - 3$ 的定义域为 $(-\infty, +\infty)$，

$$f'(x) = 6x^2 - 18x + 12 = 6(x-1)(x-2)$$

令 $f'(x) = 0$，得 $x_1 = 1$，$x_2 = 2$，这两个点将定义域 $(-\infty, +\infty)$ 分成三个区间，$(-\infty, 1]$，$[1, 2]$，$[2, +\infty)$，列表 4.2 讨论如下：

表 4.2

x	$(-\infty, 1)$	$(1, 2)$	$(2, +\infty)$
$f'(x)$	$+$	$-$	$+$
$f(x)$	↗	↘	↗

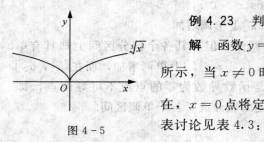

图 4 - 5

例 4.23　判断函数 $y = \sqrt[3]{x^2}$ 的单调性.

解　函数 $y = \sqrt[3]{x^2}$ 的定义域为 $(-\infty, +\infty)$，图形如图 4-5 所示，当 $x \neq 0$ 时，$y' = \dfrac{2}{3\sqrt[3]{x}}$. 当 $x = 0$ 时，函数的导数不存在，$x = 0$ 点将定义域分成两个区间 $(-\infty, 0)$，$(0, +\infty)$，列表讨论见表 4.3：

表 4.3

x	$(-\infty, 0)$	$(0, +\infty)$
$f'(x)$	$-$	$+$
$f(x)$	↘	↗

例 4.24　确定函数 $f(x) = (2x - 5)x^{\frac{2}{3}}$ 的单调区间.

解　函数 $f(x)$ 的定义域为 $(-\infty, +\infty)$

$$f'(x) = (2x^{\frac{5}{3}} - 5x^{\frac{2}{3}})' = \frac{10}{3}x^{\frac{2}{3}} - \frac{10}{3}x^{-\frac{1}{3}}$$

$$= \frac{10(x-1)}{3x^{\frac{1}{3}}}$$

当 $x = 1$ 时，$f'(x) = 0$；当 $x = 0$ 时，$f'(x)$ 不存在，这两个点将定义域分成三个区间列表讨论见表 4.4：

表 4.4

x	$(-\infty, 0)$	$(0, 1)$	$(1, +\infty)$
$f'(x)$	$+$	$-$	$+$
$f(x)$	↗	↘	↗

利用单调性证明不等式.

* 例 4.25　证明：当 $x > 0$ 时，$x > \ln(1 + x)$.

证明　令 $f(x) = x - \ln(1 + x)$，则

$$f'(x) = 1 - \frac{1}{1+x} = \frac{x}{1+x}$$

因为 $f(x)$ 在 $[0, +\infty)$ 上连续，且当 $x > 0$ 时，$f'(x) > 0$，所以 $f(x)$ 在区间 $[0, +\infty)$ 上单调增加.

又　$f(0) = 0 - \ln(1 + 0) = 0$，所以当 $x > 0$ 时，

$$f(x) > f(0) = 0$$

即　$x - \ln(1 + x) > 0$，因此 $x > \ln(1 + x)$

* 例 4.26　证明，当 $x > 1$ 时，$2\sqrt{x} > 3 - \dfrac{1}{x}$.

证明　令 $f(x) = 2\sqrt{x} - \left(3 - \dfrac{1}{x}\right)$，则 $f(x)$ 在 $[1, \infty)$ 上连续，且 $f(1) = 0$ 在 $(1,$ $\infty)$ 内，$f'(x) = \dfrac{1}{\sqrt{x}} - \dfrac{1}{x^2} = \dfrac{1}{x^2}(x\sqrt{x} - 1) > 0$，所以 $f(x)$ 在 $[0, +\infty)$ 上单调增加.

故当 $x > 1$ 时，$f(x) > f(1) = 0$，从而有当 $x > 1$ 时，$2\sqrt{x} > 3 - \dfrac{1}{x}$.

习　题　4.3

1. 判断函数 $f(x) = \tan x - x$ 在区间 $\left(-\dfrac{\pi}{2}, \dfrac{\pi}{2}\right)$ 内的单调性.

2. 判断 $f(x) = \ln\left(x + \sqrt{1 + x^2}\right) - x$ 的单调性.

3. 判断函数 $f(x) = \arctan x - x$ 的单调性.

4. 求下列函数的单调区间.

(1) $y = xe^x$　　　　　　　　　　　　　(2) $y = x^3 - x^2 - x$

(3) $y = \dfrac{3}{2 - x}$　　　　　　　　　　　(4) $y = (x - 1)(x + 1)^3$

(5) $y = 2x^2 - \ln x$　　　　　　　　　　(6) $y = e^{-x^2}$

*5. 证明下列不等式.

(1) $\ln(1 + x) > \dfrac{x}{1 + x}(x > 0)$　　　(2) $e^x > 1 + x(x \neq 0)$

(3) $x - \dfrac{x^3}{3} < \arctan x < x(x > 0)$　(4) $1 + \dfrac{x}{2} > \sqrt{1 + x}(x > 0)$

6. 证明方程 $\sin x = x$ 只有一个实数根.

4.4　函数的极值与最值

4.4.1　函数的极值

定义　设函数 $y = f(x)$ 在点 x_0 及附近有定义，如果对于该范围内的任意一点 $x(x \neq x_0)$，恒有 $f(x) < f(x_0)$（或 $f(x) > f(x_0)$），则 $f(x_0)$ 称为函数 $f(x)$ 的一个极大值（极小值），x_0 称为函数的极大值点（或极小值点）. 极大值、极小值都称为函数的极值.

关于函数的极值，有以下几点说明.

(1) 函数极大值和极小值的概念是局部的，就是说，如果 $f(x_0)$ 是函数 $f(x)$ 的一个极大值或极小值，那只是点 x_0 附近的一个局部范围来说，而最大值是就函数整个定义域而言的.

(2) 函数的极大值不一定比极小值大.

(3) 函数的极值点一定出现在区间的内部，在区间的端点处函数不能取得极值.

从图 4-6 中可以看出：在函数取得极值处，如果这一点有切线，那么切线一定是

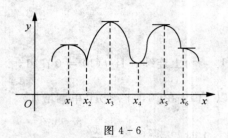

图 4 - 6

水平的，当然有水平切线的点不一定取得极值，没有切线的点也可能取得极值.

现在来讨论函数取得极值的必要条件和充分条件.

定理　设函数 $f(x)$ 在点 x_0 处可导，且在 x_0 处取得极值，则 $f'(x_0) = 0$.

使 $f'(x) = 0$ 的点，称为函数 $f(x)$ 的驻点或稳定点，由定理知，可导的函数极值点必为驻点或稳定点. 但反过来函数的驻点未必是极值点.

如 $f(x) = x^3$，图形如图 4-7 所示. $x = 0$ 是函数 $f(x) = x^3$ 的驻点，但它不是极值点. 另外，导数不存在的点也可能是函数的极值点，如 $f(x) = |x|$，图形如图 4-8 所示，$x = 0$ 是 $f(x) = |x|$ 不可导的点，却是它的极值点.

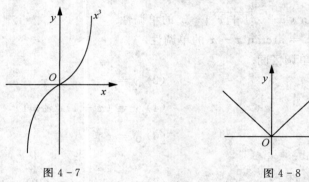

图 4 - 7　　　　　　　　　　　　　图 4 - 8

由必要条件知道，函数的极值点应在它的驻点和导数不存在的点中寻找，那么如何判断它们是不是函数的极值点呢？

定理（第一充分条件）　设函数 $f(x)$ 在 x_0 的附近（不包含 x_0 点）可导，则

(1) 如果当 $x < x_0$ 时，$f'(x) > 0$；当 $x > x_0$ 时，$f'(x) < 0$，那么 x_0 是 $f(x)$ 的极大值点，$f(x_0)$ 是 $f(x)$ 的极大值.

(2) 如果当 $x < x_0$ 时，$f'(x) < 0$，当 $x > x_0$ 时，$f'(x) > 0$，那么 x_0 是 $f(x)$ 的极小值点，$f(x_0)$ 是 $f(x)$ 的极小值.

(3) 如果在 x_0 的两侧，$f'(x)$ 的符号保持不变，那么 x_0 就不是 $f(x)$ 的极值点，$f(x)$ 在 x_0 处就没有极值.

上述定理也可简单地叙述成：当 x 在点 x_0 的附近渐增地经过 x_0 时，如果 $f'(x)$ 的符号由负变成正，那么 $f(x)$ 在 x_0 处取得极小值；如果 $f'(x)$ 的符号由正变成负，那么 $f(x)$ 在 x_0 处取得极大值；如果 $f'(x)$ 的符号不改变，那么 $f(x)$ 在 x_0 处没有极值.

由上述必要条件和第一充分条件，可以得到求函数极值的一般步骤：

(1) 求出函数的定义域；

(2) 求出导数 $f'(x)$；

(3) 求出 $f(x)$ 在定义域内的全部驻点及导数不存在的点；

(4) 用上述求出的点将函数的定义域分成若干子区间，考察每个区间内 $f'(x)$ 的符号，用第一充分条件确定这些点是否为极值点，如果是，还要确定该点是极大值点还是极小值点，并求出相应的极值.

例 4. 27 求函数 $f(x) = x^3 + 3x^2 - 8$ 的极值.

解 函数 $f(x)$ 的定义域是 $(-\infty, +\infty)$,

$$f'(x) = 3x^2 + 6x = 3x(x+2)$$

令 $f'(x) = 0$,求得驻点 $x_1 = 0$,$x_2 = -2$,且无不可导的点.

$x_1 = 0$,$x_2 = -2$ 将函数的定义域分成三个部分：$(-\infty, -2)$,$(-2, 0)$,$(0, +\infty)$,列表讨论见表 4.5：

表 4.5

x	$(-\infty, -2)$	-2	$(-2, 0)$	0	$(0, +\infty)$
$f'(x)$	+	0	−	0	+
$f(x)$	↗	极大值 -4	↘	极小值 -8	↗

由上表知,函数的极大值 $f(-2) = -4$,极小值 $f(0) = -8$

例 4. 28 求函数 $f(x) = (x-4)\sqrt[3]{(x+1)^2}$ 的极值.

解 函数 $f(x)$ 的定义域为 $(-\infty, +\infty)$

$$f'(x) = \frac{5(x-1)}{3\sqrt[3]{x+1}}$$

令 $f'(x) = 0$,得 $x = 1$,另外,$x = -1$ 为不可导点.

列表讨论见表 4.6：

表 4.6

X	$(-\infty, -1)$	-1	$(-1, 1)$	1	$(1, +\infty)$
$f'(x)$	+	不可导	−	0	+
$f(x)$	↗	极大值 0	↘	极小值 $-3\sqrt[3]{4}$	↗

所以函数的极大值 $f(-1) = 0$,极小值 $f(1) = -3\sqrt[3]{4}$.

当函数 $f(x)$ 在驻点处的二阶导数存在且不为零时,也可用下列定理来判断它是极大值还是极小值.

定理(第二充分条件) 设函数 $f(x)$ 在 x_0 处具有二阶导数且 $f'(x_0) = 0$,$f''(x_0) \neq 0$,则 (1) 当 $f''(x_0) < 0$ 时,函数 $f(x)$ 在 x_0 处取得极大值；

(2) 当 $f''(x_0) > 0$ 时,函数 $f(x)$ 在 x_0 处取得极小值；

(3) 如果 $f''(x_0) = 0$,第二充分条件失效.

例 4. 29 求函数 $f(x) = x^3 + 3x^2 - 24x - 20$ 的极值.

解 $f'(x) = 3x^2 + 6x - 24$
$= 3(x+4)(x-2)$

令 $f'(x) = 0$ 得驻点 $x_1 = -4$,$x_2 = 2$,

又 $f''(x) = 6x + 6$,

所以 $f''(-4) = -18 < 0$,故极大值为 $f(-4) = 60$.

$f''(2) = 18 > 0$,故极小值为 $f(2) = -48$.

例 4. 30 求函数 $f(x) = (x^2-1)^3 + 1$ 的极值.

解 函数 $f(x)$ 的定义域为 $(-\infty, +\infty)$

$$f'(x) = 3(x^2-1)^2 2x = 6x(x^2-1)^2$$

令　$f'(x)=0$ 得驻点 $x_1=-1$, $x_2=0$, $x_3=1$

又　$f''(x)=6[(x^2-1)^2+2x(x^2-1)2x]=6(x^2-1)(5x^2-1)$

因为 $f''(0)=6>0$，故 $f(x)$ 在 $x=0$ 处取得极小值，极小值为 $f(0)=0$.

又因为 $f''(-1)=f''(1)=0$，因此第二充分条件失效. 再用第一充分条件列表讨论见表 4.7.

表 4.7

X	$(-\infty,-1)$	-1	$(-1,0)$	$(0,1)$	1	$(1,+\infty)$
$f'(x)$	$-$	0	$-$	$+$	0	$+$
$f(x)$	↘	无极值	↘	↗	无极值	↗

函数 $f(x)=(x^2-1)^3+1$ 的图形如图 4-9 所示.

4.4.2　函数的最值

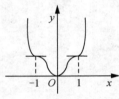
图 4-9

在实际问题上，常常会遇到这样一类问题：在一定条件下，怎样使"产品最多"、"用料最省"、"成本最低"、"效率最高"等，这类问题在数学上有时可归结为求某一函数（通常为目标函数）的最大值或最小值问题.

如前所述函数的最值与极值是两个不同的概念，极值的概念是局部的，而最值的概念是全局的，但是求最值往往借助于极值. 假定函数 $y=f(x)$ 在闭区间 $[a,b]$ 上连续，由闭区间上连续函数的性质知，$f(x)$ 在 $[a,b]$ 上一定存在最大值和最小值. 显然 $f(x)$ 在闭区间 $[a,b]$ 上的最大值和最小值只能在闭区间内的极值点和区间端点处取得. 因此，可以先求出一切可能的极值点（即驻点和导数不存在的点）处的函数值及端点处的函数值，再比较这些值的大小，其中最大的是函数的最大值，最小的是函数的最小值.

例 4.31　求函数 $f(x)=x^3-3x^2-9x+5$ 在 $[-2,6]$ 上的最大值与最小值.

解　$f'(x)=3x^2-6x-9=3(x+1)(x-3)$，令 $f'(x)=0$ 得驻点：$x_1=-1$, $x_2=3$.

而　$f(-1)=10$, $f(3)=-22$, $f(-2)=3$, $f(6)=59$, 比较可得 $f(x)$ 在 $[-2,6]$ 上的最大值是 $f(6)=59$，最小值是 $f(3)=-22$.

如果函数 $f(x)$ 在一个区间（有限、无限、开或闭）内可导，且有唯一的极值点 x_0，则当 $f(x_0)$ 是极大值时，$f(x_0)$ 是 $f(x)$ 在该区间上的最大值，当 $f(x_0)$ 是极小值时，$f(x_0)$ 就是 $f(x)$ 在该区间上的最小值，如图 4-10 所示.

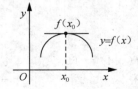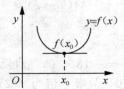
图 4-10

例 4.32　求函数 $f(x) = \dfrac{x}{x^2+1}(x>0)$ 的最值.

解　函数 $f(x)$ 的定义域为 $(0, +\infty)$.

因为 $f'(x) = -\dfrac{x^2-1}{(x^2+1)^2} = -\dfrac{(x-1)(x+1)}{(x^2+1)^2}$，令 $f'(x)=0$，得定义域内唯一驻点 $x=1$，当 $x>1$ 时，$f'(x)<0$；当 $0<x<1$ 时，$f'(x)>0$，所以 $f(1)=\dfrac{1}{2}$ 是函数的极大值，也就是函数 $f(x)$ 的最大值，无最小值.

而在实际问题中，如果函数 $f(x)$ 在某区间内只有一个可能极值点（驻点或导数不存在的点），而且从实际问题本身又可以知道 $f(x)$ 在该区间内一定存在最大值或最小值，那么函数在该点处的值就是所要求的最大值或最小值.

例 4.33　铁路线上 AB 段的距离为 100km，工厂 C 距 A 处为 20km，AC 垂直于 AB（如图 $4-11$ 所示），为了运输需要，要在 AB 沿线选定一点 D 向工厂修筑一条公路. 已知铁路每公里货运的运费与公路上每公里货运的运费之比为 $3:5$，为了使货物从供应站 B 运到工厂 C 的运费最省，问 D 点应选在何处？

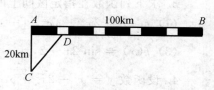

图 $4-11$

解　设 $AD = x$ km

则　$DB = (100-x)$km，$CD = \sqrt{20^2+x^2}$ km

设从 B 到 C 需要的总运费为 y，那么运费函数为

$$y = 5k \cdot CD + 3k \cdot DB$$
$$= 5k\sqrt{400+x^2} + 3k(100-x) \quad (0 \leqslant x \leqslant 100)(k \text{ 是某个正数})$$
$$y' = k\left(\frac{5x}{\sqrt{400+x^2}} - 3\right), \text{ 令 } y'=0, \ x=15$$

由实际问题意义可知当 $AD=15$ 时，运费最省.

例 4.34　设某企业生产的一种产品的市场需求量 q（件）为其价格 p（元）的函数 $q(p)=12000-80p$，在产销平衡的情况下，其总成本函数为 $C(q)=25000+50q$，又每件产品的纳税额为 1 元. 问当 p 为多少时所获的利润最大，最大利润为多少？

解　企业的收益函数为：$R(p) = p \cdot q(p)$

故利润函数为

$$L(p) = R(p) - C(q) - 1 \cdot q$$
$$= p \cdot (12000-80p) - [25000+50 \times (12000-80p)] - (12000-80p)$$
$$= -80p^2 + 16080p - 637000 \quad (p>0)$$

$L'(p) = -160p + 16080$，令 $L'(p)=0$ 得唯一驻点 $p=100.5$.

由实际问题意义可知，当每件产品定价为 100.5 元时，企业获得利润最大，最大利润为 171020 元.

习 题 4.4

1. 求下列函数的极值.

(1) $y = x^3 - 3x^2 + 7$ (2) $y = x^2 e^{-x}$

(3) $y = x + \sqrt{1 - x}$ (4) $y = \dfrac{x}{\ln x}$

(5) $y = (x - 2)^2 \sqrt[3]{x^2}$ (6) $y = 2e^x + e^{-x}$

2. 如果函数 $f(x) = a\sin x + \dfrac{1}{3}\sin 3x$ 在 $x = \dfrac{\pi}{3}$ 处取得极值, 求 a 的值, 它是极大值还是极小值? 并求此极值.

3. 求下列函数在指定区间上的最大值和最小值.

(1) $f(x) = 2x^3 - 3x^2$, $[-1, 4]$ (2) $f(x) = 3x^3 - 9x + 5$, $[-2, 2]$

(3) $f(x) = \sin 2x - 2$, $\left[-\dfrac{\pi}{2}, \dfrac{\pi}{2}\right]$ (4) $f(x) = \dfrac{x^2}{1+x}$, $\left[-\dfrac{1}{2}, 2\right]$

4. 设函数 $y = x^4 - 2x^2 + 5$ $(x > 0)$, 问 y 在何处取得最小值, 并求此最小值.

5. 一船在航行中的燃料费与其速度 v 的立方成正比, 已知 $v = 10$ 公里/小时时, 燃料费是 6 元/小时, 而其他与 v 无关的费用是 96 元/小时. 问 v 为何值时可使航行每公里所需费用的总和最小?

6. 某厂生产某种产品, 其固定成本为 100 元, 每多生成一件产品成本增加 6 元, 又知该产品的需求函数为 $q = 1000 - 100p$. 问产量为多少时可使利润最大, 最大利润是多少?

7. 某厂生产某种商品, 其年销售量为 10 万件, 每批生产需要增加准备费 100 元, 而每件商品的库存费为 0.05 元. 如果销售量是均匀的, 问应分几批生产, 可使生产准备费与库存费之和最少?

4.5 函数图形的凹向与拐点

4.5.1 曲线的凹向与拐点

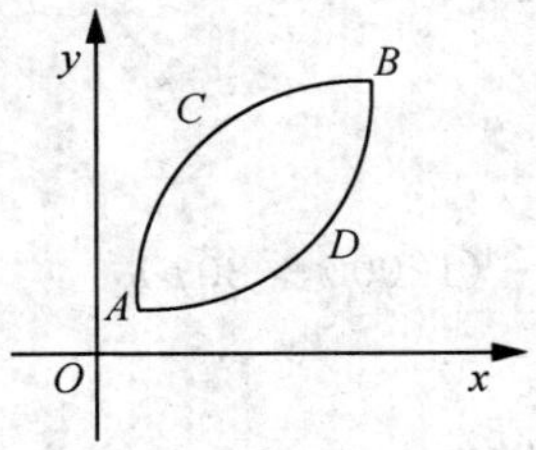

图 4 - 12

前面我们利用导数研究了函数的单调性, 但同样是单调增加的函数, 它们的图形却会有不同的弯曲状况. 例如, 图 4 - 12 所示中有两条曲线弧, 虽然它们都是上升的曲线弧, 但它们的弯曲情况却不同, $\overset{\frown}{ACB}$ 是上凸的曲线弧, 而 $\overset{\frown}{ADB}$ 是下凸的曲线弧, 因此我们有必要对曲线的弯曲方向进行研究. 下面我们来研究曲线的凹向性及判别法.

定义 设曲线 $y = f(x)$ 在 (a, b) 内各点都有切线, 如果曲线上每一点的切线都在它的下方, 则称曲线 $y = f(x)$ 在 (a, b) 内是凹的, 也称 (a, b) 为曲线 $y = f(x)$ 的凹区间; 如果曲线上每一点处的切线都在它的上方, 则称曲线 $y = f(x)$ 在 (a, b) 内是凸的, 也称 (a, b) 为曲线 $y = f(x)$ 的凸区间.

如何判定曲线的凹凸呢?

从图 4-13 可以看出,在下凸弧上各点处的切线斜率随着 x 的增加而增加,这说明 $f'(x)$ 为单调增函数;而在上凸弧上个点处的切线斜率随着 x 增加而减少,这说明 $f'(x)$ 为单调减函数,因此我们可以有以下定理来判定曲线的凸凹性.

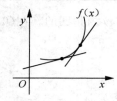 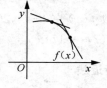

图 4-13

定理　设函数 $y=f(x)$ 在 (a,b) 内具有二阶导数,那么

(1) 如果在 (a,b) 内 $f''(x)>0$,则曲线 $y=f(x)$ 在 (a,b) 内是凹的(也称下凸的);

(2) 如果在 (a,b) 内 $f''(x)<0$,则曲线 $y=f(x)$ 在 (a,b) 内是凸的(也称上凸的).

例 4.35　讨论曲线 $f(x)=x^3$ 的凹凸性.

解　函数 $f(x)$ 的定义域为 $(-\infty,+\infty)$

$$f'(x)=3x^2,\ f''(x)=6x$$

当 $x<0$ 时,$f''(x)<0$,曲线在区间 $(-\infty,0)$ 内是凸的;

当 $x>0$ 时,$f''(x)>0$,曲线在区间 $(0,+\infty)$ 内是凹的;

当 $x=0$ 时,$f''(0)=0$,且点 $(0,0)$ 是曲线上由凸变凹的分界点.

例 4.36　讨论曲线 $f(x)=(x-1)^{\frac{1}{3}}$ 的凹凸性.

解　函数 $f(x)$ 的定义域是 $(-\infty,+\infty)$

当 $x\neq 1$ 时,$f'(x)=\dfrac{1}{3\sqrt[3]{(x-1)^2}}$,$f''(x)=-\dfrac{2}{9(x-1)\sqrt[3]{(x-1)^2}}$

所以,当 $x<1$ 时,$f''(x)>0$,$f(x)$ 在 $(-\infty,1)$ 内是凹的,当 $x>1$ 时,$f''(x)<0$,$f(x)$ 在 $(1,+\infty)$ 内是凸的.

显然,$x=1$ 时 $f''(x)$ 不存在.点 $(1,0)$ 是曲线 $f(x)$ 上由凹变凸的分界点.

一般地,连续曲线弧上凹弧与凸弧的分界点称为曲线的拐点.

由于拐点是曲线凹凸性的分界点,所以拐点左右两侧 $f''(x)$ 必然异号,因此,曲线 $y=f(x)$ 拐点的横坐标 x_0,只可能是使 $f''(x)=0$ 的点或 $f''(x)$ 不存在的点,从而可得如下求拐点的方法:

(1) 确定函数的定义域;

(2) 求出使 $f''(x)=0$ 的点和 $f''(x)$ 不存在的点;

(3) 判断这些点两侧 $f''(x)$ 的符号来确定是否为拐点.

例 4.37　求函数 $f(x)=x^4-4x^3+2x-5$ 的凹凸区间及拐点.

解　函数 $f(x)$ 的定义域为 $(-\infty,+\infty)$

$$f'(x)=4x^3-12x^2+2,\ f''(x)=12x^2-24x=12x(x-2)$$

令 $f''(x)=0$,得 $x_1=0$,$x_2=2$.

列表讨论见表 4.8:

表 4.8

x	$(-\infty, 0)$	0	$(0, 2)$	2	$(2, +\infty)$
$f''(x)$	+	0	−	0	+
$f(x)$	凹	拐点	凸	拐点	凹

由上表知，函数 $f(x)$ 在$(-\infty, 0)$与$(2, +\infty)$内是凹的，在$(0, 2)$内是凸的，拐点分别为$(0, -5)$，$(2, -17)$.

∗4.5.2　曲线的渐近线

定义　当曲线 C 上一动点 P 沿曲线远离坐标原点时，点 P 与某一固定直线 L 的距离趋于零，那么直线 L 就称为曲线 C 的一条渐近线.

1. 水平渐近线

如果 $\lim\limits_{x \to \infty} f(x) = b$(有时仅当$x \to +\infty$或$x \to -\infty$)，则直线 $y = b$ 就是曲线 $y = f(x)$ 的水平渐近线.

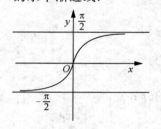

图 4-14

例 4.38　求曲线 $y = \arctan x$ 的水平渐近线.

解　因为 $\lim\limits_{x \to -\infty} \arctan x = -\dfrac{\pi}{2}$，

$$\lim\limits_{x \to +\infty} \arctan x = \dfrac{\pi}{2}$$

所以直线 $y = -\dfrac{\pi}{2}$ 与 $y = \dfrac{\pi}{2}$ 是曲线 $y = \arctan x$ 的两条水平渐近线，如图 4-14 所示.

2. 垂直渐近线

如果 $\lim\limits_{x \to a} f(x) = \infty$(有时仅当$x \to a^+$或$x \to a^-$)，那么直线 $x = a$ 就是曲线 $y = f(x)$ 的垂直渐近线(或铅直渐近线).

例如，$y = \ln x$，因为 $\lim\limits_{x \to 0^+} \ln x = -\infty$，所以 $x = 0$ 是 $y = \ln x$ 的一条垂直渐近线.

例 4.39　求曲线 $y = \dfrac{1}{(x+2)(x-3)}$ 的垂直渐近线.

解　因为 $\lim\limits_{x \to -2} \dfrac{1}{(x+2)(x-3)} = \infty$

$$\lim\limits_{x \to 3} \dfrac{1}{(x+2)(x-3)} = \infty$$

所以 $x = -2$，$x = 3$ 是曲线 $y = \dfrac{1}{(x+2)(x-3)}$ 的两条垂直渐近线.

∗4.5.3　函数图形的描绘

结合以上各节对函数性态的讨论，总结出描绘函数图形的一般步骤为：

(1) 确定函数的定义域；

(2) 讨论函数的奇偶性、周期性(若函数具有这两个性质，则可利用图像的对称性和周期性缩小作图范围）；

(3) 确定函数的极值点及增减区间，拐点与凹凸区间；

(4) 考察曲线的渐近线；

(5) 考察曲线与坐标轴的交点以及容易得到的特殊点；

(6) 根据上述讨论的结果，大体描出函数的图形．

例 4.40 描绘函数 $f(x) = x^3 - x^2 - x + 1$ 的图形．

解 函数 $f(x)$ 的定义域为 $(-\infty, +\infty)$

$$f'(x) = 3x^2 - 2x - 1 = (3x+1)(x-1)$$
$$f''(x) = 6x - 2 = 2(3x-1)$$

令 $f'(x) = 0$ 得 $x = -\dfrac{1}{3}$，$x = 1$.

令 $f''(x) = 0$ 得 $x = \dfrac{1}{3}$.

列表讨论见表 4.9：

表 4.9

x	$\left(-\infty, -\dfrac{1}{3}\right)$	$-\dfrac{1}{3}$	$\left(-\dfrac{1}{3}, \dfrac{1}{3}\right)$	$\dfrac{1}{3}$	$\left(\dfrac{1}{3}, 1\right)$	1	$(1, +\infty)$
$f'(x)$	+	0	−	−	−	0	+
$f''(x)$	−	−	−	0	+	+	+
$f(x)$	↗	极大值 $\dfrac{32}{27}$	↘	拐点 $\left(\dfrac{1}{3}, \dfrac{16}{27}\right)$	↘	极小值零	↗

补充点：$A(-1, 0)$，$B(0, 1)$

所示，函数 $f(x)$ 的图形如图 4-15 所示．

例 4.41 描绘函数 $\varphi(x) = \dfrac{1}{\sqrt{2\pi}} e^{-\frac{x^2}{2}}$ 的图形．

解 函数 $\varphi(x)$ 的定义域为 $(-\infty, +\infty)$

$0 \leqslant \varphi(x) \leqslant \dfrac{1}{\sqrt{2\pi}}$，是偶函数，图形关于 y 轴对称．

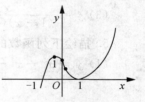

图 4-15

$$\varphi'(x) = -\frac{x}{\sqrt{2\pi}} e^{-\frac{x^2}{2}}, \quad \varphi''(x) = \frac{(x+1)(x-1)}{\sqrt{2\pi}} e^{-\frac{x^2}{2}}$$

令 $\varphi'(x) = 0$ 得 $x = 0$

令 $\varphi''(x) = 0$ 得 $x = -1$，$x = 1$

列表讨论见表 4.10：

表 4.10

x	$(-\infty, -1)$	-1	$(-1, 0)$	0	$(0, 1)$	1	$(1, +\infty)$
$\varphi'(x)$	+	+	+	0	−	−	−
$\varphi''(x)$	+	0	−	−	−	0	+
$\varphi(x)$	↗	拐点 $\left(-1, \dfrac{1}{\sqrt{2\pi e}}\right)$	↗	极大值 $\dfrac{1}{\sqrt{2\pi}}$	↘	拐点 $\left(1, \dfrac{1}{\sqrt{2\pi e}}\right)$	↘

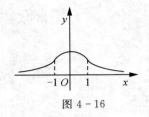

图 4 - 16

因为 $\quad\lim_{x\to\infty}\varphi(x) = \lim_{x\to\infty}\dfrac{x}{\sqrt{2\pi}}\mathrm{e}^{-\frac{x^2}{2}} = 0$

所以曲线的水平渐近线为 $y = 0$

函数 $\varphi(x) = \dfrac{x}{\sqrt{2\pi}}\mathrm{e}^{-\frac{x^2}{2}}$ 的图形如图 4 - 16 所示.

习　题　4.5

1. 判断下列曲线的凹凸性.

(1) $y = x + \dfrac{1}{x}$ 　　　　　　　　　　(2) $y = x\arctan x$

(3) $y = x\ln x$ 　　　　　　　　　　(4) $y = \dfrac{2}{3}x - \sqrt[3]{x}$

2. 求下列曲线的凸凹区间与拐点.

(1) $y = 3x^4 - 4x^3 + 1$ 　　　　　　(2) $y = x\mathrm{e}^{-x}$

(3) $y = \dfrac{36x}{(x+3)^2} + 1$ 　　　　　　(4) $y = \ln(x^2 - 1)$

3. 已知曲线 $y = ax^3 + bx^2 + x + 2$ 有一个拐点$(-1,3)$，求 a，b 值.

*4. 求下列曲线的水平或垂直渐近线.

(1) $y = x + \dfrac{\ln x}{x}$ 　　　　　　　(2) $y = \mathrm{e}^{-\frac{1}{x}}$

(3) $y = \dfrac{x}{(1-x)(1+x)}$ 　　　　　(4) $y = \dfrac{\mathrm{e}^x}{1+x}$

*5. 描绘下列函数的图形.

(1) $y = x^3 - x^2 - x + 1$ 　　　　　(2) $y = \ln(x^2 + 1)$

4.6　导数在经济分析中的应用

4.6.1　边际分析

在经济学中，习惯上，用平均和边际这两个概念来描述一个经济变量 y 相对于另外一个经济变量 x 的变化. 概念"平均"表示 y 在自变量 x 的某一个范围内的平均值，概念"边际"表示当 x 的改变量 Δx 趋于零时，y 的相对改变量 Δy 与 Δx 的比值 $\dfrac{\Delta y}{\Delta x}$ 的变化，即当 x 在某一给定值附近有微小变化时 y 的瞬时变化，也就是 y 对 x 的导数. 其实际意义是：当 x 改变一个单位时，y 对应改变 y' 个单位.

1. 边际成本

设生产某种产品数量 q 时所需要的总成本函数为 $C = C(q)$，则边际成本函数为：

$$C' = C'(q)\left(或\dfrac{\mathrm{d}C'(q)}{\mathrm{d}q}\right)$$

通常记作 MC，即 $MC = C'(q)$.

例 4.42 一企业某产品的日生产能力为 500 台，每日产品的总成本（单位：万元）是日产量 q（单位：台）的函数：$C(q) = 400 + 2q + 5\sqrt{q}$，$q \in [0, 500]$，求：

(1) 产量为 400 台时的总成本；

(2) 产量为 400 台时的平均成本；

(3) 当产量由 400 台增加到 484 台时，总成本的平均变化率；

(4) 产量为 400 台时的边际成本.

解 (1) 总成本 $C(400) = 400 + 2 \times 400 + 5\sqrt{400} = 1300$（万元）

(2) 平均成本 $\dfrac{C(400)}{400} = \dfrac{1300}{400} \approx 3.25$（万元／台）

(3) 总成本平均变化率为 $\dfrac{\Delta C}{\Delta q} = \dfrac{C(484) - C(400)}{484 - 400} = \dfrac{1478 - 1300}{84} \approx 2.119$（万元／台）

(4) $MC = C'(q) = 2 + \dfrac{5}{2\sqrt{q}}$

所以产量为 400 台时的边际成本为

$$C'(400) = 2.125（万元／台）$$

2. 边际收入

设销售某种产品数量 q 时的总收入函数为 $R = R(q)$，则边际收入函数 $R' = R'(q)\left(\text{或}\left(\dfrac{\mathrm{d}R(q)}{\mathrm{d}q}\right)\right)$ 为，记作 MR，即 $MR = R'(q)$.

例 4.43 设某产品的需求函数为 $P = 20 - \dfrac{q}{5}$，其中 p 为价格，q 为销量，求销售量为 15 个单位时的总收入、平均收入与边际收入，并求当销售量从 15 个单位增加到 20 个单位时，收入的平均变化率.

解 总收入函数为 $R(q) = pq = \left(20 - \dfrac{q}{5}\right) \cdot q = 20q - \dfrac{q^2}{5}$

故销售量为 15 个单位时，

总收入 $\qquad\qquad R(15) = 20 \times 15 - \dfrac{15^2}{5} = 255$

平均收入 $\qquad\qquad \dfrac{R(15)}{15} = \dfrac{255}{15} = 17$

边际收入 $\qquad\qquad R'(15) = \left(20 - \dfrac{2q}{5}\right)\Big|_{q=15} = 14$

收入的平均变化率

$$\dfrac{\Delta R}{\Delta q} = \dfrac{R(20) - R(15)}{20 - 15} = \dfrac{320 - 255}{5} = 13$$

3. 边际利润

设销售某种产品数量 q 时的利润函数为 $L = L(q)$，则边际利润为 $L' = L'(q)\left(\text{或}\left(\dfrac{\mathrm{d}L(q)}{\mathrm{d}q}\right)\right)$，记作 ML，即 $ML = L'(q)$.

因为利润函数 $L(q) = R(q) - C(q)$

所以由导数的运算法则知

$$L'(q) = R'(q) - C'(q)$$

例 4.44 某煤炭公司每天生产煤 q 吨的总成本函数为 $C(q) = 2000 + 450q + 0.02q^2$,如果每吨销售价为 490 元,求:

(1) 边际成本函数 $C'(q)$;

(2) 利润函数 $L(q)$ 及边际利润函数 $L'(q)$;

(3) 边际利润为 0 时的产量.

解 (1) 因为 $C(q) = 2000 + 450q + 0.02q^2$

所以 $C'(q) = 450 + 0.04q$

(2) 因为总收入 $R(q) = pq = 490q$

所以利润函数 $L(q) = R(q) - C(q) = -0.02q^2 + 40q - 2000$

边际利润函数 $L'(q) = -0.04q + 40$

(3) 边际利润为零 0,即 $L'(q) = -0.04q + 40 = 0$

可得 $q = 1000$(吨)

4.6.2 弹性分析

我们在边际分析中讨论的函数变化率与函数改变量均属于绝对数范围内的讨论,在经济问题中,仅仅用绝对数的概念是不足以深入分析问题的. 例如,甲商品每单位价格是 5 元,涨价 1 元;乙商品单位价格为 200 元,也涨价 1 元,两种商品价格的绝对改变量都是 1 元,哪个商品的涨价幅度更大呢?显然甲商品的涨价幅度更大. 为此,我们有必要研究函数的相对改变量与相对变化率.

设函数 $y = f(x)$ 在 x 处可导,则函数的相对改变量 $\dfrac{\Delta y}{y} = \dfrac{f(x + \Delta x) - f(x)}{f(x)}$ 与自变量的相对改变量 $\dfrac{\Delta x}{x}$ 之比 $\dfrac{\Delta y}{y} \Big/ \dfrac{\Delta x}{x}$,称为函数 $f(x)$ 从 x 到 $x + \Delta x$ 两点间的弹性. 当 $\Delta x \to 0$ 时,$\dfrac{\Delta y}{y} \Big/ \dfrac{\Delta x}{x}$ 的极限 $\dfrac{x}{y} f'(x)$ 称为 $f(x)$ 在 x 处的弹性. 在经济学中,设某种商品的市场需求量为 q,价格为 p,需求函数 $q = q(p)$ 可导,则称 $E_p = \dfrac{p}{q(p)} \cdot q'(p)$ 为该商品的需求价格弹性,简称需求弹性.

由导数的定义可得

$$E_p = \frac{p}{q(p)} \cdot q'(p) = \frac{\mathrm{d}q}{q} \Big/ \frac{\mathrm{d}p}{p} \approx \frac{\Delta q}{q} \Big/ \frac{\Delta p}{p}$$

从而

$$\frac{\Delta q}{q} \approx E_p \frac{\Delta p}{p}$$

由此可知,需求弹性 E_p 表示某种商品需求量 q 对价格 p 变化的敏感程度. 因为,需求函数为价格的递减函数,即需求弹性 E_p 一般为负值,所以其经济含义为:当某种商品的价格下降(或上升)1% 时,某需求量将增加(或下降)$|E_p|$%. 当我们比较商品需求弹性的大小时,通常是比较其弹性绝对值 $|E_p|$ 的大小. 当我们说某种商品的需求

弹性大时,通常指绝对值大.

当 $E_p = -1$(即 $|E_p| = 1$)时,称为单位弹性,即商品需求量的相对变化与价格的相对变化基本相等. 当 $E_p < -1$(即 $|E_p| > 1$)时,称为富有弹性,即商品需求量的相对变化大于价格的相对变化,此时价格的变化对需求量的影响较大. 换句话说,适当降价会使需求量有较大幅度的上升,从而增加收入,当 $-1 < E_p < 0$(即 $|E_p| < 1$)时,称为缺乏弹性,即商品需求量的相对变化小于价格的相对变化,此时价格的变化对需求量的影响较小. 换句话说,适当涨价不会使需求量有太大幅度的下降,从而可以使收入增加.

例 4.45 某商品需求函数为 $q = 10 - \dfrac{p}{2}$,求:

(1) 需求价格弹性函数;

(2) 当 $p = 3$ 时的需求价格弹性.

解 (1) 需求弹性:$E_p = \dfrac{p}{q(p)} \cdot q'(p) = \dfrac{p}{10 - \dfrac{p}{2}} \cdot \left(-\dfrac{1}{2}\right) = \dfrac{p}{p-20}$;

(2) 当 $p = 3$ 时,需求价格弹性

$$E_p |_{p=3} = -\frac{3}{17}$$

习 题 4.6

1. 已知某产品的产量 q 件是的总成本为 $C(q) = 1500 + \dfrac{1}{1200}q^2$(百元),求 $q = 900$ 件时的边际成本,并说明其经济意义.

2. 设某产品销量 q 与价格 p 之间的关系为 $p = 150 - 0.01q$,求收益函数及当 $q = 100$ 时的总收益与边际收益.

3. 设生产某产品的固定成本为 60000 元,可变成本为每件 20 元,价格函数为 $p = 60 - \dfrac{q}{1000}$,其中 q 为销量,假设供销平衡,求:

(1) 边际利润;

(2) 当 $p = 10$ 时,价格上涨 1%,收益增加(还是减少)了百分之几?

4. 设某商品需求量 q 对价格 p 的函数关系为 $q(p) = 1600 \times \left(\dfrac{1}{4}\right)^p$,求需求量对于价格 p 的弹性.

5. 某厂每月生产 q(单位:百件)产品的总成本为 $C(q) = q^2 + 2q + 100$(单位:千元),若每百件的销售价格为 4 万元,试写出利润函数 $L(q)$,并求当边际利润为零时的月产量.

6. 设 p 为某产品的价格,q 为该产品的需求量,且有 $p + 0.2q = 80$,问 P 为何值时,需求是富有弹性.

本 章 小 结

一、本章主要内容及学习要点

1. 中值定理

(1) 罗尔中值定理.

如果函数 $y = f(x)$ 满足:

① 在闭区间 $[a, b]$ 上连续;

② 在开区间 (a, b) 内可导;

③ $f(a) = f(b)$,那么至少存在一点 $\xi \in (a, b)$ 使得 $f'(\xi) = 0$;

罗尔中值定理给出了曲线 $y = f(x)$ 有水平切线的充分条件.

(2) 拉格朗日中值定理.

如果函数 $y = f(x)$ 满足条件:

① 在闭区间 $[a, b]$ 上连续;

② 在开区间 (a, b) 内可导,那么至少存在一点 $\xi \in (a, b)$,使得

$$f(b) - f(a) = f'(\xi)(b - a)$$

或

$$f'(\xi) = \frac{f(b) - f(a)}{(b - a)}$$

当 $f(b) = f(a)$ 时,即为罗尔中值定理.

拉格朗日中值定理的两个推论如下.

推论 1　　如果函数 $y = f(x)$ 在区间 I 上的导数恒为零,则 $f(x)$ 在 I 上是个常数.

推论 2　　如果在区间 I 上两个函数的导数恒相等,那么这两个函数仅差一个常数.

(3) 柯西中值定理.

如果函数 $f(x)$,$g(x)$ 满足条件:

① 在闭区间 $[a, b]$ 上都连续;

② 在开区间 (a, b) 内部可导;

③ 在开区间 (a, b) 内,$g'(x) \neq 0$,则至少存在一点 $\xi \in (a, b)$,使得

$$\frac{f'(x)}{g'(x)} = \frac{f(b) - f(a)}{g(b) - g(a)}$$

若取 $g(x) = x$,便是拉格朗日中值定理. 柯西中值定理在本章的主要作用是为了推导洛必达法则.

2. 洛必达法则

(1) 洛必达法则适用于求 "$\dfrac{0}{0}$" 型或 "$\dfrac{\infty}{\infty}$" 型未定式极限.

(2) 洛必达法则的定义形式有许多种,即自变量的变化趋势可以是任意的,函数的极限既可同时为零,也可以同时为 ∞.

(3) 洛必达法则在一个题目中可以多次使用,只是每次使用前要检验式子是否为未

定式，当然洛必达法则可以与其他求极限方法结合使用.

（4）其他形式的未定式可以采取恒等变形的方式变成"$\frac{0}{0}$"或"$\frac{\infty}{\infty}$"型未定式.

（5）洛必达法则不是万能的，只有同时满足法则的三个条件才可以用洛必达法则，否则要考虑用其他的方法.

3. 函数的单调性

要注意函数单调性的判定方法条件是充分的，判定函数单调性或求单调区间主要有如下几个步骤.

① 确定函数的定义域.

② 求函数的导数，找出导数为零的点及不可导的点.

③ 将这些点从小到大将定义域分成若干子区间，列表讨论各区间上导数的符号，来确定函数的单调性.

4. 函数的极值与最值

（1）函数的极值是一个局部性的概念，如果 $f(x_0)$ 是函数 $f(x)$ 的一个极值，只意味着对于 x_0 附近点 x 的函数值与 $f(x_0)$ 比较. 而函数的最值是一个全局性的概念，是对于整个函数定义域而言的.

（2）函数的极值和极值点可能有多个，并且极大值不一定大于极小值；而函数的最大（小）值有的话也只有一个，并且最大值一定大于等于最小值.

（3）函数的极值只能在区间内部取得，而函数的最值可以在区间端点取得.

求函数极值的主要步骤如下.

① 求函数的定义域.

② 求函数的导数，找出导数为零的点及不可导的点.

③ 将上述点由小到大，把定义域分成若干子区间，列表讨论各自区间上导数的符号来确定这些分点的极值性.

5. 曲线的凹凸性与拐点

凹凸性的判定是用二阶导数的符号来确定的.

拐点首先是曲线上的点，可能是二阶导数为零的点也可能是二阶导数不存在的点.

6. 边际函数

在经济学中，习惯用两种概念来描述变量 y 关于变量 x 的变化，一种是平均的概念，即 $\frac{\Delta y}{\Delta x}$；另一种是边际的概念，即 $\lim\limits_{\Delta x \to 0} \frac{\Delta y}{\Delta x}$. 因此，$f'(x)$ 称为 $f(x)$ 的边际函数，$f'(x_0)$ 称为边际函数值，它的经济意义，就是自变量在 x_0 处再增加（减少）一个单位时，函数相应的值在 $f(x_0)$ 的基础上增加（减少）$f'(x_0)$.

7. 弹性

函数的弹性是函数的相对变化率 $\frac{\Delta y}{y}$ 与自变量相对变化率 $\frac{\Delta x}{x}$ 之比的极限. 如果 $y = f(x)$ 可导，则点 x 处的弹性为

$$E_x = y' \cdot \frac{x}{y} = f'(x) \cdot \frac{x}{f(x)}$$

需求弹性 $E_p = q' \cdot \dfrac{p}{q}$，其中 q 为需求量，p 为价格.

二、重点与难点

1. 重点

洛必达法则及应用，函数单调性及判别法，函数极值与最值的求法，曲线的凹凸性与拐点，边际成本、边际收入和边际利润及经济意义，需求弹性及经济意义.

2. 难点

利用中值定理证明不等式，函数图形的描绘，经济管理中的最值问题，边际(成本、收入和利润)的经济意义，需求弹性的经济意义.

综 合 训 练

一、填空题

1. 函数 $y = 5 + \sqrt{2x - x^2}$ 的单调增区间是_____.

2. 函数 $f(x)$ 在区间 $[a, b]$ 上的最大值与最小值相等，则 $f'(x) = $_____.

3. 设 $y = f(x)$ 在点 x_0 处可导，并取得极小值，则 $\lim\limits_{\Delta x \to 0} \dfrac{f(x_0 + 2\Delta x) - f(x_0)}{\Delta x}$ = _____.

4. 函数 $f(x) = 3 - x - \dfrac{4}{(x+2)^2}$ 在区间 $[0, 1]$ 上的最大值为_____，最小值为_____.

5. 已知曲线 $y = mx^3 + \dfrac{x^4}{4}$ 的一个拐点处的切线方程为 $12x - 81y + 4 = 0$，则 $m = $_____.

6. 函数 $y = \sqrt[3]{x}$ 在 $[0, 2]$ 上满足拉格朗日中值定理的 $\xi = $_____.

7. 曲线 $y = ax^3 + 3x^2$ 在 $x = 1$ 处有拐点，则 $a = $_____.

8. 若某种商品的需求函数为 $q = 100 \cdot 2^{-p}$，则它的需求弹性 $E_p = $_____.

9. 若某种产品的成本函数 $C(q) = 100 + \dfrac{q^2}{2}$，则边际成本为_____.

10. 若某种商品的收入函数为 $R(q) = 200q - 0.05q^2$，则当 $q = 100$ 时的边际收入为_____.

二、选择题

1. 函数 $y = ax^2 + b$ 在区间 $(0, +\infty)$ 内单调增加，则 a, b 应满足(　　).

　　A. $a < 0$ 且 $b = 0$　　　　　　　　　　B. $a > 0$，b 可为任意常数

C. $a < 0$ 且 $b \neq 0$ 　　　　　　　　　　　D. 无法说清 a、b 的规律

2. 函数 $y = 2x + \cos x$ 的单调增加区间是(　　).

　　A. $(0, +\infty)$　　　B. $(-\infty, 0)$　　　C. $(-\infty, +\infty)$　　D. $(-1, 1)$

3. 函数 $f(x) = x - \arctan x$ 在区间 $(-\infty, +\infty)$ 内(　　).

　　A. 单调增加　　　B. 单调减少　　　C. 有极大值　　　D. 有增有减

4. 下列各式能够用洛必达法则的是(　　).

　　A. $\lim\limits_{x \to \infty} \dfrac{\sin x^2}{x^2}$　　B. $\lim\limits_{x \to \infty} \dfrac{x - \sin x}{x + \sin x}$　　C. $\lim\limits_{x \to 0} \dfrac{2x^2 + 3x}{x^2 + 1}$　　D. $\lim\limits_{x \to 0} \dfrac{x - \sin x}{x^3}$

5. $\dfrac{1}{x^2}$ 曲线 $y = (x - 2)^{\frac{1}{3}}$ 的拐点是(　　).

　　A. $(0, 2)$　　　B. $(2, 0)$　　　C. $(1, 0)$　　　D. $(2, 1)$

6. 函数 $f'(x_0) = 0$，$f''(x_0) > 0$ 是 $y = f(x)$ 在 x_0 取得极值的(　　).

　　A. 必要条件　　　B. 充分条件　　　C. 充要条件　　　D. 无关条件

7. 下列曲线在其定义域内为凹的是(　　).

　　A. $y = e^{-x}$　　　B. $y = \ln(1 + x^2)$　C. $y = \tan x$　　　D. $y = \sin(x^2 + 2)$

*8. 下列函数中，在区间 $[-1, 1]$ 上满足罗尔中值定理条件的是(　　).

　　A. $|x|$　　　B. x　　　C. x^2　　　D. x^3

*9. 下列函数在 $[1, e]$ 上满足拉格朗日中值定理条件的是(　　).

　　A. $\ln(\ln x)$　　　B. $\ln x$　　　C. $\dfrac{1}{\ln x}$　　　D. $\ln(2 - x)$

*10. 曲线 $y = \dfrac{\sin x}{x}$ 的水平渐近线是(　　).

　　A. $x = 0$　　　B. $x = 1$　　　C. $y = 0$　　　D. $y = 1$

三、求下列极限

1. $\lim\limits_{x \to 0} \dfrac{e^x - 1}{x^2 - x}$　　　　　2. $\lim\limits_{x \to \infty} \left(\dfrac{x^2 - 1}{x^2}\right)^x$　　　　　3. $\lim\limits_{x \to 0} (1 - \ln x)^x$

4. $\lim\limits_{x \to 1} \left(\dfrac{x}{x - 1} - \dfrac{1}{\ln x}\right)$　5. $\lim\limits_{x \to 0} \dfrac{\tan x - x}{x^3}$　　6. $\lim\limits_{x \to 0} \left(\dfrac{1}{x} - \dfrac{1}{\ln(1 + x)}\right)$

四、解答题

1. 求函数 $f(x) = \dfrac{x}{4 + x^2}$ 的极值.

2. 求函数 $y = xe^{-2x^2}$ 的单调区间和极值.

3. 求函数 $f(x) = \dfrac{x}{(1 + x)^2}$ 的凹凸区间与拐点.

4. 求函数 $y = 1 - 2\sqrt[3]{(x + 1)^2}$ 在区间 $[-2, 2]$ 上的最大值与最小值.

5. 某旅行社举办风景区旅游团，若每团人数不超过 30 人，飞机票每张收费 900 元；若每团人数多于 30 人，每多一人机票每张减少 10 元，直至每张机票降到 450 元为止，每团乘飞机，旅行社需付给航空公司包机费 15000 元。问每团人数多少时旅行社可获得

最大利润？最大利润为多少？

6. 已知某厂生产 q 件产品的成本为 $C(q) = 250 + 20q + \dfrac{q^2}{10}$，试求：

(1) 要使平均成最小，应生产多少件产品？

(2) 若产品以每件 50 万元售出，要使利润最大，应生产多少件产品？

五、证明题

1. 当 $x > 0$ 时，求证：$\ln\left(x + \sqrt{1+x^2}\right) > \dfrac{x}{\sqrt{1+x^2}}$.

2. 当 $x \in \left(0, \dfrac{\pi}{2}\right)$ 时，求证 $\sin x + \tan x > 2x$.

 阅读材料

罗尔（Rolle，1652 ~ 1719）简介：

罗尔是法国数学家。1652 年 4 月 21 日生于昂贝尔特，1719 年 11 月 8 日卒于巴黎。

罗尔出生于小店家庭，只受过初等教育，且结婚过早，年轻时资困潦倒，靠充当公证人与律师抄录员的微薄收入养家糊口，他利用业余时间刻苦自学代数与丢番图的著作，并很有心得。1682 年，他解决了数学家奥扎南提出一个数论难题，受到了学术界的好评，从而名身雀起，也使他的生活有了转机，此后担任初等数学教师和陆军部行政官员。1685 年进入法国科学院，担任低级职务，到 1690 年才获得科学院发给的固定薪水。此后他一直在科学院供职，1719 年因中风去世。

罗尔在数学上的成就主要是在代数方面，专长于丢番图方程的研究。罗尔所处的时代正当牛顿、莱布尼兹的微积分诞生不久，由于这一新生事物不存在逻辑上的缺陷，从而遭受多方面的非议，其中也包括罗尔，并且他是反对派中最直言不讳的一员。1700 年，在法国科学院发生了一场有关无穷小方法是否真实的论战。在这场论战中，罗尔认为无穷小方法由于缺乏理论基础将导致谬误，并说："微积分是巧妙的谬论的汇集"。与瓦里格农、索弗尔等人之间，展开了异常激烈的争论。约翰. 贝努利还讽刺罗尔不懂微积分。由于罗尔对此问题表现得异常激动，致使科学院不得不屡次出面干预。直到 1706 年秋天，罗尔才向瓦里格农、索弗尔等人承认他已经放弃了自己的观点，并且充分认识到无穷小分析新方法价值。

罗尔于 1691 年在题为《任意次方程的一个解法的证明》的论文中指出了：在多项式方程 $f(x) = 0$ 的两个相邻的实根之间，方程 $f'(x) = 0$ 至少有一个根。一百多年后，即 1846 年，尤斯托. 伯拉维提斯将这一定理推广到可微函数，并把此定理命名为罗尔定理。

拉格朗日（Joseph－Louis Lagrange，1736 ~ 1813）简介：

据拉格朗日本人回忆，幼年家境富裕，可能不会作数学研究，但到青年时代，在数学家 F. A. 雷维里（R－evelli）指导下学几何学后，萌发了他的数学天才。17 岁开始专攻当时迅速发展的数学分析。他的学术生涯可分为三个时期：都灵时期（1766 年以前)、柏林时期(1766 ~ 1786)、巴黎时期(1787 ~ 1813)。

拉格朗日在数学、力学和天文学三个学科中都有重大历史性的贡献,但他主要是数学家,研究力学和天文学的目的是表明数学分析的威力。全部著作、论文、学术报告记录、学术通讯超过 500 篇。

拉格朗日的学术生涯主要在 18 世纪后半期。当时数学、物理学和天文学是自然科学主体。数学的主流是由微积分发展起来的数学分析,以欧洲大陆为中心;物理学的主流是力学;天文学的主流是天体力学。数学分析的发展使力学和天体力学深化,而力学和天体力学的课题又成为数学分析发展的动力。当时的自然科学代表人物都在此三个学科做出了历史性重大贡献。下面就拉格朗日的主要贡献介绍如下:

数学分析的开拓者

1. 变分法　这是拉格朗日最早研究的领域,以欧拉的思路和结果为依据,但从纯分析方法出发,得到更完善的结果。他的第一篇论文"极大和极小的方法研究"是他研究变分法的序幕;1760 年发表的"关于确定不定积分式的极大极小的一种新方法"是用分析方法建立变分法制代表作。发表前写信给欧拉,称此文中的方法为"变分方法"。欧拉肯定了,并在他自己的论文中正式将此方法命名为"变分法"。变分法这个分支才真正建立起来。

2. 微分方程　早在都灵时期,拉格朗日就对变系数微分方程研究做工出了重大成果。他在降阶过程中提出了以后所称的伴随方程,并证明了非齐次线性变系数方程的伴随方程,就是原方程的齐次方程。在柏林期,他对常微分方程的奇解和特解做出历史性贡献,在 1774 年完成的"关于微分方程特解的研究"中系统地研究了奇解和通解的关系,明确提出由通解及其对积分常数的偏导数消去常数求出奇解的方法;还指出奇解为原方程积分曲线族的包络线。当然,他的奇解理论还不完善,现代奇解理论的形式是由 G. 达布等人完成的。除此之外,他还是一阶偏微分方程理论的建立者。

3. 方程论　拉格朗日在柏林的前十年,大量时间花在代数方程和超越方程的解法上。

他把前人解三、四次代数方程的各种解法,总结为一套标准方法,而且还分析出一般三、四次方程能用代数方法解出的原因。拉格朗日的想法已蕴含了置换群的概念,他的思想为后来的 N. H. 阿贝尔和 E. 伽罗瓦采用并发展,终于解决了高于四次的一般方程为何不能用代数方法求解的问题. 此外,他还提出了一种拉格朗日极数.

4. 数论著　拉格朗日在 1772 年把欧拉 40 多年没有解决的费马另一猜想"一个正整数能表示为最多四个平方数的和"证明出来。后来还证明了著名的定理:n 是质数的充要条件为 $(n-1)! + 1$ 能被 n 整除。

5. 函数和无穷级数　同 18 世纪的其他数学家一样,拉格朗日也认为函数可以展开为无穷级数,而无穷级数同是多项式的推广。泰勒级数中的拉格朗日余项就是他在这方面的代表作之一。

分析力学的创立者

拉格朗日在这方面的最大贡献是把变分原理和最小作用原理具体化,而且用纯分析方法进行推理,成为拉格朗日方法。

天体力学的奠基者

首先在建立天体运动方程上，他用他在分析力学中的原理，建议起各类天体的运动方程。其中特别是根据他在微分方程解法的任意常数变异法，建立了以天体椭圆轨道根数为基本变量的运动方程，现在仍称作拉格朗日行星运动方程，并在广泛作用。在天体运动方程解法中，拉格朗日的重大历史性贡献是发现三体问题运动方程的五个特解，即拉格朗日平动解。

总之，拉格朗日是 18 世纪的伟大科学家，在数学、力学和天文学三个学科中都有历史性的重大贡献。但主要是数学家，他最突出的贡献是在把数学分析的基础脱离几何与力学方面起了决定性的作用。使数学的独立性更为清楚，而不仅是其他学科的工具。同时在使天文学力学化、力学分析上也起了历史性的作用，促使力学和天文学（天体力学）更深入发展。由于历史的局限，严密性不够妨碍着他取得更多成果。

柯西（Augustin Louis Cauchy，1789 ～ 1857）
—— 业绩永存的数学大师

19 世纪初期，微积分已发展成一个庞大的分支，内容丰富，应用非常广泛，与此同时，它的薄弱之处也越来越暴露出来，微积分的理论基础并不严格。为解决新问题并澄清微积分概念，数学家们展开了数学分析严谨化的工作，在分析基础的奠基工作中，做出卓越贡献的要推伟大的数学定柯西。

柯西 1789 年 8 月 21 日出生于巴黎。父亲是一位精通古典文学的律师，与当时法国的大数学家拉格朗日，拉普拉斯交往密切。柯西少年时代的数学才华颇受这两位数学家的赞赏，并预言柯西日后必成大器。拉格朗日向其父建议"赶快给柯西一种坚实的文学教育"，以便他的爱好不致反他引入岐途。父亲加强了对柯西的文学教养，使他在诗歌方面也表现出很高的才华。

1807 年至 1810 年柯西在工学院学习。曾当过交通道路工程师。由于身欠佳，接受拉格朗日和拉普拉斯的劝告，放弃工程师而致力于纯数学的研究，柯西在数学上的最大贡献是在微积分中引进了极限概念，并以极限为基础建立了逻辑清晰的分析体系。

1821 年柯西提出极限定义的 ε 方法，把极限过程用不等式来刻划，后经维尔斯特拉斯改进，成为现在所说的柯西极限定义或叫 $\varepsilon - \delta$ 定义。当今所有微积分的教科书都还（至少是在本质上）沿用着栖西等人关于极限、连续、导数、收敛等概念的定义。他对微积分的解释被后人普遍采用。柯西对定分作了最系统的开创性工作。他把定积分定义为和的"极限"。在定积分运算之前，强调必须确立积分的存在性。他利用中值定理首先严格证明了微积分基本定理。通过柯西以及后来维尔斯特拉斯的艰苦工作，使数学分析的基本概念得到严格的论述。从而结束微积分二百年来思想上的混乱局面，把微积分及其推广从对几何概念，运动和直觉了解的完全依赖中解放出来，并使微积分发展成现代数学最基础最庞大的数学学科。

数学分析严谨化的工作一开始就产生了很大的影响。在一次学术会议上柯西提出了级数收敛性理论。会后，拉普拉斯急忙赶回家中，根据栖西的严谨判别法，逐一检查其巨著《天体力学》中所用到的级数是否都收敛。

　　栖西在其他方面的研究成果也很丰富。复变函数的微积分理论就是由他创立的。在代数方面、理论物理、光学、弹性理论方面，也有突出贡献。柯西的数学成就不仅辉煌，而且数量惊人。柯西全集有 27 卷，其论著有 800 多篇。在数学史上是仅次于欧拉的多产数学家。他的光辉名字与许多定理、准则一起铭记在当今许多教材中。

　　作为一位学者，他是思路敏捷，功绩卓著。但他常忽视青年人的创造。例如，由于柯西"失落"了才华出众的年轻数学家阿贝尔与伽罗华的开创性的论文手稿，造成群论晚问世约半个世记。1857 年 5 月 23 日柯西在巴黎病逝。他临终的一名名言"人总是要死的，但是，他们的业绩永存"长久地叩击着一代又一代学子的心扉。

第 5 章　积分学及其应用

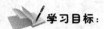学习目标:

- 理解原函数与不定积分的概念,理解不定积分的性质及几何意义.
- 掌握不定积分的基本公式和直接积分法,掌握第一类换元法和分部积分法,了解第二换元积分法.
- 会利用积分相关知识求经济函数(成本函数、收入函数、利润函数)的方法.
- 理解定积分的概念,掌握微元法,了解定积分的几何意义及性质.
- 掌握牛顿 —— 莱布尼茨公式,会计算定积分.
- 了解并能计算简单的广义积分.
- 了解用定积分求平面图形的面积、体积的方法,了解定积分在经济中的应用.

引言:怎样估计一国经济实力

在当前世界经济不太景气的情况下,中国经济"一枝独秀",持续保持7%左右的增长速度.于是,国际上出现"中国威胁论",说中国会在2020年超过日本,2030年赶上美国,2050年超过美国.

在这些舆论面前,我们必须保持清醒头脑:增长速度快并不完全等同于经济实力强,这是因为,一国经济实力既表现在增长速度(流量),又表现在国民财富(存量).作为发展中国家,中国的增长速度虽然远高于发达国家,但国民财富却远低于发达国家.如果中国持续增长7%,虽然十年就可以翻一番,但从目前的国民生产总值来看,美国增长1%就超过我们增长7%.

因此,要回答我国经济实力能否赶上美国,何时赶上美国,必须首先对两国现有的国民财富做出科学估计,同时对两国未来的增长速度做出科学预测,然后将存量与流量相加,才能客观地做出实际比较.要计算出增长速度不断变化的国民生产总值累计形成的国民财富,以确定我国未来的经济实力,仅靠加减乘除是困难的,必须使用不定积分,因此学习本章后应能解决如下实际问题:

(1)已知经济量的边际变化,计算经济量的累积变化、总量及平均量.

(2)计算市场均衡时的消费者剩余和生产者剩余,并计算政府征收消费税时的市场均衡点及消费者和生产者分摊的税收,在此基础上研究税收政策的制订.

在微分学中,我们解决的基本问题是:已知一个函数求它的导数.但是,在科学技术领域中往往还会遇到与此相反的问题:已知一个函数的导数,求原来函数,由此产生了积分学.积分学由两部分组成:不定积分和定积分.本章重点研究不定积分与定积分的概念、性质和基本积分方法,并对积分的应用进行简单讨论.

5.1　不　定　积　分

在前面，我们利用速度问题和切线问题引出了导数概念，这两个问题都是所说的微分问题. 现在我们要研究与之相反的问题，即研究从已知函数的导数求出原来的函数. 例如，物理学中质点沿直线运动时，已知速度 $v(t)$，求路程 $s(t)$；已知加速度 $a(t)$，求速度 $v(t)$；已知曲线上每一点切线的斜率，求曲线方程等. 它们的共同之处是已知函数 $f(x)$，求函数 $F(x)$，使 $F'(x)=f(x)$，这就抽象出"原函数"的概念.

5.1.1　原函数的概念

定义　设函数 $f(x)$ 在某区间上有定义，如果存在 $F(x)$，对于该区间上任意一点 x，使得

$$F'(x)=f(x) \quad 或 \quad \mathrm{d}F(x)=f(x)\mathrm{d}x$$

则称函数 $F(x)$ 是已知函数 $f(x)$ 在该区间上的一个原函数.

例如，因为在区间 $(-\infty,+\infty)$ 内有 $(x^3)'=3x^2$，所以 x^3 是 $3x^2$ 在区间 $(-\infty,+\infty)$ 内的一个原函数，又因为 $(x^3+1)'=3x^2$，$(x^3+\sqrt{2})'=3x^2$，$(x^3+C)^2=3x^2$（C 为任意常数），所以 x^3+1，$x^3+\sqrt{2}$，x^3+C 都为 $3x^2$ 在区间 $(-\infty,+\infty)$ 内的原函数.

又例如，因为在区间 $(-\infty,+\infty)$ 内 $(\sin x)'=\cos x$，所以 $\sin x$ 是 $\cos x$ 在区间 $(-\infty,+\infty)$ 内的一个原函数，那么 $\sin x+1$，$\sin x+\sqrt{2}$，$\sin x+C$（C 为任意常数）也都是 $\cos x$ 在区间 $(-\infty,+\infty)$ 内的原函数.

研究原函数自然会提出以下问题：

(1) 如果 $f(x)$ 有原函数，那么一共有多少个？且任意两个原函数之间有什么关系？

(2) 一个函数具备什么条件，能保证它的原函数一定存在？

以下两个定理可以回答上述问题.

由上述例子可以发现，若 $F(x)$ 是 $f(x)$ 的一个原函数，即 $F'(x)=f(x)$，则 $(F(x)+C)'=f(x)$（C 为任意常数），所以 $F(x)+C$ 也是 $f(x)$ 的原函数.

设 $G(x)$，$F(x)$ 是 $f(x)$ 的任意两个原函数，则

$$(G(x)-F(x))'=G'(x)-F'(x)=f(x)-f(x)=0$$

即 $G(x)-F(x)=C$（C 为常数）.

定理 1(原函数族定理)　如果函数 $f(x)$ 在某区间内有一个原函数 $F(x)$，那么它必有无穷多个原函数，其形式可表示为 $F(x)+C$（C 为任意常数），且任意两个原函数之间相差一个常数.

定理 2(原函数存在定理)　如果函数 $f(x)$ 在某一区间内连续，则函数 $f(x)$ 在该区间上的原函数一定存在.

注：一切初等函数在其定义域内都有原函数.

5.1.2　不定积分的概念

定义　若 $F(x)$ 是 $f(x)$ 在某区间内的一个原函数，则称 $F(x)+C$（C 为任意常数）

为 $f(x)$ 在该区间上的不定积分, 记为

$$\int f(x)\mathrm{d}x$$

其中, $\int$ 称为积分符号, $f(x)$ 称为被积分函数, $f(x)\mathrm{d}x$ 称为被积表达式, x 称为积分变量.

由此可知, 不定积分与原函数是整体与个体的关系, 即

$$\int f(x)\mathrm{d}x = F(x) + C(C \text{ 为任意常数})$$

其中 $F(x) + C$ 称为 $f(x)$ 的原函数的一般表达式, C 取一切实数值, 称之为积分常数.

今后我们总假设不定积分是对其被积函数连续区间来考虑的, 不指明有关区间.

由定义可知, 求函数 $f(x)$ 的不定积分, 就是求 $f(x)$ 的全体原函数, 故求不定积分的运算其实质就是求导(或求微分) 运算的逆运算.

例 5.1　求下列不定积分.

(1) $\displaystyle\int 2x\mathrm{d}x$　　　　　　(2) $\displaystyle\int \cos x\mathrm{d}x$

解　由上述讨论可知, 只要求出被积函数的一个原函数之后, 再加上一个积分常数 C 即可.

(1) 被积函数 $f(x) = 2x$, 因为 $(x^2)' = 2x$, x^2 是 $2x$ 的一个原函数, 即 $F(x) = x^2$, 所以不定积分

$$\int 2x\mathrm{d}x = x^2 + C(C \text{ 为任意常数})$$

(2) 被积函数 $f(x) = \cos x$, 因为 $(\sin x)' = \cos x$, 所以不定积分

$$\int \cos x\mathrm{d}x = \sin x + C(C \text{ 为任意常数}).$$

例 5.2　求函数　$f(x) = \dfrac{1}{x}$ 的不定积分.

解　被积函数 $f(x) = \dfrac{1}{x}$　的定义域为 $(-\infty, 0) \bigcup (0, +\infty)$

当 $x > 0$ 时, 因为　$(\ln x)' = \dfrac{1}{x}$

所以　$\ln x$ 是 $\dfrac{1}{x}$ 在 $(0, +\infty)$ 内的一个原函数.

因此在 $(0, +\infty)$　内

$$\int \frac{1}{x}\mathrm{d}x = \ln x + C(\text{其中 } C \text{ 为任意常数});$$

当 $x < 0$ 时, 因为　$[\ln(-x)]' = -\dfrac{1}{x}(-1) = \dfrac{1}{x}$

所以　$\ln(-x)$ 是 $\dfrac{1}{x}$ 在 $(-\infty, 0)$ 内的一个原函数.

因此在 $(-\infty, 0)$ 内

$$\int \frac{1}{x}\mathrm{d}x = \ln(-x) + C$$

合并以上两种情况，当 $x \neq 0$ 时，得

$$\int \frac{1}{x} \mathrm{d}x = \ln |x| + C \quad (C \text{ 为任意常数})$$

注意：由于不定积分是被积函数的全体原函数的一般表达式，所以在求不定积分时，不要忘记加积分常数 C.

5.1.3　不定积分的几何意义

若 $y = F(x)$ 是 $f(x)$ 的一个原函数，则称 $y = F(x)$ 的图形是 $f(x)$ 的积分曲线，因为不定积分

$$\int f(x)\mathrm{d}x = F(x) + C$$

是 $f(x)$ 的原函数的一般表达式，所以它对应的图形是一族积分曲线，称它为积分曲线族，积分曲线族 $y = F(x) + C$ 有如下特点.

(1) 积分曲线中任意一条积分曲线都可以由曲线 $y = F(x)$ 沿 y 轴方向上、下平移得到.

(2) 由于 $(F(x) + C)' = F'(x) = f(x)$，即横坐标相同点处，所有曲线的切线都是互相平行的，如图 5-1.

在求原函数的具体问题中，往往先求出原函数的一般表达式 $y = F(x) + C$，再从中确定一个满足条件 $y|_{x=x_0} = y_0$（称为初始条件）的原函数 $y = F(x) + C_0$. 从几何意义上讲，就是从积分曲线族中找出一条通过点 (x_0, y_0) 的积分曲线.

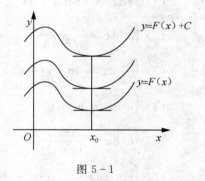

图 5-1

例 5.3　已知曲线上任意一点处切线斜率等于该点处横坐标平方的两倍，且该曲线经过点 $(0, 3)$，求曲线方程.

解　设所求曲线为 $y = f(x)$，由题意

$$y' = 2x^2$$

于是　$y = \int 2x^2 \mathrm{d}x = \frac{2}{3}x^3 + C$

又因为曲线过点 $(0, 3)$，代入上式可得 $C = 3$，所以，所求曲线的方程为

$$y = \frac{2}{3}x^3 + 3$$

5.1.4　不定积分的性质

求已知函数不定积分的运算，称为积分运算. 由不定积分定义可知，积分运算是微分运算的逆运算. 由此，我们可以得到不定积分的下列性质.

性质 1　不定积分的导数（或微分）等于被积函数（或被积表达式），即

$$\left[\int f(x)\mathrm{d}x\right]' = f(x) \quad \text{或} \quad \mathrm{d}\left[\int f(x)\mathrm{d}x\right] = f(x)\mathrm{d}x$$

性质 2　一个函数的导数(或微分)的不定积分与这个函数相差一个常数,即

$$\int F'(x)\mathrm{d}x = F(x) + C \quad 或 \quad \int \mathrm{d}F(x) = F(x) + C$$

性质 3　两个函数的代数和的不定积分等于各个函数不定积分的代数和,即

$$\int [f_1(x) \pm f_2(x)]\mathrm{d}x = \int f_1(x)\mathrm{d}x \pm \int f_2(x)\mathrm{d}x$$

性质 3 可以推广到有限个函数代数和的情形,即

$$\int \sum_{i=1}^{n} f_i(x)\mathrm{d}x = \sum_{i=1}^{n} \int f_i(x)\mathrm{d}x \quad (i = 1,\ 2,\ \cdots,\ n)$$

性质 4　被积函数中的非零常数因子可以提到积分符号外,即

$$\int kf(x)\mathrm{d}x = k\int f(x)\mathrm{d}x \quad (k \neq 0 且为常数)$$

5.1.5　基本积分公式

由于求导数运算和积分运算互为逆运算,可以得到以下不定积分的基本公式.

(1) $\int k\mathrm{d}x = kx + C$　（k 为常数）

(2) $\int x^u \mathrm{d}x = \dfrac{x^{u+1}}{u+1} + C$　（$u \neq -1$）

(3) $\int \dfrac{1}{x}\mathrm{d}x = \ln |x| + C$

(4) $\int \mathrm{e}^x \mathrm{d}x = \mathrm{e}^x + C$

(5) $\int a^x \mathrm{d}x = \dfrac{a^x}{\ln a} + C$

(6) $\int \sin x\mathrm{d}x = -\cos x + C$

(7) $\int \cos x\mathrm{d}x = \sin x + C$

(8) $\int \sec^2 x\mathrm{d}x = \tan x + C$

(9) $\int \csc^2 x\mathrm{d}x = -\cot x + C$

(10) $\int \sec x \cdot \tan x\mathrm{d}x = \sec x + C$

(11) $\int \csc x \cdot \cot x\mathrm{d}x = -\csc x + C$

5.1.6　直接积分法

用积分基本公式和不定积分的性质,直接求出积分的方法称为直接积分法.

例 5.4　求不定积分 $\int (3 - \sqrt{x})x\mathrm{d}x$.

解　把被积函数转化成代数和形式,再积分有

$$\int (3-\sqrt{x})x\mathrm{d}x = \int (3x - x\sqrt{x})\mathrm{d}x$$

$$= \int 3x\mathrm{d}x - \int x^{\frac{3}{2}}\mathrm{d}x$$

$$= \frac{3}{2}x^2 - \frac{2}{5}x^{\frac{5}{2}} + C \quad (C \text{ 为任意常数})$$

例 5.5　求不定积分 $\int \dfrac{(1-x)^2}{\sqrt{x}}\mathrm{d}x$.

解　$\displaystyle\int \dfrac{(1-x)^2}{\sqrt{x}}\mathrm{d}x = \int \dfrac{1-2x+x^2}{\sqrt{x}}\mathrm{d}x$

$$= \int x^{-\frac{1}{2}}\mathrm{d}x - 2\int x^{\frac{1}{2}}\mathrm{d}x + \int x^{\frac{3}{2}}\mathrm{d}x$$

$$= 2x^{\frac{1}{2}} - 2 \cdot x^{\frac{3}{2}} + \frac{2}{5}x^{\frac{5}{2}} + C$$

$$= 2\sqrt{x}\left(1 - \frac{2}{3}x + \frac{1}{5}x^2\right) + C$$

注意：检验积分结果是否正确，只要对结果求导，看它的导数是否等于被积函数. 相等时结果正确，否则结果错误.

例 5.6　求不定积分 $\int \mathrm{e}^x 2^x \mathrm{d}x$.

解　$\displaystyle\int \mathrm{e}^x 2^x \mathrm{d}x = \int (2\mathrm{e})^x \mathrm{d}x$

$$= \frac{(2\mathrm{e})^x}{\ln 2\mathrm{e}} + C$$

$$= \frac{2^x \mathrm{e}^x}{1 + \ln 2} + C$$

例 5.7　求不定积分 $\int \tan^2 x \mathrm{d}x$.

解　$\displaystyle\int \tan^2 x \mathrm{d}x = \int (\sec^2 x - 1)\mathrm{d}x$

$$= \int \sec^2 x \mathrm{d}x - \int \mathrm{d}x$$

$$= \tan x - x + C$$

应用案例 1　设某商品的边际收益函数为 $R'(x) = 10 - 5x$，试求收益函数.

解　因为收益函数是边际收益的的原函数，所以

$$R(x) = \int (10 - 5x)\mathrm{d}x = 10x - \frac{5}{2}x^2 + C$$

由于 $R(0) = 0$，得 $C = 0$，所以

$$R(x) = 10x - \frac{5}{2}x^2$$

应用案例 2　已知某产品产量对时间的变化率是时间 t 的函数 $q(t) = \dfrac{1}{5}t + 1$，设此产品在时间 t 的产量为 $Q(t)$，且 $Q(0) = 0$，求 $Q(t)$.

解 因为 $Q(t)$ 是 $q(t) = \frac{1}{5}t + 1$ 的原函数，所以

$$Q(t) = \int (\frac{1}{5}t + 1) dt = \frac{1}{10}t^2 + t + C,$$

将 $Q(0) = 0$ 代入，得 $C = 0$，所以 $Q(t) = \frac{1}{10}t^2 + t$

应用案例3 设某工厂生产 x 单位产品的总成本 C 是 x 的函数，已知其成本的变化率是 0.01，当生产 1000 单位产品时，成本是 490 元，求总成本与产量的函数关系式.

解 总成本函数 $C(x)$ 是边际成本的原函数，所以

$$C(x) = \int 0.01 dx = 0.01x + C$$

又 $C(1000) = 490$，代入上式得 $C = 480$，所以

$$C(x) = 0.01x + 480$$

习 题 5.1

1. 验证下列等式是否成立.

(1) $\int (4x^3 + 6x^5) dx = x^4 + x^6 + C$

(2) $\int \sin (2x+1) dx = -\frac{1}{2}\cos (2x+1) + C$

(3) $\int \sec x \cdot \tan x dx = \sec x + C$

(4) $\int \frac{1}{1+x} dx = \ln |x+1| + C$

2. 填空，并计算相应的不定积分.

(1) $(\quad)' = 1$ $\qquad \int dx = (\qquad)$

(2) $(\quad)' = 4x^3$ $\qquad \int 4x^3 dx = (\qquad)$

(3) $(\quad)' = e^x$ $\qquad \int e^x dx = (\qquad)$

(4) $d(\quad) = \sec^2 x dx$ $\qquad \int \sec^2 x dx = (\qquad)$

(5) $d(\quad) = \cos x dx$ $\qquad \int \cos x dx = (\qquad)$

3. 求下列不定积分.

(1) $\int (x - 3x^2) dx$ $\qquad\qquad$ (2) $\int (2^x + x^3 - 1) dx$

(3) $\int \left(\frac{x}{3} - \frac{1}{x} - \frac{3}{x^3} + \frac{5}{x^4}\right) dx$ $\qquad$ (4) $\int \left(\sqrt{x} + \frac{1}{\sqrt{x}}\right) dx$

(5) $\int \frac{1}{x^2 \sqrt{x}} dx$ $\qquad\qquad$ (6) $\int \frac{(x+1)^3}{x^2} dx$

* (7) $\displaystyle\int \frac{3x^4 + 3x^2 + 1}{x^2 + 1}\mathrm{d}x$　　　　　　(8) $\displaystyle\int \frac{x - 4}{\sqrt{x} + 2}\mathrm{d}x$

(9) $\displaystyle\int \frac{3 \cdot 2^x + 4 \cdot 3^x}{2^x}\mathrm{d}x$　　　　　(10) $\displaystyle\int (\mathrm{e}^x + 1)\mathrm{d}x$

(11) $\displaystyle\int \mathrm{e}^{x-3}\mathrm{d}x$　　　　　　　　(12) $\displaystyle\int 10^x \cdot 2^{3x}\mathrm{d}x$

4. 已知一条曲线在任一点的切线斜率等于该点处横坐标的倒数, 且曲线经过点 $(\mathrm{e}^3，5)$, 求此曲线方程.

5. 已知函数 $f(x) = 2x + 3$ 的一个原函数为 y, 且满足条件 $y|_{x=1} = 2$, 求此函数 y.

6. 一质点做变速直线运动, 速度 $v(t) = 3\cos t$, 当 $t = 0$ 时, 质点与原点的距离为 $s_0 = 4$. 求质点离原点的距离 s 与时间 t 的关系.

7. 某公司经营的边际收益函数为 $R'(x) = 60 - 2x - 2x^2$, 其中 x 为销售量, 求总收益函数.

5.2　不定积分的积分法

利用直接积分法求出的不定积分是有限的, 求不定积分的基本思想是利用基本积分公式及不定积分性质, 但对于比较复杂的积分, 则可先设法将其变形, 使其成为能利用基本积分公式的形式, 再求出其积分. 本节将介绍一些基本的变形方法.

5.2.1　第一换元积分法(凑微分法)

首先, 考察不定积分 $\displaystyle\int \mathrm{e}^{2x}\mathrm{d}x$.

因为被积函数 $f(x) = \mathrm{e}^{2x}$ 是 x 的复合函数, 基本积分公式中没有这种公式, 我们可将原积分进行适当变形, 转化为某个基本积分公式的形式:

$$\int \mathrm{e}^{2x}\mathrm{d}x = \frac{1}{2}\int \mathrm{e}^{2x}\mathrm{d}2x = \frac{1}{2}\int \mathrm{e}^{2x}\mathrm{d}(2x)$$

$$= \frac{1}{2}\int \mathrm{e}^u \mathrm{d}u \quad (\text{令 } 2x = u)$$

$$= \frac{1}{2}\mathrm{e}^u + C$$

$$= \frac{1}{2}\mathrm{e}^{2x} + C \quad (\text{将 } u = 2x \text{ 代回})$$

验证: 因为 $\left(\dfrac{1}{2}\mathrm{e}^{2x} + C\right)' = \mathrm{e}^{2x}$, 所以 $\dfrac{1}{2}\mathrm{e}^{2x} + C$ 确为 e^{2x} 的原函数, 说明上述解法正确.

一般地, 若不定积分可以化为

$$\int f[\varphi(x)]\varphi'(x)\mathrm{d}x = \int f[\varphi(x)]\mathrm{d}\varphi(x)$$

的形式, 则可令 $\varphi(x) = u$, 当积分

$$\int f(u)\mathrm{d}u = F(u) + C$$

容易求出时，就可用下面方法进行计算：

$$\int f[\varphi(x)]\varphi'(x)\mathrm{d}x = \int f[\varphi(x)]\mathrm{d}\varphi(x)$$

$$= \int f(u)\mathrm{d}u \quad (令\ \varphi(x) = u)$$

$$= F(u) + C$$

$$= F(\varphi(x)) + C \quad (将\ u = \varphi(x)\ 代回)$$

通常将这种积分方法称为第一换元法(或称为凑微分法).

应用第一换元法求不定积分的关键是将被积公式中 $\varphi'(x)\mathrm{d}x$ 凑成某一个函数 $\varphi(x)$ 的微分，即 $\varphi'(x)\mathrm{d}x = \mathrm{d}\varphi(x)$，然后将 $\varphi(x)$ 看成是一个变量，从而改变了被积分函数的结构式，能够直接用积分公式解出. 下面我们将通过几个实例介绍凑微分的基本思路.

1. 利用等式 $\mathrm{d}x = \dfrac{1}{a}\mathrm{d}(ax + b)$，$a$，$b$ 均为常数且 $a \neq 0$ 凑微分

例 5.8　求 $\displaystyle\int \sin(2x + 1)\mathrm{d}x$.

解　令 $u = 2x + 1$，则 $\mathrm{d}u = 2\mathrm{d}x$ 即 $\mathrm{d}x = \dfrac{1}{2}\mathrm{d}u$

故　$\displaystyle\int \sin(2x + 1)\mathrm{d}x = \dfrac{1}{2}\int \sin u\,\mathrm{d}u$

$$= -\dfrac{1}{2}\cos u + C$$

再将 $u = 2x + 1$ 代入上式，得

$$\int \sin(2x + 1)\mathrm{d}x = -\dfrac{1}{2}\cos(2x + 1) + C$$

例 5.9　求 $\displaystyle\int \dfrac{1}{2x + 4}\mathrm{d}x$.

解　令 $u = 2x + 4$，则 $\mathrm{d}u = 2\mathrm{d}x$，即 $\mathrm{d}x = \dfrac{1}{2}\mathrm{d}u$

故　$\displaystyle\int \dfrac{1}{2x + 4}\mathrm{d}x = \dfrac{1}{2}\int \dfrac{1}{u}\mathrm{d}u$

$$= \dfrac{1}{2}\ln|u| + C$$

再将 $u = 2x + 4$ 代回上式，得

$$\int \dfrac{1}{2x + 4}\mathrm{d}x = \dfrac{1}{2}\ln|2x + 4| + C$$

熟练之后，可以将设 $\varphi(x) = u$ 一步省略，直接进行凑微分.

例 5.10　求 $\displaystyle\int (6x - 8)^{12}\mathrm{d}x$.

解　$\displaystyle\int (6x - 8)^{12}\mathrm{d}x = \dfrac{1}{6}\int (6x - 8)^{12}\mathrm{d}(6x - 8)$

$$= \dfrac{1}{78}(6x - 8)^{13} + C$$

2. 利用 $x\mathrm{d}x = \dfrac{1}{2}\mathrm{d}(x^2 + a)$, $x^2\mathrm{d}x = \dfrac{1}{3}\mathrm{d}(x^3 + a)$, $\dfrac{1}{x}\mathrm{d}x = \mathrm{d}\ln x$, $\dfrac{1}{x^2}\mathrm{d}x = -\mathrm{d}\dfrac{1}{x}$, $\dfrac{1}{\sqrt{x}}\mathrm{d}x = 2\mathrm{d}\sqrt{x}$, $\sin x\mathrm{d}x = -\mathrm{d}\cos x$, $\cos x\mathrm{d}x = \mathrm{d}\sin x$, 等微分公式凑微分

思路： 当被积函数是两个函数乘积且含有上式各因子时，不妨将它凑成相应微分来解决所求积分.

例 5.11 求 $\displaystyle\int \dfrac{\ln x}{x}\mathrm{d}x$.

解 被积函数可以看成 $\ln x \cdot \dfrac{1}{x}$ 的被积形式，且被积公式中含有 $\dfrac{1}{x}\mathrm{d}x$，可将其凑微分，即 $\dfrac{1}{x}\mathrm{d}x = \mathrm{d}\ln x$，则

$$\int \frac{\ln x}{x}\mathrm{d}x = \int \ln x \cdot \frac{1}{x}\mathrm{d}x$$
$$= \int \ln x\,\mathrm{d}(\ln x)$$
$$= \frac{1}{2}\ln^2 x + C$$

例 5.12 求 $\displaystyle\int \dfrac{\mathrm{e}^x}{1 + \mathrm{e}^x}\mathrm{d}x$.

解
$$\int \frac{\mathrm{e}^x}{1 + \mathrm{e}^x}\mathrm{d}x = \int \frac{1}{1 + \mathrm{e}^x}\,\mathrm{d}(1 + \mathrm{e}^x)$$
$$= \ln|1 + \mathrm{e}^x| + C$$
$$= \ln(1 + \mathrm{e}^x) + C$$

例 5.13 求 $\displaystyle\int \dfrac{1}{x^2}\sin\dfrac{1}{x}\mathrm{d}x$.

解
$$\int \frac{1}{x^2}\sin\frac{1}{x}\mathrm{d}x = -\int \sin\frac{1}{x}\,\mathrm{d}\frac{1}{x}$$
$$= \cos\frac{1}{x} + C$$

例 5.14 求 $\displaystyle\int x\sqrt{x^2 + 1}\mathrm{d}x$.

解
$$\int x\sqrt{x^2 + 1}\mathrm{d}x = \frac{1}{2}\int \sqrt{x^2 + 1}\,\mathrm{d}(x^2 + 1)$$
$$= \frac{1}{3}(x^2 + 1)^{\frac{3}{2}} + C$$

例 5.15 求 $\displaystyle\int \sin^2 x\cos x\mathrm{d}x$.

解
$$\int \sin^2 x\cos x\mathrm{d}x = \int \sin^2 x\,\mathrm{d}\sin x$$
$$= \frac{1}{3}\sin^3 x + C$$

当遇到被积函数是三角函数时，有时还需将被积函数恒等变形后再求积分.

3. 利用三角恒等式凑微分

例 5. 16 求 $\int \tan x \mathrm{d}x$.

解 $\int \tan x \mathrm{d}x = \int \dfrac{\sin x}{\cos x} \mathrm{d}x$

$$= -\int \frac{1}{\cos x} \mathrm{d}\cos x$$

$$= -\ln |\cos x| + C$$

例 5. 17 求 $\int \sin^2 x \mathrm{d}x$.

解 $\int \sin^2 x \mathrm{d}x = \int \dfrac{1 - \cos 2x}{2} \mathrm{d}x$

$$= \frac{1}{2} \left(\int \mathrm{d}x - \int \cos 2x \mathrm{d}x \right)$$

$$= \frac{1}{2} \left(x - \frac{1}{2} \int \cos 2x \mathrm{d}(2x) \right)$$

$$= \frac{1}{2} x - \frac{1}{4} \sin 2x + C$$

例 5. 18 求 $\int \sin^3 x \mathrm{d}x$.

解 $\int \sin^3 x \mathrm{d}x = \int \sin^2 x \sin x \mathrm{d}x$

$$= -\int \sin^2 x \mathrm{d}\cos x$$

$$= -\int \sin^2 x \mathrm{d}\cos x$$

$$= -\int (1 - \cos^2 x) \mathrm{d}\cos x$$

$$= \frac{1}{3} \cos^3 x - \cos x + C$$

我们可以归纳出常用的凑微分公式.

(1) $\int f(ax + b) \mathrm{d}x = \dfrac{1}{a} \int f(ax + b) \mathrm{d}(ax + b)\,(a \neq 0)$, $u = ax + b$

(2) $\int f(x^u) x^{u-1} \mathrm{d}x = \dfrac{1}{u} \int f(x^u) \mathrm{d}(x^u)\,(u \neq 0)$, $u = x^u$

(3) $\int f(\ln x) \cdot \dfrac{1}{x} \mathrm{d}x = \int f(\ln x) \mathrm{d}\ln x$, $u = \ln x$

(4) $\int f(\mathrm{e}^x) \cdot \mathrm{e}^x \mathrm{d}x = \int f(\mathrm{e}^x) \mathrm{d}\mathrm{e}^x$, $u = \mathrm{e}^x$

(5) $\int f(a^x) \cdot a^x \mathrm{d}x = \dfrac{1}{\ln a} \int f(a^x) \mathrm{d}a^x$, $u = a^x$

(6) $\int f(\sin x) \cdot \cos x \mathrm{d}x = \int f(\sin x) \mathrm{d}\sin x$, $u = \sin x$

$(7) \int f(\cos x) \cdot \sin x \mathrm{d}x = - \int f(\cos x) \mathrm{d}\cos x, \ u = \cos x$

5.2.2　第二换元积分法

一般地，如果积分 $\int f(x)\mathrm{d}x$ 不易凑微分，可设 $x = \varphi(t)$，则上式化为

$$\int f[\varphi(t)]\varphi'(t)\mathrm{d}t$$

其中，$x = \varphi(t)$ 的反函数 $t = \varphi^{-1}(x)$ 存在且可导，则有

$$\int f(x)\mathrm{d}x = \int f[\varphi(t)]\varphi'(t)\mathrm{d}t = F(t) + C$$

再将 $t = \varphi^{-1}(x)$ 代入上式有，

$$\int f(x)\mathrm{d}x = F[\varphi^{-1}(x)] + C$$

这种求不定积分的方法称为第二换元法.

　　运用第二换元法求解积分关键是选择合适的元：$x = \varphi(t)$，但有时这个换元不是很明显，举例说明如下.

　　例 5.19　求 $\int \dfrac{1}{1+\sqrt{x}}\mathrm{d}x$.

　　解　因为被积函数含有根号，不容易凑微分，为了去掉根号，令 $\sqrt{x} = t$，$x = t^2$，则有关系 $\mathrm{d}x = 2t\mathrm{d}t$，于是有

$$\int \frac{\mathrm{d}x}{1+\sqrt{x}} = \int \frac{2t}{1+t}\mathrm{d}t = 2\int \frac{(t+1)-1}{1+t}\mathrm{d}t$$

$$= 2\left(\int \mathrm{d}t - \int \frac{1}{1+t}\mathrm{d}t\right)$$

$$= 2(t - \ln|1+t|) + C$$

将 $t = \sqrt{x}$ 代入上式，得

$$\int \frac{1}{1+\sqrt{x}}\mathrm{d}x = 2[\sqrt{x} - \ln(1+\sqrt{x})] + C$$

　　例 5.20　求 $\int \dfrac{1}{\sqrt{x}+\sqrt[4]{x}}\mathrm{d}x$.

　　解　被积函数含有根号，由第二换元法，

设变量，令 $\sqrt[4]{x} = t$

找关系，$x = t^4$，$\mathrm{d}x = 4t^3\mathrm{d}t$

求积分，$\displaystyle\int \frac{1}{\sqrt{x}+\sqrt[4]{x}}\mathrm{d}x = \int \frac{4t^3}{t^2+t}\mathrm{d}t = 4\int \frac{t^2}{t+1}\mathrm{d}t$

$$= 4\int \frac{(t^2-1)+1}{t+1}\mathrm{d}t$$

$$= 4\int \left(t - 1 + \frac{1}{1+t}\right)\mathrm{d}t$$

$$= 4(\frac{1}{2}t^2 - t + \ln|t+1|) + C$$

代回变量，将 $\sqrt[4]{x} = t$ 代入上式得

$$\int \frac{\mathrm{d}x}{\sqrt{x} + \sqrt[4]{x}} = 4(\frac{1}{2}t^2 - t + \ln|t+1|) + C$$

$$= 2\sqrt{x} - 4\sqrt[4]{x} + \ln(\sqrt[4]{x}+1) + C$$

注意：如果被积函数中含有不同根指数的同一个函数的根式，我们可以取各不同根指数的最小公倍数作为这函数的根指数，并以所得根式为新的积分变量，从而消除了被积函数中的这些根式.

5.2.3　积分表续

(8) $\int \tan x \mathrm{d}x = -\ln|\cos x| + C$

(9) $\int \cot x \mathrm{d}x = \ln|\sin x| + C$

5.2.4　分部积分法

下面再介绍另一种求积分的基本方法 —— 分部积分法.

设 $u = u(x)$，$v = v(x)$ 在某一区间上具有连续导数，由乘积的微分法则，得

$$\mathrm{d}(uv) = u\mathrm{d}v + v\mathrm{d}u$$

移项得，

$$u\mathrm{d}v = \mathrm{d}(uv) - v\mathrm{d}u$$

两边同时积分，有

$$\int u\mathrm{d}v = uv - \int v\mathrm{d}u$$

上式称为分部积分公式，利用上式求不定积分的方法称为分部积分法，分部积分公式的特点是把左边积分 $\int u\mathrm{d}v$ 转换成右边积分 $\int v\mathrm{d}u$. 因此，如果 $\int v\mathrm{d}u$ 比 $\int u\mathrm{d}v$ 容易求得，就应尝试此法.

分部积分法常用于被积函数是两种不同类型函数乘积的积分. 如，$\int x^n \cdot \sin \alpha x \mathrm{d}x$，$\int x^n \cdot a^x \mathrm{d}x$，$\int \mathrm{e}^x \cdot \cos \beta x \mathrm{d}x$ 等等.

利用分部积分公式解题的关键是如何恰当的选取 u 和 $\mathrm{d}v$，选取的原则是：

(1) v 要容易求出；

(2) $\int v\mathrm{d}u$ 要比原积分 $\int u\mathrm{d}v$ 容易求得.

例 5.21　求 $\int x\mathrm{e}^x \mathrm{d}x$.

解　被积函数是幂函数与指数函数的乘积，用分部积分法，

令　$u = x$，$\mathrm{d}v = \mathrm{e}^x \mathrm{d}x = \mathrm{de}^x$（凑微分）

则　$du = dx$，$v = e^x$ 由分部积分公式，得

$$\int x e^x dx = \int x de^x = x \cdot e^x - \int e^x dx（利用公式，交换 u，v 位置）$$

$$= x \cdot e^x - e^x + C（求 \int v du，得结果）$$

例 5.22　求 $\int x \cos x dx$.

解　被积函数是幂函数与三角函数的乘积，用分部积分法，
令　$u = x$，$dv = \cos x dx = d \sin x$，得

$$\int x \cos x dx = \int x d \sin x = x \cdot \sin x - \int \sin x dx$$

$$= x \cdot \sin x + \cos x + C$$

例 5.23　求 $\int x \ln x dx$.

解　被积函数是幂函数与对数函数的乘积，用部分积分法，得

$$\int x \ln x dx = \int \ln x d \frac{x^2}{2}$$

$$= \frac{x^2}{2} \cdot \ln x - \int \frac{x^2}{2} d \ln x$$

$$= \frac{x^2}{2} \cdot \ln x - \frac{1}{2} \int x dx$$

$$= \frac{1}{2} x^2 \cdot \ln x - \frac{1}{4} x^2 + C$$

由上述几例可知，当被积函数是两种不同种类型函数的乘积时，可以考虑分部积分法. 选取 u，dv 的原则如下.

(1) 当被积函数是幂函数与指数函数或三角函数乘积时，设幂函数为 u，指数函数或三角函数与 dx 乘积部分为 dv，如例 5.21 和例 5.22.

(2) 当被积函数是幂函数与对数函数乘积时，设对数函数为 u，幂函数与 dx 乘积部分为 dv，如例 5.23.

利用分部积分求积分解题步骤归纳如下.

(1) 凑微分(是关键，原则如上述).

(2) 利用公式，交换 u，v 的位置.

(3) 求积分，得结果.

习　题　5.2

1. 求下列不定积分：

(1) $\int (x^2 + \sqrt[3]{x} + \ln 2) dx$；

(2) $\int \frac{1}{x^3} \sqrt{x} dx$；

(3) $\int a^x e^x dx$；

(4) $\int e^{x+2} dx$；

(5) $\int \left(\frac{x}{2} + \frac{3}{x} \right)^2 dx$

(6) $\int \cos^2 \frac{x}{2} dx$

*(7) $\int(3 - \dfrac{2}{\sqrt{1 - x^2}})dx$ (8) $\int(3 - 2x)^{15}dx$

2. 用第一类换元积分法求下列不定积分：

(1) $\int \sin 5x\,dx$ (2) $\int \sqrt{1 - 2x}\,dx$

(3) $\int e^{-2x}\,dx$ (4) $\int \dfrac{2x}{1 + 4x^2}\,dx$

(5) $\int xe^{-x^2}\,dx$ (6) $\int \dfrac{1}{x\ln x}\,dx$

(7) $\int \dfrac{1}{x^2}\cos \dfrac{1}{x}\,dx$ (8) $\int \dfrac{e^{\frac{1}{x}}}{x^2}\,dx$

3. 用分部积分法求下列不定积分：

(1) $\int x\sin x\,dx$ (2) $\int xe^{-x}\,dx$

(3) $\int (x - 1)e^x\,dx$ (4) $\int \ln x\,dx$

*(5) $\int \dfrac{\ln x}{\sqrt{x}}\,dx$ (6) $\int x\tan^2 x\,dx$

5.3　定积分的概念与性质

引言：乞丐行乞

无论国内还是国外，人们在车站、码头都可以看到一个普遍现象：乞丐总是找那些似乎有钱的人行乞，而不理会那些衣着朴素的人．这是为什么？

经济学上有一种观点，货币的效用是递减的：对于富人来说，最后花去的那几元钱效用很低，往往挥金如土；对于穷人来说，则大不一样，最后花去的那几元钱效用仍然很高，连一分钱也得掰成两半花．乞丐专找富人行乞，就说明这一点．

也正是运用了这一经济学观点，各国政府都实行累进的所得税率：例如月薪1000元以下者，免交；超过1000元者，超过部分不足500元的，按超过部分的5％缴纳所得税；超过1500元者，超过部分不足1500元的，按超过部分的10％缴纳所得税，税率逐级递增．这是考虑到，高薪者100元的效用远低于低薪者，通过累进所得税将高薪者的一部分收入集中到政府手里，通过再分配用于低薪者，便可缩小贫富差距，增进全社会的总福利．

要科学制订累进税率，就必须认真计算各种不同收入者的效用是怎样随着收入的增长而递减的，以便再分配受益者所增加的效用最大限度地超过纳税者所失去的效用．这就必须学会定积分．

5.3.1　引例

例5.24　计算曲边梯形的面积．

设 $y = f(x)$ 为闭区间 $[a, b]$ 上的连续函
数，且 $f(x) \geqslant 0$. 由曲线 $y = f(x)$，直线 $x =$
a，$x = b$ 以及 x 轴所围成的平面图形（图 5-2）
称为 $f(x)$ 在 $[a, b]$ 上的曲边梯形，下面将讨
论该曲边梯形的面积（这是求任何曲线边界图
形的面积的基础）.

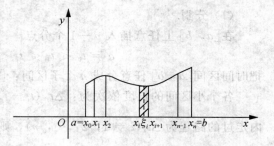

图 5-2

　　我们先来分析计算时会遇到的困难. 由
于曲边梯形的高 $f(x)$ 是随着 x 而变化的，所
以不能直接按矩形或直角梯形的面积公式去计算它的面积. 但我们可以用平行于 y 轴的直
线将曲边梯形细分为许多小曲边梯形. 在每个小曲边梯形以其底边一点的函数值为高，
得到相应的小矩形，把所有这些小矩形的面积加起来，就得到原曲边梯形面积的近似值.
容易想象，把曲边梯形分得越细，所得到的近似值就愈接近原曲边梯形的面积，从而运
用极限的思想就为曲边梯形面积的计算提供了一种方法. 下面我们分四步进行具体讨论.

　　（1）分割.

　　在 $[a, b]$ 中任意插入 $n - 1$ 个分点
$$a = x_0 < x_1 < x_2 < \cdots < x_{n-1} < x_n = b$$
把 $[a, b]$ 分成 n 个子区间 $[x_0, x_1]$，$[x_1, x_2]$，$\cdots$，$[x_{n-1}, x_n]$，每个子区间的长度为
$$\Delta x_i = x_i - x_{i-1}(i = 1, 2, \cdots, n)$$

　　（2）近似.

　　在每个子区间 $[x_{i-1}, x_i](i = 1, 2, \cdots, n)$ 上任取一点 ξ_i，作高为 $f(\xi_i)$、底为 Δx_i
的小矩形，用此小矩形的面积 $f(\xi_i)\Delta x_i$ 来代替每个小曲边梯形面积 ΔA_i，有
$$\Delta A_i \approx f(\xi_i)\Delta x_i$$
由于曲边梯形的高在 $[a, b]$ 上是连续变化的，在很短小的一段区间上它的变化也
很小，即可近似地视为不变. 因此，在每个小区间上，可用其中某一点的高来近似代
替该小区间上小曲边梯形的变化高，用相应的小矩形面积来近似小曲边梯形的面积.

　　（3）求和.

　　整个曲边梯形的面积就是这 n 个小曲边梯形的面积之和，即
$$A = \sum_{i=1}^{n} \Delta A_i \approx \sum_{i=1}^{n} f(\xi_i)\Delta x_i$$

　　（4）逼近（取极限）.

　　记 $\lambda = \max\limits_{1 \leqslant i \leqslant n}\{\Delta x_i\}$，因面积是客观存在的，所以
$$A = \lim_{\lambda \to 0} \sum_{i=1}^{n} f(\xi_i)\Delta x_i$$

　　＊ 例 5.25　求变速直线运动的路程.

　　设某物体作直线运动，其速度 v 是时间 t 的连续函数 $v = v(t)(v(t) \geqslant 0)$. 试求该物
体从 $t = a$ 到时刻 $t = b$ 的一段时间内所经过的路程 s.

　　因为 $v = v(t)$ 是变量，我们不能直接用时间乘速度来计算路程. 但我们仍可以用
类似于计算曲边梯形面积的方法与步骤来解决所述问题.

(1) 分割.

在 $[a,b]$ 上任意插入 $n-1$ 个分点
$$a = t_0 < t_1 < t_2 < \cdots < t_{n-1} < t_n = b$$
把时间区间 $[a,b]$ 任意分成 n 个子区间：$[t_0,t_1]$，$[t_1,t_2]$，…，$[t_{n-1},t_n]$.

各个小区间的长度依次为：$\Delta t_i\,(t_i - t_{i-1})\,(i=1,2,\cdots,n)$. 设质点在 $[t_{i-1},t_i]$ 内走过的路程为 $\Delta s_i(i=1,2,\cdots,n)$，则 $s = \sum\limits_{i=1}^{n}\Delta s_i$

(2) 近似.

在每个子区间 $[t_{i-1},t_i](i=1,2,\cdots,n)$ 上任取一点 τ_i，作近似有
$$\Delta s_i \approx v(\tau_i)\Delta t_i(i=1,2,\cdots,n)$$
(3) 求和.

即
$$s \approx \sum_{i=1}^{n} v(\tau_i)\Delta t_i$$

(4) 取极限.

记 $\lambda = \max\limits_{1\leqslant i\leqslant n}\{\Delta t_i\}$，因路程是客观存在的，所以 $s = \lim\limits_{\lambda\to 0}\sum\limits_{i=1}^{n} v(\tau_i)\Delta t_i$.

以上两个问题分别来自几何和物理，两者的实际意义截然不同，但是确定它们的量所使用的数学方法是一样的，即归结为对某个量进行"分割、近似、求和、取极限"，或者说都转化为具有特定结构的和式极限问题.

抛开这些问题的具体实际意义，抓住它们在数量关系上共同的本质加以概括，我们可给出定积分概念.

5.3.2　定积分的概念

定义　设 $f(x)$ 在 $[a,b]$ 上有界，在 $[a,b]$ 上任取 $n-1$ 个分点
$$a = x_0 < x_1 < x_2 < \cdots < x_{n-1} < x_n = b$$
把区间 $[a,b]$ 分割成 n 个小区间
$$[x_0,x_1],\ [x_1,x_2],\ \cdots,\ [x_{n-1},x_n],$$
各小区间的长度依次为
$$\Delta x_1 = x_1 - x_0,\ \Delta x_2 = x_2 - x_1,\ \cdots,\ \Delta x_n = x_n - x_{n-1}$$

在每个小区间 $[x_{i-1},x_i]$ 上任取一点 $\xi_i(x_{i-1}\leqslant\xi_i\leqslant x_i)$，作函数值 $f(\xi_i)$ 与小区间长度 Δx_i 的乘积 $f(\xi_i)\Delta x_i(i=1,2,\cdots,n)$，并作和式
$$\sum_{i=1}^{n} f(\xi_i)\Delta x_i$$

记 $\lambda = \max\limits_{1\leqslant i\leqslant n}\{\Delta x_i\}$，如果不论对 $[a,b]$ 怎样的分法，也不论在小区间 $[x_{i-1},x_i]$ 上点 ξ_i 怎样取法，只要当 $\lambda\to 0$ 时，和式的极限存在，我们就称函数 $f(x)$ 在闭区间 $[a,b]$ 上可积，并且称此极限值为函数 $f(x)$ 在 $[a,b]$ 上的定积分，记为
$$\int_a^b f(x)\mathrm{d}x = \lim_{\lambda\to 0}\sum_{i=1}^{n} f(\xi_i)\Delta x_i$$

其中 $f(x)$ 叫做被积函数，$f(x)\mathrm{d}x$ 叫做被积表达式，x 叫做积分变量，$[a, b]$ 叫做积分区间. a 和 b 分别称为下限与上限，符号 $\displaystyle\int_a^b f(x)\mathrm{d}x$ 读做函数 $f(x)$ 从 a 到 b 的定积分.

注意：

(1) 定积分存在的必要条件是被积函数 $f(x)$ 在 $[a, b]$ 上有界.

(2) 定积分是特定和式的极限，表示一个数(极限值)，即 $\dfrac{\mathrm{d}}{\mathrm{d}x}\displaystyle\int_a^b f(x)\mathrm{d}x = 0$.

(3) 当 $f(x)$ 在区间 $[a, b]$ 上的定积分存在时，它的值只与被积函数 $f(x)$ 以及积分区间 $[a, b]$ 有关，而与积分变量 x 无关. 即有

$$\int_a^b f(x)\mathrm{d}x = \int_a^b f(t)\mathrm{d}t = \cdots = \int_a^b f(u)\mathrm{d}u$$

(4) 补充规定 $\displaystyle\int_a^b f(x)\mathrm{d}x = 0$

当 $a > b$ 时，$\displaystyle\int_a^b f(x)\mathrm{d}x = -\int_b^a f(x)\mathrm{d}x$.

根据定积分的定义，则例 5.24 所求图形的面积 $A = \displaystyle\int_a^b f(x)\mathrm{d}x$，例 5.25 所求质点走过的路程 $s = \displaystyle\int_a^b v(t)\mathrm{d}t$.

定积分的几何意义　在区间 $[a, b]$ 上 $f(x) \geqslant 0$ 时，定积分 $\displaystyle\int_a^b f(x)\mathrm{d}x$ 在几何上表示曲线 $y = f(x)$，直线 $x = a$，$x = b$ 以及 x 轴所围成的曲边梯形的面积；在区间 $[a, b]$，$f(x) \leqslant 0$ 时，由曲线 $y = f(x)$，直线 $x = a$，$x = b$ 以及 x 轴所围成的曲边梯形位于 x 轴的下方，这时定积分 $\displaystyle\int_a^b f(x)\mathrm{d}x$ 表示上述图形面积的负值；在区间 $[a, b]$，$f(x)$ 既取正值又取负值时，函数 $f(x)$ 的图形既有在 x 轴上方的部分又有在 x 轴下方的部分，此时 $\displaystyle\int_a^b f(x)\mathrm{d}x$ 表示 x 轴上方的面积减去 x 轴下方的面积.

因此，定积分的几何意义为：设 $f(x)$ 在 $[a, b]$ 上的定积分为 $\displaystyle\int_a^b f(x)\mathrm{d}x$，其积分值等于曲线 $y = f(x)$，直线 $x = a$，$x = b$ 和 $y = 0$ 所围成的在 x 轴上方部分与下方部分面积的代数和(如图 5-3 所示).

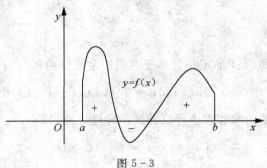

图 5-3

定积分实质上是将微分 $f(x)\mathrm{d}x$ "积" 起来, 但不是一般意义上的累积, 而是极限.

定理 1(定积分的存在定理)

(1) 若 $f(x)$ 在 $[a,b]$ 上连续, 则 $f(x)$ 在 $[a,b]$ 上可积.

(2) 若 $f(x)$ 在 $[a,b]$ 上有界, 且只有有限个间断点, 则 $f(x)$ 在 $[a,b]$ 上可积.

函数 $f(x)$ 在 $[a,b]$ 上可积的条件与 $f(x)$ 在 $[a,b]$ 上连续或可导的条件相比是最弱的条件, 即 $f(x)$ 在 $[a,b]$ 上有以下关系:

$$\text{可导} \Rightarrow \text{连续} \Rightarrow \text{可积}$$

反之, 都不一定成立.

* 例 5.26 利用定义计算定积分 $\int_0^1 x^2 \mathrm{d}x$.

解 把区间 $[0,1]$ 分成 n 等份, 分点为 $x_i = \dfrac{i}{n}(i=1, 2, \cdots, n-1)$,

小区间长度为 $\Delta x_i = \dfrac{1}{n}(i=1, 2, \cdots, n)$

取 $\xi_i = \dfrac{i}{n}(i=1, 2, \cdots, n)$, 作积分和

$$\sum_{i=1}^n f(\xi_i)\Delta x_i = \sum_{i=1}^n \xi_i^2 \Delta x_i = \sum_{i=1}^n \left(\frac{i}{n}\right)^2 \cdot \frac{1}{n}$$

$$= \frac{1}{n^3}\sum_{i=1}^n i^2 = \frac{1}{n^3} \cdot \frac{1}{6}n(n+1)(2n+1) = \frac{1}{6}\left(1+\frac{1}{n}\right)\left(2+\frac{1}{n}\right)$$

因为 $\lambda = \dfrac{1}{n}$, 当 $\lambda \to 0$ 时 $n \to \infty$,

所以 $\displaystyle\int_0^1 x^2 \mathrm{d}x = \lim_{\lambda \to 0}\sum_{i=1}^n f(\xi_i)\Delta x_i = \lim_{\lambda \to 0}\frac{1}{6}\left(1+\frac{1}{n}\right)\left(2+\frac{1}{n}\right) = \frac{1}{3}$

* 例 5.27 利用定积分的几何意义求 $\int_0^1 (1-x)\mathrm{d}x$.

解 函数 $y=1-x$ 在区间 $[0,1]$ 上的定积分是以 $y=1-x$ 为曲边, 以区间 $[0,1]$ 为底的曲边梯形的面积.

因为 以 $y=1-x$ 为曲边, 以区间 $[0,1]$ 为底的曲边梯形是一直角三角形, 其底边长及高均为 1.

所以 $\displaystyle\int_0^1 (1-x)\mathrm{d}x = \frac{1}{2}\times 1 \times 1 = \frac{1}{2}$

5.3.3 定积分的性质

性质 1 函数的和(差)的定积分等于它们的定积分的和(差), 即

$$\int_a^b [f(x) \pm g(x)]\mathrm{d}x = \int_a^b f(x)\mathrm{d}x \pm \int_a^b g(x)\mathrm{d}x$$

性质 2 被积函数的常数因子可以提到积分号外面, 即

$$\int_a^b kf(x)\mathrm{d}x = k\int_a^b f(x)\mathrm{d}x$$

性质 3(积分的区间可加性) $\forall c \in (a, b)$, 有

$$\int_a^b f(x)\mathrm{d}x = \int_a^c f(x)\mathrm{d}x + \int_c^b f(x)\mathrm{d}x$$

注意：不论 a,b,c 的相对位置如何（如 $a < b < c$，只要在扩充区间也可积），总有等式

$$\int_a^b f(x)\mathrm{d}x = \int_a^c f(x)\mathrm{d}x + \int_c^b f(x)\mathrm{d}x$$

性质 4 如果在区间 $[a,b]$ 上 $f(x) \equiv 1$，则

$$\int_a^b \mathrm{d}x = b - a$$

性质 5 如果在区间 $[a,b]$ 上 $f(x) \geqslant 0$，则

$$\int_a^b f(x)\mathrm{d}x \geqslant 0$$

推论 如果在区间 $[a,b]$ 上 $f(x) \geqslant g(x)$，则

$$\int_a^b f(x)\mathrm{d}x \geqslant \int_a^b g(x)\mathrm{d}x$$

性质 6(估值定理) 设 M 及 m 分别是函数 $f(x)$ 在区间 $[a,b]$ 上的最大值及最小值，则

$$m(b-a) \leqslant \int_a^b f(x)\mathrm{d}x \leqslant M(b-a)$$

性质 7(定积分中值定理) $f(x)$ 在 $[a,b]$ 上连续，则存在 $\xi \in [a,b]$，$\int_a^b f(x)\mathrm{d}x = f(\xi)(b-a)$

* **证** 由 $f(x)$ 在 $[a,b]$ 上连续，有 $m(b-a) \leqslant \int_a^b f(x)\mathrm{d}x \leqslant M(b-a)$

两边同除以 $b-a$，得

$$m \leqslant \frac{1}{b-a}\int_a^b f(x)\mathrm{d}x \leqslant M$$

再由连续函数的介值定理知，在 $[a,b]$ 至少存在一点 ξ，使

$$f(\xi) = \frac{1}{b-a}\int_a^b f(x)\mathrm{d}x$$

即得

$$\int_a^b f(x)\mathrm{d}x = f(\xi)(b-a)$$

注意：不论 $a < b$ 还是 $a > b$，积分中值定理都成立.

积分中值定理的几何意义如图 5-4 所示.

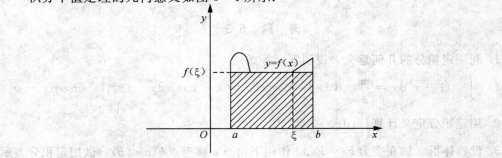

图 5-4

若 $f(x)$ 在 $[a, b]$ 上连续且非负，则 $f(x)$ 在 $[a, b]$ 上的曲边梯形面积等于与该曲边梯形同底，以 $f(\xi) = \dfrac{\int_a^b f(x)\mathrm{d}x}{b-a}$ 为高的矩形面积. 通常把 $\dfrac{\int_a^b f(x)\mathrm{d}x}{b-a}$ 称为函数 $f(x)$ 在 $[a, b]$ 上的积分均值，记做 $\overline{y}$. 而这正是算术平均值概念的推广.

例 5.28　比较下面积分值的大小.

(1) $\int_0^1 x^2 \mathrm{d}x$ 与 $\int_0^1 x^3 \mathrm{d}x$；

(2) $\int_0^1 \mathrm{e}^x \mathrm{d}x$ 与 $\int_0^1 (x+1)\mathrm{d}x$.

解　(1) 由于 $x \in [0, 1]$ 时，$x^2 \geqslant x^3$，则 $\int_0^1 x^2 \mathrm{d}x > \int_0^1 x^3 \mathrm{d}x$

(2) 设 $f(x) = \mathrm{e}^x - x - 1$，$x \in [0, 1]$，则
$$f'(x) = \mathrm{e}^x - 1 > 0 \quad x \in (0, 1]$$
从而 $f(x)$ 在 $[0, 1]$ 上单调增加，

因此 $f(x) > f(0) = 0$，$x \in (0, 1]$，

即 $\mathrm{e}^x > x + 1$，$x \in (0, 1]$，

即 $\int_0^1 \mathrm{e}^x \mathrm{d}x > \int_0^1 (x+1)\mathrm{d}x$.

例 5.29　估计积分 $\int_0^2 \mathrm{e}^{x^2-x} \mathrm{d}x$ 的值.

解　设 $f(x) = \mathrm{e}^{x^2-x}$，则
$$f'(x) = \mathrm{e}^{x^2-x}(2x-1)$$

由 $f'(x) = 0$ 得 $x = \dfrac{1}{2}$，

因为 $f(\dfrac{1}{2}) = \mathrm{e}^{-\frac{1}{4}}$，$f(0) = 1$，$f(2) = \mathrm{e}^2$

所以 $f(x)$ 在 $[0, 2]$ 上的最大值为 e^2，最小值为 $\mathrm{e}^{-\frac{1}{4}}$，

所以 $\mathrm{e}^{-\frac{1}{4}}(2-0) \leqslant \int_0^2 \mathrm{e}^{x^2-x} \mathrm{d}x \leqslant \mathrm{e}^2(2-0)$，

即 $2\mathrm{e}^{-\frac{1}{4}} \leqslant \int_0^2 \mathrm{e}^{x^2-x} \mathrm{d}x \leqslant 2\mathrm{e}^2$

习 题 5.3

1. 利用定积分的几何意义，说明下列等式.

(1) $\int_0^1 \sqrt{1-x^2}\mathrm{d}x = \dfrac{\pi}{4}$　(2) $\int_{-\frac{\pi}{2}}^{\frac{\pi}{2}} \cos x\mathrm{d}x = 2\int_0^{\frac{\pi}{2}} \cos x\mathrm{d}x$　(3) $\int_{-\pi}^{\pi} \sin x\mathrm{d}x = 0$

*2. 用定积分定义计算 $\int_0^1 x\mathrm{d}x$.

*3. 设物体沿 x 轴在变力 $F = F(x)$ 作用下由点 a 移至点 $b (a < b)$，试用定积分表示变力 F 所做的功 W.

4. 比较 $\int_{-1}^{0} \left(\frac{1}{2}\right)^{x} \mathrm{d}x$ 与 $\int_{-1}^{0} \left(\frac{1}{3}\right)^{x} \mathrm{d}x$ 的大小.

5. 利用定积分的性质证明不等式：$\frac{\pi}{2} \leqslant \int_{0}^{\frac{\pi}{2}} (1+\cos^4 x)\mathrm{d}x \leqslant \pi$.

6. 证明 $\frac{1}{\mathrm{e}} \leqslant \int_{0}^{1} \mathrm{e}^{-x^2} \mathrm{d}x \leqslant 1$.

* 7. 求下列函数的平均值.

(1) $f(x) = 9 - x^2$, $(-3 \leqslant x \leqslant 3)$;　　　　(2) $y = \cos x$, $(0 \leqslant x \leqslant \frac{\pi}{2})$.

5.4　微积分的基本定理及定积分的计算

积分学中要解决两个问题：第一个问题是原函数的求法问题，我们在第四章中已经对它做了讨论；第二个问题就是定积分的计算问题. 如果我们要按定积分的定义来计算定积分，那将是十分困难的. 因此寻求一种计算定积分的有效方法便成为积分学发展的关键. 我们知道，不定积分作为原函数的概念与定积分作为积分和的极限的概念是完全不相关的两个概念. 但是，牛顿和莱布尼茨不仅发现而且找到了这两个概念之间存在着的深刻的内在联系. 即所谓的"微积分基本定理"，并由此巧妙地开辟了求定积分的新途径 —— 牛顿－莱布尼茨公式. 从而使积分学与微分学一起构成变量数学的基础学科 —— 微积分学. 牛顿和莱布尼茨也因此作为微积分学的奠基人而载入史册.

* 5.4.1　积分上限函数及其导数

设函数 $f(x)$ 在区间 $[a, b]$ 上可积，则对 $[a, b]$ 中的每个 x，$f(x)$ 在 $[a, x]$ 上的定积分 $\int_{a}^{x} f(t)\mathrm{d}t$ 都存在，也就是说有唯一确定的积分值与 x 对应，从而在 $[a, b]$ 上定义了一个新的函数，它是上限 x 的函数，记作 $\Phi(x)$，即

$$\Phi(x) = \int_{a}^{x} f(t)\mathrm{d}t, x \in [a, b]$$

这个积分通常称为积分上限函数或变上限积分函数.

定理 1(原函数存在定理)　设 $f(x)$ 在 $[a, b]$ 上连续，则 $\Phi(x) = \int_{a}^{x} f(t)\mathrm{d}t$ 在 $[a, b]$ 上可导，且

$$\frac{\mathrm{d}}{\mathrm{d}x}[\Phi(x)] = \frac{\mathrm{d}}{\mathrm{d}x}\int_{a}^{x} f(t)\mathrm{d}t = f(x), x \in [a, b]$$

也就是说，$\Phi(x)$ 是 $f(x)$ 在 $[a, b]$ 上的一个原函数.

证　$x \in [a, b]$ 及 $\Delta x \neq 0$，使 $x + \Delta x \in [a, b]$(如图 5-5 所示). 应用积分对区间的可加性及积分中值定理，有

$$\Delta\Phi = \Phi(x + \Delta x) - \Phi(x) = \int_{x}^{x+\Delta x} f(t)\mathrm{d}t = f(\xi)\Delta x$$

或

$$\frac{\Delta\Phi}{\Delta x} = f(\xi), (\xi 介于 x 与 x + \Delta x 之间)$$

因为　$f(x)$ 在 $[a, b]$ 上连续，

所以　$\lim\limits_{\Delta x \to 0} f(\xi) = \lim\limits_{\xi \to x} f(\xi) = f(\xi)$,

所以　$\lim\limits_{\Delta x \to 0} \dfrac{\Delta \Phi}{\Delta x} = f(x)$,

所以　$\Phi(x)$ 在 $[a, b]$ 上可导，且 $\Phi'(x) = f(x)$.

由 $x \in [a, b]$ 的任意性推知 $\Phi(x)$ 就是 $f(x)$ 在 $[a, b]$ 上的一个原函数.

本定理回答了我们一直关心的原函数的存在问题. 它明确地告诉我们：连续函数必有原函数，并以变上限积分的形式具体地给出了连续函数 $f(x)$ 的一个原函数.

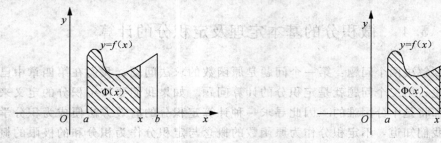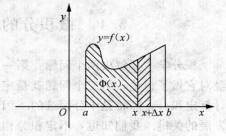

图 5-5

例 5.30　求下列函数的导数.

(1) $y = \displaystyle\int_0^x \sqrt{t^2 + 1} \, dt$　　　(2) $y = \displaystyle\int_0^{\frac{1}{x}} 3t^2 \, dt$.

解　(1) $y' = \dfrac{d}{dx}\left(\displaystyle\int_0^x \sqrt{t^2 + 1} \, dt\right) = \sqrt{x^2 + 1}$;

(2) $y' = \dfrac{d}{dx}\left(\displaystyle\int_0^{\frac{1}{x}} 3t^2 \, dt\right) = 3\left(\dfrac{1}{x}\right)^2 \cdot \left(\dfrac{1}{x}\right)' = 3\left(\dfrac{1}{x}\right)^2 \cdot \left(-\dfrac{1}{x^2}\right) = -\dfrac{3}{x^4}$

推论 1　若 $f(x)$ 在 $[a, b]$ 上连续，则 $\left(\displaystyle\int_x^b f(t) \, dt\right)' = -f(x)$.

推论 2　若 $f(x)$ 在 $[a, b]$ 上连续，则 $\left(\displaystyle\int_a^{\varphi(x)} f(t) \, dt\right)' = f[\varphi(x)] \cdot \varphi'(x)$.

例 5.31　求极限 $\lim\limits_{x \to 0} \dfrac{\left(\displaystyle\int_0^{x^2} \ln(1 + t) \, dt\right)}{x^4}$.

解　利用洛必达法则有

$$原式 = \lim\limits_{x \to 0} \dfrac{\left(\displaystyle\int_0^{x^2} \ln(1 + t) \, dt\right)'}{(x^4)'}$$

$$= \lim\limits_{x \to 0} \dfrac{[\ln(1 + x^2)] \cdot 2x}{4x^3}$$

$$= \dfrac{1}{2} \lim\limits_{x \to 0} \dfrac{\ln(1 + x^2)}{x^2}$$

$$= \dfrac{1}{2} \lim\limits_{x \to 0} \ln(1 + x^2)^{\frac{1}{x^2}}$$

$$= \dfrac{1}{2} \ln e = \dfrac{1}{2}$$

5.4.2　牛顿–莱布尼茨(Newton – Leibniz) 公式

定理2　设 $f(x)$ 在 $[a，b]$ 上连续，若 $F(x)$ 是 $f(x)$ 在 $[a，b]$ 上的一个原函数，则

$$\int_a^b f(x)\mathrm{d}x = F(b) - F(a)$$

* **证明**　根据微积分学基本定理，$\int_a^x f(t)\mathrm{d}t$ 是 $f(x)$ 在 $[a，b]$ 上的一个原函数.

因为　两个原函数之差是一个常数，

所以　$\int_a^x f(t)\mathrm{d}t = F(x) + C，x \in [a，b]$.

上式中令 $x = a$，得 $C = -F(a)$，于是

$$\int_a^x f(t)\mathrm{d}t = F(x) - F(a)$$

再令 $x = b$，即得 $\int_a^b f(x)\mathrm{d}x = F(b) - F(a)$.

在使用上，公式也常写作

$$\int_a^b f(x)\mathrm{d}x = [F(x)]_a^b = F(x)\Big|_a^b$$

这就是著名的牛顿–莱布尼茨(Newton – Leibniz) 公式，也被称为微积分学基本公式. 它进一步揭示了定积分与原函数之间的联系：$f(x)$ 在 $[a，b]$ 上的定积分等于它的任一原函数 $F(x)$ 在 $[a，b]$ 上的增量，从而为我们计算定积分开辟了一条新的途径. 它把定积分的计算转化为求它的被积函数 $f(x)$ 的任意一个原函数，或者说转化为求 $f(x)$ 的不定积分.

例 5.32　计算下列定积分.

(1) $\int_{-1}^1 x\mathrm{d}x$；　　　　　(2) $\int_{-2}^{-1} \dfrac{\mathrm{d}x}{x}$

(3) $\int_0^\pi \sin x\mathrm{d}x$；　　　* (4) $\int_0^2 \max\{x，x^3\}\mathrm{d}x$

解　(1) $\int_{-1}^1 x\mathrm{d}x = \dfrac{1}{2}x^2 \Big|_{-1}^1 = 0$

(2) $\int_{-2}^{-1} \dfrac{\mathrm{d}x}{x} = [\ln|x|]_{-2}^{-1} = \ln 1 - \ln 2 = -\ln 2$

(3) $\int_0^\pi \sin x\mathrm{d}x = -\cos x\Big|_0^\pi = -(\cos \pi - \cos 0) = 2$

* (4) $\int_0^2 \max\{x，x^3\}\mathrm{d}x = \int_0^1 x\mathrm{d}x + \int_1^2 x^3\mathrm{d}x = \dfrac{1}{2}x^2\Big|_0^1 + \dfrac{1}{4}x^4\Big|_1^2 = \dfrac{17}{4}$

* **例 5.33**　设 $f(x) = \begin{cases} x^2 + 1 & 0 \leqslant x \leqslant 1 \\ 3 - x & 1 < x < 3 \end{cases}$，求 $\int_0^3 f(x)\mathrm{d}x$.

解　$\int_0^3 f(x)\mathrm{d}x = \int_0^1 (x^2 + 1)\mathrm{d}x + \int_1^3 (3 - x)\mathrm{d}x$

$$= \left(\frac{x^3}{3} + x\right)\Big|_0^1 + \left(3x - \frac{x^2}{2}\right)\Big|_1^3 = 3\frac{1}{3}$$

例 5.34　汽车以每小时 36 km 的速度行使，到某处需要减速停车，设汽车以等加速度 $a = -5 \ \mathrm{m/s^2}$ 刹车，问从开始刹车到停车，汽车需走多少距离？

解　$t = 0$ 时，$v_0 = 10\mathrm{m/s}$

$$v(t) = v_0 + at = 10 - 5t$$

令 $v(t) = 10 - 5t = 0$ 得 $t = 2$

得 $s = \int_0^2 v(t)\mathrm{d}t = \int_0^2 (10 - 5t)\mathrm{d}t = 10(\mathrm{m})$

即刹车后，汽车需要走 10 m 才能停住.

5.4.3　定积分换元积分

定理 3　设函数 $f(x)$ 在闭区间 $[a, b]$ 上连续，函数 $x = \varphi(t)$ 满足条件：

(1) $\varphi(t)$ 在 $[\alpha, \beta]$（或 $[\beta, \alpha]$）上具有连续导数；

(2) $\varphi(\alpha) = a$，$\varphi(\beta) = b$ 且 $a \leqslant \varphi(t) \leqslant b$，则有

$$\int_a^b f(x)\mathrm{d}x = \int_\alpha^\beta f[\varphi(t)]\varphi'(t)\mathrm{d}t$$

上式称为定积分的换元积分公式.

定积分的换元公式与不定积分的换元公式很类似. 但是，在应用定积分的换元公式时应注意以下两点：

(1) 用 $x = \varphi(t)$ 把变量 x 换成新变量 t 时，积分限也要换成相应于新变量 t 的积分限，且上限对应于上限，下限对应于下限.

(2) 求出 $f[\varphi(t)]\varphi'(t)$ 的一个原函数 $\varPhi(t)$ 后，不必像计算不定积分那样再把 $\varPhi(t)$ 变换成原变量 x 的函数，而只要把新变量 t 的上、下限分别代入 $\varPhi(t)$ 然后相减就行了.

例 5.35　计算下列定积分.

(1) $\displaystyle\int_{\frac{3}{4}}^1 \frac{\mathrm{d}x}{\sqrt{1-x} - 1}$;　　　　　(2) $\displaystyle\int_{\frac{1}{\sqrt{3}}}^{\sqrt{\frac{2}{3}}} x\sqrt{2 - 3x^2}\,\mathrm{d}x$

(3) $\displaystyle\int_0^4 \frac{1 - \sqrt{x}}{1 + \sqrt{x}}\mathrm{d}x$;　　　　　(4) $\displaystyle\int_0^\pi \sin^3 x\cos x\,\mathrm{d}x$

解　(1) 令 $\sqrt{1-x} = t$，则 $x = 1 - t^2$，$\mathrm{d}x = -2t\mathrm{d}t$，

当 $x = \frac{3}{4}$ 时，$t = \frac{1}{2}$；$x = 1$ 时，$t = 0$；于是

$$\int_{\frac{3}{4}}^1 \frac{\mathrm{d}x}{\sqrt{1-x} - 1} = -2\int_{\frac{1}{2}}^0 \frac{\mathrm{d}t}{t - 1} = 2\int_0^{\frac{1}{2}} \left(1 + \frac{1}{t-1}\right)\mathrm{d}t$$

$$= 2[t + \ln|t - 1|]_0^{\frac{1}{2}} = 1 - 2\ln 2$$

(2) $\displaystyle\int_{\frac{1}{\sqrt{3}}}^{\sqrt{\frac{2}{3}}} x\sqrt{2-3x^2}\,\mathrm{d}x = -\frac{1}{6}\int_{\frac{1}{\sqrt{3}}}^{\sqrt{\frac{2}{3}}} \sqrt{2-3x^2}\,(2-3x^2)'\mathrm{d}x$

$\underline{\underline{2-3x^2 = u}} -\frac{1}{6}\int_1^0 \sqrt{u}\,\mathrm{d}u = \frac{1}{6}\int_0^1 u^{\frac{1}{2}}\,\mathrm{d}u = \frac{1}{6}\cdot\frac{2}{3}u^{\frac{3}{2}}\Big|_0^1 = \frac{1}{9}$

(3) 令 $t = \sqrt{x}$, $x = t^2$, $\mathrm{d}x = 2t\mathrm{d}t$,

当 $x = 0$ 时, $t = 0$; $x = 4$ 时, $t = 2$; 于是

$$\int_0^4 \frac{1 - \sqrt{x}}{1 + \sqrt{x}}\mathrm{d}x = \int_0^2 \frac{1 - t}{1 + t}2t\mathrm{d}t = \int_0^2 \left[4 - 2t - \frac{4}{1 + t}\right]\mathrm{d}t$$

$$= [4t - t^2 - 4\ln|1 + t|]_0^2 = 4 - 4\ln 3$$

(4) $\displaystyle\int_0^\pi \sin^3 x\cos x\mathrm{d}x = \int_0^\pi \sin^3 x\mathrm{d}\sin x$

$$= \frac{1}{4}\sin^4 x\Big|_0^\pi = 0$$

例 5.36　设 $f(x)$ 在 $[-a, a]$ 上连续, 证明:

$$\int_{-a}^a f(x)\mathrm{d}x = \int_0^a [f(x) + f(-x)]\mathrm{d}x$$

当 $f(x)$ 为奇函数时, $\displaystyle\int_{-a}^a f(x)\mathrm{d}x = 0$;

当 $f(x)$ 为偶函数时, $\displaystyle\int_{-a}^a f(x)\mathrm{d}x = 2\int_0^a f(x)\mathrm{d}x$.

证　因为　$\displaystyle\int_{-a}^a f(x)\mathrm{d}x = \int_{-a}^0 f(x)\mathrm{d}x + \int_0^a f(x)\mathrm{d}x$,

在 $\displaystyle\int_{-a}^0 f(x)\mathrm{d}x$ 中, 令 $x = -t$, 得

$$\int_{-a}^0 f(x)\mathrm{d}x = -\int_a^0 f(-t)\mathrm{d}t = \int_0^a f(-x)\mathrm{d}x$$

所以　$\displaystyle\int_{-a}^a f(x)\mathrm{d}x = \int_0^a [f(x) + f(-x)]\mathrm{d}x$.

当 $f(x)$ 为奇函数时, $f(-x) = -f(x)$, 故 $f(x) + f(-x) = 0$, 从而有

$$\int_{-a}^a f(x)\mathrm{d}x = 0$$

当 $f(x)$ 为偶函数时, $f(-x) = f(x)$, 故 $f(x) + f(-x) = 2f(x)$, 从而有

$$\int_{-a}^a f(x)\mathrm{d}x = 2\int_0^a f(x)\mathrm{d}x$$

5.4.4　定积分的分部积分法

定理 4　若 $u(x)$, $v(x)$ 在 $[a, b]$ 上有连续的导数, 则

$$\int_a^b u(x)v'(x)\mathrm{d}x = u(x)v(x)\Big|_a^b - \int_a^b v(x)u'(x)\mathrm{d}x$$

* **证**　因为　$[u(x)v(x)]' = u(x)v'(x) + u'(x)v(x), a \leqslant x \leqslant b$,

所以　$u(x)v(x)$ 是 $u(x)v'(x) + u'(x)v(x)$ 在 $[a, b]$ 上的一个原函数,

应用牛顿 — 莱布尼茨公式, 得

$$\int_a^b [u(x)v'(x) + u'(x)v(x)]\mathrm{d}x = u(x)v(x)\Big|_a^b,$$

利用积分的线性性质并移项即得

$$\int_a^b u(x)v'(x)\mathrm{d}x = u(x)v(x)\Big|_a^b - \int_a^b v(x)u'(x)\mathrm{d}x,$$

上式称为定积分的分部积分公式，且简单地写作

$$\int_a^b u\,dv = uv\Big|_a^b - \int_a^b v\,du$$

例 5.37 计算下列定积分.

(1) $\int_0^1 xe^x\,dx$；(2) $\int_{\frac{1}{e}}^{e} |\ln x|\,dx$；(3) $\int_0^{\frac{\pi}{2}} x\cos x\,dx$；＊(4) $\int_0^1 e^{-\sqrt{x}}\,dx$

解 (1) $\int_0^1 xe^x\,dx = \int_0^1 x\,de^x$

$$= xe^x\Big|_0^1 - \int_0^1 e^x\,dx$$

$$= e - e^x\Big|_0^1 = 1$$

(2) $\int_{\frac{1}{e}}^{e} |\ln x|\,dx = \int_{\frac{1}{e}}^{1} (-\ln x)\,dx + \int_1^e \ln x\,dx$

$$= -x\ln x\Big|_{\frac{1}{e}}^{1} + \int_{\frac{1}{e}}^{1} dx + x\ln x\Big|_1^e - \int_1^e dx$$

$$= 2\left(1 - \frac{1}{e}\right)$$

注意：被积函数中出现绝对值时必须去掉绝对值符号，这就要注意正负号，有时需要分段进行积分.

(3) $\int_0^{\frac{\pi}{2}} x\cos x\,dx = \int_0^{\frac{\pi}{2}} x\,d\sin x$

$$= x\sin x\Big|_0^{\frac{\pi}{2}} - \int_0^{\frac{\pi}{2}} \sin x\,dx$$

$$= \frac{\pi}{2} + \cos x\Big|_0^{\frac{\pi}{2}}$$

$$= \frac{\pi}{2} - 1$$

＊(4) 令 $\sqrt{x} = t$，则

$$\int_0^1 e^{-\sqrt{x}}\,dx = \int_0^1 e^{-t}\cdot 2t\,dt = -2\int_0^1 t\,d(e^{-t})$$

$$= -2te^{-t}\Big|_0^1 + 2\int_0^1 e^{-t}\,dt$$

$$= -2e^{-1} - 2e^{-t}\Big|_0^1 = 2 - \frac{4}{e}$$

习 题 5.4

＊1. 计算下列各题.

(1) $\dfrac{d}{dx}\int_0^x \sqrt{1+t^2}\,dt$；(2) $\dfrac{d}{dx}\int_0^{x^2} \sqrt{x}\cos^2 t\,dt$；(3) $\lim\limits_{x\to 0} \dfrac{\int_0^x \cos^2 t\,dt}{x}$.

2. 计算下列积分.

(1) $\int_4^9 \sqrt{x}(1+\sqrt{x})\,dx$；(2) $\int_1^2 \left(x + \dfrac{1}{\sqrt{x}}\right)^2 dx$；

(3) $\displaystyle\int_0^{\sqrt{3}} \frac{\mathrm{d}x}{1+x}$;　　　　　(4) $\displaystyle\int_1^e \frac{1+\ln x}{x}\mathrm{d}x$;

(5) $\displaystyle\int_{-1}^0 \frac{3x^4+3x^2+1}{x^2+1}\mathrm{d}x$;　　(6) $\displaystyle\int_0^{2\pi} |\cos x|\mathrm{d}x$;

(7) $\displaystyle\int_0^{\frac{\pi}{2}} |\sin x - \cos x|\mathrm{d}x$;　　(8) $\displaystyle\int_{-2}^1 \max\{x,\ x^2\}\mathrm{d}x$;

(9) $\displaystyle\int_{-\frac{\pi}{2}}^{\frac{\pi}{3}} \sqrt{1-\cos^2 x}\mathrm{d}x$ 　　(10) $\displaystyle\int_0^{\frac{\pi}{2}} \cos^5 x\sin 2x\mathrm{d}x$.

3. 利用函数的奇偶性计算下列积分.

(1) $\displaystyle\int_{-1}^1 (|x|-\sin x)x^2\mathrm{d}x$;　　(2) $\displaystyle\int_{-1}^1 (x+\sin x)\mathrm{d}x$.

4. 计算下列积分.

(1) $\displaystyle\int_0^{\frac{\pi}{2}} x\sin x\mathrm{d}x$;　　　　　(2) $\displaystyle\int_0^1 x\mathrm{e}^x\mathrm{d}x$;

*5.5　广　义　积　分

定义定积分有两个最基本的约束条件:

(1) 积分区间为有限区间;

(2) 被积函数在积分区间上有界.

但在某些实际问题中,常常需要突破这些约束条件. 例如,将火箭发射到远离地球的太空中去,要计算克服地心引力所做的功,这就需要考虑积分区间为无限的积分. 因此,我们对定积分作如下推广(运用极限概念),从而形成广义积分的概念.

5.5.1　无穷区间的广义积分

定义　设函数 $f(x)$ 在 $[a,+\infty)$ 上有定义,且对任何实数 $b>a$, $f(x)$ 在 $[a,b]$ 上可积,则称形式

$$\int_a^{+\infty} f(x)\mathrm{d}x$$

为函数 $f(x)$ 在 $[a,+\infty)$ 上的广义积分.

若极限 $\displaystyle\lim_{b\to+\infty}\int_a^b f(x)\mathrm{d}x\,(b>a)$ 存在,则称广义积分收敛,即

$$\int_a^{+\infty} f(x)\mathrm{d}x = \lim_{b\to+\infty}\int_a^b f(x)\mathrm{d}x$$

若极限不存在,则称广义积分发散.

由定义可知,我们讨论广义积分的敛散性,其含义就是考察变上限积分 $F(b) = \displaystyle\int_a^b f(x)\mathrm{d}x\,(b>a)$,当 $b\to+\infty$ 时的极限是否存在.

例 5.38　讨论广义积分 $\displaystyle\int_{\frac{2}{\pi}}^{+\infty} \frac{1}{x^2}\sin\frac{1}{x}\mathrm{d}x$ 的敛散性.

解　任取 $b>\dfrac{2}{\pi}$,有

$$F(b) = \int_{\frac{2}{\pi}}^{b} \frac{1}{x^2} \sin \frac{1}{x} dx = -\int_{\frac{2}{\pi}}^{b} \sin \frac{1}{x} d\left(\frac{1}{x}\right)$$

$$= \left[\cos \frac{1}{x}\right]_{\frac{2}{\pi}}^{b} = \cos \frac{1}{b}$$

因为　　$\lim\limits_{b \to +\infty} F(b) = \lim\limits_{b \to +\infty} \cos \frac{1}{b} = 1$,

所以　此广义积分收敛,且

$$\int_{\frac{2}{\pi}}^{+\infty} \frac{1}{x^2} \sin \frac{1}{x} dx = 1$$

类似地,可定义函数 $f(x)$ 在区间 $(-\infty, b]$ 上的广义积分为

$$\int_{-\infty}^{b} f(x) dx = \lim\limits_{a \to -\infty} \int_{a}^{b} f(x) dx$$

对于 $f(x)$ 在 $(-\infty, +\infty)$ 上的广义积分,定义为

$$\int_{-\infty}^{+\infty} f(x) dx = \int_{-\infty}^{a} f(x) dx + \int_{a}^{+\infty} f(x) dx$$

其中 a 为任一有限实数. 它当且仅当右边的两个广义积分皆收敛时才收敛,否则是发散的. 根据积分对区间的可加性,易知 $\int_{-\infty}^{+\infty} f(x) dx$ 右边的广义积分的敛散性及收敛时积分的值都与实数 a 的选取无关.

例 5.39　计算广义积分 $\int_{-\infty}^{+\infty} \frac{dx}{1+x^2}$ 的值.

解　$\int_{-\infty}^{+\infty} \frac{dx}{1+x^2} = \int_{-\infty}^{0} \frac{dx}{1+x^2} + \int_{0}^{+\infty} \frac{dx}{1+x^2} = \lim\limits_{a \to -\infty} \int_{a}^{0} \frac{dx}{1+x^2} + \lim\limits_{b \to +\infty} \int_{0}^{b} \frac{dx}{1+x^2}$

$$= \lim\limits_{a \to -\infty} (-\arctan a) + \lim\limits_{b \to +\infty} (\arctan b) = -\left(-\frac{\pi}{2}\right) + \frac{\pi}{2} = \pi$$

为了书写的统一与简便,以后在广义积分的讨论中,我们也引用定积分(也称常义积分)牛顿-莱布尼茨公式的记法. 如例 5.39 可写成

$$\int_{-\infty}^{+\infty} \frac{dx}{1+x^2} = \arctan x \Big|_{-\infty}^{+\infty} = \frac{\pi}{2} - \left(-\frac{\pi}{2}\right) = \pi$$

例 5.40　计算广义积分 $\int_{0}^{+\infty} t e^{-pt} dt (p > 0)$.

解　$\int_{0}^{+\infty} t e^{-pt} dt = -\frac{1}{p} \int_{0}^{+\infty} t \, d e^{-pt} = -\frac{1}{p} e^{-pt} \Big|_{0}^{+\infty} + \frac{1}{p} \int_{0}^{+\infty} e^{-pt} dt$

$$= -\frac{1}{p^2} e^{-pt} \Big|_{0}^{+\infty} = \frac{1}{p^2}$$

例 5.41　证明广义积分 $\int_{1}^{+\infty} \frac{dx}{x^p}$,当 $p > 1$ 时收敛,当 $p \leqslant 1$ 时发散.

证　当 $p = 1$ 时,

$$\int_{1}^{+\infty} \frac{dx}{x^p} = \int_{1}^{+\infty} \frac{dx}{x} = \ln |x| \Big|_{1}^{+\infty} = +\infty;$$

当 $p \neq 1$ 时,

$$\int_1^{+\infty} \frac{\mathrm{d}x}{x^p} = \frac{1}{1-p} x^{1-p} \Big|_1^{-\infty} = \begin{cases} \dfrac{1}{p-1} & p > 1 \\ +\infty & p < 1 \end{cases} ;$$

即当 $p > 1$ 时，此广义积分收敛，其值为 $\dfrac{1}{p-1}$；当 $p \leqslant 1$ 时发散.

5.5.2 无界函数的广义积分

定义   设 $f(x)$ 在 $(a, b]$ 上有定义，而在 a 的右邻域内无界. 若对正数 ε，$f(x)$ 在 $[a+\varepsilon, b]$ 可积，则称形式 $\displaystyle\int_a^b f(x)\mathrm{d}x$ 为 $f(x)$ 在 $(a, b]$ 上的广义积分.

若极限 $\displaystyle\lim_{\varepsilon \to 0^+} \int_{a+\varepsilon}^b f(x)\mathrm{d}x$ 存在，则称广义积分收敛，并以这极限值为它的值，即

$$\int_a^b f(x)\mathrm{d}x = \lim_{\varepsilon \to 0^+} \int_{a+\varepsilon}^b f(x)\mathrm{d}x$$

若极限不存在，则称广义积分发散.

与无穷限广义积分一样，记号的含义是指考察变下限积分

$$F(\varepsilon) = \int_{a+\varepsilon}^b f(x)\mathrm{d}x, 0 < \varepsilon < b - a$$

当 $\varepsilon \to 0^+$ 时的极限情形. 这里 a 称为函数 $f(x)$ 的瑕点，因此无界函数的广义积分也称为瑕积分.

同样也利用极限

$$\lim_{\varepsilon \to 0^+} \int_a^{b-\varepsilon} f(x)\mathrm{d}x$$

来定义 b 为瑕点的广义积分的敛散性.

若 $f(x)$ 的瑕点 c 在闭区间 $[a, b]$ 的内部，即 $a < c < b$，则广义积分 $\displaystyle\int_a^b f(x)\mathrm{d}x$ 定义为

$$\int_a^b f(x)\mathrm{d}x = \int_a^c f(x)\mathrm{d}x + \int_c^b f(x)\mathrm{d}x$$

当且仅当右边两个积分都收敛时才收敛，否则左边的广义积分发散.

例 5.42   计算广义积分 $\displaystyle\int_0^a \frac{\mathrm{d}x}{\sqrt{a^2 - x^2}} (a > 0)$.

解 $x = a$ 为函数 $\dfrac{1}{\sqrt{a^2 - x^2}}$ 的瑕点.

$$\int_0^a \frac{\mathrm{d}x}{\sqrt{a^2 - x^2}} = \lim_{\varepsilon \to 0^+} \int_0^{a-\varepsilon} \frac{\mathrm{d}x}{\sqrt{a^2 - x^2}} = \lim_{\varepsilon \to 0^+} \left[\arcsin x\right]_0^{a-\varepsilon}$$

$$= \lim_{\varepsilon \to 0^+} \arcsin \frac{a - \varepsilon}{a} = \arcsin 1 = \frac{\pi}{2}$$

例 5.43   讨论广义积分 $\displaystyle\int_{-1}^1 \frac{\mathrm{d}x}{x^2}$ 的敛散性.

解 $x = 0$ 为函数 $\dfrac{1}{x^2}$ 的瑕点.

因为 $\lim\limits_{\varepsilon \to 0^+} \int_\varepsilon^1 \dfrac{\mathrm{d}x}{x^2} = \lim\limits_{\varepsilon \to 0^+} \left[-\dfrac{1}{x}\right]_\varepsilon^1 = \lim\limits_{\varepsilon \to 0^+}\left[-1+\dfrac{1}{\varepsilon}\right] = +\infty$,

所以 广义积分 $\int_0^1 \dfrac{\mathrm{d}x}{x^2}$ 发散,从而推出广义积分 $\int_{-1}^1 \dfrac{\mathrm{d}x}{x^2}$ 发散.

注意:如果我们疏忽了 $x = 0$ 是瑕点,就会得出错误的结果:

$$\int_{-1}^1 \dfrac{\mathrm{d}x}{x^2} = \left[-\dfrac{1}{x}\right]_{-1}^1 = -2,$$

例 5.44   证明广义积分 $\int_0^1 \dfrac{\mathrm{d}x}{x^q}$ 当 $0 < q < 1$ 时收敛,当 $q \geqslant 1$ 时发散.

证   当 $q = 1$ 时,

$$\int_0^1 \dfrac{\mathrm{d}x}{x^q} = \int_0^1 \dfrac{\mathrm{d}x}{x} = \ln|x|\,\Big|_0^1 = +\infty,$$

当 $q \neq 1$ 时,

$$\int_0^1 \dfrac{\mathrm{d}x}{x^q} = \left[\dfrac{1}{1-q}x^{1-q}\right]\Big|_0^1 = \begin{cases} \dfrac{1}{1-q} & 0 < q < 1 \\ +\infty & q > 1 \end{cases},$$

即此广义积分当 $0 < q < 1$ 时收敛,其值为 $\dfrac{1}{1-q}$;当 $q \geqslant 1$ 时发散.

习 题 5.5

1. 下列广义积分是否收敛?若收敛计算它们的值.

(1) $\int_0^{+\infty} \mathrm{e}^{-x}\mathrm{d}x$;

(2) $\int_0^{+\infty} \sin x\mathrm{d}x$

(3) $\int_0^{+\infty} \dfrac{\mathrm{d}x}{1+x^2}$;

(4) $\int_{\frac{2}{\pi}}^{+\infty} \dfrac{1}{x^2}\sin\dfrac{1}{x}\mathrm{d}x$

*5.6   常微分方程

在实际工作中,常常要去寻求满足某些条件的一个或者几个未知函数的问题. 比如:物质在一定条件下的运动变化,要寻求它的运动、变化的规律;某个物体在重力作用下自由下落,要寻求下落距离随时间变化的规律;火箭在发动机推动下在空间飞行,要寻求它飞行的轨道,等等. 解这类问题的基本思想是要把研究问题中的已知函数和未知函数之间的关系找出来,从列出的包含未知函数的一个方程中去求得未知函数的表达式.

在数学上,解这类方程,要用到微分和导数的知识. 凡是含有未知函数的导数以及自变量之间的关系的方程,叫做微分方程. 因此,微分方程也是描述客观事物的数量关系的一种重要的数学模型. 本章主要介绍常微分方程的基本概念和几种常用的常微分方程的解法.

5.6.1　微分方程的基本概念

1. 建立微分方程的数学模型

我们先通过具体的例子来说明微分方程的有关概念.

例 5.45　设曲线 $y = f(x)$ 在其上任一点 (x, y) 的切线斜率为 $3x^2$，且曲线过点 $(0, -1)$，求曲线的方程.

解　由导数的几何意义知在点 (x, y) 处，有

$$\frac{\mathrm{d}y}{\mathrm{d}x} = 3x^2 \text{ 或 } \mathrm{d}y = 3x^2 \mathrm{d}x \tag{5.1}$$

此外，曲线满足条件

$$y\big|_{x=0} = -1$$

式(5.1) 两边积分，得 $y = \displaystyle\int 3x^2 \mathrm{d}x = x^3 + C$（其中 C 为任意常数）

为得到满足条件 $y\big|_{x=0} = -1$ 的具体曲线，以条件 $y\big|_{x=0} = -1$ 代入 $y = x^3 + C$ 得 $C = -1$. 故所求曲线的方程为 $y = x^3 - 1$.

$y = x^3 + C$ 在几何学上表示了无穷多条曲线，通常称之为积分曲线族.

如图 5-6 所示，它是将曲线 $y = x^3 - 1$ 沿着 y 轴上下平移而得到的.

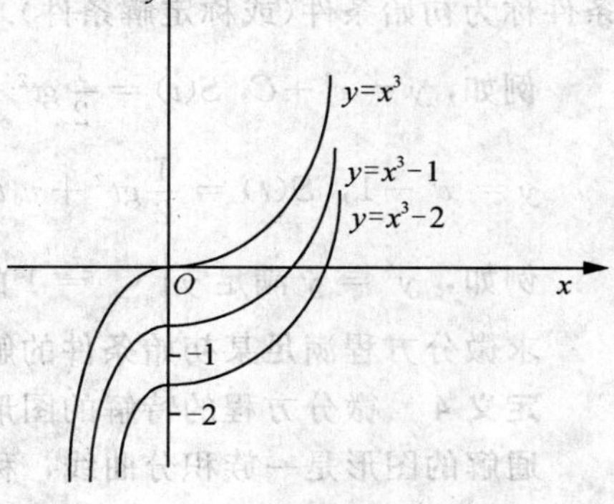

例 5.46　（自由落体运动的数学模型）质量为 m 的物体自由落下，$t = 0$ 时，初始位置和初速度分别为 S_0，v_0，求物体的运动规律.

解　设运动方程为 $S = S(t)$，则 $S'' = g$（其中 g 为重力加速度），且

$$S\big|_{t=0} = S_0, \ S'\big|_{t=0} = v_0$$

图 5-6

两次积分分别得出：

$$S'(t) = gt + C_1, \ S(t) = \frac{1}{2}gt^2 + C_1 t + C_2$$

将条件代入得：$C_1 = v_0$，$C_2 = S_0$

即

$$S(t) = \frac{1}{2}gt^2 + v_0 t + S_0$$

以上我们仅以物理学、几何学引出关于变量之间微分方程的关系，其实在化学、生物学、自动控制、电子技术等学科中都提出了许多有关微分方程的问题，从而要探讨解决这些问题的方法.

2. 基本概念

定义 1　含有未知函数的导数或微分的方程称为微分方程，未知函数为一元函数的微分方程称为常微分方程.

例如，(1) $\dfrac{dy}{dx} = 3x^2$；(2) $dy + y\tan x dx = 0$；(3) $S''(t) = g$；

(4) $\dfrac{dy}{dx} + \cos y = 3x$；(5) $\left(\dfrac{dy}{dx}\right)^2 + \ln y + \cot x = 0$.

以上五个方程都是微分方程.

定义 2 微分方程中含未知函数的导数的最高阶数称为微分方程的阶.

n 阶常微分方程一般形式记为

$$F(x,\ y,\ y',\ \cdots,\ y^{(n)}) = 0 \qquad\qquad (5.2)$$

其中 x 为自变量，y 为未知函数，且 $y^{(n)}$ 的系数不为零.

以上五个方程中(1)、(2)、(4)、(5)是一阶常微分方程，(3)二阶常微分方程.

定义形如：$y' + P(x)y = Q(x)$ 的方程，称为一阶线性微分方程.

当 $Q(x) \equiv 0$ 时，称为一阶齐次线性微分方程；

当 $Q(x) \neq 0$ 时，称为一阶非齐次线性微分方程.

若微分方程的解中所含(独立的)任意常数的个数与微分方程的阶数相等，则称这个解为方程的通解.

定义 3 微分方程一个满足特定条件的解，称为该微分方程的一个特解，所给特定条件称为初始条件(或称定解条件).

例如，$y = x^3 + C$, $S(t) = \dfrac{1}{2}gt^2 + C_1 t + C_2$ 分别是微分方程 $\dfrac{dy}{dx} = 3x^2$, $S''(t) = g$ 的通解.

$y = x^3 - 1$, $S(t) = \dfrac{1}{2}gt^2 + v_0 t + S_0$ 分别是微分方程 $\dfrac{dy}{dx} = 3x^2$, $S''(t) = g$ 的特解.

例如，$y' = y$ 满足 $y\big|_{x=0} = 1$ 的特解为：$y = e^x$. 其中 $y\big|_{x=0} = 1$ 就是初始条件.

求微分方程满足某初始条件的解的问题，称为初值问题，或称为 Cauchy 问题.

定义 4 微分方程的特解的图形是一条积分曲线，称为微分方程的积分曲线.

通解的图形是一族积分曲线，称为积分曲线族.

解的几何意义：通解，一族积分曲线，称为积分曲线族；特解，一条曲线.

例 5.47 验证：$y = C_1 e^{2x} + C_2 e^{-2x}$ 是微分方程 $y'' - 4y = 0$ 的通解，并求满足 $y\big|_{x=0} = 0$, $y'\big|_{x=0} = 1$ 的特解.

解 (1) 因为 $y' = 2C_1 e^{2x} - 2C_2 e^{-2x}$,

$y'' = 4C_1 e^{2x} + 4C_2 e^{-2x}$,

所以 $y = C_1 e^{2x} + C_2 e^{-2x}$ 是方程的解.

又 因为 C_1, C_2 是两个相互独立(无关)的任意常数，

所以 $y = C_1 e^{2x} + C_2 e^{-2x}$ 是方程的通解.

(2) 由 $y\big|_{x=0} = 0$, $y'\big|_{x=0} = 1$ 得

$\begin{cases} C_1 + C_2 = 0 \\ 2C_1 - 2C_2 = 1 \end{cases}$，解得 $C_1 = \dfrac{1}{4}$, $C_2 = -\dfrac{1}{4}$，即满足初始条件的特解为 $y = \dfrac{1}{4}(e^{2x} - e^{-2x})$.

例 5.48 验证：由方程 $x^2 - xy + y^2 = C$ 所确定的隐函数是微分方程

$$(x - 2y)y' = 2x - y$$

的解，并求满足初始条件 $y\big|_{x=1} = 1$ 的特解.

解　在方程 $x^2 - xy + y^2 = C$ 两边对 x 求导，得

$$2x - y - xy' + 2yy' = 0$$

即

$$(x - 2y)y' = 2x - y$$

即由方程 $x^2 - xy + y^2 = C$ 所确定的隐函数是微分方程 $(x - 2y)y' = 2x - y$ 的解.

以初始条件 $y\big|_{x=1} = 1$ 代入方程 $x^2 - xy + y^2 = C$，得 $C = 1$. 于是，所求特解为

$$x^2 - xy + y^2 = 1$$

5.6.2　可分离变量的微分方程

定义　设有一阶微分方程 $\dfrac{\mathrm{d}y}{\mathrm{d}x} = F(x, y)$，如果其右端函数能分解成 $F(x, y) = f(x)g(y)$，则称微分方程

$$\frac{\mathrm{d}y}{\mathrm{d}x} = f(x)g(y)$$

为可分离变量的微分方程. 这里 $f(x)$，$g(y)$ 分别是关于 x，y 的连续函数.

这类方程的特点是：方程经过适当的变形后，可以将含有同一变量的函数与微分分离到等式的同一端，再通过积分来求解，这种方法称为分离变量法.

具体求解方法如下.

(1) 当 $g(y) \neq 0$ 时，可将其化为

$$\frac{\mathrm{d}y}{g(y)} = f(x)\mathrm{d}x;$$

(2) 两边分别对各自的自变量积分，有

$$\int \frac{\mathrm{d}y}{g(y)} = \int f(x)\mathrm{d}x + C;$$

(3) 计算不定积分，求出通解；

(4) 若有初始条件，代入初始条件，求出 C，得到特解.

注意：(1) 把 $\displaystyle\int \frac{\mathrm{d}y}{g(y)}$，$\displaystyle\int f(x)\mathrm{d}x$ 分别理解为函数 $\dfrac{1}{g(y)}$，$f(x)$ 的某一个原函数，因为在上式中已经加上了积分常数.

(2) 当 $g(y) = 0$，有 $\dfrac{\mathrm{d}y}{\mathrm{d}x} = 0$，即 $y = C$，所以通常理解成在 $g(y) \neq 0$ 的条件下进行求解.

例 5.49　求微分方程 $\dfrac{\mathrm{d}y}{\mathrm{d}x} - y\sin x = 0$ 的通解.

解　将分离变量，得到 $\dfrac{\mathrm{d}y}{y} = \sin x \mathrm{d}x$，

两边积分，即得

$$\int \frac{\mathrm{d}y}{y} = \int \sin x \mathrm{d}x$$

$$\ln |y| = -\cos x + C_1 \ \text{或} \ |y| = \mathrm{e}^{-\cos x + C_1}$$

即
$$y = \pm \mathrm{e}^{C_1} \mathrm{e}^{-\cos x}$$

$$y = C\mathrm{e}^{-\cos x} \quad (\text{令} \ C = \pm \mathrm{e}^{C_1})$$

因此，方程的通解为 $y = C\mathrm{e}^{-\cos x}$ （C 为任意常数）.

特别地，当 $C = 0$ 时，$y = 0$ 也是解，即 $y = C\mathrm{e}^{-\cos x}$ （$C \in \mathbf{R}$）.

注意：在解这个微分方程的时候没有说明 $y \neq 0$ 还是 $y = 0$，通常情况下，我们不加讨论，都看做在有意义的情况下求解；其实本题中 $y = 0$ 也是方程的解. 以后遇到类似的情况可作同样的处理.

例 5.50 求方程 $\dfrac{\mathrm{d}y}{\mathrm{d}x} = \dfrac{y+1}{x-1}$ 的解.

解 分离变量后得
$$(y+1)\mathrm{d}y = (x-1)\mathrm{d}x,$$
两边积分得 $\ln |y+1| = \ln |x-1| + \ln C$
$$|y+1| = C|x-1|$$
$$y + 1 = \pm C(x-1)$$
$$y = C(x-1) - 1$$

为了运算方便起见，以后在解微分方程的过程中，如果积分后出现对数，就把 $\ln |y|$ 写成 $\ln y$，故以上解答过程可简写为
$$\ln (y+1) = \ln (x-1) + \ln C$$
$$y = C(x-1) - 1$$

只要记住最后得到的任意常数 C 可正可负即可.

例 5.51 由原子物理学知道，放射型元素镭（Re）的衰变速度（质量减少的即时速度）与其当时未衰变的质量 $R = R(t)$ 成正比，设镭的初始质量为 R_0，又知镭的半衰期（即其质量减为初始质量的一半所需的时间）为 1600 年，求镭在衰变过程中的质量 R 随时间 t 的变化规律 $R = R(t)$.

解 镭的衰变速度为 $\dfrac{\mathrm{d}R}{\mathrm{d}t}$，由题意可得 $R = R(t)$ 所满足的微分方程为
$$\frac{\mathrm{d}R}{\mathrm{d}t} = -kR,$$
其中 k 为正的比例系数，称为衰变系数.

此外，$R = R(t)$ 满足初始条件
$$R\big|_{t=0} = R_0$$
及
$$R\big|_{t=1600} = \frac{1}{2}R_0$$

对微分方程分离变量，得 $\dfrac{\mathrm{d}R}{R} = -k\mathrm{d}t$

两边积分
$$\int \frac{\mathrm{d}R}{R} = -\int k\mathrm{d}t$$

$$\ln R = -kt + \ln C$$

化简，得其通解为

$$R = Ce^{-kt}$$

将初始条件 $R\big|_{t=0} = R_0$ 代入上式，得 $C = R_0$，即得

$$R = R_0 e^{-kt}$$

又由条件 $R\big|_{t=1600} = \dfrac{1}{2}R_0$ 代入上式，得

$$k = \frac{\ln 2}{1600} \approx 0.000433$$

故得镭的衰变规律为

$$R = R_0 e^{-0.000433t}$$

由此可见镭的质量是随着时间 t 的增加而按指数规律
衰减的(如图 5－7 所示).

例 5.52　某企业的经营成本 C 随常量 x 增加而增加，
其变化率为 $\dfrac{\mathrm{d}C}{\mathrm{d}x} = (2+x)\cdot C$，且固定成本为 5，求成本函
数 $C(x)$.

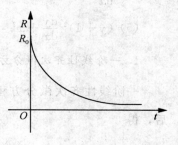

图 5－7

解　　　　　　　　　　　　$$\frac{\mathrm{d}C}{\mathrm{d}x} = (2+x)\cdot C$$

分离变量，得　　　　　　　$$\frac{\mathrm{d}C}{C} = (2+x)\mathrm{d}x$$

两边积分，得　　　　　　　$$\ln C = 2x + \frac{1}{2}x^2 + \ln c_0$$

$$C = c_0 e^{2x + \frac{1}{2}x^2}$$

将初始条件 $x = 0$，$C = 5$ 代入，得 $c_0 = 5$

因此，成本函数为 $C = 5e^{2x + \frac{1}{2}x^2}$

一般地，利用微分方程解决实际问题的步骤为

(1) 利用问题的性质建立微分方程，并写出初始条件；

(2) 利用数学方法求出方程的通解；

(3) 利用初始条件确定任意常数的值，求出特解.

5.6.3　一阶线性微分方程

定义　形如

$$\frac{\mathrm{d}y}{\mathrm{d}x} + P(x)y = Q(x)$$

的微分方程(其中 $P(x)$，$Q(x)$ 均为 x 的已知连续函数)，称为一阶线性微分方程.
$Q(x)$ 称为自由项(或非齐次项).

当 $Q(x) \equiv 0$ 时，称方程 $\dfrac{\mathrm{d}y}{\mathrm{d}x} + P(x)y = 0$ 是一阶线性齐次微分方程；

当 $Q(x)$ 不恒为零时，称方程 $\dfrac{\mathrm{d}y}{\mathrm{d}x}+P(x)y=Q(x)$ 是一阶线性非齐次微分方程；并称方程 $\dfrac{\mathrm{d}y}{\mathrm{d}x}+P(x)y=0$ 对应于 $\dfrac{\mathrm{d}y}{\mathrm{d}x}+P(x)y=Q(x)$ 的线性齐次微分方程.

(1) $(x-2)\dfrac{\mathrm{d}y}{\mathrm{d}x}=y\Rightarrow\dfrac{\mathrm{d}y}{\mathrm{d}x}-\dfrac{1}{x-2}y=0$ 是齐次线性方程；

(2) $3x^2+5x-y'=0\Rightarrow y'=3x^2+5x$ 是非齐次线性方程；

(3) $y'+y\cos x=\mathrm{e}^{-\sin x}$ 是非齐次线性方程；

(4) $\dfrac{\mathrm{d}y}{\mathrm{d}x}=10^{x+y}$ 不是线性方程；

(5) $(y+1)^2\dfrac{\mathrm{d}y}{\mathrm{d}x}+x^3=0\Rightarrow\dfrac{\mathrm{d}y}{\mathrm{d}x}-\dfrac{x^3}{(y+1)^2}=0$ 或 $\dfrac{\mathrm{d}y}{\mathrm{d}x}=\dfrac{(y+1)^2}{x^3}$ 不是线性方程.

1. 一阶线性齐次微分方程

一阶线性齐次微分方程 $\dfrac{\mathrm{d}y}{\mathrm{d}x}+P(x)y=0$ 是可分离变量的微分方程，分离变量后，得

$$\dfrac{\mathrm{d}y}{y}=-P(x)\mathrm{d}x$$

两边积分，得

$$\ln y=-\int P(x)\mathrm{d}x+\ln C$$

于是，方程 $\dfrac{\mathrm{d}y}{\mathrm{d}x}+P(x)y=0$ 的通解为

$$y=C\mathrm{e}^{-\int P(x)\mathrm{d}x}$$

注意：为了书写方便，约定以后不定积分符号只表示被积函数的某一个原函数，如符号 $\int P(x)\mathrm{d}x$ 是 $P(x)$ 的某一个原函数（积分中不再加任意常数）.

例 5.53 求方程 $(x-2)\dfrac{\mathrm{d}y}{\mathrm{d}x}=y$ 的通解.

解 这是齐次线性方程，分离变量，得

$$\dfrac{\mathrm{d}y}{y}=\dfrac{\mathrm{d}x}{x-2}$$

两边积分，得

$$\ln y=\ln(x-2)+\ln C$$

方程的通解为

$$y=C(x-2)$$

2. 一阶线性非齐次微分方程

下面求方程 $\dfrac{\mathrm{d}y}{\mathrm{d}x}+P(x)y=Q(x)$ 的通解.

由于 $\dfrac{\mathrm{d}y}{\mathrm{d}x}+P(x)y=0$ 是 $\dfrac{\mathrm{d}y}{\mathrm{d}x}+P(x)y=Q(x)$ 的特殊情况，那么方程

$$\frac{\mathrm{d}y}{\mathrm{d}x} + P(x)y = Q(x)$$

的通解是否和方程 $\frac{\mathrm{d}y}{\mathrm{d}x} + P(x)y = 0$ 的通解之间有某种内在联系？

下面我们分析方程 $\frac{\mathrm{d}y}{\mathrm{d}x} + P(x)y = Q(x)$ 的解的形式.

把方程 $\frac{\mathrm{d}y}{\mathrm{d}x} + P(x)y = Q(x)$ 改写成

$$\frac{\mathrm{d}y}{y} = (-P(x) + \frac{Q(x)}{y})\mathrm{d}x$$

两边积分，得

$$\ln y = -\int P(x)\mathrm{d}x + \int \frac{Q(x)}{y}\mathrm{d}x + \ln C_1$$

即

$$y = C_1 \mathrm{e}^{\int \frac{Q(x)}{y}\mathrm{d}x} \cdot \mathrm{e}^{-\int P(x)\mathrm{d}x}$$

因为积分 $\int \frac{Q(x)}{y}\mathrm{d}x$ 中的被积函数含有 y，因此还不能说得到了方程 $\frac{\mathrm{d}y}{\mathrm{d}x} + P(x)y = Q(x)$ 的解. 但是，由于 y 是 x 的函数，则积分 $\int \frac{Q(x)}{y}\mathrm{d}x$ 的结果是 x 的函数.

故可设

$$C_1 \mathrm{e}^{\int \frac{Q(x)}{y}\mathrm{d}x} = C(x)$$

从而有解为

$$y = C(x)\mathrm{e}^{-\int P(x)\mathrm{d}x}$$

再求未知函数 $C(x)$. 因为 $y = C(x)\mathrm{e}^{-\int P(x)\mathrm{d}x}$ 是方程 $\frac{\mathrm{d}y}{\mathrm{d}x} + P(x)y = Q(x)$ 的解，所以将 y 及它的导数

$$y' = C'(x)\mathrm{e}^{-\int P(x)\mathrm{d}x} - C(x)P(x)\mathrm{e}^{-\int P(x)\mathrm{d}x}$$

代入方程 $\frac{\mathrm{d}y}{\mathrm{d}x} + P(x)y = Q(x)$，得

$$C'(x)\mathrm{e}^{-\int P(x)\mathrm{d}x} - C(x)P(x)\mathrm{e}^{-\int P(x)\mathrm{d}x} + P(x)C(x)\mathrm{e}^{-\int P(x)\mathrm{d}x} = Q(x)$$

即

$$C'(x)\mathrm{e}^{-\int P(x)\mathrm{d}x} = Q(x)$$
$$C'(x) = Q(x)\mathrm{e}^{\int P(x)\mathrm{d}x}$$

两边积分，得

$$C(x) = \int Q(x)\mathrm{e}^{\int P(x)\mathrm{d}x}\mathrm{d}x + C$$

因此，一阶线性非齐次微分方程 $\frac{\mathrm{d}y}{\mathrm{d}x} + P(x)y = Q(x)$ 的通解为

$$y = \mathrm{e}^{-\int P(x)\mathrm{d}x}(\int Q(x)\mathrm{e}^{\int P(x)\mathrm{d}x}\mathrm{d}x + C)$$

这种将线性齐次方程 $\dfrac{\mathrm{d}y}{\mathrm{d}x} + P(x)y = 0$ 的通解 $y = C\mathrm{e}^{-\int P(x)\mathrm{d}x}$ 中的任意常数换成待定

函数 $C(x)$，然后求得线性非齐次方程 $\dfrac{\mathrm{d}y}{\mathrm{d}x} + P(x)y = Q(x)$ 的通解的方法，叫做

Lagrange 常数变易法.

将通解改写成两项之和，有

$$y = C\mathrm{e}^{-\int P(x)\mathrm{d}x} + \mathrm{e}^{-\int P(x)\mathrm{d}x}\int Q(x)\mathrm{e}^{\int P(x)\mathrm{d}x}\mathrm{d}x$$

上式右端第一项是对应的线性齐次方程的通解，第二项是线性非齐次方程的一个
特解（即在通解中令 $C = 0$，便得此特解）. 因此，一阶线性非齐次方程的通解等于对应
的线性齐次方程的通解与线性非齐次方程的一个特解之和. 这是一阶线性非齐次方程
通解的结构.

注意：在解非齐次线性微分方程时，可直接用公式 $y = \mathrm{e}^{-\int P(x)\mathrm{d}x}\left(\int Q(x)\mathrm{e}^{\int P(x)\mathrm{d}x}\mathrm{d}x + \right.$

$C)$ 求解，因是要化为 $\dfrac{\mathrm{d}y}{\mathrm{d}x} + P(x)y = Q(x)$ 的标准形式（公式法）. 因公式较繁，不便记

忆，因此也可用常数变易法求解.

例 5.54　求解微分方程

$$y' - y\cot x = 2x\sin x.$$

解法一　常数变易法

对应的齐次方程为

$$y' - y\cot x = 0$$

分离变量，得

$$\frac{1}{y}\mathrm{d}y = \cot x\mathrm{d}x$$

两边积分，得

$$y = C\mathrm{e}^{\int \cot x\mathrm{d}x} = C\mathrm{e}^{\ln \sin x} = C \cdot \sin x$$

用常数变易法，把 C 换成未知函数 $C(x)$，即令

$$y = C(x)\sin x$$

则

$$y' = C'(x)\sin x + C(x)\cos x$$

代入原非齐次方程，得

$$C'(x) = 2x$$

两边积分，得

$$C(x) = x^2 + C$$

故所求通解为

$$y = (x^2 + C)\sin x$$

解法二　公式法

$$P(x) = -\cot x, \quad Q(x) = 2x\sin x$$

故　$y = \mathrm{e}^{\int \cot x \mathrm{d}x}(\int 2x\sin x\mathrm{e}^{-\int \cot x \mathrm{d}x}\mathrm{d}x + C)$

$\quad\quad = \mathrm{e}^{\ln \sin x}(\int 2x\sin x \cdot \mathrm{e}^{-\ln \sin x}\mathrm{d}x + C)$

$\quad\quad = \sin x \cdot (\int 2x\sin x \cdot \dfrac{1}{\sin x}\mathrm{d}x + C)$

$\quad\quad = \sin x \cdot (\int 2x\mathrm{d}x + C)$

$\quad\quad = \sin x \cdot (x^2 + C)$

例 5.55　求微分方程 $(y^2 - 6x)y' + 2y = 0$ 满足初始条件 $y\big|_{x=2} = 1$ 的特解.

解　这个方程不是未知函数 y 与 y' 的线性方程，但是可以将它变形为

$$\frac{\mathrm{d}x}{\mathrm{d}y} = \frac{6x - y^2}{2y}$$

即

$$\frac{\mathrm{d}x}{\mathrm{d}y} - \frac{3}{y}x = \frac{-y}{2}$$

若将 x 视为 y 的函数，则对于 $x(y)$ 即其导数 $\dfrac{\mathrm{d}x}{\mathrm{d}y}$ 而言，上式方程是一个线性方程，由通解公式得

$$x = \mathrm{e}^{\int \frac{3}{y}\mathrm{d}y}(\int (-\frac{y}{2})\mathrm{e}^{-\int \frac{3}{y}\mathrm{d}y}\mathrm{d}y + C) = y^3(C - \frac{1}{2}\ln y)$$

以条件 $x = 2$ 时，$y = 1$ 代入，得 $C = 2$. 因此，所求特解为

$$x = y^3(2 - \frac{1}{2}\ln y)$$

注意：我们在解微分方程时，要灵活应用，注意方程的特点，对不同形式的方程采用不同的思维和方法.

例 5.56　某公司的年利润 L 随广告费 x 而变化，其变化率为 $\dfrac{\mathrm{d}L}{\mathrm{d}x} = 5 - 2(L + x)$，且当 $x = 0$ 时，$L = 10$，求年利润 L 随广告费 x 变化的函数关系.

解　将方程化为 $\dfrac{\mathrm{d}L}{\mathrm{d}x} + 2L = 5 - 2x$，于是 $P(x) = 2$，$Q(x) = 5 - 2x$，由一阶线性微分方程的通解公式，有

$L = \mathrm{e}^{-\int 2\mathrm{d}x}\big[\int (5 - 2x)\mathrm{e}^{\int 2\mathrm{d}x}\mathrm{d}x + C\big]$

$\quad = \mathrm{e}^{-2x}(\int (5 - 2x)\mathrm{e}^{2x}\mathrm{d}x + C)$

$\quad = \mathrm{e}^{-2x}\big[\frac{1}{2}(5 - 2x)\mathrm{e}^{2x} + \frac{1}{2}\mathrm{e}^{2x} + C\big]$

$\quad = \mathrm{e}^{-2x}(3\mathrm{e}^{2x} - x\mathrm{e}^{2x} + C)$

$\quad = 3 - x + C\mathrm{e}^{-2x}$

将初始条件 $x = 0$，$L = 10$ 代入，得 $C = 7$. 因此，利润 L 与广告费 x 之间的函数关系为

$$L = 3 - x + 7\mathrm{e}^{2x}$$

习 题 5.6

1. 试指出下列微分方程的阶数.

(1) $\dfrac{\mathrm{d}y}{\mathrm{d}x} = x^2 + y$;   (2) $x\left(\dfrac{\mathrm{d}y}{\mathrm{d}x}\right)^2 - 2\dfrac{\mathrm{d}y}{\mathrm{d}x} + 4x = 0$;

(3) $x\dfrac{\mathrm{d}^2 y}{\mathrm{d}x^2} - 2\left(\dfrac{\mathrm{d}y}{\mathrm{d}x}\right)^3 + 5xy = 0$;   (4) $\cos(y'') + \ln y = x + 1$.

2. 验证函数 $y = (x^2 + C)\sin x$ (C 为任意常数) 是方程.

$$\dfrac{\mathrm{d}y}{\mathrm{d}x} - y\cot x - 2x\sin x = 0$$

的通解, 并求满足初始条件 $y\Big|_{x=\frac{\pi}{2}}$ 的特解.

3. 一曲线通过点 $(1, 2)$, 且在该曲线上任一点 $M(x, y)$ 处的切线的斜率为 $2x$, 求这曲线的方程.

4. 某企业的边际成本为 $C' = (2 + x)C$ (元 / 单位), 且固定成本为 5 元, 求成本函数 $C(x)$.

5. 求下列微分方程的通解.

(1) $\dfrac{\mathrm{d}y}{\mathrm{d}x} = 2xy$;   (2) $\mathrm{d}x + xy\,\mathrm{d}y = y^2\,\mathrm{d}x + y\,\mathrm{d}y$.

6. 已知某厂的纯年利润 L 对广告费 x 的变化率为 $\dfrac{\mathrm{d}L}{\mathrm{d}x}$ 与常数 A 和纯利润 L 之差成正比, 且当 $x = 0$ 时, $L = 2A$, 试求利润 L 对广告费 x 之间的函数关系.

7. 已知储存在仓库中的汽油的加仑数 y 与支付仓库管理费 x 之间满足关系:

$$\begin{cases} \dfrac{\mathrm{d}y}{\mathrm{d}x} = ax + b \\ y\Big|_{x=0} = y_0 \end{cases} \quad (a, b\ 为常数)$$

试求 y 与 x 之间的函数关系.

*5.7 定积分的应用

定积分是求某种总量的数学模型, 在几何、物理、经济学等方面的各个领域, 有许多问题都可用定积分予以解决. 本节首先阐明定积分的微元法, 再举例说明定积分的具体应用.

5.7.1 定积分的微元法

定积分是具有特定结构的和式的极限. 如果从实际问题中产生的量(几何量或物理量)在某个区间 $[a, b]$ 上确定, 当把 $[a, b]$ 分成若干个子区间后, 在 $[a, b]$ 上的量 Q 等于各个子区间上所对应的部分量 ΔQ 之和(称量 Q 对区间具有可加性), 我们就可以采用"分割、近似、求和、取极限"的方法, 通过定积分将量 Q 求出.

在区间 $[a, b]$ 任取一点 x，当 x 有增量 Δx(等于它的微分 $\mathrm{d}x$)时，相应的量 $Q = Q(x)$ 就有增量 ΔQ，它是 Q 分布在子区间 $[x, x+\mathrm{d}x]$ 上的部分量．ΔQ 的近似表达式为

$$\Delta Q \approx f(x)\mathrm{d}x = \mathrm{d}Q,$$

以 $f(x)\mathrm{d}x$ 为被积表达式求从 a 到 b 的定积分，即得所求量

$$Q = \int_a^b f(x)\mathrm{d}x$$

这里的 $\mathrm{d}Q = f(x)\mathrm{d}x$ 称为量 Q 的微元，或元素，这种方法称为微元法(或称元素法)．

5.7.2　平面图形的面积

根据定积分的几何意义，若 $f(x)$ 是区间 $[a, b]$ 上的非负连续函数，则 $f(x)$ 在 $[a, b]$ 上的曲边梯形的面积为 $A = \int_a^b f(x)\mathrm{d}x$．

一般地，若函数 $f_1(x)$ 和 $f_2(x)$ 在 $[a, b]$ 上连续且总有 $f_1(x) \leqslant f_2(x)$，则由两条连续曲线 $y = f_1(x)$，$y = f_2(x)$ 与两条直线 $x = a$，$x = b$ 所围的平面图形(图 5-8)的面积元素为 $\mathrm{d}A = [f_2(x) - f_1(x)]\mathrm{d}x$．

即所围的平面图形面积为 $A = \int_a^b [f_2(x) - f_1(x)]\mathrm{d}x$

如果连续曲线的方程为 $x = \varphi(y)(\varphi(y) \geqslant 0)$，则由它与直线 $y = c$，$y = \mathrm{d}(c < \mathrm{d})$ 及 y 轴所围成的平面图形(图 5-9)的面积元素为

$$\mathrm{d}A = \varphi(y)\mathrm{d}y$$

则，所围的平面图形面积为

$$A = \int_c^d \varphi(y)\mathrm{d}y$$

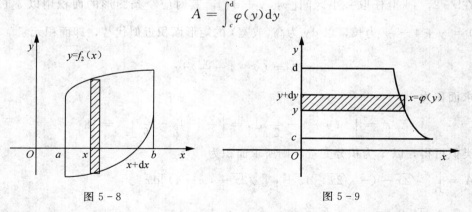

图 5-8　　　　　　　　　　　　　　图 5-9

例 5.57　求由两条抛物线 $y^2 = x$，$y = x^2$ 所围图形(图 5-10)的面积.

解　联立方程

$$\begin{cases} y^2 = x \\ y = x^2 \end{cases}$$

解得 $x = 0$ 及 $x = 1$，交点分别为 $(0, 0)$，$(1, 1)$.

根据图形特点，选 x 为积分变量(如选 y 为积分变量同理)，所围图形对应 x 的变化区间 $[0, 1]$，即积分区间为 $[0, 1]$.

在$[0,1]$上任取一小区间$[x，x+dx]$，其对应窄条图形的面积用以$f_2(x)-f_1(x)=\sqrt{x}-x^2$为高，以$dx$为底（或宽）的矩形面积近似代替，即面积元素$dA=(\sqrt{x}-x^2)dx$. 所围的面积为

$$A=\int_0^1(\sqrt{x}-x^2)dx=\left[\frac{2}{3}x^{\frac{3}{2}}-\frac{1}{3}x^3\right]_0^1=\frac{1}{3}$$

例 5.58 求由抛物线$y^2=2x$与直线$y=x-4$所围图形（图$5-11$）的面积.

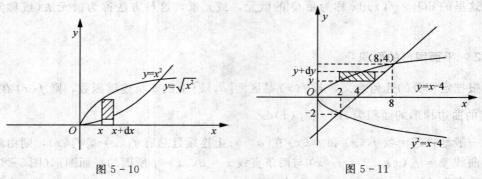

图 5 − 10　　　　　　　　图 5 − 11

解 联立方程

$$\begin{cases}y^2=2x\\y=x-4\end{cases}$$

解得曲线与直线的交点$(2，-2)$和$(8，4)$.

根据图形特点，选y为积分变量（如选x为积分变量，则需要分两部分来计算），所围图形对应y的变化区间$[-2，4]$，即积分区间为$[-2，4]$.

在$[-2，4]$上任取一小区间$[y，y+dy]$，其对应窄条图形的面积用以$\varphi_2(x)-\varphi_1(x)=y+4-\frac{y^2}{2}$为长，以$dy$为高（或宽）的矩形面积近似代替，即面积元素

$$dA=(y+4-\frac{y^2}{2})dy.$$

则所求面积为

$$A=\int_{-2}^4(y+4-\frac{y^2}{2})dy=\left[\frac{y^2}{2}+4y-\frac{y^3}{6}\right]_{-2}^4=18$$

类似可得，以x为积分变量，则所求面积为

$$A=\int_0^2[\sqrt{2x}-(-\sqrt{2x})]dx+\int_2^8[\sqrt{2x}-(x-4)]dx$$

$$=2\sqrt{2}\cdot\frac{2}{3}x^{\frac{3}{2}}\Big|_0^2+\left[\sqrt{2}\frac{2}{3}x^{\frac{3}{2}}-\frac{x^2}{2}+4x\right]_2^8=18$$

注意：从本例看出，适当选取积分变量，会给计算带来方便.

5.7.3　旋转体的体积

旋转体是一类特殊的已知平行截面的立体，容易导出它的计算公式. 例如，由连续曲线$y=f(x)$，$x\in[a，b]$绕x轴旋转一周所得的旋转体如图$5-12$所示. 由于过$x(a\leqslant x\leqslant b)$，且垂直于$x$轴的截面是半径等于$f(x)$的圆，其截面面积为

$$A(x) = \pi f^2(x)$$

所以此旋转体的体积为

$$V = \pi \int_a^b f^2(x)\,\mathrm{d}x$$

类似地，由连续曲线 $x = \varphi(y)$，$y \in [c,\ \mathrm{d}]$ 绕 y 轴旋转一周所得旋转体的体积为

$$V = \pi \int_c^d \varphi^2(y)\,\mathrm{d}y$$

例 5.59 求底面半径为 r，高为 h 的正圆锥体的体积.

解 这圆锥体可看做由直线 $y = \dfrac{r}{h}x$，$x \in [0,\ h]$ 绕 x 轴旋转一周而成(图 5-13).

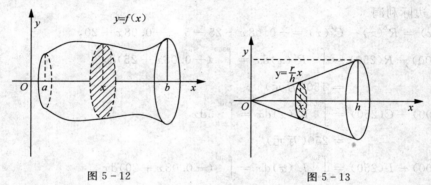

图 5-12   图 5-13

过 $x(0 \leqslant x \leqslant h)$，且垂直于 x 轴的截面是半径等于 $y = \dfrac{r}{h}x$ 的圆，其截面面积为

$$A(x) = \pi \left(\frac{r}{h}x\right)^2$$

所以这旋转体的体积为

$$V = \pi \int_0^h \left(\frac{r}{h}x\right)^2 \mathrm{d}x = \frac{\pi r^2}{h^2} \cdot \frac{x^3}{3}\Big|_0^h = \frac{\pi}{3}r^2 h$$

例 5.60 求由椭圆 $\dfrac{x^2}{a^2} + \dfrac{y^2}{b^2} = 1$ 绕 x 轴旋转而产生的旋转体的体积.

解 这个旋转椭球体可看做由半个椭圆

$$y = \frac{b}{a}\sqrt{a^2 - x^2}$$

绕 x 轴旋转一周而成，即它的体积为

$$V = \pi \int_{-a}^a \left(\frac{b}{a}\sqrt{a^2 - x^2}\right)^2 \mathrm{d}x = \frac{2\pi b^2}{a^2} \int_0^a (a^2 - x^2)\,\mathrm{d}x = \frac{4}{3}\pi a b^2$$

特别当 $a = b = r$ 时，得半径为 r 的球体体积 $V = \dfrac{4}{3}\pi \cdot r^3$.

5.7.4 定积分在经济中的应用

1. 由经济函数的边际函数，求经济函数在区间上的增量

根据边际成本、边际收入、边际利润以及产量 x 的变动区间 $[a,\ b]$ 上的改变量(增

量），就等于它们各自边际在区间$[a, b]$上的定积分，有

$$R(b) - R(a) = \int_a^b R'(x) \mathrm{d}x;$$

$$C(b) - C(a) = \int_a^b C'(x) \mathrm{d}x;$$

$$L(b) - L(a) = \int_a^b L'(x) \mathrm{d}x;$$

例 5.61   已知某商品边际收入为$-0.08x + 25$（万元$/t$），边际成本为5（万元$/t$），求产量x从$250t$增加到$300t$时的销售收入$R(x)$、总成本$C(x)$、利润$L(x)$的改变量（增量）.

解   边际利润

$$L'(x) = R'(x) - C'(x) = -0.08x + 25 - 5 = -0.08x + 20,$$

$$R(300) - R(250) = \int_{250}^{300} R'(x) \mathrm{d}x = \int_{250}^{300} (-0.08x + 25) \mathrm{d}x$$

$$= 150 (万元)$$

$$C(300) - C(250) = \int_{250}^{300} C'(x) \mathrm{d}x = \int_{250}^{300} 5 \mathrm{d}x$$

$$= 250 (万元)$$

$$L(300) - L(250) = \int_{250}^{300} L'(x) \mathrm{d}x = \int_{250}^{300} (-0.08x + 20) \mathrm{d}x$$

$$= -100 (万元)$$

2. 由经济函数的变化率，求经济函数在区间上的平均变化率

设某经济函数的变化率为$f(t)$，则称

$$\frac{\int_{t_1}^{t_2} f(t) \mathrm{d}t}{t_2 - t_1}$$

为该经济函数在时间间隔$[t_1, t_2]$内的平均变化率.

例 5.62   某银行的利息连续计算，利息率是时间t（单位：年）的函数：

$$r(t) = 0.08 + 0.015\sqrt{t}$$

求它在开始2年，即时间间隔$[0, 2]$内的平均利息率.

解   因为 $\int_0^2 r(t) \mathrm{d}t = \int_0^2 (0.08 + 0.015\sqrt{t}) \mathrm{d}t = 0.16 + 0.01 t\sqrt{t} \Big|_0^2 = 0.16 + 0.02\sqrt{2}$,

所以   开始2年的平均利息率为

$$r = \frac{\int_0^2 r(t) \mathrm{d}t}{2 - 0} = 0.08 + 0.01\sqrt{2} \approx 0.094$$

3. 由贴现率求总贴现值在时间区间上的增量

设某个项目在t（年）时的收入为$f(t)$（万元），年利率为r，即贴现率是$f(t)\mathrm{e}^{-rt}$，则应用定积分计算，该项目在时间区间$[a, b]$上总贴现值的增量为

$$\int_a^b f(t) \mathrm{e}^{-rt} n \mathrm{d}t$$

设某工程总投资在竣工时的贴现值为 A（万元），竣工后的年收入预计为 a（万元），年利率为 r，银行利息连续计算. 在进行动态经济分析时，把竣工后收入的总贴限值达到 A，即使关系式

$$\int_0^T a\mathrm{e}^{-rt}\mathrm{d}t = A$$

成立的时间 T（年）称为该项工程的投资回收期.

例 5.63 某工程总投资在竣工时的贴现值为 1000 万元，竣工后的年收入预计为 200 万元，年利息率为 0.08，求该工程的投资回收期.

解 $A=1000$，$a=200$，$R=0.08$，则该工程竣工后 T 年内收入的总贴现值为

$$\int_0^T 200\mathrm{e}^{-0.08t}\mathrm{d}t = \frac{200}{-0.08}\mathrm{e}^{-0.08t}\Big|_0^T = 2500(1-\mathrm{e}^{-0.08T})$$

令 $2500(1-\mathrm{e}^{-0.08T})=1000$，即得该工程回收期为

$$T = \frac{1}{-0.08}\ln\left(1-\frac{1000}{2500}\right) = -\frac{1}{0.08}\ln 0.6 = 6.39（年）$$

习 题 5.7

1. 求由曲线 $y=\sqrt{x}$，$y=x$ 所围成的图形的面积.

2. 求由 $y=\mathrm{e}$ 与 $y=\mathrm{e}^x$ 所围成的图形的面积.

3. 求由 $y=\mathrm{e}$ 与 $y=\mathrm{e}^x$ 所围成的图形绕 y 轴旋转所得的旋转体体积.

4. 某公司运行 t（年）获利润为 $L(t)$（元）利润的年变化率为

$$L'(t) = 3\times 10^5 \sqrt{t+1}（元／年）$$

求利润从第 4 年初到第 8 年末，即时间间隔 $[3,8]$ 内年平均变化率.

本 章 小 结

一、本章主要内容及学习要点

1. 不定积分的概念、性质和计算

不定积分的概念较为简单，但不定积分的积分方法较为灵活、复杂，初学者不易掌握. 针对这一问题，书中进行了分析、归纳，从而使同学们更好地理解、掌握定积分的积分法.

（1）要掌握不定积分的计算，首先要牢记不定积分的公式和性质；其次是观察、分析被积函数，确定积分法，最后求出积分. 一般情况下，被积函数都是以函数的和、差、积、商与复合的形式出现的，而函数和或差的积分就是函数积分的和或差，商 $\frac{f(x)}{g(x)}$ 又可以看成积 $f(x)\cdot\frac{1}{g(x)}$，因此不定积分的计算关键是计算含有复合形式的积的积分. 这类问题一般是用两类换元积分法和分部积分法. 第二类换元积分法形式比较固定（根式代换、三角代换），容易看出；不定积分的难点是要区分第一类换元积分法与分部积分法. 如何区分这两种积分法呢？若被积函数的一个因式 $\varphi'(x)$ 能找到原函数 $\varphi(x)$，另一个因式能表示成函数 $\varphi(x)$ 的函数 $f[\varphi(x)]$，即被积函数为 $f[\varphi(x)]\varphi'(x)$

的形式，则采用第一类换元积分法；若被积函数的一个因式 $v'(x)$ 能找到原函数 $v(x)$，另一个因式的导数与该函数 $v(x)$ 的积 $u'(x)v(x)$ 要比原被积函数 $u(x)v'(x)$ 容易积分，则采用分部积分．因为两种积分都要"凑微分" $f[\varphi(x)]\varphi'(x)\mathrm{d}x = f[\varphi(x)]\mathrm{d}[\varphi(x)]$，$u(x)v'(x)\mathrm{d}x = u(x)\mathrm{d}[v(x)]$，因此求不定积分的关键是要掌握"凑微分"法．

(2) 性质：$\int[f(x) \pm g(x)]\mathrm{d}x = \int f(x)\mathrm{d}x \pm \int g(x)\mathrm{d}x$；

$$\int kf(x)\mathrm{d}x = k\int f(x)\mathrm{d}x (k \neq 0)$$

(3) 分部积分公式：$\int uv'\mathrm{d}x = uv - \int u'v\mathrm{d}x$

2. 定积分的概念、性质

积分上限函数，牛顿－莱布尼茨公式，定积分的换元积分法和分部积分法，定积分的应用．

要求必须掌握积分上限函数的导数，定积分的计算，定积分的应用．针对这几个问题给予综合归纳．

(1) 对于上限是 x 的函数的定积分 $F(x) = \int_a^{u(x)} f(t)\mathrm{d}t [a \leqslant u(x) \leqslant b]$，要理解 $F(x)$ 是 x 的复合函数，$u(x)$ 是中间变量．其导数是 $F(x)$ 对 $u(x)$ 的导数乘以 $u(x)$ 对 x 的导数．即

若 $F(x) = \int_a^{u(x)} f(t)$，则 $F'(x) = f[u(x)]u'(x)$．

同理对上、下限都是 x 函数的定积分，有

若 $F(x) = \int_{v(x)}^{u(x)} f(t)$，即 $F(x) = \int_a^{u(x)} f(t)\mathrm{d}t - \int_a^{v(x)} f(t)\mathrm{d}t$

则 $F'(x) = f[u(x)]u'(x) - f[v(x)]v'(x)$．

(2) 对于定积分的计算，由于第一类换元积分法只是把中间变量看成 u 而不是换成 u，分部积分法也只是先积出的函数 $u(x)v(x)$ 先代值，$u'(x)v(x)$ 继续积分，因此都可以与直接积分法一样直接使用牛顿－莱布尼茨公式进行计算．只有第二类换元积分法在计算时要特别注意，换元时不要忘记上、下限要同时变换．并且由于上、下限同时变换了，所以不需回代．与不定积分的第二类换元积分法相比，定积分的第二类换元积分法更为简单．综上所述，定积分的计算关键是要掌握不定积分的计算．

(3) 微分方程的概念较多，但比较容易理解，主要是要掌握微分方程解法及解决简单应用问题．熟练掌握可分离变量的微分方程的解法及一阶线性微分方程的解法．解微分方程的关键仍然是要求掌握不定积分的计算．

(4) 定积分的应用中，应掌握微元法，借助于微元法理解并记住定积分应用的计算公式．

由 $y = f(x)$，直线 $x = a$，$x = b$ 以及 x 轴所围成的平面图形的面积元素为

$$\mathrm{d}A = |f(x)|\mathrm{d}x$$

$$A = \int_a^b |f(x)|\mathrm{d}x$$

由 $y = f(x)$，$y = g(x)$，直线 $x = a$，$x = b$ 以及 x 轴所围成的平面图形的面积元

素为 $dA = |f(x) - g(x)| dx$，面积为 $A = \int_a^b |f(x) - g(x)| dx$

截面面积为 $A(x)$ 的物体介于 $x = a$，$x = b$ 之间的体积 V 元素为 $dV = A(x)dx$，体积为 $V = \int_a^b A(x)dx$

二、重点与难点

1. 重点

不定积分的基本公式和积分法(直接积分法、第一类换元积分法、第二类换元积分法、分部积分法)，定积分的计算(积分上限函数、牛顿－莱布尼茨公式、定积分的换元积分法、广义积分)，微分方程的概念及解法，定积分的应用.

2. 难点

不定积分的第二类换元积分法和分部积分法，微分方程的简单应用，定积分的应用.

附积分公式表:(部分公式请同学自己尝试推导)

(1) $\int k dx = kx + C$(k 为常数)

(2) $\int x^u dx = \dfrac{x^{u+1}}{u+1} + C$($u \neq -1$)

(3) $\int \dfrac{1}{x} dx = \ln |x| + C$

(4) $\int e^x dx = e^x + C$

(5) $\int a^x dx = \dfrac{a^x}{\ln a} + C$

(6) $\int \sin x dx = -\cos x + C$

(7) $\int \cos x dx = \sin x + C$

(8) $\int \sec^2 x dx = \tan x + C$

(9) $\int \csc^2 x dx = -\cot x + C$

(10) $\int \sec x \cdot \tan x dx = \sec x + C$

(11) $\int \csc x \cdot \cot x dx = -\csc x + C$

(12) $\int \dfrac{1}{\sqrt{1-x^2}} dx = \arcsin x + C$

(13) $\int \dfrac{1}{1+x^2} dx = \arctan x + C$

(14) $\int \tan x dx = -\ln |\cos x| + C$

(15) $\int \cot x \mathrm{d}x = \ln |\sin x| + C$

(16) $\int \sec x \mathrm{d}x = \ln |\tan x + \sec x| + C$

(17) $\int \csc x \mathrm{d}x = \ln |\csc x - \cot x| + C$

(18) $\int \dfrac{\mathrm{d}x}{a^2 - x^2} = \dfrac{1}{a} \arctan \dfrac{x}{a} + C$

(19) $\int \dfrac{\mathrm{d}x}{\sqrt{a^2 - x^2}} = \arcsin \dfrac{x}{a} + C$

(20) $\int \dfrac{\mathrm{d}x}{x^2 - a^2} = \dfrac{1}{2a} \ln \left| \dfrac{x-a}{x+a} \right| + C$

(21) $\int \dfrac{\mathrm{d}x}{\sqrt{x^2 + a^2}} = \ln (x + \sqrt{x^2 + a^2}) + C$

(22) $\int \dfrac{\mathrm{d}x}{\sqrt{x^2 - a^2}} = \ln (x + \sqrt{x^2 - a^2}) + C$

(23) $\int \sqrt{a^2 - x^2} \, \mathrm{d}x = \dfrac{x}{2} \sqrt{a^2 - x^2} + \dfrac{a^2}{2} \arcsin \dfrac{x}{a} + C$

(24) $\int \sqrt{a^2 + x^2} \, \mathrm{d}x = \dfrac{x}{2} \sqrt{a^2 + x^2} + \dfrac{a^2}{2} \ln (x + \sqrt{a^2 + x^2}) + C$

(25) $\int \sqrt{x^2 - a^2} \, \mathrm{d}x = \dfrac{x}{2} \sqrt{x^2 - a^2} - \dfrac{a^2}{2} \ln |x + \sqrt{x^2 - a^2}| + C$

综 合 训 练

一、选择题

(1) 若 $f(x)$ 的一个原函数为 $\cos x$，则 $\int f'(x)\mathrm{d}x = ($　　$)$

　　A. $\sin x + C$　　　B. $-\sin x + C$　　　C. $\cos x + C$　　　D. $-\cos x + C$

(2) 函数 $f(x)$ 在区间 $[a,b]$ 上连续，是该函数在 $[a,b]$ 上可积的($　　$)

　　A. 必要条件　　　　　　　　　　B. 充分条件

　　C. 充分必要条件　　　　　　　　D. 无关条件

(3) $\int f'(x)\mathrm{d}x = ($　　$)$

　　A. $F(x) + C$　　　B. $f'(x) + C$　　　C. $f(x)$　　　　　D. $f(x) + C$

(4) 如果在区间 (a, b) 内 $f'(x) = g'(x)$，则一定有($　　$)

　　A. $f(x) = g(x)$　　　　　　　　　B. $f(x) = g(x) + C$

　　C. $\left[\int f(x)\mathrm{d}x\right]' = \left[\int g(x)\mathrm{d}x\right]'$　　　D. $\int f'(x)\mathrm{d}x = \int g'(x)\mathrm{d}x$

(5) 如果 $F(x)$ 是 $f(x)$ 的一个原函数，C 为不等于 0 且不等于 1 的其他任意常数。那么($　　$)也必是 $f(x)$ 的原函数。

A. $CF(x)$ B. $F(Cx)$ C. $F(\dfrac{x}{C})$ D. $C+F(x)$

(6) 定积分为零的是(   )

A. $\displaystyle\int_{-2}^{2}(x^3+x^5)\mathrm{d}x$ B. $\displaystyle\int_{-2}^{2}(x^3+x^5+1)\mathrm{d}x$

C. $\displaystyle\int_{-2}^{2}x\sin x\mathrm{d}x$ D. $\displaystyle\int_{-2}^{2}x^2\cos x\mathrm{d}x$

(7) $\displaystyle\int_{0}^{2}|1-x|\mathrm{d}x=($)

A. $\displaystyle\int_{0}^{1}(1-x)\mathrm{d}x+\int_{1}^{2}(1-x)\mathrm{d}x$ B. $\displaystyle\int_{0}^{1}(1-x)\mathrm{d}x+\int_{1}^{2}(x-1)\mathrm{d}x$

C. $\displaystyle\int_{0}^{1}(x-1)\mathrm{d}x+\int_{0}^{1}(x-1)\mathrm{d}x$ D. $\displaystyle\int_{0}^{1}(x-1)\mathrm{d}x+\int_{1}^{2}(1-x)\mathrm{d}x$

二、填空题

(1) 如果 $f(x)$ 在 $[a,b]$ 上连续，则在 $[a,b]$ 上至少存在一点 ξ，使 $\displaystyle\int_{a}^{b}f(x)\mathrm{d}x=$ _____.

(2) 若 $\displaystyle\int f(x)\mathrm{d}x=\dfrac{x+1}{x-1}+C$，则 $f(x)=$ _____.

(3) $\dfrac{d}{\mathrm{d}x}\displaystyle\int\sin x^2\mathrm{d}x=$ _____.

(4) $\displaystyle\int f(x)\mathrm{d}x=x^3\mathrm{e}^x+C$，则 $\left(\displaystyle\int f(x)\mathrm{d}x\right)'=$ _____.

三、计算题

1. 计算下列积分

(1) $\displaystyle\int(\tan x+\cot x)^2\mathrm{d}x$;   (2) $\displaystyle\int\dfrac{2x^2+1}{x^2(1+x^2)}\mathrm{d}x$;

(3) $\displaystyle\int x\sin x\mathrm{d}x$;   (4) $\displaystyle\int x\ln x\mathrm{d}x$;

(5) $\displaystyle\int\dfrac{x}{\sqrt{x^2-1}}\mathrm{d}x$;   (6) $\displaystyle\int\dfrac{x+1}{x^2+1}\mathrm{d}x$;

(7) $\displaystyle\int\dfrac{\ln x}{x}\mathrm{d}x$;   (8) $\displaystyle\int x(x+1)\mathrm{d}x$.

2. 已知函数 $f(x)$ 的导数为 $y'=\sin x+\cos x$，且当 $x=\dfrac{\pi}{2}$ 时，$y=2$，求此函数.

3. 设曲线上任意点的切线斜率为该点横坐标的倒数，求过点 $(-1,1)$ 的曲线方程.

4. 设某函数当 $x=1$ 时有极小值，当 $x=-1$ 时有极大值 4，又知函数的导数具有形状 $y'=3x^2+ax+b$，求此函数.

5. 设某函数的图象上有一拐点 $P(2,4)$，在拐点处的切线的斜率为 -3，又知函数的二阶导数具有形状 $y''=6x+a$，求此函数.

6. 已知一物体以速度 $v=3t^2+4t+2(\mathrm{m/s})$ 做直线运动，且当 $t=2\mathrm{s}$ 时，物体经过

的路程 $s = 16\text{m}$，求物体的运动规律.

7. 设生产某产品的边际成本为 $C'(x) = 2x + 10$(元 / 单位)，且固定成本为 20 元，求总成本函数 $C(x)$.

8. 某产品的边际成本和边际收入分别为：$C'(x) = x^2 - 4x + 6$(元 / 单位)，$R'(x) = 105 - 2x$(元 / 单位)，且固定成本为 100 元，求总成本函数 $C(x)$ 和总收入函数 $R(x)$.

9. 求下列定积分.

(1) $\int_1^9 \sqrt{x}\,\mathrm{d}x$

(2) $\int_1^{27} \dfrac{1}{\sqrt[3]{x}}\,\mathrm{d}x$

(3) $\int_1^2 (3x^2 - 1)\,\mathrm{d}x$

(4) $\int_1^4 (x^3 - \sqrt{x})\,\mathrm{d}x$

(5) $\int_0^a (\sqrt{a} - \sqrt{x})^2\,\mathrm{d}x$

(6) $\int_0^1 (\mathrm{e}^x - x - 1)\,\mathrm{d}x$

(7) $\int_1^e (\dfrac{1}{x} + x)\,\mathrm{d}x$

(8) $\int_{\frac{\pi}{2}}^{\pi} (2\sin x + 3\cos x)\,\mathrm{d}x$

(9) $\int_0^{\frac{\pi}{4}} \tan^2 x\,\mathrm{d}x$

(10) $\int_1^{\sqrt{3}} \dfrac{1 - x^2}{x^2(1 + x^2)}\,\mathrm{d}x$

10. 求下列微分方程的通解.

(1) $y' = \mathrm{e}^{x-y}$

(2) $(1 + 2y)x\mathrm{d}x + (1 + x^2)\mathrm{d}y = 0$

11. 求下列曲线所围成的平面图形的面积.

(1) $y = x^3 + 3$，$x = 0$，$x = 1$，$y = 0$；　(2) $y = x^2$，$x + y = 2$；

12. 求由曲线 $y = x^2$，$y = 4$ 所围成的平面图形，绕 y 轴旋转所成的旋转体的体积.

阅读材料

牛顿和莱布尼茨

伊萨克．牛顿，1643 年 1 月 4 日生与英格兰的乌兰索普镇，在牛顿诞生前不久他的父亲就离开了人间。1660 年，17 岁的牛顿进入剑桥大学，1665 年毕业与该校并获得学士学位，1668 年获得硕士学位，1669 年他继承了巴罗的职位，同时计划出一本关于导数和级数的论著，其中包括微积分基本定理，但是这份手稿一直没有发表，到他去世之后才付印。后来以流数理论著称，牛顿把导数考虑为一种速度，称之为流数，1687 年，他的主要著作《自然哲学的数学原理》(以下简称《原理》)出版。在这本名著中，牛顿证明了：天体的运动可以由运动定律(力等于动量对时间的导数)和引力定律推导出来。《原理》在物理和数学的结合方面取得了首次巨大的成就，其后被许多人继承，几乎有三百年之久。牛顿在 1665～1666 年写出了《曲线求积论》，而在 1670 年写出了题为《流数术和无穷级数方法及其对几何曲线的应用》的论文，这两部著作相当迟才出版，前者在 1704 年出版，后者在牛顿去世后，于 1736 年出版。牛顿在这两部著作中叙述了数学分析的方法。在这两部著作中和牛顿同时代入莱布尼茨的著作中，建立和完善了无穷小量的经典分析，也就是完成了微积分学。牛顿的数学分析的基本概念是力学概念的反映。连最简单的几何图形 —— 线、角、体，都被牛顿看作是力学位移的结果。线是点运动的结果，角是它的边旋转的结果，体是表面运动的结果。牛顿认为变量是运动着的点。牛顿把任何量都叫做流动量。至今我们还用术语"流动点"表示坐标连续变化的点，即运动着的点。因为任何运动都离不开时间，所以牛顿总是将时间作为自变量。运动的速度，对我们说来是导数，牛顿把它叫做流数，并用一个点表示，如果流动量为 x，那么流数是流动量对时间的导数，现在我们用 dx/dt 表示。

牛顿考虑了两种类型的问题：在第一种类型的问题中，给出联系一些流动量的关系式，要求找出联系。这些流动量和它们的流数的关系式。这自然等价于微分；在第二中类型的问题中，给出联系一些流动量和它们的流数的关系式，要求找出仅仅联系这些流动量的关系式。这是逆问题，等价于解微分方程。牛顿完全明白这两种运算的互逆性，解决了正问题和逆问题，并把它们的解用到大量的几何问题与力学问题上去。

牛顿还研究了函数的极大值和极小值，曲线的切线，曲线的曲率、拐点、凹凸性等问题，他还给出了对代数方程和超越方程都适用的方程实根的近似值求法，这方法现在称为牛顿法。

牛顿最伟大的著作是他的《原理》，在《原理》中第一次有了地球和天体主要运动现象的完整的力学体系和完整的数学公式，这是科学史上最有影响、享誉最高的著作。在爱因斯坦的相对论出现之前，这部著作是整个物理学和天文学的基础。

牛顿是人类历史上最伟大的数学家之一，像莱布尼茨这样作出了杰出贡献的人也评价道："在从世界开始到牛顿生活的年代的全部数学中，牛顿的工作超过一半。"拉格朗日称他是历史上最有才能的人，也是最幸运的人，因为宇宙体系只能被发现一次。英国著名诗人波普(Pope)是这样描述这位伟大的科学家的：

自然和自然的规律，

沉浸在一片混沌之中，

上帝说，生出牛顿，

一切都变得明朗。

但是，牛顿本人却很谦虚，他说："我不知道世间把我看成什么人，但是对我自己来说，就像一个海边玩耍的小孩，有时找到一块比较平滑的卵石或格外漂亮的贝壳，感到高兴，而我前面是未被发现的真理的大海。"

戈特弗里德·威廉·莱布尼茨(1646～1716)，1646 年 6 月 21 日出生在德国莱比锡，他的父亲是莱比锡大学的道德哲学教授。莱布尼茨 15 岁进入莱比锡大学，学习法律。在答辩了关于逻辑的论文之后，得到哲学学士学位。1666 年他写了论文《论组合的艺术》，这就完成了他在阿尔特道央大学的博士论文，并使他获得教授席位。1670 年和 1671 年他写了第一篇力学论文。1672 年他出差到巴黎，使他接触到数学家和自然学家，激起了他对数学的兴趣。他自己说过，直到 1672 年他还基本上不懂数学。

莱布尼茨研究了巴罗的著作之后，意识到微分和积分的互逆关系。他认识到，求曲线的切线依赖于纵坐标和差值与横坐标的差值之比(当这些差值变成无限小时)，而求面积则依赖于横坐标的无限小区间上的无限窄的矩形面积之和。并且这种求差与求和的运算是互逆的。莱布尼茨的微分学是把微分看作变量相邻二值的无限小的差，而积分概念是以变量分成无穷多个微分之和的形式出现。

莱布尼茨从 1684 年起发表微积分论文。在 1684 年的《博学学报》上他发表了一篇题为《一种求极大值与极小值和切线的新方法，它也适用于分式和无理量，以及这种新方法的奇妙类型的计算》。这是历史上最早公开发表的关于微分学的贡献。在这篇论文中，他简明地解释了他的微分学。文中给出了微分的定义，函数的加、减、乘、除以及关于乘幂的微分法则，关于二阶微分的概念，以及关于微分学对于研究极值、作切线、求曲率及拐点的应用。他所给出的微分学符号和计算导数的许多一般法则一直沿用到今天。它使得微分运算几乎是机械的，而在这以前人们还不得不对每一个个别情况采用取极限的步骤。值得庆幸的另一点是，莱布尼茨引入了一套设计得很好的，令人满意的符号。莱布尼茨的符号具有独到之处。他不但为我们提供了今天还在使用的一套非常灵巧的微分学符号，而且还在 1675 年引入了现代的积分符号，用拉丁字 Summa(求和) 的第一个字母 S 拉长了表示积分。但是"积分"的名称出现得比较迟，它是由伯努利提出的。

莱布尼茨关于积分的第一篇论文发表于 1686 年。他得到的积分法有：变量替换法、分部积分法、利用部分分式求有理式的积分法等

莱布尼茨是数学史上最伟大的符号学者。他在创造微积分的过程中，花了很多时间去选择精巧的符号。他认识到，好的符号可以精确、深刻地表述概念、方法和逻辑关系。他曾说："要发明就得挑选恰当的符号。要做到这一点，就要用含义简明的少量符号来表示或比较忠实的描绘事物的内在的本质，从而最大限度地减少人的思维劳动。"现在微积分学的基本符号基本都是他创造的。这些优越的符号为以后分析学的发展带来了极大的方便。

另外，莱布尼茨对中国的科学文化和哲学思想十分重视。1696 年他编辑出版了《中国新事萃编》一书。在该书的序言中，他说："中国和欧洲各居世界大陆的东西两端，是人类伟大的教化和灿烂的文明的集中点。"他主张东西方应在文化，科学方面互相学习，平等交流。他曾写了一封长达 4 万字的信，专门讨论中国的哲学。信的最后说到伏曦的符号，《易经》中的 64 个图形与他的二进制，他说中国许多伟大的哲学家"都曾在这 64 个图形中寻找过哲学的秘密……，这恰恰是二进制算术。这种算术是这位伟大的创造者(伏曦)所掌握而几千年后我发现的。"他还送过一台他制作的计算机的复制品给康熙皇帝。

综上所述，牛顿和莱布尼茨研究微积分的基础都达到了同一目的，但各自的方法不同。牛顿主要从力学的概念出发，而莱布尼茨作为哲学家和几何学家对方法本身感兴趣。牛顿得出最后的结论比莱布尼茨早一些，而莱布尼茨发表自己的结论早于牛顿。

第 6 章 线性代数初步

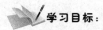学习目标：

- 了解 n 阶行列式的定义及性质并正确运用性质进行二阶、三阶行列式的计算.
- 掌握克莱姆法则，并能运用克莱姆法则解线性方程组.
- 理解矩阵概念，掌握矩阵的线性运算及乘法运算.
- 理解逆矩阵的概念，掌握可逆矩阵的充分必要条件，会用初等变换的方法求逆矩阵.
- 理解线性方程组有解的判定定理，熟练掌握用消元法求线性方程组通解的方法.

线性代数主要研究线性关系，线性方程组是它的一个重要组成部分，是线性代数研究对象的具体模型. 而行列式是研究线性方程组的工具之一，矩阵则克服了行列式在解线性方程组中的局限性而成为线性代数最重要的部分. 线性代数这门学科在 19 世纪就已获得了光辉的成就. 由于它在数学、物理学和科学技术中有着越来越广泛的应用，因此在科学技术的许多领域都占有重要的地位.

6.1 行列式的概念与运算

6.1.1 二、三阶行列式的定义

1. 排列

由数码 1，2，$\cdots$，n 组成的一个有序数组 i_1，i_2，$\cdots$，i_n 称为一个 n 排列. 显然，对于确定的 $n \in \mathbf{N}^*$，共有 $n!$ 个不同的 n 排列.

在 n 排列 i_1，i_2，$\cdots$，i_n 中，若当 $1 \leqslant k < t \leqslant n$ 时，有 $i_k > i_t$，称 i_k 与 i_t 构成一个逆序. 这个 n 排列的所有逆序的总数称为它的逆序数，记作 $\tau(i_1$，i_2，$\cdots$，$i_n)$.

若 $\tau(i_1$，i_2，$\cdots$，$i_n)$ 是奇数，则称 i_1，i_2，$\cdots$，i_n 是一个奇排列；反之，称其为偶排列. 如由 $\tau(3$，4，1，6，2，$5) = 6$ 知道，3，4，1，6，2，5 是偶排列；由 $\tau(3$，4，5，6，2，$1) = 9$ 知道，3，4，5，6，2，1 是奇排列.

例 6.1 因为

$$\tau(n，n-1，\cdots，1) = \sum_{i=1}^{n-1} i = \frac{1}{2}n(n-1)$$

所以当 $n = 4k$ 时，则 $\tau(n，n-1，\cdots，1) = 2k(4k-1)$，因此 n，$n-1$，$\cdots$，1 是偶排列；

当 $n = 4k+1$ 时，则 $\tau(n，n-1，\cdots，1) = 2k(4k+1)$，因此 n，$n-1$，$\cdots$，1 是偶排列；

当 $n = 4k+2$ 时，则 $\tau(n，n-1，\cdots，1) = (2k+1)(4k+1)$，因此 n，$n-1$，$\cdots$，1 是奇排列；

当 $n = 4k+3$ 时，则 $\tau(n，n-1，\cdots，1) = (2k+1)(4k+3)$，因此 n，$n-1$，$\cdots$，

1 是奇排列；

2. 行列式

设有二元线性方程组

$$\begin{cases} a_{11}x_1 + a_{12}x_2 = b_1 \\ a_{21}x_1 + a_{22}x_2 = b_2 \end{cases}$$

用消元法，解得

$$x_1 = \frac{b_1a_{22} - b_2a_{12}}{a_{11}a_{22} - a_{12}a_{21}}, \quad x_2 = \frac{a_{11}b_2 - a_{21}b_1}{a_{11}a_{22} - a_{12}a_{21}}$$

为了便于表示上述结果，规定记号

$$\begin{vmatrix} a & b \\ c & d \end{vmatrix} = ad - bc$$

并称为二阶行列式. 利用二阶行列式的概念，把方程组中未知量的系数用行列式表示

$$D = \begin{vmatrix} a_{11} & a_{12} \\ a_{21} & a_{22} \end{vmatrix} = a_{11}a_{22} - a_{12}a_{21}$$

其中 a_{11}，a_{12}，a_{21}，a_{22} 称为这个二阶行列式的元素，横行称为排，纵行称为列. 从左上角到右下角的对角线称为行列式的主对角线，从右上角到左下角的对角线称为行列式的次对角线.

利用二阶行列式的概念，则有

$$x_1 = \frac{\begin{vmatrix} b_1 & a_{12} \\ b_2 & a_{22} \end{vmatrix}}{\begin{vmatrix} a_{11} & a_{12} \\ a_{21} & a_{22} \end{vmatrix}}, \quad x_2 = \frac{\begin{vmatrix} a_{11} & b_1 \\ a_{21} & b_2 \end{vmatrix}}{\begin{vmatrix} a_{11} & a_{12} \\ a_{21} & a_{22} \end{vmatrix}}$$

设三元线性方程组

$$\begin{cases} a_{11}x_1 + a_{12}x_2 + a_{13}x_3 = b_1 \\ a_{21}x_1 + a_{22}x_2 + a_{23}x_3 = b_2 \\ a_{31}x_1 + a_{32}x_2 + a_{33}x_3 = b_3 \end{cases}$$

用消元法解得

$$x_1 = \frac{b_1a_{22}a_{33} + a_{13}b_2a_{32} + a_{12}a_{23}b_3 - b_1a_{23}a_{32} - a_{12}b_2a_{33} - a_{13}a_{22}b_3}{a_{11}a_{22}a_{33} + a_{13}a_{21}a_{32} + a_{12}a_{23}a_{31} - a_{11}a_{23}a_{32} - a_{12}a_{21}a_{33} - a_{13}a_{22}a_{31}}$$

$$x_2 = \frac{a_{11}b_2a_{33} + b_1a_{23}a_{31} + a_{12}a_{21}b_3 - b_1a_{21}a_{33} - a_{13}b_2a_{31} - a_{11}a_{23}b_3}{a_{11}a_{22}a_{33} + a_{13}a_{21}a_{32} + a_{12}a_{23}a_{31} - a_{11}a_{23}a_{32} - a_{12}a_{21}a_{33} - a_{13}a_{22}a_{31}}$$

$$x_3 = \frac{a_{11}a_{22}b_3 + a_{12}b_2a_{31} + b_1a_{21}a_{32} - b_1a_{22}a_{31} - a_{11}b_2a_{32} - a_{12}a_{21}b_3}{a_{11}a_{22}a_{33} + a_{13}a_{21}a_{32} + a_{12}a_{23}a_{31} - a_{11}a_{23}a_{32} - a_{12}a_{21}a_{33} - a_{13}a_{22}a_{31}}$$

规定

$$D = \begin{vmatrix} a_{11} & a_{12} & a_{13} \\ a_{21} & a_{22} & a_{23} \\ a_{31} & a_{32} & a_{33} \end{vmatrix}$$

$$= a_{11}a_{22}a_{33} + a_{12}a_{23}a_{31} + a_{13}a_{21}a_{32} - a_{11}a_{23}a_{32} - a_{12}a_{21}a_{33} - a_{13}a_{22}a_{31}$$

并称为三阶行列式，则有

$$x_1 = \frac{\begin{vmatrix} b_1 & a_{12} & a_{13} \\ b_2 & a_{22} & a_{23} \\ b_3 & a_{32} & a_{33} \end{vmatrix}}{\begin{vmatrix} a_{11} & a_{12} & a_{13} \\ a_{21} & a_{22} & a_{23} \\ a_{31} & a_{32} & a_{33} \end{vmatrix}}, \quad x_2 = \frac{\begin{vmatrix} a_{11} & b_1 & a_{13} \\ a_{21} & b_2 & a_{23} \\ a_{31} & b_3 & a_{33} \end{vmatrix}}{\begin{vmatrix} a_{11} & a_{12} & a_{13} \\ a_{21} & a_{22} & a_{23} \\ a_{31} & a_{32} & a_{33} \end{vmatrix}}, \quad x_3 = \frac{\begin{vmatrix} a_{11} & a_{12} & b_1 \\ a_{21} & a_{22} & b_2 \\ a_{31} & a_{32} & b_3 \end{vmatrix}}{\begin{vmatrix} a_{11} & a_{12} & a_{13} \\ a_{21} & a_{22} & a_{23} \\ a_{31} & a_{32} & a_{33} \end{vmatrix}}$$

6.1.2　n 阶行列式的概念

1. n 阶行列式的概念

把上述三阶行列式推广到 n 阶，则有

$$D = \begin{vmatrix} a_{11} & a_{12} & \cdots & a_{1n} \\ a_{21} & a_{22} & \cdots & a_{2n} \\ \vdots & \vdots & & \vdots \\ a_{n1} & a_{n2} & \cdots & a_{nn} \end{vmatrix} = \sum_{j_1 j_2, \cdots, j_n} (-1)^{\tau(j_1, j_2, \cdots, j_n)} a_{1j_1} a_{2j_2} \cdots a_{nj_n}$$

称为 n 阶行列式. 其中 $\sum\limits_{j_1 j_2, \cdots, j_n}$ 是对所有 n 排列 $j_1 j_2, \cdots, j_n$ 求和. 行列式左上角到右下角的对角线称为主对角线，位于主对角线上的元素称为主对角元.

n 阶行列式有以下特点.

（1）展开式有 $n!$ 项，每项都是 n 个元素相乘，这 n 个元素既位于不同的行，又位于不同的列.

（2）每项带有正号或负号，当这 n 个元素所在行按自然顺序排定后，若相应的列号的排列是偶排列时，该项取正号；反之，即其列号的排列是奇排列时，该项取负号.

2. 几个特殊的 n 阶行列式

（1）转置行列式

把行列式 D 中的行与列按原来顺序互换以后所得的行列式记为 D^T，即

$$D^T = \begin{vmatrix} a_{11} & a_{21} & \cdots & a_{n1} \\ a_{12} & a_{22} & \cdots & a_{n2} \\ \vdots & \vdots & & \vdots \\ a_{1n} & a_{2n} & \cdots & a_{nn} \end{vmatrix}$$

称行列式 D^T 为行列式 D 的转置行列式.

行列式与它的转置行列式等值.

（2）上三角形行列式.

形如 $\begin{vmatrix} a_{11} & a_{12} & a_{13} & \cdots & a_{1n} \\ 0 & a_{22} & a_{23} & \cdots & a_{2n} \\ 0 & 0 & a_{33} & \cdots & a_{3n} \\ \vdots & \vdots & \vdots & & \vdots \\ 0 & 0 & 0 & \cdots & a_{nn} \end{vmatrix} = a_{11} a_{22} a_{33} \cdots a_{nn}$ 的行列式称为上三角形行列式.

上三角行列式的值等于主对角元的乘积.

（3）下三角形行列式.

形如
$$\begin{vmatrix} a_{11} & 0 & 0 & \cdots & 0 \\ a_{21} & a_{22} & 0 & \cdots & 0 \\ a_{31} & a_{32} & a_{33} & & 0 \\ \vdots & \vdots & \vdots & & \vdots \\ a_{n1} & a_{n2} & a_{n3} & \cdots & a_{nn} \end{vmatrix} = a_{11}a_{22}a_{33}\cdots a_{nn}$$
的行列式称为下三角形行列式.

下三角行列式的值也等于主对角元的乘积.

6.1.3 行列式的性质

性质1 行列式的行和列互换，行列式的值不变.

性质2 用一个数 k 乘以行列式的某一行（列）的各元素，等于该数乘以此行列式.或者说行列式的某一行（列）的公因子可以提到行列式的前面.

推论1 若行列式的某行（列）的元素全为零，则该行列式等于零.

性质3 如果行列式中某行（列）中各元素均为两项之和，则这个行列式等于两个行列式的和，即

$$\begin{vmatrix} a_{11} & a_{12} & \cdots & a_{1n} \\ a_{21} & a_{22} & \cdots & a_{2n} \\ \vdots & \vdots & & \vdots \\ a_{i_1}+b_{i_1} & a_{i_2}+b_{i_2} & \cdots & a_{i_n}+b_{i_n} \\ \vdots & \vdots & & \vdots \\ a_{n1} & a_{n2} & \cdots & a_{nn} \end{vmatrix} = \begin{vmatrix} a_{11} & a_{12} & \cdots & a_{1n} \\ a_{21} & a_{22} & \cdots & a_{2n} \\ \vdots & \vdots & & \vdots \\ a_{i_1} & a_{i_2} & \cdots & a_{i_n} \\ \vdots & \vdots & & \vdots \\ a_{n1} & a_{n2} & \cdots & a_{nn} \end{vmatrix} + \begin{vmatrix} a_{11} & a_{12} & \cdots & a_{1n} \\ a_{21} & a_{22} & \cdots & a_{2n} \\ \vdots & \vdots & & \vdots \\ b_{i_1} & b_{i_2} & \cdots & b_{i_n} \\ \vdots & \vdots & & \vdots \\ a_{n1} & a_{n2} & \cdots & a_{nn} \end{vmatrix}$$

性质4 交换行列式中任意两行（列）的位置，行列式的正负号改变.

在以后的计算中，约定用"$(i) \leftrightarrow (j)$"表示第 i 行（列）与第 j 行（列）互相交换位置.

推论2 如果行列式中有两行（列）的对应元素相同，则行列式等于零.

推论3 如果行列式中有两行（列）的对应元素成比例，则行列式等于零.

性质5 把行列式中某一行（列）的各元素同乘以一个数 k 加到另一行（列）的对应元素上，行列式的值不变.

在以后的计算中，约定用"$(i)+k(j)$"表示第 j 行（列）乘以 k 后加到第 i 行（列）上.

例6.2 行列式性质应用：

（1）若 $D = \begin{vmatrix} 1 & 2 & 3 \\ -1 & 0 & 1 \\ 0 & 1 & \sqrt{2} \end{vmatrix}$，则 $D^T = \begin{vmatrix} 1 & -1 & 0 \\ 2 & 0 & 1 \\ 3 & 1 & \sqrt{2} \end{vmatrix} = D.$

（2）$\begin{vmatrix} 1 & 2 & 1 \\ 0 & 1 & -1 \\ 2 & -1 & 0 \end{vmatrix} = -\begin{vmatrix} 0 & 1 & -1 \\ 1 & 2 & 1 \\ 2 & -1 & 0 \end{vmatrix}$（第一、二行互换）

$$
(3) \quad
\begin{vmatrix}
1 & 2 & 1 \\
0 & 1 & -1 \\
2 & -1 & 0
\end{vmatrix}
= -
\begin{vmatrix}
1 & 1 & 2 \\
0 & -1 & 1 \\
2 & 0 & -1
\end{vmatrix}
\text{（第二、三列互换）}
$$

$$
(4) \quad
\begin{vmatrix}
1 & 1 & 0 \\
1 & 1 & 0 \\
5 & \sqrt{2} & 7
\end{vmatrix}
= 0 \text{（第一、二两行相等）}
$$

$$
(5) \quad
\begin{vmatrix}
-2 & 1 & 1 \\
4 & 2 & 2 \\
7 & -3 & -3
\end{vmatrix}
= 0 \text{（第二、三列相等）}
$$

例 6.3　计算下列行列式.

$$
(1) \quad
\begin{vmatrix}
a^2 & ab \\
ab & b^2
\end{vmatrix}
\qquad
(2) \quad
\begin{vmatrix}
\cos \alpha & -\sin \alpha \\
\sin \alpha & \cos \alpha
\end{vmatrix}
\qquad
(3) \quad
\begin{vmatrix}
1 & 2 & 3 \\
4 & 5 & 6 \\
7 & 8 & 9
\end{vmatrix}
$$

解

$$
(1) \quad
\begin{vmatrix}
a^2 & ab \\
ab & b^2
\end{vmatrix}
= a^2 b^2 - a^2 b^2 = 0
\qquad
(2) \quad
\begin{vmatrix}
\cos \alpha & -\sin \alpha \\
\sin \alpha & \cos \alpha
\end{vmatrix}
= \cos^2 \alpha + \sin^2 \alpha = 1
$$

$$
(3) \quad
\begin{vmatrix}
1 & 2 & 3 \\
4 & 5 & 6 \\
7 & 8 & 9
\end{vmatrix}
\xlongequal[(3)-7(1)]{(2)-4(1)}
\begin{vmatrix}
1 & 2 & 3 \\
0 & -3 & -6 \\
0 & -6 & -12
\end{vmatrix}
= 0
$$

6.1.4　行列式的计算

一般来说，低阶行列式的计算比高阶行列式的计算要简便，因而自然会考虑用低阶行列式来表示高阶行列式的问题. 为此有

在 n 阶行列式中，把元素 a_{ij} 所在的第 i 行和第 j 列划去后，留下来的 $n-1$ 阶行列式称为元素 a_{ij} 的余子式，记作 M_{ij}；又记 $A_{ij} = (-1)^{i+j} M_{ij}$，称 A_{ij} 为元素 a_{ij} 的代数余子式. 如对四阶行列式

$$
D =
\begin{vmatrix}
a_{11} & a_{12} & a_{13} & a_{14} \\
a_{21} & a_{22} & a_{23} & a_{24} \\
a_{31} & a_{32} & a_{33} & a_{34} \\
a_{41} & a_{42} & a_{43} & a_{44}
\end{vmatrix}
$$

元素 a_{32} 的余子式和代数余子式分别为

$$
M_{32} =
\begin{vmatrix}
a_{11} & a_{13} & a_{14} \\
a_{21} & a_{23} & a_{24} \\
a_{41} & a_{43} & a_{44}
\end{vmatrix},
\quad A_{32} = (-1)^{3+2} M_{32} = -M_{32}
$$

定理 1　行列式等于它的任一行（列）的各元素与其对应的代数余子式乘积之和，即

$$
D = a_{i1} A_{i1} + a_{i2} A_{i2} + \cdots + a_{in} A_{in} \quad (i = 1, 2, \cdots, n)
$$
$$
D = a_{1j} A_{1j} + a_{2j} A_{2j} + \cdots + a_{nj} A_{nj} \quad (j = 1, 2, \cdots, n)
$$

这个定理称为行列式按行(列)展开法则. 用行列式展开法则计算行列式的方法称为降阶法.

例 6.4 计算行列式.

$$D = \begin{vmatrix} 2 & 0 & 0 & -4 \\ 7 & -1 & 0 & 5 \\ -2 & 6 & 1 & 0 \\ 8 & 4 & -3 & -5 \end{vmatrix}$$

解 将行列式按照第一行展开得

$$D = \begin{vmatrix} 2 & 0 & 0 & -4 \\ 7 & -1 & 0 & 5 \\ -2 & 6 & 1 & 0 \\ 8 & 4 & -3 & -5 \end{vmatrix}$$

$$= 2 \times (-1)^{1+1} \begin{vmatrix} -1 & 0 & 5 \\ 6 & 1 & 0 \\ 4 & -3 & -5 \end{vmatrix} + (-4) \times (-1)^{1+4} \begin{vmatrix} 7 & -1 & 0 \\ -2 & 6 & 1 \\ 8 & 4 & -3 \end{vmatrix}$$

$$= 2 \times (5 - 90 - 20) + 4 \times [7(-18-4) + (6-8)] = -834$$

例 6.5 计算 n 阶行列式

$$D = \begin{vmatrix} a & 0 & 0 & \cdots & 0 & 1 \\ 0 & a & 0 & \cdots & 0 & 0 \\ 0 & 0 & a & \cdots & 0 & 0 \\ \vdots & \vdots & \vdots & & \vdots & \vdots \\ 1 & 0 & 0 & \cdots & 0 & a \end{vmatrix}$$

解 按第一行展开，得

$$D = a \begin{vmatrix} a & 0 & \cdots & 0 & 0 \\ 0 & a & \cdots & 0 & 0 \\ \vdots & \vdots & & \vdots & \vdots \\ 0 & 0 & \cdots & 0 & a \end{vmatrix} + (-1)^{1+n} \begin{vmatrix} 0 & a & 0 & \cdots & 0 \\ 0 & 0 & a & \cdots & 0 \\ \vdots & \vdots & \vdots & & \vdots \\ 0 & 0 & 0 & \cdots & a \\ 1 & 0 & 0 & \cdots & 0 \end{vmatrix}$$

再将上式等号右边的第二个行列式按第一列展开，则可得到

$$D = a^n + (-1)^{1+n}(-1)^{(n-1)+1} a^{n-2} = a^n - a^{n-2} = a^{n-2}(a^2-1)$$

定理 2 任一 n 阶行列式

$$D = \begin{vmatrix} a_{11} & a_{12} & \cdots & a_{1n} \\ a_{21} & a_{22} & \cdots & a_{2n} \\ \vdots & \vdots & & \vdots \\ a_{n1} & a_{n2} & \cdots & a_{nn} \end{vmatrix}$$

都可以化为一个与其等值的上(下)三角形行列式，即

$$D = \begin{vmatrix} b_{11} & b_{12} & \cdots & b_{1n} \\ 0 & b_{22} & \cdots & b_{2n} \\ \vdots & \vdots & & \vdots \\ 0 & 0 & \cdots & n_{nn} \end{vmatrix} \quad 或 \quad D = \begin{vmatrix} c_{11} & 0 & \cdots & 0 \\ c_{21} & c_{22} & \cdots & 0 \\ \vdots & \vdots & & \vdots \\ c_{n1} & c_{n2} & \cdots & c_{nn} \end{vmatrix}$$

例 6.6 　计算 $D = \begin{vmatrix} 3 & 1 & -1 & 2 \\ -5 & 1 & 3 & -4 \\ 2 & 0 & 1 & -1 \\ 1 & -5 & 3 & -3 \end{vmatrix}$

解 　$D = \begin{vmatrix} 3 & 1 & -1 & 2 \\ -5 & 1 & 3 & -4 \\ 2 & 0 & 1 & -1 \\ 1 & -5 & 3 & -3 \end{vmatrix} \xrightarrow{(1)\leftrightarrow(2)} \begin{vmatrix} 1 & 3 & -1 & 2 \\ 1 & -5 & 3 & -4 \\ 0 & 2 & 1 & -1 \\ -5 & 1 & 3 & -3 \end{vmatrix} \xrightarrow[(4)+5(1)]{(2)-(1)}$

$= \begin{vmatrix} 1 & 3 & -1 & 2 \\ 0 & -8 & 4 & -6 \\ 0 & 2 & 1 & -1 \\ 0 & 16 & -2 & 7 \end{vmatrix} \xrightarrow{(2)\leftrightarrow(3)} \begin{vmatrix} 1 & 3 & -1 & 2 \\ 0 & 2 & 1 & -1 \\ 0 & -8 & 4 & -6 \\ 0 & 16 & -2 & 7 \end{vmatrix} \xrightarrow[(4)-8(2)]{(3)+4(2)}$

$\begin{vmatrix} 1 & 3 & -1 & 2 \\ 0 & 2 & 1 & -1 \\ 0 & 0 & 8 & -10 \\ 0 & 0 & -10 & 15 \end{vmatrix} \xrightarrow{(4)+\frac{5}{4}(3)} \begin{vmatrix} 1 & 3 & -1 & 2 \\ 0 & 2 & 1 & -1 \\ 0 & 0 & 8 & -10 \\ 0 & 0 & 0 & \frac{5}{2} \end{vmatrix} = 1 \times 2 \times 8 \times \frac{5}{2} = 40$

例 6.7 　计算 $D = \begin{vmatrix} 1 & 2 & 3 & -2 \\ -1 & 1 & 1 & -1 \\ 1 & 0 & -1 & 2 \\ 2 & 2 & 0 & 1 \end{vmatrix}$

解 　$D = \begin{vmatrix} 1 & 2 & 3 & -2 \\ -1 & 1 & 1 & -1 \\ 1 & 0 & -1 & 2 \\ 2 & 2 & 0 & 1 \end{vmatrix} = \begin{vmatrix} 1 & 2 & 3 & -2 \\ 0 & 3 & 4 & -3 \\ 0 & -2 & -4 & 4 \\ 0 & -2 & -6 & 5 \end{vmatrix} = \begin{vmatrix} 1 & 2 & 3 & -2 \\ 0 & 1 & 0 & 1 \\ 0 & 0 & -4 & 6 \\ 0 & 0 & -6 & 7 \end{vmatrix} =$

$-2 \begin{vmatrix} 1 & 2 & 3 & -2 \\ 0 & 1 & 0 & 1 \\ 0 & 0 & 2 & -3 \\ 0 & 0 & 0 & -2 \end{vmatrix} = 8$

习　题　6.1

1. 计算下列二阶行列式.

(1) $\begin{vmatrix} 3 & -12 \\ 6 & 24 \end{vmatrix}$ 　　　　(2) $\begin{vmatrix} \sec\theta & \tan\theta \\ \tan\theta & \sec\theta \end{vmatrix}$ 　　　　(3) $\begin{vmatrix} 3 & -2 \\ 2 & 5 \end{vmatrix}$

(4) $\begin{vmatrix} 2 & 6 \\ 4 & -3 \end{vmatrix}$　　　　(5) $\begin{vmatrix} 1 & a+b \\ a-b & a^2 \end{vmatrix}$

2. 计算三阶行列式.

(1) $\begin{vmatrix} 2 & 3 & 5 \\ 0 & -1 & 1 \\ 0 & 0 & -5 \end{vmatrix}$　(2) $\begin{vmatrix} -ab & ac & ae \\ bd & -cd & de \\ bf & cf & -ef \end{vmatrix}$　(3) $\begin{vmatrix} 2 & 3 & 5 \\ 3 & -1 & 1 \\ 4 & -2 & -5 \end{vmatrix}$

3. 计算下列行列式.

(1) $D = \begin{vmatrix} 2 & 1 & 4 & 1 \\ 3 & 1 & 2 & 1 \\ 1 & 2 & 3 & 2 \\ 5 & 0 & 6 & 0 \end{vmatrix}$　　　　(2) $D = \begin{vmatrix} 5 & 0 & 4 & 2 \\ 1 & -1 & 2 & 1 \\ 4 & 1 & 2 & 0 \\ 1 & 1 & 1 & 1 \end{vmatrix}$

(3) $D = \begin{vmatrix} 0 & -1 & -1 & 2 \\ 1 & -1 & 0 & 2 \\ -1 & 2 & -1 & 0 \\ 2 & 1 & 1 & 0 \end{vmatrix}$　　(4) $D = \begin{vmatrix} 0 & 1 & -1 & 2 \\ 1 & -2 & 3 & 1 \\ 1 & 0 & 0 & -1 \\ 3 & 1 & 4 & -2 \end{vmatrix}$

6.2　克莱姆法则

6.2.1　克莱姆法则

含有 n 个方程的 n 元线性方程组的一般形式为

$$\begin{cases} a_{11}x_1 + a_{12}x_2 + \cdots + a_{1n}x_n = b_1 \\ a_{21}x_1 + a_{22}x_2 + \cdots + a_{2n}x_n = b_2 \\ \qquad \cdots\cdots \\ a_{n1}x_1 + a_{n2}x_2 + \cdots + a_{nn}x_n = b_n \end{cases}$$

其中，$a_{ij}(i, j = 1, 2, \cdots, n)$ 是未知数的系数，$b_i(i = 1, 2, \cdots, n)$ 是常数，$x_j(j = 1, 2, \cdots, n)$ 是未知数. 其系数构成的行列式

$$D = \begin{vmatrix} a_{11} & a_{12} & \cdots & a_{1n} \\ a_{21} & a_{22} & \cdots & a_{2n} \\ \vdots & \vdots & & \vdots \\ a_{n1} & a_{n2} & \cdots & a_{nn} \end{vmatrix}$$

称为方程组的系数行列式.

定理 1(克莱姆(Gramer)**法则)**　对于线性方程组，当其系数行列式 $D \neq 0$ 时，有且仅有唯一解

$$x_1 = \frac{D_1}{D}, \ x_2 = \frac{D_2}{D}, \ \cdots, \ x_n = \frac{D_n}{D}$$

其中，$D_j(j = 1, 2, \cdots, n)$ 是将系数行列式 D 中第 j 列元素 $a_{1j}, a_{2j}, \cdots, a_{nj}$ 对应地换为方程组的常数项 $b_1, b_2, \cdots, b_n$ 后得到的行列式，即

$$D_j = \begin{vmatrix} a_{11} & \cdots & a_{1j-1} & b_1 & a_{1j+1} & \cdots & a_{1n} \\ a_{21} & \cdots & a_{2j-1} & b_2 & a_{2j+1} & \cdots & a_{2n} \\ \vdots & & \vdots & \vdots & \vdots & & \vdots \\ a_{n1} & \cdots & a_{nj-1} & b_n & a_{nj+1} & \cdots & a_{nn} \end{vmatrix}$$

例 6.8　用克莱姆法则求解线性方程组

$$\begin{cases} x_1 + x_2 + x_3 + x_4 = 5 \\ x_1 + 2x_2 - x_3 + 4x_4 = -2 \\ 2x_1 - 3x_2 - x_3 - 5x_4 = -2 \\ 3x_1 + x_2 + 2x_3 + 11x_4 = 0 \end{cases}$$

解　$D = \begin{vmatrix} 1 & 1 & 1 & 1 \\ 1 & 2 & -1 & 4 \\ 2 & -3 & -1 & -5 \\ 3 & 1 & 2 & 11 \end{vmatrix} = \begin{vmatrix} 1 & 1 & 1 & 1 \\ 0 & 1 & -2 & 3 \\ 0 & -5 & -3 & -7 \\ 0 & -1 & -1 & 8 \end{vmatrix}$

$= \begin{vmatrix} 1 & 1 & 1 & 1 \\ 0 & 1 & -2 & 3 \\ 0 & 0 & -13 & 8 \\ 0 & 0 & -5 & 14 \end{vmatrix} = \begin{vmatrix} 1 & 1 & 1 & 1 \\ 0 & 1 & -2 & 3 \\ 0 & 0 & -1 & -54 \\ 0 & 0 & 0 & 142 \end{vmatrix} = -142$

$D_1 = \begin{vmatrix} 5 & 1 & 1 & 1 \\ -2 & 2 & -1 & 4 \\ -2 & -3 & -1 & -5 \\ 0 & 1 & 2 & 11 \end{vmatrix} = \begin{vmatrix} 5 & 1 & 1 & 1 \\ 0 & 5 & 0 & 9 \\ -2 & -3 & -1 & -5 \\ 0 & 1 & 2 & 11 \end{vmatrix} = \begin{vmatrix} 1 & -5 & -1 & -9 \\ 0 & 5 & 0 & 9 \\ 0 & -13 & -3 & -23 \\ 0 & 1 & 2 & 11 \end{vmatrix}$

$= \begin{vmatrix} 1 & -5 & -1 & -9 \\ 0 & 1 & 2 & 11 \\ 0 & 5 & 0 & 9 \\ 0 & -13 & -3 & -23 \end{vmatrix} = \begin{vmatrix} 1 & -5 & -1 & -9 \\ 0 & 1 & 2 & 11 \\ 0 & 0 & -10 & -46 \\ 0 & 0 & 23 & 120 \end{vmatrix} = \begin{vmatrix} 1 & -5 & -1 & -9 \\ 0 & 1 & 2 & 11 \\ 0 & 0 & -1 & 38 \\ 0 & 0 & 0 & 142 \end{vmatrix}$

$= -142$

$D_2 = \begin{vmatrix} 1 & 5 & 1 & 1 \\ 1 & -2 & -1 & 4 \\ 2 & -2 & -1 & -5 \\ 3 & 0 & 2 & 11 \end{vmatrix} = \begin{vmatrix} 1 & 5 & 1 & 1 \\ 0 & -7 & -2 & 3 \\ 0 & -12 & -3 & -7 \\ 0 & -15 & -1 & 8 \end{vmatrix} = \begin{vmatrix} 1 & 5 & 1 & 1 \\ 0 & -1 & 3 & 2 \\ 0 & 0 & 23 & 11 \\ 0 & 0 & 39 & 31 \end{vmatrix}$

$= \begin{vmatrix} 1 & 5 & 1 & 1 \\ 0 & -1 & 3 & 2 \\ 0 & 0 & -1 & -19 \\ 0 & 0 & 0 & -284 \end{vmatrix} = -284$

$D_3 = \begin{vmatrix} 1 & 1 & 5 & 1 \\ 1 & 2 & -2 & 4 \\ 2 & -3 & -2 & -5 \\ 3 & 1 & 0 & 11 \end{vmatrix} = -426$

$$D_4 = \begin{vmatrix} 1 & 1 & 1 & 5 \\ 1 & 2 & -1 & -2 \\ 2 & -3 & -1 & -2 \\ 3 & 1 & 2 & 0 \end{vmatrix} = 142$$

所以 $x_1 = \dfrac{D_1}{D} = 1, x_2 = \dfrac{D_2}{D} = 2, x_3 = \dfrac{D_3}{D} = 3, x_4 = \dfrac{D_4}{D} = -1$

应用克莱姆法则具有很大的局限性: 一是只适用于解方程个数与未知数个数相等且系数行列式 $D \neq 0$ 的线性方程组; 二是当未知数个数较大时, 运算量很大, 因此该法则只适用于解未知数个数较少的线性方程组.

6.2.2 齐次线性方程组

当线性方程组右端的 b_1, b_2, $\cdots$, b_n 不全为零时, 称该方程组为非齐次线性方程组; 当 b_1, b_2, $\cdots$, b_n 全为零时, 称该方程组为齐次线性方程组. n 元齐次线性方程组的一般形式为

$$\begin{cases} a_{11}x_1 + a_{12}x_2 + \cdots + a_{1n}x_n = 0 \\ a_{21}x_1 + a_{22}x_2 + \cdots + a_{2n}x_n = 0 \\ \qquad\qquad\qquad \vdots \\ a_{n1}x_1 + a_{n2}x_2 + \cdots + a_{nn}x_n = 0 \end{cases}$$

显然, 齐次线性方程组总是有解的, 因为 $x_j = 0 (j = 1, 2, \cdots, n)$ 就是一个解, 称它为零解. 对于方程个数与未知数个数相同的齐次线性方程组, 应用克莱姆法则有如下定理.

定理 2 若齐次线性方程组的系数行列式 $D \neq 0$ 时, 则它仅有零解. 换句话说, 如果方程组有非零解, 那么它的系数行列式 $D = 0$.

例 6.9 问 λ 取何值时, 齐次方程组

$$\begin{cases} (5-\lambda)x + 2y + 2z = 0 \\ 2x + (6-\lambda)y = 0 \\ 2x + (4-\lambda)z = 0 \end{cases}$$

有非零解?

解 由定理 2 可知, 若齐次方程组有非零解, 则其系数行列式 $D = 0$. 而

$$D = \begin{vmatrix} 5-\lambda & 2 & 2 \\ 2 & 6-\lambda & 0 \\ 2 & 0 & 4-\lambda \end{vmatrix}$$

$$= (5-\lambda)(6-\lambda)(4-\lambda) - 4(4-\lambda) - 4(6-\lambda) = (5-\lambda)(2-\lambda)(8-\lambda)$$

不难验证, 当 $\lambda = 2$, $\lambda = 5$ 或 $\lambda = 8$ 时, 该齐次方程组确有非零解.

习　题　6.2

1. 用克莱姆法则求解下列线性方程组.

$$(1)\begin{cases}2x_1+3x_2+5x_3=2\\x_1+2x_2=5\\3x_2+5x_3=4\end{cases}\qquad(2)\begin{cases}x_1+2x_2+3x_3-2x_4=6\\2x_1-x_2-2x_3-3x_4=8\\3x_1-2x_2-x_3-2x_4=4\\2x_1-3x_2+2x_3+x_4=-8\end{cases}$$

$$(3)\begin{cases}x_1+x_2+x_3=1\\2x_1+3x_2+4x_3=5\\4x_1+9x_2+16x_3=25\end{cases}\qquad(4)\begin{cases}x_1+x_2+x_3=0\\2x_1+3x_2+3x_3=2\\x_1+4x_2+5x_3=3\end{cases}$$

2. λ，μ 取何值时，齐次线性方程组 $\begin{cases}\lambda x_1+x_2+x_3=0\\x_1+\mu x_2+x_3=0\\x_1+2\mu x_2+x_3=0\end{cases}$ 有非零解?

3. λ 取何值时，齐次线性方程组 $\begin{cases}(1-\lambda)x_1-2x_2+4x_3=0\\2x_1+(3-\lambda)x_2+x_3=0\\x_1+x_2+(1-\lambda)x_3=0\end{cases}$ 有非零解?

4. 已知线性方程组 $\begin{cases}\lambda x_1+x_2+x_3=0\\x_1+\lambda x_2+x_3=0\\x_1+x_2+\lambda x_3=0\end{cases}$ 只有零解，求 λ 的取值范围.

6.3　矩阵的概念与运算

6.3.1　矩阵的概念

引例 1　在许多实际问题中，我们常常会用到矩形数表。如我们研究 m 个人做 n 件事，若以 a_{ij} 表示第 i 个人做第 j 件事的费用，那么可得到一个 m 个人与 n 件事之间的费用表，表中的费用 a_{ij} 可以排成 m 行 n 列的数表，这种矩形数表在实际问题中是经常遇到的，不同的问题会有不同的矩形数表，如果我们舍去问题的实际意义，可以抽象出线性代数的一个重要的基本概念 —— 矩阵的概念。

	1	2	⋯	n
1	a_{11}	a_{12}	⋯	a_{1n}
2	a_{21}	a_{22}	⋯	a_{2n}
⋮	⋮	⋮		⋮
m	a_{m1}	a_{m2}	⋯	a_{mn}

1. 矩阵的定义

由 $m\times n$ 个数 $a_{ij}(i=1,2,\cdots,m;j=1,2,\cdots,n)$ 排成的 m 行 n 列数表，记成

$$A = \begin{pmatrix} a_{11} & a_{12} & \cdots & a_{1n} \\ a_{21} & a_{22} & \cdots & a_{2n} \\ \vdots & \vdots & & \vdots \\ a_{m1} & a_{m2} & \cdots & a_{mn} \end{pmatrix}$$

称为 $m \times n$ 矩阵. 也可记成 $(a_{ij})_{m \times n}$ 或 $A_{m \times n}$. 这 $m \times n$ 个数称为矩阵 A 的元素, 其中 a_{ij} 为第 i 行第 j 列的元素. 矩阵一般用大写加黑字母 A, B, $\cdots$ 表示. 元素均为实数的矩阵称为实矩阵. 元素中有复数的矩阵称为复矩阵. 如不特别声明, 今后所提到的矩阵均为实矩阵.

矩阵与行列式在形式上有些相似, 但在意义上则完全不同, 行列式的运算结果是数, 而矩阵仅是一个数表.

两个矩阵的行数相等, 列数也相等时, 就称它们是同型矩阵. 若 A、B 为同型矩阵, 且对应元素相等, 即 $a_{ij} = b_{ij} (i = 1, 2, \cdots, m; j = 1, 2, \cdots, n)$ 就称矩阵 A 与 B 相等, 记作 $A = B$.

例 6.10 设矩阵 $A = \begin{pmatrix} x & 5 \\ 0 & -7 \\ y & 8 \end{pmatrix}$, $B = \begin{pmatrix} 2 & b \\ 0 & a \\ 3 & 8 \end{pmatrix}$, 若 $A = B$, 求 x, y, a, b.

解 由矩阵相等的定义, 有 $x = 2$, $y = 3$, $a = -7$, $b = 5$.

2. 特殊矩阵

（1）方阵

行数与列数都等于 n 的矩阵称为 n 阶矩阵, 或称为 n 阶方阵, 常记为 A_n.

（2）行矩阵

只有一行的矩阵 $A = (a_1, a_2, \cdots, a_n)$ 称为行矩阵.

（3）列矩阵

只有一列的矩阵 $B = \begin{pmatrix} b_1 \\ b_2 \\ \vdots \\ b_n \end{pmatrix}$ 称为列矩阵.

（4）零矩阵

元素均为零的矩阵称为零矩阵, 记为 O. 强调 O 矩阵的行数和列数时, 记作 $O_{m \times n}$ 或 O_n. 如 $\begin{pmatrix} 0 & 0 & 0 \\ 0 & 0 & 0 \end{pmatrix}$ 和 $\begin{pmatrix} 0 & 0 & 0 \\ 0 & 0 & 0 \\ 0 & 0 & 0 \end{pmatrix}$, 注意不同型的零矩阵是不同的.

（5）对角矩阵

形如 $\begin{pmatrix} \lambda_1 & 0 & \cdots & 0 \\ 0 & \lambda_2 & \cdots & 0 \\ \vdots & \vdots & & \vdots \\ 0 & 0 & \cdots & \lambda_n \end{pmatrix}$ 的矩阵称为 n 阶对角矩阵. 简记为 $\begin{pmatrix} \lambda_1 & & & \\ & \lambda_2 & & \\ & & \ddots & \\ & & & \lambda_n \end{pmatrix}$

（6）数量矩阵

若 n 阶对角矩阵中主对角线上的元素都相等，即

$$A = \begin{pmatrix} \lambda & & & \\ & \lambda & & \\ & & \ddots & \\ & & & \lambda \end{pmatrix}$$

则称 A 为 n 阶数量矩阵.

特别地，当 $\lambda = 1$ 时，称 n 阶矩阵 $\begin{pmatrix} 1 & 0 & \cdots & 0 \\ 0 & 1 & \cdots & 0 \\ \vdots & \vdots & & \vdots \\ 0 & 0 & \cdots & 1 \end{pmatrix}$ 为单位矩阵，记为 E.

（7）上（下）三角矩阵

形如 $A = \begin{pmatrix} a_{11} & a_{12} & \cdots & a_{1n} \\ 0 & a_{22} & \cdots & a_{2n} \\ \vdots & \vdots & & \vdots \\ 0 & 0 & \cdots & a_{nn} \end{pmatrix}$ 的矩阵称为上三角矩阵，形如 $B = \begin{pmatrix} b_{11} & 0 & \cdots & 0 \\ b_{21} & b_{22} & \cdots & 0 \\ \vdots & \vdots & & \vdots \\ b_{n1} & b_{n2} & \cdots & b_{nn} \end{pmatrix}$ 的

矩阵称为下三角矩阵

6.3.2 矩阵的运算

1. 矩阵的加法

设 $m \times n$ 矩阵

$$A = \begin{pmatrix} a_{11} & a_{12} & \cdots & a_{1n} \\ a_{21} & a_{22} & \cdots & a_{2n} \\ \vdots & \vdots & & \vdots \\ a_{m1} & a_{m2} & \cdots & a_{mn} \end{pmatrix}, \quad B = \begin{pmatrix} b_{11} & b_{12} & \cdots & b_{1n} \\ b_{21} & b_{22} & \cdots & b_{2n} \\ \vdots & \vdots & & \vdots \\ b_{m1} & b_{m2} & \cdots & b_{mn} \end{pmatrix}$$

定义 $A + B$ 为

$$A + B = \begin{pmatrix} a_{11}+b_{11} & a_{12}+b_{12} & \cdots & a_{1n}+b_{1n} \\ a_{21}+b_{21} & a_{22}+b_{22} & \cdots & a_{2n}+b_{2n} \\ \vdots & \vdots & & \vdots \\ a_{m1}+b_{m1} & a_{m2}+b_{m2} & \cdots & a_{mn}+b_{mn} \end{pmatrix}$$

则称 $A + B$ 为矩阵 A 与 B 的和.

只有当两个矩阵是同型矩阵时，这两个矩阵才能进行加法运算.

矩阵加法满足下列运算规律（设 A，B，C 都是 $m \times n$ 矩阵）：

（1）交换律 $A + B = B + A$

（2）结合律 $A + (B + C) = (A + B) + C$

设 $A(a_{ij})$，定义 A 的负矩阵为 $-A = (-a_{ij})$，显然有 $A + (-A) = 0$.

由此规定矩阵的减法为 $A - B = A + (-B)$.

例 6.11 设 $A = \begin{pmatrix} 3 & -2 & 7 \\ 1 & 0 & 4 \end{pmatrix}$，$B = \begin{pmatrix} -2 & 0 & 1 \\ 15 & -1 & 7 \end{pmatrix}$，计算 $A+B$，$A-B$.

解 $A+B = \begin{pmatrix} 3+(-2) & -2+0 & 7+1 \\ 1+15 & 0+(-1) & 4+7 \end{pmatrix} = \begin{pmatrix} 1 & -2 & 8 \\ 16 & -1 & 11 \end{pmatrix}$

$A-B = \begin{pmatrix} 3-(-2) & -2-0 & 7-1 \\ 1-15 & 0-(-1) & 4-7 \end{pmatrix} = \begin{pmatrix} 5 & -2 & 6 \\ -14 & 1 & -3 \end{pmatrix}$

2. 矩阵的数乘

设 $m \times n$ 矩阵 $A = (a_{ij})$，λ 是任意常数，称

$$\lambda A = A\lambda = (\lambda a_{ij}) = \begin{pmatrix} \lambda a_{11} & \lambda a_{12} & \cdots & \lambda a_{1n} \\ \lambda a_{21} & \lambda a_{22} & \cdots & \lambda a_{2n} \\ \vdots & \vdots & & \vdots \\ \lambda a_{m1} & \lambda a_{m2} & \cdots & \lambda a_{mn} \end{pmatrix}$$

为数 λ 与矩阵 A 的数量乘积.

易知数乘矩阵满足下列运算规律(设 A，B 是 $m \times n$ 矩阵，λ，μ 为任意常数)：

(1) $(\lambda + \mu)A = \lambda A + \mu A$

(2) $\lambda(A + B) = \lambda A + \lambda B$

(3) $\lambda(\mu A) = (\lambda \mu)A$

例 6.12 设 $A = \begin{pmatrix} 4 & -7 & -2 \\ 1 & 3 & 0 \end{pmatrix}$，计算 $3A$.

解 $3A = \begin{pmatrix} 3 \times 4 & 3 \times (-7) & 3 \times (-2) \\ 3 \times 1 & 3 \times 3 & 3 \times 0 \end{pmatrix} = \begin{pmatrix} 12 & -21 & -6 \\ 3 & 9 & 0 \end{pmatrix}$

3. 矩阵的乘法

设 $m \times s$ 矩阵 A 和 $s \times n$ 矩阵 B 分别为

$$A = \begin{pmatrix} a_{11} & a_{12} & \cdots & a_{1s} \\ a_{21} & a_{22} & \cdots & a_{2s} \\ \vdots & \vdots & & \vdots \\ a_{m1} & a_{m2} & \cdots & a_{ms} \end{pmatrix} \qquad B = \begin{pmatrix} b_{11} & b_{12} & \cdots & b_{1n} \\ b_{21} & b_{22} & \cdots & b_{2n} \\ \vdots & \vdots & & \vdots \\ b_{s1} & b_{s2} & \cdots & b_{sn} \end{pmatrix}$$

称 $m \times n$ 矩阵

$$C = \begin{pmatrix} c_{11} & c_{12} & \cdots & c_{1n} \\ c_{21} & c_{22} & \cdots & c_{2n} \\ \vdots & \vdots & & \vdots \\ c_{m1} & c_{m2} & \cdots & c_{mn} \end{pmatrix}$$

为矩阵 A 和矩阵 B 的乘积，记作 $C = AB$，其中，$c_{ij} = \sum_{k=1}^{s} a_{ik} b_{kj} (i = 1, 2, \cdots, m; j = 1, 2, \cdots, n)$.

由定义可知，只有当矩阵 A 的列数等于矩阵 B 的行数时，矩阵 A 与 B 才能相乘，且积矩阵 AB 行数等于左边矩阵 A 的行数，列数等于右边矩阵 B 的列数. 积矩阵 AB 中第

i 行 j 列的元素由 A 的第 i 行乘 B 的第 j 列相应元素相加得到.

例 6.13 设矩阵 $A = \begin{pmatrix} 1 & 0 & 3 & -1 \\ 2 & 1 & 0 & 2 \end{pmatrix}$, $B = \begin{pmatrix} 4 & 1 & 0 \\ -1 & 1 & 3 \\ 2 & 0 & 1 \\ 1 & 3 & 4 \end{pmatrix}$, 计算 AB 和 BA.

解 $AB = \begin{pmatrix} 1 & 0 & 3 & -1 \\ 2 & 1 & 0 & 2 \end{pmatrix} \begin{pmatrix} 4 & 1 & 0 \\ -1 & 1 & 3 \\ 2 & 0 & 1 \\ 1 & 3 & 4 \end{pmatrix}$

$= \begin{pmatrix} 1\times4+0\times(-1)+ & 1\times1+0\times1+ & 1\times0+0\times3+ \\ 3\times2+(-1)\times1 & 3\times0+(-1)\times3 & 3\times1+(-1)\times4 \\ 2\times4+1\times(-1)+ & 2\times1+1\times1+ & 2\times0+1\times3+ \\ 0\times2+2\times1 & 0\times0+2\times3 & 0\times1+2\times4 \end{pmatrix}$

$= \begin{pmatrix} 9 & -2 & -1 \\ 9 & 9 & 11 \end{pmatrix}$

BA 不满足矩阵乘法的条件，因此 BA 无意义.

例 6.14 设矩阵 $A = \begin{pmatrix} -2 & 4 \\ 1 & -2 \end{pmatrix}$, $B = \begin{pmatrix} 2 & 4 \\ -3 & -6 \end{pmatrix}$, 计算 AB 和 BA.

解 $AB = \begin{pmatrix} -16 & -32 \\ 8 & 16 \end{pmatrix}$, $BA = \begin{pmatrix} 0 & 0 \\ 0 & 0 \end{pmatrix}$

这说明矩阵的乘法一般不满足交换律.

例 6.15 用矩阵表示三元一次方程组

$$\begin{cases} 2x_1 + 3x_2 - 6x_3 = 8 \\ -x_1 + 5x_2 + 6x_3 = -4 \\ 3x_1 - 2x_2 + x_3 = 1 \end{cases}$$

解 令 $A = \begin{pmatrix} 2 & 3 & -6 \\ -1 & 5 & 6 \\ 3 & -2 & 1 \end{pmatrix}$, $B = \begin{pmatrix} 8 \\ -4 \\ 1 \end{pmatrix}$, $X = \begin{pmatrix} x_1 \\ x_2 \\ x_3 \end{pmatrix}$ 依据矩阵的乘法，方程组可表示为 $AX = B$.

矩阵乘法不满足交换律和消去律. 但矩阵乘法满足下列运算规律：

(1) 结合律 $(AB)C = A(BC)$; $\lambda(AB) = (\lambda A)B = A(\lambda B)$（其中 λ 是任意常数）

(2) 分配律 $A(B+C) = AB + AC$; $(B+C)A = BA + CA$

对于单位矩阵 E, 有 $E_m A_{m\times n} = A_{m\times n}$, $A_{m\times n} E_n = A_{m\times n}$, 简记为 $EA = AE = A$.

对于方阵可以定义方阵的幂

$A^0 = E$, $A^1 = A$, $A^2 = A\cdot A$, $\cdots$, $A^{k+1} = A^k A$, 其中 k 为正整数. 这就是说, A^k 就是 k 个 A 连乘, 显然只有方阵才有幂. 方阵的幂满足 $A^k A^l = A^{k+l}$, $(A^k)^l = A^{kl}$, 其中 k, l 为正整数.

4. 矩阵的转置

设 $m \times n$ 矩阵

$$A = \begin{pmatrix} a_{11} & a_{12} & \cdots & a_{1n} \\ a_{21} & a_{22} & \cdots & a_{2n} \\ \vdots & \vdots & & \vdots \\ a_{m1} & a_{m2} & \cdots & a_{mn} \end{pmatrix}$$

把 A 的行、列按原顺序互换得到 $n \times m$ 矩阵，称为 A 的转置矩阵，记作 A^T，即

$$A^T = \begin{pmatrix} a_{11} & a_{21} & \cdots & a_{m1} \\ a_{12} & a_{22} & \cdots & a_{m2} \\ \vdots & \vdots & & \vdots \\ a_{1n} & a_{2n} & \cdots & a_{mn} \end{pmatrix}$$

如矩阵 $A = \begin{pmatrix} 1 & 2 & 0 \\ 3 & -1 & 4 \end{pmatrix}$ 的转置矩阵 $A^T = \begin{pmatrix} 1 & 3 \\ 2 & -1 \\ 0 & 4 \end{pmatrix}$.

矩阵的转置满足下述运算规律：

(1) $(A^T)^T = A$

(2) $(A+B)^T = A^T + B^T$

(3) $(AB)^T = B^T A^T$

(4) $(\lambda A)^T = \lambda A^T$

例 6.16 设矩阵 $A = \begin{pmatrix} 1 & -2 & 3 \\ 0 & 1 & -2 \\ 1 & -1 & 1 \end{pmatrix}$，$B = \begin{pmatrix} 3 & 1 \\ 1 & -1 \\ 1 & 0 \end{pmatrix}$，求 A^T，B^T，AB，$(AB)^T$，$B^T A^T$.

解 $A^T = \begin{pmatrix} 1 & 0 & 1 \\ -2 & 1 & -1 \\ 3 & -2 & 1 \end{pmatrix}$，$B^T = \begin{pmatrix} 3 & 1 & 1 \\ 1 & -1 & 0 \end{pmatrix}$

$$AB = \begin{pmatrix} 1 & -2 & 3 \\ 0 & 1 & -2 \\ 1 & -1 & 1 \end{pmatrix} \begin{pmatrix} 3 & 1 \\ 1 & -1 \\ 1 & 0 \end{pmatrix} = \begin{pmatrix} 4 & 3 \\ -1 & -1 \\ 3 & 2 \end{pmatrix}$$

$$(AB)^T = \begin{pmatrix} 4 & -1 & 3 \\ 3 & -1 & 2 \end{pmatrix}$$

$$B^T A^T = \begin{pmatrix} 3 & 1 & 1 \\ 1 & -1 & 0 \end{pmatrix} \begin{pmatrix} 1 & 0 & 1 \\ -2 & 1 & -1 \\ 3 & -2 & 1 \end{pmatrix} = \begin{pmatrix} 4 & -1 & 3 \\ 3 & -1 & 2 \end{pmatrix}$$

设 A 为 n 阶方阵，若 A 满足

(1) $A^T = A$，则称 A 为对称矩阵；

(2) $A^T = -A$，则称 A 为反对称矩阵.

对称矩阵的特点是它的元素以主对角线为对称轴对应相等，即有 $a_{ij} = a_{ji}(i = 1$，

$2, \cdots, m; j = 1, 2, \cdots, n)$. 反对称矩阵的特点是主对角线两侧的对应元素反号且主对角线上元素为 0, 即有 $a_{ij} = a_{ji}(i = 1, 2, \cdots, n; j = 1, 2, \cdots, n)$. 反对称矩阵的特点是主对角线两侧的对应元素反号且主对角线上元素为 0, 即有 $a_{ij} = -a_{ji}(i = 1, 2, \cdots, n; j = 1, 2, \cdots, n)$

例6.17   如果 A 是一个 n 阶矩阵, 那么 $A + A^T$ 是对称矩阵. $A - A^T$ 是反对称矩阵.

证明   因为 $(A + A^T)^T = A^T + (A^T)^T = A^T + A = A + A^T$, 所以 $A + A^T$ 是对称矩阵. 因为 $(A - A^T)^T = A^T - (A^T)^T = A^T - A = -(A - A^T)$, 所以 $A - A^T$ 是反对称矩阵.

5. 矩阵的初等行变换

矩阵的初等行变换是指对矩阵进行下列 3 种变换.

(1) 对换变换: 将矩阵中某两行对换位置.

(2) 倍乘变换: 将某一行遍乘一个非零常数 k.

(3) 倍加变换: 将矩阵的某一行遍乘一个常数 k 加至对应另一行.

矩阵 A 经过初等行变换后变成 B, 就称矩阵 A 与 B 是等价的, 记为 $A \sim B$.

若把定义中对矩阵的"行"施行变换改为对"列"的三种变换, 称为矩阵的初等列变换. 矩阵的初等行变换和初等列变换统称矩阵的初等变换.

习 题 6.3

1. 某石油公司所属的三个炼油厂 A_1, A_2, A_3 在 1997 年和 1998 年生产的四种油品 B_1, B_2, B_3, B_4 的产量如下表(单位: 万吨):

炼油厂	1997 年				1998 年			
	B_1	B_2	B_3	B_4	B_1	B_2	B_3	B_4
A_1	58	27	15	4	63	25	13	5
A_2	72	30	18	5	90	30	20	7
A_3	65	25	14	3	80	28	18	5

(1) 作出表示三个炼油厂 1997 年和 1998 年各种油品的总产量的矩阵;

(2) 作出表示三个炼油厂 1997 年和 1998 年这两年各种油品的总产量的矩阵。

2. 计算下列各题:

(1) $\begin{pmatrix} 1 & -1 \\ -1 & 1 \end{pmatrix}\begin{pmatrix} 1 & -1 \\ 1 & -1 \end{pmatrix}$
    (2) $\begin{pmatrix} 2 & -1 \\ 2 & 1 \end{pmatrix}\begin{pmatrix} 2 & 3 \\ 2 & 1 \end{pmatrix}$

(3) $\begin{pmatrix} 1 & 2 & 2 \\ -1 & 1 & -1 \\ 2 & -3 & 1 \end{pmatrix}\begin{pmatrix} -1 & 1 \\ 2 & -1 \\ 1 & -2 \end{pmatrix}$
    (4) $\begin{pmatrix} -1 & 1 \\ 2 & 1 \end{pmatrix}\begin{pmatrix} 3 & 1 & 2 \\ 2 & 1 & 4 \end{pmatrix}$

3. 设矩阵 $A = (1 \quad -2 \quad 0)$, $B = \begin{pmatrix} 2 & 1 \\ -1 & 0 \\ 0 & 1 \end{pmatrix}$, 求 AB.

4. 设矩阵 $A = \begin{pmatrix} 3 & 6 & 0 \\ 0 & 1 & -2 \\ 3 & -1 & 9 \end{pmatrix}$, $B = \begin{pmatrix} 2 & -6 \\ 9 & 1 \\ 0 & 8 \end{pmatrix}$, 求 AB 的第三行第一列元素的值.

5. 已知矩阵 $\begin{pmatrix} a & 1 \\ a & 0 \end{pmatrix} \cdot \begin{pmatrix} b & 1 \\ 0 & b^2 \end{pmatrix} = \begin{pmatrix} 6 & 7 \\ 6 & 3 \end{pmatrix}$，求常数 a，b.

6. 已知 $\begin{pmatrix} a & b & c & d \\ 1 & 4 & 9 & 2 \end{pmatrix} \cdot \begin{pmatrix} 1 & 0 & 2 & 0 \\ 0 & 0 & 1 & 1 \\ 0 & 1 & 0 & 0 \\ 0 & 0 & 1 & 0 \end{pmatrix} = \begin{pmatrix} 1 & 0 & 6 & 6 \\ 1 & 9 & 8 & 4 \end{pmatrix}$，求 a，b，c，d.

6.4　矩阵的逆

6.4.1　可逆矩阵与逆矩阵的判别

1. 方阵的行列式

由 n 阶方阵 A 的元素所构成的行列式（各元素的位置不变），称为方阵 A 的行列式，记作 $|A|$. 方阵与其行列式是两个不同的概念，n 阶方阵是由 n^2 个数排成的 n 行 n 列的数表，而 n 阶方阵的行列式则是这些数按一定的运算法则所确定的一个数.

方阵的行列式满足下列运算规律（设 A，B 为 n 阶方阵，λ 为常数）.

(1) $|A^T| = |A|$.

(2) $|\lambda A| = \lambda^n |A|$.

(3) $|AB| = |A||B|$.

2. 可逆矩阵

设 A 为 n 阶方阵，若存在一个 n 阶方阵 B，使得 $BA = AB = E$，则称方阵 A 可逆，并称方阵 B 为 A 的逆矩阵，A 的逆矩阵记作 A^{-1}，即 $B = A^{-1}$. 如果方阵 A 可逆，则 A 的逆矩阵是唯一的.

定理1　若方阵 A 可逆，则 $|A| \neq 0$.

由 $A = (a_{ij})_{n \times n}$ 的行列式

$$|A| = \begin{vmatrix} a_{11} & a_{12} & \cdots & a_{1n} \\ a_{21} & a_{22} & \cdots & a_{2n} \\ \vdots & \vdots & & \vdots \\ a_{n1} & a_{n2} & \cdots & a_{nn} \end{vmatrix}$$

中元素 a_{ij} 的代数余子式 $A_{ij}(i, j = 1, 2, \cdots, n)$ 构成的 n 阶方阵，记作 A^*，即

$$A^* = \begin{pmatrix} A_{11} & A_{12} & \cdots & A_{1n} \\ A_{21} & A_{22} & \cdots & A_{2n} \\ \vdots & \vdots & & \vdots \\ A_{n1} & A_{n2} & \cdots & A_{nn} \end{pmatrix}$$

称为 A 的伴随矩阵.

定理2　若 $|A| \neq 0$，则 $|A|$ 可逆，且 $A^{-1} = \dfrac{A^*}{|A|}$，其中 A^* 为 A 的伴随矩阵.

当 $|A| = 0$ 时，A 称为奇异方阵，否则称为非奇异方阵，由上面的结论可知：A 为

可逆矩阵的充分必要条件是 $|\boldsymbol{A}| \neq 0$，即可逆矩阵就是非奇异方阵.

若 $\boldsymbol{AB} = \boldsymbol{E}$，（或 $\boldsymbol{BA} = \boldsymbol{E}$），则 $\boldsymbol{B} = \boldsymbol{A}^{-1}$.

方阵的逆矩阵满足下述运算规律.

（1）若 $\boldsymbol{A}$ 可逆，则 $\boldsymbol{A}^{-1}$ 也可逆，且 $(\boldsymbol{A}^{-1})^{-1} = \boldsymbol{A}$.

（2）若 $\boldsymbol{A}$ 可逆，说 $\lambda \neq 0$，则 $\lambda\boldsymbol{A}$ 可逆，且 $(\lambda\boldsymbol{A})^{-1} = \dfrac{1}{\lambda}\boldsymbol{A}^{-1}$.

（3）若同阶方阵 $\boldsymbol{A}$、$\boldsymbol{B}$ 都可逆，则 $\boldsymbol{AB}$ 也可逆，且 $(\boldsymbol{AB})^{-1} = \boldsymbol{B}^{-1}\boldsymbol{A}^{-1}$.

（4）若 $\boldsymbol{A}$ 可逆，则 $\boldsymbol{A}^{T}$ 可逆，且 $(\boldsymbol{A}^{T})^{-1} = (\boldsymbol{A}^{-1})^{T}$.

例 6.18　判断下列方阵 $\boldsymbol{A} = \begin{pmatrix} 3 & 2 & 1 \\ 1 & 2 & 2 \\ 3 & 4 & 3 \end{pmatrix}$，$\boldsymbol{B} = \begin{pmatrix} -1 & 3 & 2 \\ -11 & 15 & 1 \\ -3 & 3 & -1 \end{pmatrix}$ 是否可逆？若可逆，求其逆矩阵.

解　因为 $|\boldsymbol{A}| = -2 \neq 0$，$|\boldsymbol{B}| = 0$，所以 $\boldsymbol{A}$ 可逆，$\boldsymbol{B}$ 不可逆. 因为 $\boldsymbol{A}_{11} = -2$，$\boldsymbol{A}_{12} = 3$，$\boldsymbol{A}_{13} = -2$，$\boldsymbol{A}_{21} = -2$，$\boldsymbol{A}_{22} = 6$，$\boldsymbol{A}_{23} = -6$，$\boldsymbol{A}_{31} = 2$，$\boldsymbol{A}_{32} = -5$，$\boldsymbol{A}_{33} = 4$. 得

$$\boldsymbol{A}^{*} = \begin{pmatrix} -2 & -2 & 2 \\ 3 & 6 & -5 \\ -2 & -6 & 4 \end{pmatrix}$$

所以

$$\boldsymbol{A}^{-1} = \frac{\boldsymbol{A}^{*}}{|\boldsymbol{A}|} = -\frac{1}{2}\begin{pmatrix} -2 & -2 & 2 \\ 3 & 6 & -5 \\ -2 & -6 & 4 \end{pmatrix} = \begin{pmatrix} 1 & 1 & -1 \\ -\dfrac{3}{2} & -3 & \dfrac{5}{2} \\ 1 & 3 & -2 \end{pmatrix}$$

6.4.2　用初等行变换求逆矩阵

根据定理求逆矩阵，当矩阵的阶数较大时，计算量会相当大. 下面介绍用初等行变换求逆矩阵的方法.

把矩阵写在左边，同阶单位矩阵写在右边，做初等行变换，将矩阵化为单位矩阵的同时，单位矩阵就化为了该矩阵的逆矩阵. 即

$$(\boldsymbol{A} \mid \boldsymbol{E}) \xrightarrow{\text{初等行变换}} (\boldsymbol{E} \mid \boldsymbol{A}^{-1})$$

例 6.19　设矩阵 $\boldsymbol{A} = \begin{pmatrix} 1 & 1 & -1 \\ 2 & 1 & 0 \\ 1 & -1 & 0 \end{pmatrix}$，求矩阵 $\boldsymbol{A}^{-1}$.

解　因为

$$(\boldsymbol{A}, \boldsymbol{E}) \rightarrow \begin{pmatrix} 1 & 1 & -1 & 1 & 0 & 0 \\ 2 & 1 & 0 & 0 & 1 & 0 \\ 1 & -1 & 0 & 0 & 0 & 1 \end{pmatrix} \rightarrow \begin{pmatrix} 1 & 1 & -1 & 1 & 0 & 0 \\ 0 & -1 & 2 & -2 & 1 & 0 \\ 0 & -2 & 1 & -1 & 0 & 1 \end{pmatrix} \rightarrow$$

$$\begin{pmatrix} 1 & 1 & -1 & 1 & 0 & 0 \\ 0 & 1 & -2 & 2 & -1 & 0 \\ 0 & 0 & -3 & 3 & -2 & 1 \end{pmatrix} \rightarrow \begin{pmatrix} 1 & 1 & -1 & 1 & 0 & 0 \\ 0 & 1 & -2 & 2 & -1 & 0 \\ 0 & 0 & 1 & -1 & \dfrac{2}{3} & -\dfrac{1}{3} \end{pmatrix} \rightarrow$$

$$\begin{bmatrix} 1 & 0 & 0 & 0 & \dfrac{1}{3} & \dfrac{1}{3} \\ 0 & 1 & 0 & 0 & \dfrac{1}{3} & -\dfrac{2}{3} \\ 0 & 0 & 1 & -1 & \dfrac{2}{3} & -\dfrac{1}{3} \end{bmatrix} = (\boldsymbol{E},\ \boldsymbol{A}^{-1})$$

从而

$$\boldsymbol{A}^{-1} = \begin{bmatrix} 0 & \dfrac{1}{3} & \dfrac{1}{3} \\ 0 & \dfrac{1}{3} & -\dfrac{2}{3} \\ -1 & \dfrac{2}{3} & -\dfrac{1}{3} \end{bmatrix}$$

例 6.20　解矩阵方程 $\boldsymbol{A}X = \boldsymbol{B}$，其中 $\boldsymbol{A} = \begin{bmatrix} 1 & -1 & 2 \\ 2 & -3 & 5 \\ 3 & -2 & 4 \end{bmatrix}$，$\boldsymbol{B} = \begin{bmatrix} 1 & -1 \\ -2 & 3 \\ 5 & -4 \end{bmatrix}$.

解　因为 $(\boldsymbol{A},\ \boldsymbol{E}) = \begin{bmatrix} 1 & -1 & 2 & 1 & 0 & 0 \\ 2 & -3 & 5 & 0 & 1 & 0 \\ 3 & -2 & 4 & 0 & 0 & 1 \end{bmatrix} \rightarrow \begin{bmatrix} 1 & -1 & 2 & 1 & 0 & 0 \\ 0 & -1 & 1 & -2 & 1 & 0 \\ 0 & 1 & -2 & -3 & 0 & 1 \end{bmatrix} \rightarrow$

$\begin{bmatrix} 1 & 0 & 1 & 3 & -1 & 0 \\ 0 & -1 & 1 & -2 & 1 & 0 \\ 0 & 0 & -1 & -5 & 1 & 1 \end{bmatrix} \rightarrow \begin{bmatrix} 1 & 0 & 0 & -2 & 0 & 1 \\ 0 & -1 & 0 & -7 & 2 & 1 \\ 0 & 0 & -1 & -5 & 1 & 1 \end{bmatrix} \rightarrow$

$\begin{bmatrix} 1 & 0 & 0 & -2 & 0 & 1 \\ 0 & 1 & 0 & 7 & -2 & -1 \\ 0 & 0 & 1 & 5 & -1 & -1 \end{bmatrix} = (\boldsymbol{E},\ \boldsymbol{A}^{-1})$

所以 $\boldsymbol{A}$ 可逆，且 $\boldsymbol{A}^{-1} = \begin{bmatrix} -2 & 0 & 1 \\ 7 & -2 & -1 \\ 5 & -1 & -1 \end{bmatrix}$

又因为 $\boldsymbol{A}^{-1}\boldsymbol{A}X = \boldsymbol{A}^{-1}\boldsymbol{B}$，所以

$$X = \boldsymbol{A}^{-1}\boldsymbol{B} = \begin{bmatrix} -2 & 0 & 1 \\ 7 & -2 & -1 \\ 5 & -1 & -1 \end{bmatrix}\begin{bmatrix} 1 & -1 \\ -2 & 3 \\ 5 & -4 \end{bmatrix} = \begin{bmatrix} 3 & -2 \\ 6 & -9 \\ 2 & -4 \end{bmatrix}$$

习　题　6.4

1. 求下列矩阵的逆矩阵.

(1) $\begin{pmatrix} 8 & -4 \\ -5 & 3 \end{pmatrix}$ 　　　　　(2) $\begin{pmatrix} \cos\alpha & \sin\alpha \\ -\sin\alpha & \cos\alpha \end{pmatrix}$

(3) $\begin{bmatrix} 2 & 2 & 3 \\ 1 & -1 & 0 \\ -1 & 2 & 1 \end{bmatrix}$ 　　　　(4) $\begin{bmatrix} 0 & 2 & 0 & 0 \\ 0 & 0 & 3 & 0 \\ 0 & 0 & 0 & 4 \\ 1 & 0 & 0 & 0 \end{bmatrix}$

2. 设矩阵 $A^{-1} = \begin{pmatrix} 1 & -3 & 2 \\ -3 & 0 & 1 \\ 1 & 1 & -1 \end{pmatrix}$，求矩阵 A.

3. 设矩阵 $A = \begin{pmatrix} 1 & 0 & -1 \\ -3 & 1 & 4 \\ 1 & 0 & 0 \end{pmatrix}$，$B = \begin{pmatrix} 1 \\ 5 \\ -4 \end{pmatrix}$，试计算 $A^{-1}B$.

4. 设矩阵 A，B 满足矩阵方程 $AX = B$，其中 $A = \begin{pmatrix} 1 & 2 \\ -1 & 0 \end{pmatrix}$，$B = \begin{pmatrix} 3 & 0 \\ 0 & 2 \end{pmatrix}$，求 X.

6.5 矩 阵 的 秩

6.5.1 矩阵秩的概念

设 $m \times n$ 矩阵 A 中，任取 k 行与 k 列($k \leqslant m, k \leqslant n$)，位于这些行列交叉处的这 k^2 个元素，按原位置次序构成的 k 阶行列式，称为矩阵 A 的 k 阶子式.

$m \times n$ 矩阵 A 共有 $C_m^k C_n^k$ 个 k 阶子式.

设 A 是一个 $m \times n$ 矩阵，当 $A = 0$ 时，它的任何子式都为零；当 $A \neq 0$ 时，它至少有一个元素不为零，即它至少有一个一阶子式不为零. 这时再考察二阶子式，如果 A 中有二阶子式不为零，则往下考察三阶子式，依此类推. 最后必达到 A 中有 r 阶子式不等于零，而再没有比 r 更高阶的不为零的子式. 这个不等于零的子式的最高阶数 r，反映了矩阵 A 内在的重要性质.

设在矩阵 A 中有一个不为零的 r 阶子式 D，且所有的 $r + 1$ 阶子式(若存在的话)都等于零，则称 D 为矩阵 A 的最高阶非零子式，数 r 称为矩阵 A 的秩，记作 $R(A)$. 并规定零矩阵的秩为零.

显然，矩阵 A 的秩就是 A 所有非零子式的最高阶数. 只要 A 不是零阵，就有 $R(A) > 0$. 并且秩有以下基本性质：

(1) 若 $R(A) = r$，则 A 中所有阶数大于 r 的子式全为零，即 r 为 A 中不等于零的子式的最高阶数.

(2) $R(A^T) = R(A)$；$R(kA) = R(A)$，k 为非零数.

(3) 若 A 的所有 $r + 1$ 阶子式都为零，则 $R(A) < r + 1$；若 A 中存在一个 r 阶子式不为零，则 $R(A) \geqslant r$.

例 6.21 求矩阵 $A = \begin{pmatrix} 2 & -3 & 8 & 2 \\ 2 & 12 & -2 & 12 \\ 1 & 3 & 1 & 4 \end{pmatrix}$ 的秩.

解 A 的二阶子式 $D = \begin{vmatrix} 2 & -3 \\ 2 & 12 \end{vmatrix} \neq 0$，而 A 的所有三阶子式都等于 0，即

$$\begin{vmatrix} 2 & -3 & 2 \\ 2 & 12 & 12 \\ 1 & 3 & 4 \end{vmatrix} = 0, \quad \begin{vmatrix} 2 & -3 & 8 \\ 2 & 12 & -2 \\ 1 & 3 & 1 \end{vmatrix} = 0, \quad \begin{vmatrix} 2 & 8 & 2 \\ 2 & -2 & 12 \\ 1 & 1 & 4 \end{vmatrix} = 0, \quad \begin{vmatrix} -3 & 8 & 2 \\ 12 & -2 & 12 \\ 3 & 1 & 4 \end{vmatrix} = 0$$

所以，$R(A) = 2$.

在矩阵的行数、列数都很大的情形，用定义来求矩阵的秩是不方便的，下面介绍用初等变换法求矩阵的秩.

定理 1 矩阵经初等变换后，其秩不会改变.

例 6.22 求矩阵 $A = \begin{bmatrix} 2 & -4 & 4 & 10 & -4 \\ 0 & 1 & -1 & 3 & 1 \\ 1 & -2 & 1 & -4 & 2 \\ 4 & -7 & 4 & -4 & 5 \end{bmatrix}$ 的秩.

解 $A = \begin{bmatrix} 2 & -4 & 4 & 10 & -4 \\ 0 & 1 & -1 & 3 & 1 \\ 1 & -2 & 1 & -4 & 2 \\ 4 & -7 & 4 & -4 & 5 \end{bmatrix} \rightarrow \begin{bmatrix} 1 & -2 & 1 & -4 & 2 \\ 0 & 1 & -1 & 3 & 1 \\ 2 & -4 & 4 & 10 & -4 \\ 4 & -7 & 4 & -4 & 5 \end{bmatrix} \rightarrow$

$\begin{bmatrix} 1 & -2 & 1 & -4 & 2 \\ 0 & 1 & -1 & 3 & 1 \\ 0 & 0 & 2 & 18 & -8 \\ 0 & 1 & 0 & 12 & -3 \end{bmatrix} \rightarrow \begin{bmatrix} 1 & -2 & 1 & -4 & 2 \\ 0 & 1 & -1 & 3 & 1 \\ 0 & 0 & 2 & 18 & -8 \\ 0 & 0 & 1 & 9 & -4 \end{bmatrix} \rightarrow \begin{bmatrix} 1 & -2 & 1 & -4 & 2 \\ 0 & 1 & -1 & 3 & 1 \\ 0 & 0 & 2 & 18 & -8 \\ 0 & 0 & 0 & 0 & 0 \end{bmatrix}$

由最后的矩阵可得三阶子式 $\begin{vmatrix} 1 & -2 & 1 \\ 0 & 1 & -1 \\ 0 & 0 & 2 \end{vmatrix} = 2 \neq 0$，而它的第四行元素全为零，故所有四阶子式均为零，所以 $R(A) = 3$.

满足下列两个条件的矩阵称为阶梯形矩阵.

(1) 若矩阵有零行(元素全部为零的行)，零行在下方.

(2) 各非零行的第一个非零元素(称为首非零元，亦称主元)的列标随着行标的递增而严格增大.

如矩阵 $\begin{bmatrix} 1 & -2 & 1 & -4 & 2 \\ 0 & 1 & -1 & 3 & 1 \\ 0 & 0 & 2 & 18 & -8 \\ 0 & 0 & 0 & 0 & 0 \end{bmatrix}$ 是一个阶梯形矩阵.

定理 2 任意一个 $m \times n$ 矩阵经过若干次初等行变换可以化成阶梯形矩阵.

由定理 1，定理 2 综合可得：矩阵 A 的秩为 k 的充分必要条件是通过初等行变换能将 A 化成具有 k 个非零行的阶梯形矩阵.

6.5.2 满秩矩阵

设矩阵 A 是 n 阶方阵，当 $R(A) = n$ 时，称 A 为满秩矩阵. 如 $A = \begin{bmatrix} 1 & 1 & 0 \\ 0 & 1 & 0 \\ 0 & 0 & 1 \end{bmatrix}$，由于 $R(A) = 3$，故 A 为满秩矩阵.

习 题 6.5

1. 求下列矩阵的秩.

$(1)\begin{bmatrix} 0 & 2 & -1 \\ 2 & 3 & 1 \\ 4 & 3 & 2 \end{bmatrix}$
$(2)\begin{bmatrix} 2 & -1 & 1 \\ -1 & 3 & 2 \\ 1 & 2 & 3 \end{bmatrix}$
$(3)\begin{bmatrix} 1 & 1 & -1 & -1 \\ -1 & -1 & 1 & 1 \\ -1 & 1 & -1 & 1 \\ 1 & -1 & 1 & -1 \end{bmatrix}$

$(4)\begin{bmatrix} 1 & 2 & -1 & 3 \\ 2 & 4 & -2 & 6 \\ -1 & -2 & 1 & -3 \end{bmatrix}$
$(5)\begin{bmatrix} 1 & -2 & 2 & -1 \\ 2 & -4 & 8 & 0 \\ -2 & -4 & -2 & 2 \\ 3 & -6 & 0 & -6 \end{bmatrix}$

2. 设 $\boldsymbol{A}=\begin{bmatrix} 3 & 2 & 0 & 5 & 0 \\ 3 & -2 & 3 & 6 & -1 \\ 2 & 0 & 1 & 5 & -3 \\ 1 & 6 & -4 & -1 & 4 \end{bmatrix}$，求 $R(\boldsymbol{A})$，并求 $\boldsymbol{A}$ 的一个最高阶非零子式.

*6.6 消 元 法

6.6.1 线性方程组

设含有 n 个未知量 m 个方程式组成的方程组为

$$\begin{cases} a_{11}x_1 + a_{12}x_2 + \cdots + a_{1n}x_n = b_1 \\ a_{21}x_1 + a_{22}x_2 + \cdots + a_{2n}x_n = b_2 \\ \cdots\cdots \\ a_{m1}x_1 + a_{m2}x_2 + \cdots + a_{mn}x_n = b_m \end{cases}$$

其中系数 a_{ij}，常数 b_j 都是已知数，x_i 是未知量(也称为未知数). 当右端常数项 b_1，b_2，$\cdots$，b_m 不全为零时，称方程组为非齐次线性方程组. 当 $b_1 = b_2 = \cdots = b_m = 0$ 时，称为齐次线性方程组.

由 n 个数 $k_1,k_2,\cdots,k_n$ 组成的一个有序数组 $(k_1,k_2,\cdots,k_n)$，如果将它们依次代入非齐次方程组后，方程组中的每个方程都变成恒等式，则称这个有序数组 $(k_1,k_2,\cdots,k_n)$ 为方程组的一组解. 显然 $x_1 = 0$，$x_2 = 0$，$\cdots$，$x_n = 0$ 组成的有序数组是齐次线性方程组的一组解，称其为齐次线性方程组的零解，而当齐次线性方程组的未知量取值不全为零时，称其为非零解.

非齐次线性方程组的矩阵表示形式为

$$\boldsymbol{AX} = \boldsymbol{B}$$

其中

$$A = \begin{pmatrix} a_{11} & a_{12} & \cdots & a_{1n} \\ a_{21} & a_{22} & \cdots & a_{2n} \\ \vdots & \vdots & & \vdots \\ a_{m1} & a_{m2} & \cdots & a_{mn} \end{pmatrix}, \quad X = \begin{pmatrix} x_1 \\ x_2 \\ \vdots \\ x_n \end{pmatrix}, \quad B = \begin{pmatrix} b_1 \\ b_2 \\ \vdots \\ b_m \end{pmatrix}$$

称 A 为方程组的系数矩阵，X 为未知数矩阵，B 为常数矩阵. 将系数矩阵 A 和常数矩阵 B 放在一起构成的矩阵

$$\begin{pmatrix} a_{11} & a_{12} & \cdots & a_{1n} & b_1 \\ a_{21} & a_{22} & \cdots & a_{2n} & b_2 \\ \vdots & \vdots & & \vdots & \vdots \\ a_{m1} & a_{m2} & \cdots & a_{mn} & b_m \end{pmatrix}$$

称为线性方程组的增广矩阵，记为 $\overline{A}$ 或 $[A \quad B]$.

齐次线性方程组的矩阵表示形式为 $AX = O$.

6.6.2　高斯消元法

消元法是解线性方程组常用的方法，它的基本思想是将方程组中的一部分方程变成未知量较少的方程，从而容易判断方程组解的情况或求出方程组的解.

定理　若用初等行变换将增广矩阵 $[A \quad B]$ 化为 $[C \quad D]$，则 $AX = B$ 与 $CX = D$ 是同解方程组.

用初等行变换将方程组的增广矩阵 $\overline{A}$ 化成阶梯形矩阵，再写出该阶梯形矩阵所对应的方程组，逐步回代，求出方程组的解. 因为它们为同解方程组，所以也就得到了原方程组的解. 这种方法被称为高斯消元法.

下面举例说明用消元法求一般线性方程组解的方法和步骤.

例 6.23　解线性方程组 $\begin{cases} x_1 + x_2 - 2x_3 - x_4 = -1 \\ x_1 + 5x_2 - 3x_3 - 2x_4 = 0 \\ 3x_1 - x_2 + x_3 + 4x_4 = 2 \\ -2x_1 + 2x_2 + x_3 - x_4 = 1 \end{cases}$

解　先写出增广矩阵 $\overline{A}$，再用初等行变换将其逐步化成阶梯形矩阵，即

$$\overline{A} = \begin{pmatrix} 1 & 1 & -2 & -1 & -1 \\ 1 & 5 & -3 & -2 & 0 \\ 3 & -1 & 1 & 4 & 2 \\ -2 & 2 & 1 & -1 & 1 \end{pmatrix} \xrightarrow[\substack{(3)-3(1) \\ (4)+2(1)}]{(2)-(1)} \begin{pmatrix} 1 & 1 & -2 & -1 & -1 \\ 0 & 4 & -1 & -1 & 1 \\ 0 & -4 & 7 & 7 & 5 \\ 0 & 4 & -3 & -3 & -1 \end{pmatrix}$$

$$\xrightarrow[\substack{(4)-(2)}]{(3)+(2)} \begin{pmatrix} 1 & 1 & -2 & -1 & -1 \\ 0 & 4 & -1 & -1 & 1 \\ 0 & 0 & 6 & 6 & 6 \\ 0 & 0 & -2 & -2 & -2 \end{pmatrix} \xrightarrow{(4)+\frac{1}{3}(3)} \begin{pmatrix} 1 & 1 & -2 & -1 & -1 \\ 0 & 4 & -1 & -1 & 1 \\ 0 & 0 & 6 & 6 & 6 \\ 0 & 0 & 0 & 0 & 0 \end{pmatrix}$$

上述 4 个增广矩阵所表示的 4 个线性方程组是同解方程组，最后一个增广矩阵表示的线性方程组为

$$\begin{cases} x_1 + x_2 - 2x_3 - x_4 = -1 \\ 4x_2 - x_3 - x_4 = 1 \\ 6x_3 + 6x_4 = 6 \end{cases}$$

将最后一个方程乘以 $\dfrac{1}{6}$，再将 x_4 项移至等号的右端，得

$$x_3 = -x_4 + 1$$

将其代入第二个方程，解得

$$x_2 = \frac{1}{2}$$

再将 x_2，x_3 代入第一方程组，解得

$$x_1 = -x_4 + \frac{1}{2}$$

因此，方程组的解为
$$\begin{cases} x_1 = -x_4 + \dfrac{1}{2} \\ x_2 = \dfrac{1}{2} \\ x_3 = -x_4 + 1 \end{cases}$$

其中 x_4 可以任意取值.

由于未知量 x_4 的取值是任意实数，故方程组的解有无穷多个. 未知量 x_4 称为自由未知量，用自由未知量表示其他未知量的表示式称为线性方程组的一般解. 当表示式中的未知量 x_4 取定一个值时，得到的方程组一个解称为线性方程组的特解. 自由未知量的选取是不唯一的.

如果将自由未知量 x_4 取一任意常数 k，即令 $x_4 = k$，那么线性方程组的一般解为

$$\begin{cases} x_1 = -k + \dfrac{1}{2} \\ x_2 = \dfrac{1}{2} \\ x_3 = -k + 1 \\ x_4 = k \end{cases}$$

其中 k 为任意常数. 用矩阵形式表示为

$$\begin{pmatrix} x_1 \\ x_2 \\ x_3 \\ x_4 \end{pmatrix} = \begin{pmatrix} -k + \dfrac{1}{2} \\ \dfrac{1}{2} \\ -k + 1 \\ k \end{pmatrix} = k \begin{pmatrix} -1 \\ 0 \\ -1 \\ 1 \end{pmatrix} + \begin{pmatrix} \dfrac{1}{2} \\ \dfrac{1}{2} \\ 1 \\ 0 \end{pmatrix}$$

其中 k 为任意常数.

用消元法解线性方程组的过程中，当增广矩阵经过初等行变换化成阶梯形矩阵后，要写出相应的方程组，然后再用回代的方法求出解. 如果用矩阵将回代的过程表示出来，这个过程实际上就是对阶梯形矩阵进一步简化，使其最终化成一个特殊的矩阵，从这个特殊矩阵中，就可以直接解出或"读出"方程组的解. 如对本节例 6.23 中的阶梯形矩阵进一步化简

$$\begin{pmatrix} 1 & 1 & -2 & -1 & -1 \\ 0 & 4 & -1 & -1 & 1 \\ 0 & 0 & 6 & 6 & 6 \\ 0 & 0 & 0 & 0 & 0 \end{pmatrix} \xrightarrow[\substack{(1)+2(3) \\ (2)+(3)}]{\frac{1}{6}(3)} \begin{pmatrix} 1 & 1 & 0 & 1 & 1 \\ 0 & 4 & 0 & 0 & 2 \\ 0 & 0 & 1 & 1 & 1 \\ 0 & 0 & 0 & 0 & 0 \end{pmatrix} \xrightarrow[\substack{(1)-(2)}]{\frac{1}{2}(2)} \begin{pmatrix} 1 & 0 & 0 & 1 & \frac{1}{2} \\ 0 & 1 & 0 & 0 & \frac{1}{2} \\ 0 & 0 & 1 & 1 & 1 \\ 0 & 0 & 0 & 0 & 0 \end{pmatrix}$$

上述矩阵对应的方程组为

$$\begin{cases} x_1 + x_4 = \dfrac{1}{2} \\ x_2 = \dfrac{1}{2} \\ x_3 + x_4 = 1 \end{cases}$$

将此方程组中含 x_4 的项移到等号的右端，就得到原方程组的一般解

$$\begin{cases} x_1 = -x_4 + \dfrac{1}{2} \\ x_2 = \dfrac{1}{2} \\ x_3 = -x_4 + 1 \end{cases}$$

其中 x_4 为自由变量.

例 6.24 解线性方程组 $\begin{cases} x_1 + 2x_2 - 3x_3 = 4 \\ 2x_1 + 3x_2 - 5x_3 = 7 \\ 4x_1 + 3x_2 - 9x_3 = 9 \\ 2x_1 + 5x_2 - 8x_3 = 8 \end{cases}$

解 利用初等行变换，将方程组的增广矩阵 $\overline{A}$ 化成阶梯矩阵，再求解，即

$$\overline{A} = \begin{pmatrix} 1 & 2 & -3 & 4 \\ 2 & 3 & -5 & 7 \\ 4 & 3 & -9 & 9 \\ 2 & 5 & -8 & 8 \end{pmatrix} \rightarrow \begin{pmatrix} 1 & 2 & -3 & 4 \\ 0 & -1 & 1 & -1 \\ 0 & -5 & 3 & -7 \\ 0 & 1 & -2 & 0 \end{pmatrix} \rightarrow \begin{pmatrix} 1 & 2 & -3 & 4 \\ 0 & -1 & 1 & -1 \\ 0 & 0 & -2 & -2 \\ 0 & 0 & -1 & -1 \end{pmatrix}$$

$$\rightarrow \begin{pmatrix} 1 & 2 & -3 & 4 \\ 0 & -1 & 1 & -1 \\ 0 & 0 & 1 & 1 \\ 0 & 0 & 0 & 0 \end{pmatrix} \rightarrow \begin{pmatrix} 1 & 2 & 0 & 7 \\ 0 & 1 & 0 & 2 \\ 0 & 0 & 1 & 1 \\ 0 & 0 & 0 & 0 \end{pmatrix} \rightarrow \begin{pmatrix} 1 & 0 & 0 & 3 \\ 0 & 1 & 0 & 2 \\ 0 & 0 & 1 & 1 \\ 0 & 0 & 0 & 0 \end{pmatrix}$$

一般解为

$$\begin{cases} x_1 = 3 \\ x_2 = 2 \\ x_3 = 1 \end{cases}$$

例 6.25 解线性方程组 $\begin{cases} x_1 + x_2 + x_3 = 1 \\ -x_1 + 2x_2 - 4x_3 = 2 \\ 2x_1 + 5x_2 - x_3 = 3 \end{cases}$

解 利用初等行变换，将方程组的增广矩阵 $\overline{A}$ 化成阶梯矩阵，再求解，即

$$\overline{A} = \begin{pmatrix} 1 & 1 & 1 & 1 \\ -1 & 2 & -4 & 2 \\ 2 & 5 & -1 & 3 \end{pmatrix} \rightarrow \begin{pmatrix} 1 & 1 & 1 & 1 \\ 0 & 3 & -3 & 3 \\ 0 & 3 & -3 & 1 \end{pmatrix} \rightarrow \begin{pmatrix} 1 & 1 & 1 & 1 \\ 0 & 3 & -3 & 3 \\ 0 & 0 & 0 & -2 \end{pmatrix}$$

阶梯形矩阵的第三行$(0 \quad 0 \quad 0 \quad -2)$所表示的方程为$0x_1 + 0x_2 + 0x_3 = -2$. 由该方程可知，无论$x_1$，$x_2$，$x_3$取何值，都不能满足这个方程，因此原方程组无解.

习 题 6.6

解下列方程组.

(1) $\begin{cases} 2x_1 - x_2 + 3x_3 = 1 \\ 4x_1 + 2x_2 + 5x_3 = 4 \\ 2x_1 + x_2 + 2x_3 = 5 \end{cases}$
(2) $\begin{cases} x_2 - x_3 + x_4 = -3 \\ x_1 - 2x_2 + 3x_3 - 4x_4 = 4 \\ x_1 + 3x_2 - 3x_4 = 1 \\ 7x_2 + x_3 + x_4 = -3 \end{cases}$

*6.7 线性方程组解的判定

线性方程组解的情况有唯一解、无穷解、无解三种情况. 线性方程组的求解过程，实际上就是对线性方程组

$$\begin{cases} a_{11}x_1 + a_{12}x_2 + \cdots + a_{1n}x_n = b_1 \\ a_{21}x_1 + a_{22}x_2 + \cdots + a_{2n}x_n = b_2 \\ \qquad\qquad\cdots\cdots \\ a_{m1}x_1 + a_{m2}x_2 + \cdots + a_{mn}x_n = b_m \end{cases}$$

的增广矩阵

$$\overline{A} = \begin{pmatrix} a_{11} & a_{12} & \cdots & a_{1n} & b_1 \\ a_{21} & a_{22} & \cdots & a_{2n} & b_2 \\ \vdots & \vdots & & \vdots & \vdots \\ a_{m1} & a_{m2} & \cdots & a_{mn} & b_m \end{pmatrix}$$

通过初等行变换化成阶梯形矩阵的形式

$$\begin{pmatrix} c_{11} & c_{12} & \cdots & c_{1j} & \cdots & c_{1n} & d_1 \\ 0 & c_{22} & \cdots & c_{2j} & \cdots & c_{2n} & d_2 \\ \vdots & \vdots & & \vdots & & \vdots & \vdots \\ 0 & 0 & \cdots & c_{rj} & \cdots & c_{rn} & d_r \\ 0 & 0 & \cdots & 0 & \cdots & 0 & d_{r+1} \\ \vdots & \vdots & & \vdots & & \vdots & \vdots \\ 0 & 0 & \cdots & 0 & \cdots & 0 & 0 \end{pmatrix}$$

其中$c_{rj} \neq 0$. 当$d_{r+1} = 0$时，线性方程组有解；当$d_{r+1} \neq 0$时，线性方程组无解. 这就是说，方程组是否有解，关键在于增广矩阵$\overline{A}$化为阶梯形矩阵后d_{r+1}是否为零，也就是增广矩阵$\overline{A}$化为阶梯形矩阵后的非零行数和系数矩阵A化为阶梯形矩阵后的非零行数是否相同. 由于一个矩阵经初等行变换化为阶梯形矩阵后，其非零行的数目就是该矩阵

的秩. 因此, 线性方程组是否有解, 就可以用系数矩阵和增广矩阵的秩来刻画.

定理 1 线性方程组 $AX = B$ 有解的充分必要条件是其系数矩阵与增广矩阵的秩相等, 即 $R(A) = R(\overline{A})$.

这样, 当方程组有解时, $d_{r+1} = 0$, $R(A) = R(\overline{A}) = r$, 增广矩阵 $\overline{A}$ 可化为如下阶梯形矩阵

$$\begin{pmatrix} c_{11} & c_{12} & \cdots & c_{1j} & c_{1,\,j+1} & \cdots & c_{1n} & d_1 \\ 0 & c_{22} & \cdots & c_{2j} & c_{2,\,j+1} & \cdots & c_{2n} & d_2 \\ \vdots & \vdots & & \vdots & \vdots & & \vdots & \vdots \\ 0 & 0 & \cdots & c_{rj} & c_{r,\,j+1} & \cdots & c_{rn} & d_r \\ 0 & 0 & \cdots & 0 & 0 & \cdots & 0 & d_{r+1} \\ \vdots & \vdots & & \vdots & \vdots & & \vdots & \vdots \\ 0 & 0 & \cdots & 0 & 0 & \cdots & 0 & 0 \end{pmatrix}$$

其中 $c_{rj} \neq 0$, 此阶梯形矩阵有 r 个非零行, 每个非零行的第一个元素称为主元素, 有 r 个. 主元素所在列对应的未知量称为基本未知量, 也有 r 个. 其余的未知量作为自由未知量, 有 $n - r$ 个. 将阶梯形矩阵表示的方程组中含有基本未知量的项留在方程左端, 含自由未知量的项移到方程右端, 并用逐个方程回代的方法就得到线性方程组的一般解. 在一般解中, 对于自由未知量任意取定一组值, 可以唯一地确定相应基本未知量的一组值, 从而构成方程组的一个解. 由此可知, 只要存在自由未知量, 线性方程组就有无穷多个解; 反之, 若没有自由未知量, 即 $r = n$ 时, 方程组就只有唯一解.

定理 2 若线性方程组 $AX = B$ 满足 $R(A) = R(\overline{A}) = r$, 则当 $r = n$ 时, 线性方程组有解且只有唯一解; 当 $r < n$ 时, 线性方程组有无穷多解.

例 6.26 判定下列方程组是否有解? 若有解, 说明解的个数.

$$(1) \begin{cases} x_1 - 2x_2 + x_3 = 0 \\ 2x_1 - 3x_2 + x_3 = -4 \\ 4x_1 - 3x_2 - 2x_3 = -2 \\ 3x_1 - 2x_3 = 5 \end{cases} \quad (2) \begin{cases} x_1 - 2x_2 + x_3 = 0 \\ 2x_1 - 3x_2 + x_3 = -4 \\ 4x_1 - 3x_2 - 2x_3 = -2 \\ 3x_1 - 2x_3 = -42 \end{cases} \quad (3) \begin{cases} x_1 - 2x_2 + x_3 = 0 \\ 2x_1 - 3x_2 + x_3 = -4 \\ 4x_1 - 3x_2 - x_3 = -20 \\ 3x_1 - 3x_3 = -24 \end{cases}$$

解

(1) 对线性方程组的增广矩阵进行初等行变换

$$\overline{A} = \begin{pmatrix} 1 & -2 & 1 & 0 \\ 2 & -3 & 1 & -4 \\ 4 & -3 & -2 & -2 \\ 3 & 0 & -2 & 5 \end{pmatrix} \rightarrow \begin{pmatrix} 1 & -2 & 1 & 0 \\ 0 & 1 & -1 & -4 \\ 0 & 5 & -6 & -2 \\ 0 & 6 & -5 & 5 \end{pmatrix} \rightarrow \begin{pmatrix} 1 & -2 & 1 & 0 \\ 0 & 1 & -1 & -4 \\ 0 & 0 & -1 & 18 \\ 0 & 0 & 1 & 29 \end{pmatrix} \rightarrow$$

$$\begin{pmatrix} 1 & -2 & 1 & 0 \\ 0 & 1 & -1 & -4 \\ 0 & 0 & -1 & 18 \\ 0 & 0 & 0 & 47 \end{pmatrix}$$

$$\overline{A} = \begin{pmatrix} 1 & -2 & 1 & 0 \\ 2 & -3 & 1 & -4 \\ 4 & -3 & -2 & -2 \\ 3 & 0 & -2 & 5 \end{pmatrix} \rightarrow \begin{pmatrix} 1 & -2 & 1 & 0 \\ 0 & 1 & -1 & -4 \\ 0 & 5 & -6 & -2 \\ 0 & 6 & -5 & 5 \end{pmatrix} \rightarrow \begin{pmatrix} 1 & -2 & 1 & 0 \\ 0 & 1 & -1 & -4 \\ 0 & 0 & -1 & 18 \\ 0 & 0 & 1 & 29 \end{pmatrix} \rightarrow$$

$$\begin{pmatrix} 1 & -2 & 1 & 0 \\ 0 & 1 & -1 & -4 \\ 0 & 0 & -1 & 18 \\ 0 & 0 & 0 & 47 \end{pmatrix}$$

因为 $R(A) = 3$，$R(\overline{A}) = 4$，$R(A) \neq R(\overline{A})$，所以该方程组无解.

同理，将下面线性方程组(2)，(3)的增广矩阵化为阶梯形矩阵.

$$(2)\ \overline{A} = \begin{pmatrix} 1 & -2 & 1 & 0 \\ 2 & -3 & 1 & -4 \\ 4 & -3 & -2 & -2 \\ 3 & 0 & -2 & -42 \end{pmatrix} \rightarrow \begin{pmatrix} 1 & -2 & 1 & 0 \\ 0 & 1 & -1 & -4 \\ 0 & 0 & -1 & 18 \\ 0 & 0 & 0 & 0 \end{pmatrix}$$

因为 $R(A) = R(\overline{A}) = 3$，所以该方程组有唯一解.

$$(3)\ \overline{A} = \begin{pmatrix} 1 & -2 & 1 & 0 \\ 2 & -3 & 1 & -4 \\ 4 & -3 & -1 & -20 \\ 3 & 0 & -3 & -24 \end{pmatrix} \rightarrow \begin{pmatrix} 1 & -2 & 1 & 0 \\ 0 & 1 & -1 & -4 \\ 0 & 0 & 0 & 0 \\ 0 & 0 & 0 & 0 \end{pmatrix}$$

因为 $R(A) = R(\overline{A}) = 2 < 3$，所以该方程组有无穷多解.

例 6.27　根据 a，b 的取值，讨论线性方程组

$$\begin{cases} x_1 + 2x_2 + 3x_3 = 1 \\ x_1 + 3x_2 + 6x_3 = 2 \\ 2x_1 + 3x_2 + ax_3 = b \end{cases}$$

解的情况.

解　因为 $\overline{A} = \begin{pmatrix} 1 & 2 & 3 & 1 \\ 1 & 3 & 6 & 2 \\ 2 & 3 & a & b \end{pmatrix} \rightarrow \begin{pmatrix} 1 & 2 & 3 & 1 \\ 0 & 1 & 3 & 1 \\ 0 & -1 & a-6 & b-2 \end{pmatrix} \rightarrow \begin{pmatrix} 1 & 2 & 3 & 1 \\ 0 & 1 & 3 & 1 \\ 0 & 0 & a-3 & b-1 \end{pmatrix}$

根据定理可知

当 $a = 3$ 且 $b = 1$ 时，$R(A) = R(\overline{A}) = 2 < 3$，方程组有无穷多解.

当 $a \neq 3$ 时，$R(A) = R(\overline{A}) = 3$，方程组有唯一解.

当 $a = 3$ 且 $b \neq 1$ 时，$R(A) < R(\overline{A})$，方程组无解.

例 6.28　设线性方程组

$$\begin{cases} 2x_1 - x_2 + x_3 = 1 \\ -x_1 - 2x_2 + x_3 = -1 \\ x_1 - 3x_2 + 2x_3 = c \end{cases}$$

试问 c 为何值时，方程组有解？若方程组有解时，求一般解.

解 $\overline{\boldsymbol{A}} = \begin{pmatrix} 2 & -1 & 1 & 1 \\ -1 & -2 & 1 & -1 \\ 1 & -3 & 2 & c \end{pmatrix} \rightarrow \begin{pmatrix} -1 & -2 & 1 & -1 \\ 0 & -5 & 3 & -1 \\ 0 & -5 & 3 & c-1 \end{pmatrix} \rightarrow \begin{pmatrix} 1 & 2 & -1 & 1 \\ 0 & -5 & 3 & -1 \\ 0 & 0 & 0 & c \end{pmatrix}$

可见，当 $c=0$ 时，$R(\boldsymbol{A}) = R(\overline{\boldsymbol{A}}) = 2 < 3$，所以方程组有无穷多解.

$$\overline{\boldsymbol{A}} \rightarrow \begin{pmatrix} 1 & 0 & \frac{1}{5} & \frac{3}{5} \\ 0 & 1 & -\frac{3}{5} & \frac{1}{5} \\ 0 & 0 & 0 & 0 \end{pmatrix}$$

原方程组的一般解为

$$\begin{cases} x_1 = \frac{3}{5} - \frac{1}{5}x_3 \\ x_2 = \frac{1}{5} + \frac{3}{5}x_3 \end{cases} \quad (x_3 \text{ 是自由未知量})$$

推论 齐次线性方程组 $\boldsymbol{AX} = \boldsymbol{O}$ 有非零解的充分必要条件是系数矩阵 $\boldsymbol{A}$ 的秩小于未知量的个数，即 $R(\boldsymbol{A}) < n$.

习 题 6.7

1. 选择题

(1) 线性方程组 $\boldsymbol{AX} = \boldsymbol{B}$ 有唯一解，那么 $\boldsymbol{AX} = \boldsymbol{O}$（　　）.

A. 可能有解　　B. 有无穷多解　　C. 无解　　D. 有唯一解

(2) 非齐次线性方程组 $\boldsymbol{A}_{m\times n}\boldsymbol{X} = \boldsymbol{B}$ 有无穷多解的充要条件是（　　）.

A. $m < n$ 　　　　　　　　　　B. $R(\overline{\boldsymbol{A}}) < n$

C. $R(\boldsymbol{A}) = R(\overline{\boldsymbol{A}}) < m$ 　　　D. $R(\boldsymbol{A}) = R(\overline{\boldsymbol{A}}) < n$

(3) 若线性方程组的增广矩阵 $\overline{\boldsymbol{A}} = \begin{pmatrix} 1 & \lambda & 2 \\ 2 & 1 & 4 \end{pmatrix}$，则当 $\lambda = $（　　）时线性方程组有无穷多解.

A. 1 　　　　B. 4 　　　　C. 2 　　　　D. $\frac{1}{2}$

2. 问答题

(1) 判定线性方程组 $\begin{cases} x_1 - 2x_2 + x_3 + x_4 = 1 \\ x_1 - 2x_2 + x_3 - x_4 = -1 \\ x_1 - 2x_2 + x_3 + 5x_4 = 5 \end{cases}$ 是否有解？若有解，说明解的个数.

(2) 设线性方程组为 $\begin{cases} \lambda x_1 + x_2 + x_3 = 1 \\ x_1 + \lambda x_2 + x_3 = \lambda \\ x_1 + x_2 + \lambda x_3 = \lambda^2 \end{cases}$，问 λ 取何值时，方程组无解，有唯一解，有无穷多解；有无穷多解时，求其一般解.

*6.8　线性方程组的通解

由 n 个数 a_1，a_2，$\cdots$，a_n 组成的形如 $\begin{bmatrix} a_1 \\ a_2 \\ \vdots \\ a_n \end{bmatrix}$ 或 $(a_1，a_2，\cdots，a_n)$ 的有序数组称为 n 维

向量，数 a_i 称为它的第 i 个分量（n 为分量个数），写成列的称为列向量，写成行的称为行向量，n 维列向量可看成 $n \times 1$ 的列矩阵，n 行向量可看成 $1 \times n$ 的行矩阵，利用矩阵转置符号表示，若 α，$\beta \cdots$ 表示列向量，则 α^T，$\beta^T \cdots$ 表示行向量.

设 a_1，a_2，$\cdots$，a_m 是 n 维向量，$m \geqslant 1$，若存在不全为零的数 $k_1, k_2, \cdots, k_m$，使

$$k_1 a_1 + k_2 a_2 + \cdots + k_m a_m = 0$$

则称向量组 a_1，a_2，$\cdots$，a_m 线性相关.

若当且仅当 $k_1, k_2, \cdots, k_m$ 全为零时，才有上式成立，则称向量组 a_1，a_2，$\cdots$，a_m 线性无关.

下面用向量组的线性相关性来讨论线性方程组的解，首先讨论齐次线性方程组

$$\begin{cases} a_{11}x_1 + a_{12}x_2 + \cdots + a_{1n}x_n = 0 \\ a_{21}x_1 + a_{22}x_2 + \cdots + a_{2n}x_n = 0 \\ \qquad \cdots\cdots \\ a_{m1}x_1 + a_{m2}x_2 + \cdots + a_{mn}x_n = 0 \end{cases}$$

其矩阵形式为 $AX = O$，其中 $A = (a_{ij})_{m \times n} = \begin{bmatrix} a_{11} & a_{12} & \cdots & a_{1n} \\ a_{21} & a_{22} & \cdots & a_{2n} \\ \vdots & \vdots & & \vdots \\ a_{m1} & a_{m2} & \cdots & a_{mn} \end{bmatrix}$，$X = \begin{bmatrix} x_1 \\ x_2 \\ \vdots \\ x_n \end{bmatrix}$

记 $\alpha_1 = \begin{bmatrix} a_{11} \\ a_{21} \\ \vdots \\ a_{m1} \end{bmatrix}$，$\alpha_2 = \begin{bmatrix} a_{12} \\ a_{22} \\ \vdots \\ a_{m2} \end{bmatrix}$，$\cdots$，$\alpha_n = \begin{bmatrix} a_{1n} \\ a_{2n} \\ \vdots \\ a_{mn} \end{bmatrix}$，则其向量形式为 $x_1\alpha_1 + x_2\alpha_2 + \cdots +$

$x_n\alpha_2 = 0$.

若令 $x_1 = \varepsilon_{11}$，$x_2 = \varepsilon_{21}$，$\cdots$，$x_n = \varepsilon_{n1}$ 为齐次线性方程组的解，则

$$x = \varepsilon_1 = \begin{bmatrix} \varepsilon_{11} \\ \varepsilon_{21} \\ \vdots \\ \varepsilon_{n1} \end{bmatrix}$$

称为方程组的解向量.

性质 1　若 $x = \varepsilon_1$，$x = \varepsilon_2$ 为齐次线性方程组的解，则 $x = \varepsilon_1 + \varepsilon_2$ 也是齐次线性方程组的解.

性质 2　若 $x = \varepsilon_1$ 是齐次线性方程组的解，k 是实数，则 $x = k\varepsilon_1$ 也是齐次线性方程

组的解.

齐次线性方程组的一组解 ε_1，ε_2，$\cdots$，ε_t，如果满足

（1）齐次线性方程组的任一个解都能表成 ε_1，ε_2，$\cdots$，ε_t 的线性组合；

（2）ε_1，ε_2，$\cdots$，ε_t 线性无关.

则称它为齐次线性方程组的一个基础解系. 条件（2）是为了保证基础解系中没有多余的解.

定理 1 若齐次线性方程组有非零解，则它有基础解系，且基础解系所含解的个数等于 $n-r$，这里 r 表示系数矩阵的秩（$n-r$ 也就是自由未知量的个数）.

可知，ε_1，ε_2，$\cdots$，ε_{n-r} 是齐次线性方程组的基础解系，则齐次线性方程组的解可表示为

$$x = k_1\varepsilon_1 + k_2\varepsilon_2 + \cdots + k_{n-r}\varepsilon_{n-r}$$

其中 $k_1,k_2,\cdots,k_{n-r}$ 为任意实数，称此式为齐次线性方程组的通解.

例 6.29 求齐次线性方程组

$$\begin{cases} x_1 + 2x_2 + 2x_3 + x_4 = 0 \\ 2x_1 + x_2 - 2x_3 - 2x_4 = 0 \\ x_1 - x_2 - 4x_3 - 3x_4 = 0 \end{cases}$$

的基础解系与通解.

解 对系数矩阵 A 作初等行变换，变为行最简形式

$$A = \begin{pmatrix} 1 & 2 & 2 & 1 \\ 2 & 1 & -2 & -2 \\ 1 & -1 & -4 & -3 \end{pmatrix} \rightarrow \begin{pmatrix} 1 & 2 & 2 & 1 \\ 0 & -3 & -6 & -4 \\ 0 & -3 & -6 & -4 \end{pmatrix}$$

$$\rightarrow \begin{pmatrix} 1 & 2 & 2 & 1 \\ 0 & 1 & 2 & \dfrac{4}{3} \\ 0 & 0 & 0 & 0 \end{pmatrix} \rightarrow \begin{pmatrix} 1 & 0 & -2 & -\dfrac{5}{3} \\ 0 & 1 & 2 & \dfrac{4}{3} \\ 0 & 0 & 0 & 0 \end{pmatrix}$$

即得

$$\begin{cases} x_1 = 2x_3 + \dfrac{5}{3}x_4 \\ x_2 = -2x_3 - \dfrac{4}{3}x_4 \end{cases}$$

令 $\begin{pmatrix} x_3 \\ x_4 \end{pmatrix} = \begin{pmatrix} 1 \\ 0 \end{pmatrix}$ 和 $\begin{pmatrix} 0 \\ 1 \end{pmatrix}$，则可得基础解系

$$\varepsilon_1 = \begin{pmatrix} 2 \\ -2 \\ 1 \\ 0 \end{pmatrix}, \quad \varepsilon_2 = \begin{pmatrix} -\dfrac{5}{3} \\ -\dfrac{4}{3} \\ 0 \\ 1 \end{pmatrix}$$

由此可得通解为

$$x = c_1 \varepsilon_1 + c_2 \varepsilon_2 = c_1 \begin{pmatrix} 2 \\ -2 \\ 1 \\ 0 \end{pmatrix} + c_2 \begin{pmatrix} \dfrac{5}{3} \\ -\dfrac{4}{3} \\ 0 \\ 1 \end{pmatrix}, \quad (c_1, c_2 \in \mathbf{R})$$

下面讨论非齐次线性方程组，设

$$\begin{cases} a_{11}x_1 + a_{12}x_2 + \cdots + a_{1n}x_n = b_1 \\ a_{21}x_1 + a_{22}x_2 + \cdots + a_{2n}x_n = b_2 \\ \cdots\cdots \\ a_{m1}x_1 + a_{m2}x_2 + \cdots + a_{mn}x_n = b_m \end{cases}$$

性质 3　设 $x = \eta_1$ 与 $x = \eta_2$ 都是非齐次线性方程组的解，则 $x = \eta_2 - \eta_1$ 为对应的齐次线性方程组

$$AX = O$$

的解.

性质 4　设 $x = \eta$ 是非齐次线性方程组的解，$x = \varepsilon$ 是对应的齐次线性方程组的解，则 $x = \varepsilon + \eta$ 仍是非齐次线性方程组的解.

由性质 4 可知，若求得非齐次线性方程组的一个解 η^*，则非齐次线性方程组的任一解都可表示为

$$x = \varepsilon + \eta^*$$

的形式，其中 ε 是齐次线性方程组的解.

若齐次线性方程组的通解为 $x = k_1\varepsilon_1 + k_2\varepsilon_2 + \cdots + k_{n-r}\varepsilon_{n-r}$，则非齐次线性方程组的任一解都可以表示为

$$x = k_1\varepsilon_1 + k_2\varepsilon_2 + \cdots + k_{n-r}\varepsilon_{n-r} + \eta^*$$

的形式，其中 $k_1, k_2, \cdots, k_{n-r}$ 为任意实数，称上式为非齐次线性方程组的通解，$\varepsilon_1, \varepsilon_2, \cdots, \varepsilon_{n-r}$ 是齐次线性方程组的基础解系.

例 6.30　求方程组

$$\begin{cases} x_1 + x_2 - 2x_4 + x_5 = -1 \\ -2x_1 - x_2 + x_3 - 4x_4 + 2x_5 = 1 \\ -x_1 + x_2 - x_3 - 2x_4 + x_5 = 2 \end{cases}$$

的通解.

解　对增广矩阵 $\overline{A}$ 施行初等行变换

$$\overline{A} = \begin{pmatrix} 1 & 1 & 0 & -2 & 1 & -1 \\ -2 & -1 & 1 & -4 & 2 & 1 \\ -1 & 1 & -1 & -2 & 1 & 2 \end{pmatrix} \rightarrow \begin{pmatrix} 1 & 1 & 0 & -2 & 1 & -1 \\ 0 & 1 & 1 & -8 & 4 & -1 \\ 0 & 2 & -1 & -4 & 2 & 1 \end{pmatrix} \rightarrow \begin{pmatrix} 1 & 1 & 0 & -2 & 1 & -1 \\ 0 & 1 & 1 & -8 & 4 & -1 \\ 0 & 0 & -3 & 12 & -6 & 3 \end{pmatrix}$$

$$\rightarrow \begin{pmatrix} 1 & 0 & 0 & 2 & -1 & -1 \\ 0 & 1 & 0 & -4 & 2 & 0 \\ 0 & 0 & 1 & -4 & 2 & -1 \end{pmatrix}$$

$R(A) = R(\overline{A}) = 3 < 5$，所以方程组有无穷多解，并有

$$\begin{cases} x_1 = -2x_4 + x_5 - 1 \\ x_2 = 4x_4 - 2x_5 \\ x_3 = 4x_4 - 2x_5 - 1 \end{cases}$$

令 $\begin{bmatrix} x_4 \\ x_5 \end{bmatrix} = \begin{pmatrix} 0 \\ 0 \end{pmatrix}$，则 $\begin{bmatrix} x_1 \\ x_2 \\ x_3 \end{bmatrix} = \begin{pmatrix} -1 \\ 0 \\ -1 \end{pmatrix}$，即得方程组的一个解 η^*

$$\eta^* = \begin{pmatrix} -1 \\ 0 \\ -1 \\ 0 \\ 0 \end{pmatrix}$$

对应的齐次线性方程组为

$$\begin{cases} x_1 = -2x_4 + x_5 \\ x_2 = 4x_4 - 2x_5 \\ x_3 = 4x_4 - 2x_5 \end{cases}$$

令其中 $\begin{bmatrix} x_4 \\ x_5 \end{bmatrix} = \begin{pmatrix} 1 \\ 0 \end{pmatrix}$，$\begin{pmatrix} 0 \\ 1 \end{pmatrix}$，即得对应的齐次线性方程组的基础解系 $\varepsilon_1 = \begin{pmatrix} -2 \\ 4 \\ 4 \\ 1 \\ 0 \end{pmatrix}$，

$\varepsilon_2 = \begin{pmatrix} 1 \\ -2 \\ -2 \\ 0 \\ 1 \end{pmatrix}$. 所以所求方程组的通解为

$$\begin{bmatrix} x_1 \\ x_2 \\ x_3 \\ x_4 \\ x_5 \end{bmatrix} = c_1 \begin{pmatrix} -2 \\ 4 \\ 4 \\ 1 \\ 0 \end{pmatrix} + c_2 \begin{pmatrix} 1 \\ -2 \\ -2 \\ 0 \\ 1 \end{pmatrix} + \begin{pmatrix} -1 \\ 0 \\ -1 \\ 0 \\ 0 \end{pmatrix}, \quad (c_1, c_2 \in \mathbf{R})$$

习 题 6.8

1. 解齐次线性方程组.

(1) $\begin{cases} 2x_1 + x_2 + x_3 - x_4 = 0 \\ 2x_1 + 2x_2 + x_3 + 2x_4 = 0 \\ x_1 + x_2 + 2x_3 - x_4 = 0 \end{cases}$

(2) $\begin{cases} 2x_1 + 3x_2 - x_3 + 5x_4 = 0 \\ 3x_1 + x_2 + 2x_3 - 7x_4 = 0 \\ 4x_1 + x_2 - 3x_3 + 6x_4 = 0 \\ x_1 - 2x_2 + 4x_3 - 7x_4 = 0 \end{cases}$

$$(3)\begin{cases} x_1 + 2x_2 + x_3 - x_4 = 0 \\ 5x_1 + 10x_2 + x_3 - 5x_4 = 0 \\ 3x_1 + 6x_2 - x_3 - 3x_4 = 0 \end{cases}$$

$$(4)\begin{cases} 3x_1 + 4x_2 - 5x_3 + 7x_4 = 0 \\ 4x_1 + 11x_2 - 13x_3 + 16x_4 = 0 \\ 7x_1 - 2x_2 + x_3 + 3x_4 = 0 \\ 2x_1 - 3x_2 + 3x_3 - 2x_4 = 0 \end{cases}$$

2. 解非齐次线性方程组.

$$(1)\begin{cases} 3x_1 - x_2 + 2x_3 = 10 \\ 4x_1 + 2x_2 - x_3 = 2 \\ 11x_1 + 3x_2 = 8 \end{cases}$$

$$(2)\begin{cases} 2x_1 + 3x_2 + x_3 = 4 \\ 3x_1 + 8x_2 - 2x_3 = 13 \\ 4x_1 - x_2 + 9x_3 = -6. \\ x_1 - 2x_2 + 4x_3 = -5 \end{cases}$$

$$(3)\begin{cases} 2x_1 + x_2 - x_3 + x_4 = 1 \\ 3x_1 - 3x_2 + x_3 - 3x_4 = 4 \\ x_1 + 4x_2 - 3x_3 + 5x_4 = -2 \end{cases}$$

3. 根据 a，b 的取值，求解非齐次线性方程组.

$$\begin{cases} x_1 + x_2 + x_3 + x_4 + x_5 = a \\ x_2 + 2x_3 + 2x_4 + 6x_5 = b \\ 3x_1 + 2x_2 + x_3 + x_4 - 3x_5 = 0 \\ 5x_1 + 4x_2 + 3x_3 + 3x_4 - x_5 = 2 \end{cases}$$

6.9　简单的线性规划问题

线性规划是数学中理论较完整、方法较成熟、应用较广泛的一个分支，它可以解决科学、工程、经济、军事等诸方面的实际问题.

6.9.1　线性规划问题的数学模型

数学模型方法是处理数学科学理论问题的一种经典方法，也是处理各类实际问题的一般方法. 在许多实际问题中总存在着已知量和未知量，若将这些量之间的依赖关系，用数学式子表示出来，那么把这些数学式子就称为实际问题的数学模型. 换言之，数学模型是描述实际问题共性的抽象的数学符号. 它是针对现实世界中的特定对象，为了特定的目的，根据特有的内在规律，对特定对象进行分析、提炼、归纳、升华，运用适当的数学语言所表述出来的一种数学结构. 它或者解释特定对象的现实状态，或者能预测对象的未来状态，或者能提供处理对象的最有决策或控制.

在生产实践和日常生活中，经常会遇到如何合理地使用有限资源(如资金、劳力、材料、机器、仪器设备、时间等)，以获得最大效益的问题.

例 6.31　某制药厂在计划期内要安排生产Ⅰ、Ⅱ两种药，这些药品分别需要在 A、B、C、D 这 4 种不同的设备上加工. 按工艺规定，每千克药品Ⅰ和Ⅱ在各台设备上所需要的加工台时数见表 6.1 所示. 已知各设备在计划期内有效台时数(1 台设备工作 1 小时称为 1 台时) 分别是 12、8、16 和 12. 该制药厂每生产 1 千克药品Ⅰ可得利润 200 元，每生产 1 千克药品Ⅱ可得利润 300 元. 问应如何安排生产计划，才能使制药厂利润最大？

表 6.1

药品	A	B	C	D
Ⅰ	2	1	4	0
Ⅱ	2	2	0	4

解 设 x_1，x_2 分别表示在计划期内药品 Ⅰ 和 Ⅱ 的产量(千克)，S 表示这个期间的制药厂利润，则计划期内生产 Ⅰ、Ⅱ 两种药品的利润总额为 $S = 200x_1 + 300x_2$(元)，但是生产 Ⅰ、Ⅱ 两种药品在 A 设备上的加工台时数必须满足 $2x_1 + 2x_2 \leqslant 12$；在 B 设备上的加工台时数必须满足 $x_1 + 2x_2 \leqslant 8$；在 C 设备上的加工台时数必须满足 $4x_1 \leqslant 16$；在 D 设备上的加工台时数必须满足 $4x_2 \leqslant 12$；生产 Ⅰ、Ⅱ 两种药品的数量应是非负的数，即 x_1，$x_2 \geqslant 0$。于是上述的问题归结为

目标函数 $\max S = 200x_1 + 300x_2$

约束条件 $\begin{cases} 2x_1 + 2x_2 \leqslant 12 \\ x_1 + 2x_2 \leqslant 8 \\ 4x_1 \leqslant 16 \\ 4x_2 \leqslant 12 \\ x_1,\ x_2 \geqslant 0 \end{cases}$

同样，在经济生活和生产活动中也遇到另一类问题，即为了达到一定的目标，应如何组织生产、合理安排工艺流程或调整产品的成分等，以使消耗人力、设备、资金、原材料等为最少。

例 6.32 用 3 种原料 B_1、B_2、B_3 配制某种食品，要求该食品中蛋白质、脂肪、糖、维生素的含量不低于 15、20、25、30 单位。以上 3 种原料的单价及每单位原料所含各种成分的数量，如表 6.2 所示。问应如何配制该食品，使所需成本最低？

表 6.2

营养成分	原料			食品中营养成分的最低
	B_1	B_2	B_3	需要量 / 单位
蛋白质 /(单位 / 千克)	5	6	8	15
脂肪 /(单位 / 千克)	3	4	6	20
糖 /(单位 / 千克)	8	5	4	25
维生素 /(单位 / 千克)	10	12	8	30
原料单价 /(元 / 千克)	20	25	30	

解 设 x_1、x_2、x_3 分别表示原料 B_1、B_2、B_3 的用量(千克)，S 表示食品的成本(元)，则这一食品配制问题变为

目标函数 $\min S = 20x_1 + 25x_2 + 30x_3$

约束条件 $\begin{cases} 5x_1 + 6x_2 + 8x_3 \geqslant 15 \\ 3x_1 + 4x_2 + 6x_3 \geqslant 20 \\ 8x_1 + 5x_2 + 4x_3 \geqslant 25 \\ 10x_1 + 12x_2 + 8x_3 \geqslant 30 \\ x_1,\ x_2,\ x_3 \geqslant 0 \end{cases}$

从上面两个例子可以看出，线性规划的数学模型有如下特征.

（1）都有一组未知变量（x_1，x_2，$\cdots$，x_n）代表某一方案，它们取不同的非负值，代表不同的具体方案.

（2）都有一个目标要求，实现极大或极小. 目标函数要用未知变量的线性函数表示.

（3）未知变量受到一组约束条件的限制，这些约束条件用一组线性等式或不等式表示.

正是由于目标函数和约束条件都是未知变量的线性函数，所以我们把这类问题称为线性规划问题.

线性规划问题的一般形式

目标函数　$\max(\min) S = c_1 x_1 + c_1 x_2 + \cdots + c_n x_n$

约束条件
$$\begin{cases} a_{11} x_1 + a_{12} x_2 + \cdots + a_{1n} x_n \leqslant (=,\ \geqslant) b_1 \\ a_{21} x_1 + a_{22} x_2 + \cdots + a_{2n} x_n \leqslant (=,\ \geqslant) b_2 \\ \qquad\qquad\qquad \cdots\cdots \\ a_{m1} x_1 + a_{m2} x_2 + \cdots + a_{mn} x_n \leqslant (=,\ \geqslant) b_m \\ x_1,\ x_2,\ \cdots,\ x_n \geqslant 0 \end{cases}$$

这里，$c_1 x_1 + c_1 x_2 + \cdots + c_n x_n$ 称为目标函数，记为 S，根据研究目标是最大值还是最小值，在目标函数前冠以"max"或"min"，其中，$c_j (j = 1,\ 2,\ \cdots,\ n)$ 称为成本或利润系数；$a_{ij} (i = 1,\ 2,\ \cdots,\ m; j = 1,\ 2,\ \cdots,\ n)$ 称为约束条件中未知变量的系数；$b_i (i = 1,\ 2,\ \cdots,\ m)$ 称为限定系数.

6.9.2　线性规划问题的图解法

1. 线性规划问题解的基本概念

设线性规划问题的标准形式为

目标函数　$\max S = \sum_{j=1}^{n} c_j x_j$

约束条件
$$\begin{cases} \sum_{j=1}^{n} a_{ij} x_j \geqslant (=,\ \leqslant) = b_i & i = 1,\ 2,\ \cdots,\ m \\ x_j \geqslant 0 & j = 1,\ 2,\ \cdots,\ n \\ b_i \geqslant 0 & i = 1,\ 2,\ \cdots,\ m \end{cases}$$

（1）可行解：满足约束条件的解 $\boldsymbol{X} = (x_1,\ x_2,\ \cdots,\ x_n)^T$，称为线性规划问题的可行解. 所有可行解的集合称为可行域.

（2）最优解：满足目标函数式的可行解称为线性规划问题的最优解.

（3）最优值：对应于最优解的目标函数值称为最优值.

2. 两个变量的线性规划问题的图解法

图解法是线性规划问题中最直观的一种解法，它仅限于两个变量的线性规划问题.

例 6.33　图解法解线性规划问题

目标函数　$\max S = 2x + y$

约束条件　$\begin{cases} x + y \leqslant 5 \\ x - y \leqslant 3 \\ x,\ y \geqslant 0 \end{cases}$

解　在平面直角坐标系中，$x+y \leqslant 5$ 表示直线 $x+y=5$ 及其左下方的半平面. $x-y \leqslant 3$ 表示直线 $x-y=3$ 及其左上方的半平面. $x,y \geqslant 0$ 表示只能取第一象限及其 x,y 轴正半轴上的点. 于是就构成了一个区域 $OADC$，如图 6-1 所示.

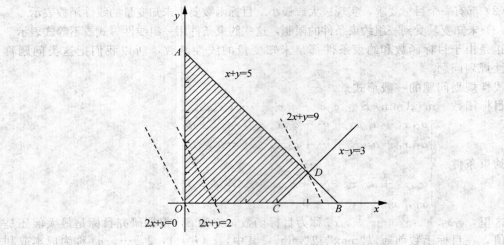

图 6-1

目标函数 $S=2x+y$，在坐标系中表示以 S 为参数的一组平行线 $y=-2x+S$. 当参数 S 的值由小逐渐变大时，直线 $y=-2x+S$ 沿其增大方向平行移动，当移动到 D 点时，点 D 坐标既满足约束条件，且又使目标函数取得最大值.

由 $x+y=5$ 与 $x-y=3$ 解得 D 坐标为 $(4,1)$. 所以最优解为 $x=4$，$y=1$，目标函数最大值为 $S=2 \times 4+1=9$.

例 6.34　用图解法解线性规划问题.

目标函数　$\min S=3x+2y$

约束条件　$\begin{cases} x+y \geqslant 4 \\ x-y \geqslant 1 \\ x,y \geqslant 0 \end{cases}$

解　在平面直角坐标系中，由约束条件可得无界可行域 G，如图 6-2 所示.

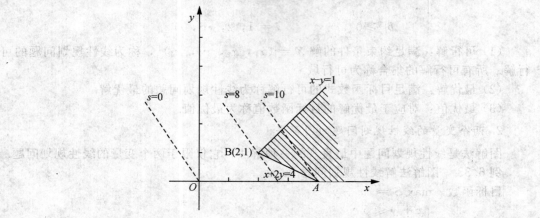

图 6-2

由于目标函数 $S=3x+2y$ 表示以 S 为参数的一组平行线，当参数 S 的值越小，直线离原点越近，由图 7-2 可以看出，点 B 就是满足条件的点. 因为点 B 坐标为$(2，1)$，所以最优解为 $x=2$，$y=1$，目标函数最小值为 $S=3\times2+2=8$.

如果本题改为目标函数求最大值，由于可行解无上界，所以也就没有最优解.

3. 线性规划问题的特点

由上面的图解法可以直观地看出线性规划问题的解具有如下特点.

(1) 可行域总是凸边多形.

(2) 如果一个线性规划问题确实存在唯一的最优解，那么它必定可在其可行域的一个顶点上达到.

(3) 如果一个线性规划问题存在多重最优解，那么至少在其可行域有两个相邻的顶点所对应的目标函数值相等，且达到最大值(或最小值).

(4) 如果可行域中一个顶点的目标函数值比其相邻顶点的目标函数值要好的话，那么它就比其他所有顶点的目标函数值都要好，或者说它就是一个最优解.

有时在求解线性规划时，会发现线性规划的约束条件矛盾，无法找到可行域，这时线性规划无解；有时也会遇到可行域无界且无最优解，这时称为无界解.

习　题　6.9

1. 某一卫生所配有 1 名医生和 1 名护士. 医生每天工作 8 h，护士每天工作 9 h，服务项目是接生和做小手术. 一次接生，医生要花费 0.5 h，护士同样要花费 0.5 h；一次小手术，医生要花费 1 h，护士要花费 1.5 h. 这是一所小卫生所，每天容纳的手术数和接生数合计不能超过 12 次. 假定一次手术的收入是 200 元，一次接生的收入是 80 元. 问怎样安排接生和手术的数量，使医生和护士一天的收入最多？

2. 设某煤矿生产褐煤和无烟煤，设采煤、选煤和洗煤三道流水线每天运行时间分别不能超过 12 小时、10 小时和 8 小时，生产每百吨褐煤需采煤 3 小时，选煤 3 小时，洗煤 4 小时，可获利 4 千元；生产每百吨无烟煤需采煤 4 小时，选煤 3 小时，洗煤 2 小时，可获利 3 千元，问如何安排生产计划使每日获最大利润？

3. 用图解法解线性规划问题。

(1) 目标函数　$\max S=x_1+2x_2$　　　(2) 目标函数　$\min s=2x+3y$

约束条件 $\begin{cases} x_1+2x_2\leqslant10 \\ x_1+x_2\geqslant1 \\ x_1\geqslant0 \\ x_2\geqslant0 \\ x_2\leqslant4 \end{cases}$　　　约束条件 $\begin{cases} x+2y\geqslant4 \\ x-y\geqslant1 \\ x，y\geqslant0 \end{cases}$

本 章 小 结

一、本章主要内容和学习要点

1. 行列式

（1）行列式的概念和性质.

称 $D = \begin{vmatrix} a_{11} & a_{12} & \cdots & a_{1n} \\ a_{21} & a_{22} & \cdots & a_{2n} \\ \vdots & \vdots & & \vdots \\ a_{n1} & a_{n2} & \cdots & a_{nn} \end{vmatrix} = \sum_{j_1 j_2, \cdots, j_n} (-1)^{\tau(j_1, j_2, \cdots, j_n)} a_{1j_1} a_{2j_2} \cdots a_{nj_n}$ 为 n 阶行列式.

行列式常用的性质如下.

① 行列式的行和列互换，其值不变. 即行列式与它的转置行列式的值相等.

② 用某一个数 k 乘以行列式的某一行(列)的各元素，等于该数乘以该行列式，或者说行列式的某一行(列)的公因子可以提到行列式的前面.

③ 如果行列式中某行(列)中各元素均为两项之和，则这个行列式等于两个行列式的和.

④ 交换行列式中任意两行(列)的位置，行列式的正负号改变.

⑤ 把行列式中某一行(列)的各元素乘以一个数 k 加到另一行(列)的对应元素上，行列式的值不变.

（2）行列式的计算.

行列式等于它的任一行(列)的各元素与对应的代数余子式乘积之和，即

$D = a_{i1}A_{i1} + a_{i2}A_{i2} + \cdots + a_{in}A_{in}$ $(i = 1, 2, \cdots, n)$

$D = a_{1j}A_{1j} + a_{2j}A_{2j} + \cdots + a_{nj}A_{nj}$ $(j = 1, 2, \cdots, n)$

称其为行列式按行(列)展开法则. 用行列式展开法则计算行列式的方法称为降价法.

（3）用克莱姆法则求解线性方程组.

对于线性方程组，当其系数行列式 $D \neq 0$ 时，有且仅有唯一解 $x_1 = \dfrac{D_1}{D}$，$x_2 = \dfrac{D_2}{D}$，$\cdots$，$x_n = \dfrac{D_n}{D}$，其中 $D_j (j = 1, 2, \cdots, n)$ 是将系数行列式 D 中第 j 列元素 a_{1j}，a_{2j}，$\cdots$，a_{nj} 对应的换成方程组的常熟项 b_1，b_2，$\cdots$，b_n 后得到的行列式.

2. 矩阵

（1）矩阵的概念.

由 $m \times n$ 个数 $a_{ij} (i = 1, 2, \cdots, m; j = 1, 2, \cdots, n)$ 排成的 m 行 n 列数表，记成

$$A = \begin{bmatrix} a_{11} & \cdots & a_{1n} \\ \vdots & \ddots & \vdots \\ a_{m1} & \cdots & a_{mn} \end{bmatrix}$$

称为 $m \times n$ 矩阵.

（2）矩阵的运算.

注意包括矩阵的加（减）法、数乘矩阵、矩阵与矩阵相乘、矩阵的转置和矩阵的初等行变换.

在运算过程中主要注意加（减）和矩阵与矩阵相乘时需要满足的条件.

（3）矩阵的逆.

设 A 为 n 阶方阵，若存在一个 n 阶方阵 B，使得 $BA = AB = E$，则称方阵 A 可逆，并称方阵 B 为 A 的逆矩阵，A 的逆矩阵记做 A^{-1}.

方阵 A 存在逆矩阵的充要条件为 $|A| \neq 0$.

求逆矩阵时，对于阶数较低的可以采用伴随矩阵的方法，但对于阶数较高的一般采用初等行变换的方法.

（4）矩阵的秩.

设在矩阵 A 中有一个不为零的 r 阶子阵 D，且所有 $r+1$ 阶子阵（若存在的话）都等于零，则称 D 为矩阵 A 的最高阶非零子式，数 r 称为矩阵 A 的秩，记做 $R(A)$.

求矩阵的秩时，对于阶数较低的可以采用定义法，但对于阶数较高的一般采用初等行变换法.

3. 线性方程组

（1）消元法.

消元法是解线性方程组的常用方法. 它的基本思想是将方程组中的一部分方程变成未知量较少的方程，从而容易判断方程组解的情况或求出方程组的解.

（2）线性方程组的判定.

线性方程组 $AX = B$ 有解的充要条件是其系数矩阵与增广矩阵的秩相等.

若线性方程组 $AX = B$ 满足 $R(A) = R(\overline{A}) = r$，则当 $r = n$ 时，线性方程组的解有且只有唯一解；当 $r < n$ 时，线性方程组有无穷多解.

（3）线性方程组的通解.

齐次方程组的基本解系是 ξ_1，ξ_2，$\cdots$，ξ_n，通解是 $x = k_1\xi_1 + k_2\xi_2 + \cdots + k_{n-r}\xi_{n-r}$，其中 $k_1, k_2, \cdots, k_{n-r}$ 为任意实数，r 表示系数矩阵的秩.

非齐次方程组通解为 $x = k_1\xi_1 + k_2\xi_2 + \cdots + k_{n-r}\xi_{n-r} + \eta^*$，$m^2$ 其中 $k_1, k_2, \cdots, k_{n-r}$ 为任意实数，η^* 为方程组的一个解，ξ_1，ξ_2，$\cdots$，ξ_n 是齐次方程组的基础解系.

二、重点与难点

1. 重点

n 阶行列式的定义，行列式的计算，行列式中元素的余子式和代数余子式的概念及计算，克莱姆法则及其应用.

矩阵的计算，矩阵的初等变换，逆矩阵的求法，矩阵的秩，用矩阵的初等行变换求解线性方程组，判断线性方程组解的情况.

2. 难点

高阶行列式的计算，矩阵乘法的运算，可逆矩阵的概念，带有参数的线性方程组解的情况判定.

综 合 训 练

一、选择题

1. 已知 $\boldsymbol{A} = \begin{pmatrix} 3 & -3 & -1 & 5 \\ 1 & -2 & -1 & 2 \\ 5 & -1 & 5 & 3 \\ -2 & 2 & 3 & -4 \end{pmatrix}$，则 $R(\boldsymbol{A}) = ($).

A. 1   B. 2   C. 3   D. 4

2. 设 $\boldsymbol{A}$ 是 $m \times n$ 矩阵，$\boldsymbol{B}$ 是 $s \times n$ 矩阵，则运算有意义的是( ).

A. $\boldsymbol{A}\boldsymbol{B}^{\mathrm{T}}$ B. $\boldsymbol{A}\boldsymbol{B}$ C. $\boldsymbol{A}^{\mathrm{T}}\boldsymbol{B}$ D. $\boldsymbol{A}^{\mathrm{T}}\boldsymbol{B}^{\mathrm{T}}$

3. 设 $\boldsymbol{A}$、$\boldsymbol{B}$ 均为 n 阶方阵，则必有( ).

A. $|\boldsymbol{A} + \boldsymbol{B}| = |\boldsymbol{A}| + |\boldsymbol{B}|$ B. $\boldsymbol{A}\boldsymbol{B} = \boldsymbol{B}\boldsymbol{A}$

C. $|\boldsymbol{A}\boldsymbol{B}| = |\boldsymbol{B}\boldsymbol{A}|$ D. $(\boldsymbol{A} + \boldsymbol{B})^{-1} = \boldsymbol{A}^{-1} + \boldsymbol{B}^{-1}$

二、填空题

1. 矩阵 $\boldsymbol{A} = \begin{pmatrix} 1 \\ 2 \\ 2 \\ 4 \end{pmatrix}$，$\boldsymbol{B} = \begin{pmatrix} 3 \\ 2 \\ -2 \\ 1 \end{pmatrix}$，则 $\boldsymbol{A} + \boldsymbol{B} = $ _____，$2\boldsymbol{A} - 3\boldsymbol{B} = $ _____.

2. 设 $\boldsymbol{A} = \begin{pmatrix} 1 & 2 \\ 0 & 3 \end{pmatrix}$，$\boldsymbol{B} = \begin{pmatrix} a & b \\ c & d \end{pmatrix}$，则当 b，d 为任意常数，且 $c = $ _____，$a = $ _____ 时恒有 $\boldsymbol{A}\boldsymbol{B} = \boldsymbol{B}\boldsymbol{A}$.

三、计算题

1. 计算行列式.

(1) $\begin{vmatrix} a & ab \\ b & b^2 \end{vmatrix}$

(2) $\begin{vmatrix} -ab & ac & ae \\ bd & -cd & de \\ bf & cf & -ef \end{vmatrix}$

(3) $\begin{vmatrix} 0 & a & 0 \\ b & 0 & c \\ 0 & d & 0 \end{vmatrix}$

(4) $\begin{vmatrix} 1 & 1 & -1 & 3 \\ -1 & -1 & 2 & 2 \\ 2 & 5 & 2 & 4 \\ 1 & 2 & 3 & 2 \end{vmatrix}$

2. 如果 $\boldsymbol{A} = \begin{pmatrix} 1 & 2 \\ 3 & 4 \end{pmatrix}$，$\boldsymbol{B} = \begin{pmatrix} 2 & 1 \\ -3 & 2 \end{pmatrix}$，$\boldsymbol{C} = \begin{pmatrix} 1 & 0 \\ 2 & 1 \end{pmatrix}$，求 $\boldsymbol{A}\boldsymbol{B} + \boldsymbol{A}\boldsymbol{C}$.

3. 设 $A = \begin{pmatrix} 1 & 1 & 1 \\ 1 & 1 & -1 \\ 1 & -1 & 1 \end{pmatrix}$, $B = \begin{pmatrix} 1 & 2 & 3 \\ -1 & -2 & 4 \\ 0 & 5 & 1 \end{pmatrix}$, 求 $3AB - 2A$ 及 $A^T B$.

4. 计算下列乘积.

(1) $\begin{pmatrix} 4 & 3 & 1 \\ 1 & -2 & 3 \\ 5 & 7 & 0 \end{pmatrix} \begin{pmatrix} 7 \\ 2 \\ 1 \end{pmatrix}$
　　　　　　　　(2) $(1 \quad 2 \quad 3) \begin{pmatrix} 3 \\ 2 \\ 1 \end{pmatrix}$

(3) $\begin{pmatrix} 2 & 1 & 4 & 0 \\ 1 & -1 & 3 & 4 \end{pmatrix} \begin{pmatrix} 1 & 3 & 1 \\ 0 & -1 & 2 \\ 1 & -3 & 1 \\ 4 & 0 & -2 \end{pmatrix}$

(4) $\begin{pmatrix} 1 & 2 & 1 & 0 \\ 0 & 1 & 0 & 1 \\ 0 & 0 & 2 & 1 \\ 0 & 0 & 0 & 3 \end{pmatrix} \begin{pmatrix} 1 & 0 & 3 & 1 \\ 0 & 1 & 2 & -1 \\ 0 & 0 & -2 & 3 \\ 0 & 0 & 0 & -3 \end{pmatrix}$

5. 求矩阵 $A = \begin{pmatrix} 1 & 2 & 2 \\ 2 & 3 & -5 \\ 4 & 7 & 1 \end{pmatrix}$, $B = \begin{pmatrix} -1 & 1 & 4 & 0 \\ 3 & -2 & 5 & -3 \\ 2 & 0 & -6 & 4 \\ 0 & 1 & 1 & 2 \end{pmatrix}$ 的秩.

6. 求矩阵 X, 使 $AX = B$, 其中 $A = \begin{pmatrix} 1 & 2 & 3 \\ 1 & 3 & 4 \\ 1 & 4 & 4 \end{pmatrix}$, $B = \begin{pmatrix} 1 & 3 \\ 2 & 0 \\ 3 & 1 \end{pmatrix}$.

7. 用克莱姆法则求解线性方程组.
$$\begin{cases} 2x_1 + x_2 - 5x_3 + x_4 = 8 \\ x_1 - 3x_2 - 6x_4 = 9 \\ 2x_2 - x_3 + 2x_4 = -5 \\ x_1 + 4x_2 - 7x_3 + 6x_4 = 0 \end{cases}$$

8. 求解方程组.

(1) $\begin{cases} x_1 + x_2 - x_3 = 0 \\ x_2 + x_3 = 0 \\ x_1 - 2x_2 + 3x_3 = 0 \end{cases}$

(2) $\begin{cases} x_1 + x_2 - 2x_3 - x_4 + x_5 = 1 \\ 3x_1 - x_2 - x_3 + 4x_4 + 3x_5 = 4 \\ x_1 + 5x_2 - 9x_3 - 8x_4 + x_5 = 0 \end{cases}$

9. 问 k 取何值时，线性方程组 $\begin{cases} kx + y - z = 0 \\ x + ky - z = 0 \\ 2x - y + z = 0 \end{cases}$ 只有零解.

10. 写出下列线性规划问题的数学模型，并结合图解法解出线性规划问题.

（1）某家具厂有木材 90 m³，五合板 600 m²，准备加工成书桌和书橱出售，已知生产每张书桌需要木材 0.1 m³，五合板 2 m²，已知每个书橱需要木材 0.2 m³，五合板 1 m²，出售一张书桌获利 80 元，出售一个书橱获利 120 元．如果只安排生产书桌，可获利多少元？如果只安排生产书橱，可获利多少元？怎么安排可以使获利最大？

（2）某运输公司接受了向抗洪抢险地区每天至少运送 180 吨支援物资的任务．该公司 8 辆载重为 6 吨的 A 型卡车与 4 辆载重为 10 吨的 B 型卡车，有 10 名驾驶员；每辆卡车每天往返的次数为 A 型卡车 4 次，B 型卡车 3 次；每辆卡车每天往返的成本费 A 型卡车 320 元，B 型卡车 504 元．请你为该公司安排一下应该如何调配车辆，才能使公司的所花成本费最低？若只调配 A 型或 B 型卡车，所花的成本费分别是多少？

第7章 随机事件与概率

 **学习目标：**

- 了解随机试验与随机事件的概念，理解并掌握事件的关系与运算.
- 理解概率的定义和基本性质.
- 了解古典概型的定义，能够计算简单的古典概率.
- 理解条件概率的定义，掌握概率的乘法公式.
- 了解全概率公式并会简单计算.
- 理解事件独立性的概念，熟练掌握相互独立事件的性质及相关概率的计算方法.
- 会计算产品的合格率，能预测某些简单经济现象及其组合发生的可能性
- 会用数值或字母表示经济现象变化的各种状况.

7.1 随 机 事 件

在自然界、生产实践和科学实验中，人们观察到的现象一般可分为确定性现象和随机现象两大类.

在一定条件下必然发生或必然不发生的现象称为确定性现象（必然现象）. 例如，在标准大气压下，纯水加热到 100 ℃ 时必然沸腾. 在一定条件下，事先不能断言出哪种结果的现象称为随机现象.

[一则经典案例] 二战中，盟军胜利登陆诺曼底之后，最高统帅艾森豪威尔将军发表了讲话："我们已经胜利登陆，德军被打败，这是大家共同努力的结果，我向大家表示感谢和祝贺."可是当时谁也不知道，在登陆之前，除了这份讲话稿之外，艾森豪威尔还准备了一份截然相反的讲话稿，那是一份失败的演讲稿. 这篇演讲稿是这样的："我很悲伤地宣布，我们登陆失败，这完全是我个人决策和指挥的失误，我愿意承担全部责任，并向所有人道歉. "

随着本章的学习和对大量案例的分析，对于不确定性现象，你会有更深刻地认识.

对随机现象只做个别试验或观测，看不出明显的规律性，但在相同的条件下，对随机现象进行大量的重复试验或观测，就会发现各种结果的出现是有一定规律性的.

为了寻求随机现象的内在规律性，需要对其进行观察，我们把一次观察称为一次随机试验，简称"试验"，如每抛一次硬币，就是一次试验. 试验具有以下 3 个特点：

(1) 在相同条件下可以重复进行.

(2) 每次试验的可能结果不止一个，而且事先能明确所有可能的结果.

(3) 每次试验出现什么样的结果事先不能确定.

7.1.1 随机事件的概念

随机试验的每一个可能发生的结果称为随机事件，简称事件. 通常用大写字母 A、

B、C、… 表示. 不能再分解的随机事件称为基本事件，如掷一枚骰子，"出现 1 点"、"出现 2 点"、"出现 3 点"各是一个随机事件，由于它们不能再分解，所以它们都是基本事件；而"出现偶数点"、"出现奇数点"各是一个随机事件，由于它们还可以再分解，比如，"出现偶数点"可以分解为"出现 2 点"或"出现 4 点"或"出现 6 点"，所以它们不是基本事件.

在一定条件下肯定要发生的事件称为必然事件，常用 Ω 表示；在一定条件下不可能发生的事件称为不可能事件，常用 Φ 表示. 必然事件和不可能事件都属于确定性现象，但为了研究问题方便，我们仍然把它们当做随机事件，是随机事件的两个特殊情形.

7.1.2　事件间的关系及运算

从集合论的观点来看，随机事件实际上是一种特殊的集合，必然事件 Ω 相当于全集，每一个事件 A 都是 Ω 的子集. 所以我们可以用集合的观点来讨论事件之间的关系与运算，为直观起见，有时，可借助图形：我们用平面上的矩形区域表示必然事件 Ω，该区域中的一个子区域表示随机事件 A.

1. 包含关系

如果事件 A 发生必然导致事件 B 发生，则称事件 A 包含于事件 B 或称事件 B 包含事件 A，记作 $A \subset B$ 或 $B \supset A$，如图 7-1 所示.

2. 相等关系

如果 $A \subset B$，$B \subset A$ 同时成立，则称事件 A 与事件 B 相等，记作 $A = B$.

3. 事件的积（交）

由事件 A 与 B 同时发生构成的事件，称为事件 A 与 B 的积（交），记作 AB 或 $A \bigcap B$，如图 7-2 阴影部分所示.

对任意事件 A，有 $A \cdot A = A$，$A \cdot \Omega = A$，$A \cdot \Phi = \Phi$.

4. 事件的并（和）

由事件 A 与 B 至少有一个发生构成的事件，称为事件 A 与 B 的和（并），记作 $A + B$ 或 $A \bigcup B$，如图 7-3 阴影部分所示.

对任意事件 A，$A + A = A$，$A + \Omega = \Omega$，$A + \Phi = A$.

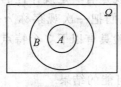
图 7-1

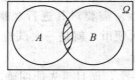
图 7-2

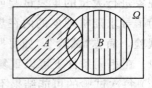
图 7-3

5. 事件的差

由事件 A 发生而事件 B 不发生构成的事件，称为事件 A 与 B 的差，记作 $A - B$，如图 7-4 阴影部分所示.

6. 互不相容事件(互斥事件)

若事件 A 与 B 不能同时发生，即 $AB = \Phi$，则称事件 A 与 B 互不相容(或互斥)，如图 7-5 所示.

7. 互逆事件(对立事件)

若事件 A 与 B 满足：$A + B = \Omega$，$AB = \Phi$，则称事件 A 与 B 互逆(或对立)，如图 7-6 所示. 事件 A 的逆事件记作 $\overline{A}$，即 $B = \overline{A}$，由图 7-6 知，对任意事件 A，有 $A + \overline{A} = \Omega$，$A\overline{A} = \Phi$，$\overline{\overline{A}} = A$.

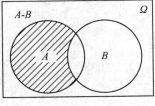　　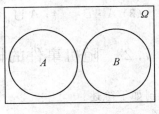　　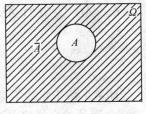

　　　图 7-4　　　　　　　　　　图 7-5　　　　　　　　　图 7-6

事件的运算满足以下规律.

(1) 交换律：$AB = BA$，$A \bigcup B = B \bigcup A$.

(2) 结合律：$(AB) \cdot C = A(BC)$，$(A \bigcup B) \bigcup C = A \bigcup (B \bigcup C)$.

(3) 分配律：$(A \bigcup B) \bigcap C = (A \bigcap C) \bigcup (B \bigcap C)$.

$$(A \bigcap B) \bigcup C = (A \bigcup C) \bigcap (B \bigcup C).$$

(4) 德摩根律：$\overline{A \bigcap B} = \overline{A} \bigcup \overline{B}$，$\overline{A \bigcup B} = \overline{A} \bigcap \overline{B}$.

例 7.1 甲、乙两炮手同时向一架敌机炮击，各打一发炮弹，设 $A_1 = \{$甲击中敌机$\}$，$A_2 = \{$乙击中敌机$\}$，试用事件 A_1，A_2 及它们的运算表示下列事件：

(1) $A = \{$敌机被击中$\}$；

(2) $B = \{$甲、乙都击中敌机$\}$；

(3) $C = \{$甲、乙都未击中敌机$\}$；

(4) $D = \{$有一人击中敌机$\}$.

并指出事件 A 与 B，A 与 C，B 与 C 各是什么关系？事件 B、C、D 的并是何意义.

解

(1) $A = \{$敌机被击中$\}$ 表示事件 A_1、A_2 中至少有一个发生，于是 $A = A_1 + A_2$；

(2) $B = \{$甲、乙都击中敌机$\}$ 表示 A_1、A_2 同时发生，于是 $B = A_1 \cdot A_2$；

(3) $C = \{$甲、乙都未击中敌机$\}$ 表示 $\overline{A_1}$，$\overline{A_2}$ 同时发生，于是 $C = \overline{A_1} \cdot \overline{A_2}$；

(4) $D = \{$有一人击中敌机$\}$ 表示 A_1 发生，A_2 不发生；或者 A_1 不发生，A_2 发生，于是

$$D = A_1 \cdot \overline{A_2} + \overline{A_1} \cdot A_2$$

从以上分析可知，$A \supset B$，$C = \overline{A}$，$BC = \Phi$，$B + C + D = \Omega$.

习　题　7.1

1. 某球迷连续三次购买足球彩票，每次一张，A，B，C 分别表示第一次，第二次，

第三次所买的彩票中奖的事件，试用 A，B，C 及其运算表示下列事件。

    （1）第三次未中奖

    （2）第一次，第二次中奖，第三次不中奖

    （3）至少有一次中奖

    （4）恰有一次中奖

    （5）至多中奖两次

    （6）三次都不中奖

2. 设 A、B 是 Ω 中的事件，试说出下列每个事件的意思：

（1）AB （2）$\overline{AB}$ （3）$\overline{A}\cdot\overline{B}$ （4）$\overline{A}\cup\overline{B}$

7.2　随机事件的概率

日常生活中，经常会听到如下陈述：

1. 产品的合格率是 98%.

2. 明天某股票价格上升的可能性不大.

3. 有 50% 的胜率竞标.

以上陈述的每一条都是关于某个随机事件发生的可能性的陈述，用概率来表示随机事件发生的可能性的大小.

7.2.1　概率的统计定义

在给出事件概率的定义前，先了解一下与概率密切相关的频率的概念.

设事件 A 在 n 次重复进行的试验中发生了 m 次，则称 $\frac{m}{n}$ 为事件 A 发生的频率，m 称为事件 A 发生的频数.

显然，任何随机事件的频率都是介于 0 与 1 之间的一个数.

大量随机试验的结果表明，多次重复地进行同一试验时，随机事件的变化会呈现出一定的规律性：当试验次数 n 很大时，某一随机事件发生的频率具有一定的稳定性，其数值将会在某个确定的数值附近摆动，并且试验次数越多，事件 A 发生的频率越接近这个数值，我们称这个数值为事件 A 发生的概率.

定义　在一个随机试验中，如果随着试验次数的增大，事件 A 出现的频率 $\frac{m}{n}$ 在某个常数 P 附近摆动，那么定义事件 A 的概率为 P，记作 $P(A)=P$.

概率的这种定义，称为概率的统计定义.

由概率的统计定义可知，概率具有如下性质.

性质 1　对任一事件 A，有 $0\leqslant P(A)\leqslant 1$.

这是因为事件 A 的频率 $\frac{m}{n}$ 总有 $0\leqslant\frac{m}{n}\leqslant 1$，故相应的概率 $P(A)$ 也有 $0\leqslant P(A)\leqslant 1$.

性质 2　$P(\Omega)=1$，$P(\Phi)=0$.

性质 3　若 $A\cap B=\Phi$，则 $P(A\cup B)=P(A)+P(B)$.

7.2.2　古典概型

对于某些随机事件，我们不必通过大量的试验去确定它的概率，而是通过研究它的内在规律去确定它的概率.

观察"投掷硬币"、"掷骰子"等试验，发现它们具有下列特点.

(1) 试验结果的个数是有限的，即基本事件的个数是有限的. 如"掷投硬币"试验的结果只有两个，即{正面向上}和{正面向下}.

(2) 每个试验结果出现的可能性相同，即每个基本事件发生的可能性是相同的. 如"掷投硬币"试验出现{正面向上}和{正面向下}的可能性都是 $\frac{1}{2}$.

(3) 每次试验只出现一个结果，也就是有限个基本事件是两两互斥的. 如"投掷硬币"试验中出现{正面向上}和{正面向下}都是互斥的.

满足上述条件的试验模型称为古典概型. 根据古典概型的特点，我们可以定义任一随机事件 A 的概率.

定义　如果古典概型中的所有基本事件的个数是 n，事件 A 包含的基本事件的个数是 m，则事件 A 的概率为

$$P(A) = \frac{m}{n} = \frac{\text{事件 } A \text{ 包含的基本事件个数}}{\text{所有基本事件的个数}}$$

概率的这种定义，称为概率的古典定义.

古典概型具有下列性质.

(1) 非负性：$0 \leqslant P(A) \leqslant 1$.

(2) 规范性：$P(\Omega) = 1$，$P(\Phi) = 0$.

(3) 可加性：若 $A \bigcap B = \Phi$，则 $P(A \bigcup B) = P(A) + P(B)$.

计算事件 A 的概率时，重要的是弄清基本事件总数 n 是多少，事件 A 包含哪些基本事件，其个数 m 是多少，计算 n 和 m 时经常使用排列与组合的计算公式.

例 7.2　掷一枚质地均匀的骰子，观察出现的点数.

(1) 出现偶数点的概率；

(2) 出现点数大于 4 的概率.

解　设 $A = \{$出现偶数点$\}$，$B = \{$出现点数大于 4$\}$

本试验是古典概型，且基本事件的总数 $n = 6$，"出现偶数点"的事件含有"出现 2 点、4 点、6 点"3 个基本事件；"出现点数大于 4"的事件含有"出现 5 点、6 点"两个基本事件，所以

(1) $P(A) = \frac{3}{6} = \frac{1}{2}$　　　　(2) $P(B) = \frac{2}{6} = \frac{1}{3}$

例 7.3　根据以往的统计，某厂产品的次品率为 0.05，在某段时间生产的 100 件产品中任抽 5 件进行检测，求恰有 1 件次品的概率.

解　从 100 件产品中抽取 5 件，所有可能的取法有 C_{100}^5

设 $A = \{$恰有一件次品$\}$，由于产品的次品率为 0.05，即 100 件产品中有 95 件正品，5 件次品，于是抽得 5 件产品中恰有 1 件次品的取法为 $C_5^1 C_{95}^4$，因此事件 A 的概率为

$$P(A) = \frac{C_5^1 C_{95}^4}{C_{100}^5} = 0.2114$$

例 7.4 袋中有 a 只黑球，b 只白球，从中依次无放回地取 3 次，每次取一球. 求下列事件的概率.

（1）A = "只有第二次取得黑球"；

（2）B = "三次中有一次取得黑球"；

（3）C = "至少有一次取得黑球".

解 这是一个古典概型问题，抽样方法无放回的抽取.

（1）从 $a+b$ 只球中无放回地摸 3 次球的排列数为 P_{a+b}^3，所以基本事件总数为 P_{a+b}^3，第二次取得黑球有 a 种，其余两次均取得白球有 P_b^2，故事件 A 所包含的基本事件数为 aP_b^2，于是

$$P(A) = \frac{aP_b^2}{P_{a+b}^3} = \frac{ab(b-1)}{(a+b)(a+b-1)(a+b-2)};$$

（2）不必考虑次序，得

$$P(B) = \frac{aC_b^2}{C_{a+b}^3} = \frac{3ab(b-1)}{(a+b)(a+b-1)(a+b-2)};$$

（3）不必考虑次序，基本事件总数 C_{a+b}^3，事件 C 包含的基本事件数是从总数中扣除 3 次都摸得白球的数，即 $C_{a+b}^3 - C_b^3$，于是

$$P(C) = \frac{C_{a+b}^3 - C_b^3}{C_{a+b}^3} = 1 - \frac{b(b-1)(b-2)}{(a+b)(a+b-1)(a+b-2)}$$

7.2.3 概率的加法公式

互不相容事件的加法公式

若 $A \cdot B = \Phi$，则 $P(A+B) = P(A) + P(B)$.

证明：略

推论 1 若事件 A_1，A_2，$\cdots$，A_n 两两互不相容，则

$$P(A_1 + A_2 + \cdots + A_n) = P(A_1) + P(A_2) + \cdots + P(A_n),$$

即互斥事件之和的概率等于各事件的概率之和.

推论 2 设 A 为任一随机事件，则

$$P(\overline{A}) = 1 - P(A)$$

推论 2 告诉我们：如果证明计算事件 A 的概率有困难时，可以先求逆事件 $\overline{A}$ 的概率，然后再利用此推论得其所求.

推论 3 若事件 $B \subset A$，则

$$P(A - B) = P(A) - P(B)$$

前面讨论了两个事件互斥时的加法公式，对于一般的情形，有下列结论.

定理 对任意两个事件 A，B 有

$$P(A+B) = P(A) + P(B) - P(A \cdot B)$$

证明：事件 $A+B$，可以表示成两个互斥事件 A 与 $B-AB$ 的和，即 $A+B = A + (B-AB)$ 且 $A \cdot (B-AB) = \Phi$，$AB \subset B$.

于是 $P(A+B) = P(A) + P(B-AB) = P(A) + P(B) - P(A \cdot B)$

推论 4　设 A、B、C 为任意 3 个事件，则

$$P(A+B+C) = P(A) + P(B) + P(C) - P(AB) - P(AC) - P(BC) + P(ABC)$$

例 7.5　某设备由甲、乙两个部件组成，当超载负荷时，各自出故障的概率分别为 0.90 和 0.85，同时出故障的概率是 0.80．求超载负荷时至少有一个部件出故障的概率．

解　设 $A = \{$甲部件出故障$\}$，$B = \{$乙部件出故障$\}$，则 $P(A) = 0.90$，$P(B) = 0.85$，$P(A \cdot B) = 0.80$

于是　$P(A+B) = P(A) + P(B) - P(A \cdot B)$
$$= 0.90 + 0.85 - 0.80 = 0.95$$

即超载负荷时至少有一个部件出故障的概率为 0.95．

习　题　7.2

1. 一批产品共有 100 件，其中 90 件是合格品，10 件是次品．从这批产品中任取 3 件，求其中有次品的概率．

2. 据统计资料表明，某市有 80% 的住户有电视机，60% 的住户有电冰箱，50% 的住户有电视机又有电冰箱．若从该市住户中任选一户，发现没有这两件家用电器的概率是什么？

3. 打靶中若命中 10 环的概率为 0.4，命中 8 环或 9 环的概率为 0.45．求最多命中 7 环的概率．

4. 从一批由 37 件正品，3 件次品组成的产品中任取 3 件产品，求：

(1) 3 件中恰有 1 件次品的概率；

(2) 3 件全是次品的概率；

(3) 3 件全是正品的概率；

(4) 3 件中至少有 1 件次品的概率；

(5) 3 件中至少有两件次品的概率．

7.3　条件概率和全概率公式

本节介绍条件概率的概念和与其有关的两个常用的计算概率的公式 —— 乘法公式和全概率．

7.3.1　条件概率

在实际问题中，除了要计算 A 的概率 $P(A)$ 外，有时还需要计算在"事件 B 已发生"的条件下，事件 A 发生的概率，这时用记号 $P(A \mid B)$ 表示．由于增加了新的条件："事件 B 已发生"，所以称 $P(A \mid B)$ 为条件概率．

定义　设 A、B 是随机试验的两个事件，且 $P(B) \neq 0$，则称 $\dfrac{P(AB)}{P(B)}$ 为已知 B 发生

时 A 发生的条件概率，或 A 关于 B 的条件概率，记作 $P(A \mid B)$.

同理可定义事件 A 发生的条件下事件 B 发生的条件概率

$$P(B \mid A) = \frac{P(AB)}{P(A)} (P(A) \neq 0)$$

例 7.6   设 100 件某产品中有 5 件不合格品，而 5 件不合格品中又有 3 件次品，两件废品. 现在 100 件产品中任意抽取 1 件，求：

(1) 抽到废品的概率；

(2) 已知抽到不合格品，求它是废品的概率.

解   记 $A =$ "抽到不合格品"，$B =$ "抽到废品"，则 $AB =$ "抽到不合格品且是废品".

(1) $P(B) = \dfrac{2}{100} = \dfrac{1}{50}$.

(2) 由于 5 件不合格品有 2 件废品.

$$P(A) = \frac{5}{100}, \ P(AB) = \frac{2}{100}$$

于是 $P(B \mid A) = \dfrac{P(AB)}{P(A)} = \dfrac{\frac{2}{100}}{\frac{5}{100}} = \dfrac{2}{5}$.

例 7.7   某种元件用满 6000 h 未坏的概率是 $\dfrac{3}{4}$，用满 10000 h 未坏的概率是 $\dfrac{1}{2}$. 现有一个此种元件，已经用过 6000 h 未坏，问它能用到 10000 h 的概率.

解   设 A 表示｛用满 10000 h 未坏｝

B 表示｛用满 6000 h 未坏｝

则 $P(B) = \dfrac{3}{4}, \ P(A) = \dfrac{1}{2}$

由于 $A \subset B$，$AB = A$，因而 $P(AB) = P(A) = \dfrac{1}{2}$

故 $P(A \mid B) = \dfrac{P(AB)}{P(B)} = \dfrac{P(A)}{P(B)} = \dfrac{\frac{1}{2}}{\frac{3}{4}} = \dfrac{2}{3}$

7.3.2   乘法公式

将条件概率公式以另一种形式写出，就是乘法公式的一般形式.

乘法公式：$P(AB) = P(A)P(B \mid A)$ $(P(A) > 0)$

或 $P(A \cdot B) = P(B) \cdot P(A \mid B)$ $(P(B) > 0)$

例 7.8   设 100 件产品中有 5 件是不合格品，用下列两种方法抽取两件，求两件都是合格品的概率.

(1) 不放回地依次抽取；

(2) 有放回地依次抽取.

解　设 A＝"第一次抽到合格品"，B＝"第二次抽到合格品"，则 AB＝"抽到两件都是合格品".

（1）不放回地依次抽取，两件都是合格品的概率：

$$P(A \cdot B) = P(A) \cdot P(B \mid A) = \frac{95}{100} \cdot \frac{94}{99} \approx 0.9 ;$$

（2）有放回地依次抽取，两件都是合格品的概率：

$$P(AB) = P(A) \cdot P(B) = \frac{95}{100} \cdot \frac{95}{100} = 0.9025.$$

例 7.9　一批产品中有 3％ 的废品，而合格品中一等品占 45％. 从这批产品中任取一件，求该产品是一等品的概率.

解　设 A＝"取出一等品"，B＝"取出合格品"，C＝"取出废品"，于是

$$P(C) = \frac{3}{100},\ P(A \mid B) = \frac{45}{100},$$

$$\begin{aligned} P(A) &= P(A \cdot B) = P(B) \cdot P(A \mid B) \\ &= (1 - P(C)) \cdot P(A \mid B) \\ &= \left(1 - \frac{3}{100}\right) \cdot \frac{45}{100} = 0.4365 \end{aligned}$$

乘法公式也可以推广到有限多个事件的情形，例如对于 3 个事件 A_1，A_2，A_3，$P(A_1 A_2) \neq 0$，则

$$P(A_1 A_2 A_3) = P(A_1) \cdot P(A_2 \mid A_1) \cdot P(A_3 \mid A_1 A_2)$$

7.3.3　全概率公式

计算中往往希望从已知的简单事件的概率推算出未知的复杂事件的概率，为达到这个目的，经常把一个复杂事件分解成若干个互斥的简单事件之和的形式，然后分别计算这些简单事件的概率，最后利用概率的可加性得到最终结果，全概率公式在这里起着重要的作用.

全概率公式：设 A_1，A_2，$\cdots$，A_n 是两两互斥事件，且 $A_1 + A_2 + \cdots + A_n = \Omega$，$P(A_i) > 0 (i = 1, 2, \cdots, n)$，则对任意事件 B，有

$$P(B) = \sum_{i=1}^{n} P(A_i) \cdot P(B \mid A_i)$$

例 7.10　某厂有 4 条流水线生产同一产品，该 4 条流水线的产量分别占总产量的 15％，20％，30％，35％，各流水线的次品率分别为 0.05，0.04，0.03，0.02. 从出厂产品中随机抽取一件，求此产品为次品的概率是多少？

解　设 B＝〈任取一件产品是次品〉

A_i＝〈第 i 条流水线生产的产品〉$(i = 1, 2, 3, 4)$，则

$$P(A_1) = 15\%,\ P(A_2) = 20\%$$

$$P(A_3) = 30\%,\ P(A_4) = 35\%$$

$$P(B \mid A_1) = 0.05,\ P(B \mid A_2) = 0.04$$

$$P(B \mid A_3) = 0.03,\ P(B \mid A_4) = 0.02$$

于是：$P(B) = \sum_{i=1}^{n} P(A_i) \cdot P(B \mid A_i)$

$= P(A_1) \cdot P(B \mid A_1) + P(A_2) \cdot P(B \mid A_2) + P(A_3) \cdot P(B \mid A_3) + P(A_4)$
$\cdot P(B \mid A_4)$

$= 15\% \times 0.05 + 20\% \times 0.04 + 30\% \times 0.03 + 35\% \times 0.02$

$= 0.0315$

习 题 7.3

1. 在 100 个圆柱形零件中有 93 件直径合格，有 95 件长度合格，有 90 件两个指标都合格．求下列事件的概率：

(1) 从中任取一件，求直径合格的概率；

(2) 从中任取一件，讨论在长度合格的前提下，直径也合格的概率．

2. 已知盒子中装有 10 只电子元件，其中 6 只正品．不放回地任取两次，每次取一只，问两次都取得正品的概率是多少？

3. 在一箱 100 件产品中有 20 件是不合格品，80 件合格品．现从箱中依次逐个不放回地随机抽取两件产品，求：

(1) 第二次抽到的是合格品的概率；

(2) 第二次抽到的是不合格品的概率．

4. 某市场待销售的某种产品中，估计由甲企业生产的占 20%，由乙企业生产的占 30%，由丙企业生产的占 50%，已知甲企业的次品率为 8%，乙企业的次品率为 5%，丙企业的次品率为 2%．现从该市场销售的该种产品中随机抽出一个产品进行检查，求它是次品的概率是多少？

7.4 事件的独立性与伯努利概型

7.4.1 事件的独立性

经验告诉我们在大雾天气中发生车祸的可能性要大一些，而大雾的天气与某人买彩票中奖则毫无关系，这就是说有些事件的发生对另一些事件的发生有影响，而有些事件之间则是互不影响的．概率论中对这类问题的探讨导致了事件独立性概念的提出．

定义 如果在两个事件 A、B 中，任一事件的发生不影响另一事件的发生的概率，即

$$P(A \mid B) = P(A)，或 P(B \mid A) = P(B)$$

则称事件 A 与事件 B 是相互独立的；否则，称为是不独立的．

关于独立性有如下两条性质：

性质 1 两个事件 A，B 相互独立的充分必要条件是：$P(AB) = P(A) \cdot P(B)$.

此性质给出了两个相互独立事件 A，B 的积事件的概率计算公式，它相当于是乘法

公式的一种特殊情形, 我们把它也称为乘法公式.

性质 2　若事件 A, B 相互独立, 则事件 $\overline{A}$ 与 $\overline{B}$, A 与 $\overline{B}$, $\overline{A}$ 与 B 也相互独立

例 7.11　甲、乙两人考大学, 甲考上的概率是 0.7, 乙考上的概率是 0.8. 问 (1) 甲、乙两人都考上的概率是多少? (2) 甲乙两人至少一人考上大学的概率是多少?

解　设 $A = \{甲考上大学\}$, $B = \{乙考上大学\}$, 则 $P(A) = 0.7$, $P(B) = 0.8$

(1) 甲、乙两人考上大学的事件是相互独立的, 故甲、乙两人同时考上大学的概率是

$$P(A \cdot B) = P(A) \cdot P(B) = 0.7 \times 0.8 = 0.56$$

(2) 甲、乙两人至少一人考上大学的概率是

$$P(A + B) = P(A) + P(B) - P(A \cdot B) = 0.7 + 0.8 - 0.56 = 0.94$$

例 7.12　设盒中装有 6 只球, 其中 4 只白球, 2 只红球. 从盒中任意取两次, 取后放回, 每次取一球, 求:

(1) 取到两只球都是白球的概率;

(2) 取到两只球颜色相同的概率;

(3) 取到的两只球至少有一只是白球的概率.

解　设 A_i 表示 $\{第\ i\ 次取得白球\}$

则 $\overline{A_i}$ 表示 $\{第\ i\ 次取得红球\}$ $(i = 1, 2)$

于是 $A_1 A_2$ 表示 $\{取到两只白球\}$, $A_1 A_2 + \overline{A_1}\ \overline{A_2}$ 表示 $\{取到两只颜色相同的球\}$, $A_1 + A_2$ 表示 $\{至少取到一只白球\}$.

由于放回抽样, 因此 $\{第一次取得白球\}$ 与 $\{第二次取到白球\}$ 的事件相互独立,

$$P(A_1) = P(A_2) = \frac{4}{6} = \frac{2}{3}, \quad P(\overline{A_1}) = P(\overline{A_2}) = \frac{1}{3}$$

(1) $P(A_1 A_2) = P(A_1) \cdot P(A_2) = \dfrac{2}{3} \times \dfrac{2}{3} \approx 0.444$;

(2) $P(A_1 A_2 + \overline{A_1}\ \overline{A_2}) = P(A_1 A_2) + P(\overline{A_1}\ \overline{A_2}) = P(A_1) \cdot P(A_2) + P(\overline{A_1}) P(\overline{A_2})$

$$= \frac{2}{3} \times \frac{2}{3} + \frac{1}{3} \times \frac{1}{3} \approx 0.556;$$

(3) $P(A_1 + A_2) = P(A_1) + P(A_2) - P(A_1 A_2) = \dfrac{2}{3} + \dfrac{2}{3} - \dfrac{2}{3} \times \dfrac{2}{3} \approx 0.889$.

7.4.2　伯努利概型

伯努利概型是指某种特殊的试验类型, 在这种试验类型下, 事件的概率有其特殊的计算公式.

定义　将某一试验重复 n 次, 这 n 次试验满足以下条件.

(1) 每次试验条件相同, 其基本事件只有两个, 设 A 和 $\overline{A}$, 并且 $P(A) = P$, $P(\overline{A}) = 1 - P$.

(2) 各次试验结果之间互不影响, 相互独立.

此时, 称 n 次重复试验为伯努利概型.

定理 1　设在 n 重伯努利试验中, 事件 A 的概率为 $P (0 < P < 1)$, 则在 n 次试验

中事件 A 发生 k 次概率为

$$P_n(k) = C_n^k p^k q^{n-k} = \frac{n!}{k!(n-k)!} p^k q^{n-k}$$

其中 $p+q=1$，$k = 0, 1, 2, \cdots, n$.

例 7.13 某工厂生产某种元件的次品率为 2%，现从该厂产品中重复抽样检查 10 个元件，问恰好有两个次品的概率是多少？

解 由于"重复抽样检查 10 个元件"就是独立地重复进行 10 次试验，而每次试验仅有正品或次品两种可能的结果，所以是伯努利概型.

令 $A =$ "任意抽取 10 个元件中恰有两个次品"

$$P(A) = P_{10}(2) = C_{10}^2 (0.98)^8 (0.02)^2 \approx 0.015$$

推论 "在 n 次试验中事件 A 至少发生 k 次"的概率为

$$\sum_{m=k}^{n} P_n(m) = \sum_{m=k}^{n} C_n^m p^m q^{n-m}$$

$$= 1 - \sum_{m=0}^{k-1} C_n^m p^m q^{n-m}$$

其中 $p+q=1$.

例 7.14 某射手每次击中目标的概率为 0.6，如果射击 5 次，试求至少击中两次的概率.

解 设 $A = \{至少击中二次\}$

$$P(A) = \sum_{k=2}^{5} C_5^2 (0.6)^k (0.4)^{5-k}$$
$$= 1 - C_5^0 (0.6)^0 (0.4)^5 - C_5^1 (0.6)^1 (0.4)^4$$
$$= 0.826.$$

习 题 7.4

1. 某种产品的次品率为 5%，现从一大批该产品中抽出 20 个进行检验，问 20 个该产品中恰有 2 个次品的概率是多少？

2. 假设有甲、乙两批种子，发芽率分别是 0.8 和 0.7，在两批种子中各随机取一粒，求：

(1) 两粒都发芽的概率；

(2) 至少有一粒发芽的概率；

(3) 恰有一粒发芽的概率.

3. 某种产品共 40 件，其中有 3 件次品，现从中任取两件，求其中至少有 1 件次品的概率.

4. 某人射击的命中率为 0.95，试问射击 5 次命中 3 次的概率是多少？

5. 加工某一产品共需经过 3 道工序，设第一、二、三道工序的次品率分别为 2%，3%，5%，假定各道工序是互不影响的，问加工出来的零件的次品率是多少？

本 章 小 结

一、本章主要内容及学习要点

本章主要介绍了随机事件、事件之间的关系和运算、事件的概率概念及性质，以及概率的计算公式.

（1）理解随机事件的概率时，要深刻体会它的"随机性". 就是说，随机事件是可能发生也可能不发生的. 了解事件间的关系及其运算，善于将某些复杂的事件表示为若干个简单事件的和或积，注意事件互斥与互逆两个概念的联系和区别，理解事件独立性概念.

（2）古典概型和伯努利概型是两个比较基本而又重要的试验模型. 在这两个概型中，给出了计算随机事件概率的两个计算公式，应用时要注意两个概型所需要的条件及所求随机事件的含义.

（3）统计概率、古典概率和条件概率是 3 个不同意义下的概率. 统计概率就是概率的统计定义，是从大量重复试验中随机事件频率的稳定性引出的，它给出了实际问题中计算概率的一种近似方法 —— 用频率代替概率，古典概率要求试验中基本事件个数有限，互斥且等可能发生，计算时常用到排列、组合，读者可复习有关的知识. 条件概率 $P(B \mid A)$ 是指在事件 A 发生的条件下事件 B 发生的概率，它可以利用定义计算.

（4）加法公式就事件之间的关系而言，分为互不相容和一般情形两种公式.

$$P(A + B) = P(A) + P(B) \quad (A，B 互斥)$$
$$P(A + B) = P(A) + P(B) - P(A \cdot B)$$

乘法公式就事件之间的关系而言，分为相互独立和一般情形两个公式，应用时注意条件概率的使用

$$P(A \cdot B) = P(A) \cdot P(B) \quad (A，B 独立)$$
$$P(A \cdot B) = P(B) \cdot P(A \mid B) = P(A) \cdot P(B \mid A)$$

实际中常用到两个事件是独立的加法公式.

$$P(A + B) = P(A) + P(B) - P(A) \cdot P(B)$$

加法公式和乘法公式中事件的个数都可以从两个事件推广到有限多个.

全概率公式运用时要注意将事件 A 恰当地分解为多个互斥事件之和的形式.

学习本章内容时要注意理解事件的统计定义、事件独立性的概念，掌握加法公式、乘法公式、全概率公式求概率的方法，掌握利用事件的独立性计算概率.

二、重点与难点

1. 重点

随机事件及其概率、条件概率的概念、事件的关系及其运算、概率的基本性质及其运算、加法公式及乘法公式、事件的独立性及有关计算.

2. 难点

古典概型的概念及其计算，条件概率的概念及其运算，全概率公式.

综 合 训 练

一、选择题

1. 设 A 表示事件"甲种产品畅销，乙中产品滞销"，则其对立事件 $\overline{A}$ 为（　　）

    A. "甲种产品滞销或乙种产品畅销"

    B. "甲种产品滞销"

    C. "甲乙两种产品均畅销"

    D. "甲种产品滞销，乙种产品畅销"

2. 对于任意事件 A 和 B，与 $A \cup B = B$ 不等价的是（　　）

    A. $A \subset B$ B. $\overline{B} \subset \overline{A}$ C. $A\overline{B} = \varnothing$ D. $\overline{A}B = \varnothing$

3. 设事件 A 和 B 满足 $P(B \mid A) = 1$，则（　　）

    A. A 是必然事件   B. $A \supset B$ C. $A \subset B$ D. $P(A\overline{B}) = 0$

4. 已知 $P(A) = p$，$P(B) = q$，且 A 与 B 互斥，则 A 与 B 恰有一个发生的概率为（　　）

    A. $p+q$ B. $1-p+q$ C. $1+p-q$ D. $p+q-2pq$

5. 袋中有 3 个新球，2 个旧球，现每次取一个，无放回地抽取两次，则第二次取到新球的概率为（　　）

    A. $\dfrac{3}{5}$ B. $\dfrac{3}{4}$ C. $\dfrac{2}{4}$ D. $\dfrac{3}{10}$

二、填空题

1. 设 A、B、C 为任意三个事件，三个事件都未发生可表示为_____，恰有两个发生可表示为_____.

2. 设 A、B 是两个随机事件，$P(A) = 0.4$，$P(B) = 0.3$，$P(A \cup B) = 0.6$，则 $P(A\overline{B}) =$ _____.

3. 已知 $P(A) = 0.5$，$P(A \cup B) = 0.6$，若 A、B 互斥，则 $P(B) =$ _____；若 A，B 相互独立，则 $P(B) =$ _____.

4. 口袋中有 4 个白球，2 个黑球，从中随机地取出 3 个球，则取得 2 个白球，1 个黑球的概率是_____.

5. 设在每次贝努里试验中，事件 A 发生的概率均为 p，则在 n 次贝努里试验中，事件 A 至少发生一次的概率为_____，至多发生一次的概率为_____.

三、计算题

1. 写出试验的样本空间：将一枚硬币抛掷三次（1）观察每次掷出正面还是反面；

(2) 观察出现正面的次数.

2. 某射手项目标连续射击 2 次，每次一发子弹，设 A_1 表示"第一发命中"，A_2 表示"第二发命中"，试写出此试验的样本空间，并表示下列事件：(1) 两发都命中；(2) 两发都没有命中；(3) 恰有一发命中；(4) 至少有一发命中.

3. 从一大批产品中抽取 3 件进行检验，设 A_i 表示第 i 件正品 $(i = 1, 2, 3)$. 试用 A_1，A_2，A_3 表示下列事件.

(1) 只有第二件是正品；

(2) 至少有一件是正品；

(3) 恰有两件正品；

(4) 都是次品.

4. 一批产品共 200 个，其中有 6 个废品. 求：

(1) 这批产品的废品率(即任取 1 个产品是废品的概率)

(2) 任取 3 个恰有 1 个废品的概率

(3) 任取 3 个全不是废品的概率

5. 设 A，B 是两个事件，已知 $P(A) = 0.5$，$P(B) = 0.7$，$P(A \bigcup B) = 0.8$，试求 $P(A - B)$ 与 $P(B - A)$.

6. 设 A，B，C 是 3 个事件，已知 $P(A) = P(B) = P(C) = 0.3$，$P(AB) = 0.2$，$P(BC) = P(CA) = 0$. 试求 A，B，C 中至少有一个发生的概率.

7. 5 名篮球运动员独立地投篮，每个运动员投篮的命中率都是 80%. 他们各投一次，试求：

(1) 恰有 4 次命中的概率；

(2) 至少有 4 次命中的概率；

(3) 至多有 4 次命中的概率.

8. 甲、乙、丙三门高炮同时独立地向敌机发射一枚炮弹，它们命中敌机的概率都是 0.2. 飞机被击中 1 枚炮弹而坠毁的概率为 0.1，被击中两枚炮弹而坠毁的概率为 0.5，被击中 3 枚炮弹必定坠毁.

试求飞机坠毁的概率.

9. 一个盒子装有 6 个乒乓球，其中 4 个是新的. 第一次比赛时随机地从盒子中取出两个乒乓球，使用后放回盒子. 第二次比赛时又随机地从盒子中取出 2 个乒乓球.

试求第二次取出的球全是新球的概率.

10. 一个样本空间有 3 个样本点，其对应概率分别为 $2p$，p^2，$4p - 1$，求 p 值.

11. 一个人击中目标的概率为 $\dfrac{2}{3}$，如果他射击直到击中为止，求他将在第五次射击时，第一次击中目标的概率.

12. 一批产品中，一、二、三等品率分别为 0.8，0.16，0.04，若规定一、二等品为合格品，求产品的合格率.

13. 设 A、B、C 是三个事件，且已知 $P(A) = P(B) = P(C) = \dfrac{1}{4}$，$P(AB) =$

$P(BC) = 0$，$P(AC) = \dfrac{1}{8}$，求 A，B，C 至少有一个发生的概率.

14. 某保险公司把被保险人分成三类："谨慎型"、"普通型"和"冲动型"，他们在被保险人中依次占 20%，50%，30%，统计资料显示，上述三种人在一年内发生事故的概率分别为 0.05，0.15，0.3，假设这三种人的划分互不交叉，随机抽取一人，其在一年内发生事故的概率是多少？

15. 某商店购进甲厂生产的产品 30 箱，乙厂生产的同种产品 20 箱，甲厂每箱装 100 个，废品率为 0.06，乙厂每箱装 120 个，废品率是 0.05，求：

（1）任取一箱，从中任取一个为废品的概率；

（2）若将所有产品开箱混放，求任取一个为废品的概率.

 阅读材料

一则概率论起源的故事

法国有两个大数学家，一个叫做巴斯卡尔，一个叫做费马。

巴斯卡尔认识两个赌徒，这两个赌徒向他提出了一个问题。他们说，他俩下赌金之后，约定谁先赢满 5 局，谁就获得全部赌金。赌了半天，A 赢了 4 局，B 赢了 3 局，时间很晚了，他们都不想再赌下去了。那么，这个钱应该怎么分？是不是把钱分成 7 份，赢了 4 局的就拿 4 份，赢了 3 局的就拿 3 份呢？或者，因为最早说的是满 5 局，而谁也没达到，所以就一人分一半呢？

这两种分法都不对。正确的答案是：赢了 4 局的拿这个钱的 3/4，赢了 3 局的拿这个钱的 1/4。

为什么呢？假定他们俩再赌一局，或者 A 赢，或者 B 赢。若是 A 赢满了 5 局，钱应该全归他；A 如果输了，即 A、B 各赢 4 局，这个钱应该对半分。现在，A 赢、输的可能性都是 1/2，所以，他拿的钱应该是 $1/2 \times 1 + 1/2 \times 1/2 = 3/4$，当然，B 就应该得 1/4。

通过这次讨论，开始形成了概率论当中一个重要的概念 —— 数学期望。

在上述问题中，数学期望是一个平均值，就是对将来不确定的钱今天应该怎么算，这就要用 A 赢输的概率 1/2 去乘上他可能得到的钱，再把它们加起来。

概率论从此就发展起来，今天已经成为应用非常广泛的一门学科。

第8章 随机变量及其数字特征

**学习目标:**

• 了解随机变量、离散型随机变量、连续型随机变量、分布函数的概念和性质.

• 掌握利用概率分布列、概率密度及分布函数计算有关事件概率的方法. 预测离散或连续变化的经济现象变化的状况及其发生的可能性.

• 熟练掌握正态分布的概率计算,会查正态分布表.

• 理解数学期望、方差与标准差的概念,了解期望、方差的性质,掌握求随机变量期望、方差的方法. 会利用随机变量的期望和方差解答经济生活中的相关案例.

• 掌握两点分布、二项分布、泊松分布、均匀分布、指数分布、正态分布等概率分布及它们的期望与方差.

• 掌握求随机变量函数数学期望的方法.

8.1 随 机 变 量

在上一章,介绍了随机事件及其概率,可以发现很多随机试验的结果都可以用数量来表示,例如:

例 8.1 在 10 件同类型产品中,有 3 件次品,现任取两件,用一个变量 X 表示"两件中的次品数",X 的取值是随机的,可能的取值为 0,1,2. 显然"$X = 0$"表示次品数为零,它与事件"取出两件中没有次品"是等价的. 由此可知,"$X = 1$"等价于"恰好有 1 件次品","$X = 2$"等价于"恰好有两件次品". 于是由古典概型可求得

$$P(X = 0) = \frac{C_3^0 C_7^2}{C_{10}^2} = \frac{7}{15}$$

$$P(X = 1) = \frac{C_3^1 C_7^1}{C_{10}^2} = \frac{7}{15}$$

$$P(X = 2) = \frac{C_3^2 C_7^0}{C_{10}^2} = \frac{1}{15}$$

此结果可以统一写成 $P(X = i) = \dfrac{C_3^i C_7^{2-i}}{C_{10}^2} (i = 0,1,2)$

例 8.2 某选手射击的命中率为 $P = 0.4$,现射击 5 次,命中次数用 Y 表示,它的取值是随机的,可能的取值有 0,1,2,3,4,5,显然"$Y = i$"等价于"5 次射击中,恰有 i 次命中"($i = 0,1,\cdots,5$),由于各次试验都是独立进行的,由伯努利概型公式得

$$P(Y = i) = C_5^i p^i (1-p)^{5-i}$$
$$= C_5^i 0.4^i 0.6^{5-i}, \ (i = 0,1,\cdots,5)$$

上面两个例子中的 X,Y 具有下列特征:

(1) 取值是随机的, 事前并不知道取到哪一个值.

(2) 所取的每一个值, 都相应于某一随机现象.

(3) 所取的每个值的概率大小是确定的.

8.1.1 随机变量的定义

一般地, 如果一个变量, 它的取值随着试验结果的不同而变化着, 当试验结果确定后, 它所取的值也就相应的确定, 这种变量称为随机变量. 随机变量可用大写英文字母 X、Y、Z、…(或希腊字母 ξ, η, …) 表示.

随机变量与一般变量的区别: 随机变量的取值是随机的(试验前只知道它可能取值的范围, 但不能确定它取什么值), 且这些取值具有一定的概率, 比如 X 取值为 0, 相应地有概率 $P(X=0)$; 一般变量 X 取值是确定的, 比如 X 取值是 0, 就是 $X=0$.

8.1.2 随机变量的分类

随机变量按其取值情况可以分为两类:

1. 离散型随机变量

定义 若随机变量 X 的所有可能取值是可以一一列举出来的(即取值是有限个或可列个), 则称 X 为离散型随机变量.

该离散型随机变量 X 的所有取值为 x_1, x_2, …, x_n, 并且 X 取各个可能值的概率分别为

$$P_k = P(X = x_k), \quad k = 1, 2, \cdots, n$$

称上式为离散型随机变量 X 的概率分布, 简称分布列或分布. 为清楚起见, X 及其分布列也可以用表格的形式表示.

X	x_1	x_2 $\cdots$ x_n
P	P_1	P_2 $\cdots$ P_3

分布列具有以下两个性质.

性质 1 $0 \leqslant P_k \leqslant 1$ $\quad k = 1, 2, \cdots, n$

性质 2 $\sum\limits_{k=1}^{n} P_k = 1$

如案例 8.1 中, 10 件产品中有 3 件次品, 现任取两件, 这两件中的次品数 X 的分布列, 可写成如下形式:

X	0	1	2
P	$\dfrac{7}{15}$	$\dfrac{7}{15}$	$\dfrac{1}{15}$

并可求出 $P(X \geqslant 1)$ 和 $P(X \leqslant 2)$

$$P(X \geqslant 1) = P(X = 1) + P(X = 2) = \frac{7}{15} + \frac{1}{15} = \frac{8}{15}$$

$$P(X \leqslant 2) = P(X = 0) + P(X = 1) + P(X = 2) = 1$$

2. 连续型随机变量

定义　设随机变量 X，如果存在非负函数 $f(x)(-\infty < x < +\infty)$，使得对任意实数 $a \leqslant b$，有

$$P(a \leqslant X \leqslant b) = \int_a^b f(x)\mathrm{d}x$$

（即取值可包括某实数区间的全部值）则称 X 为连续型随机变量，称 $f(x)$ 为 X 的概率密度函数，简称概率密度或分布密度.

由定义可知，概率密度有下列性质.

性质 1　$f(x) \geqslant 0$（因为概率不能小于零）；

性质 2　$\int_{-\infty}^{+\infty} f(x)\mathrm{d}x = 1$.

例 8.3　若 $f(x) = \begin{cases} 4kx & 0 < x < 1 \\ 0 & \text{其它} \end{cases}$ 为随机变量 X 的密度函数，试求系数 k

解　根据概率密度函数的性质 2，可得

$$\int_{-\infty}^{+\infty} f(x)\mathrm{d}x = \int_0^1 4kx\,\mathrm{d}x = 2kx^2 \Big|_0^1 = 2k = 1$$

所以 $k = \dfrac{1}{2}$

习　题　8.1

1. 抛掷一枚均匀的硬币，试求一次试验中出现正面次数的概率分布.

2. 一批产品的废品率为 5%，从中任意抽取一个进行检验，用随机变量 ξ 来描述废品出现的情况并写出 ξ 的分布.

3. 设随机变量 ξ 的密度函数为

$$f(x) = \begin{cases} a\cos x & -\dfrac{\pi}{2} < x < \dfrac{\pi}{2} \\ 0 & \text{其他} \end{cases}$$

求：(1) 常数 a；(2) $P\left(0 < \xi < \dfrac{\pi}{4}\right)$.

4. 设连续型随机变量 X 密度函数为

$$f(x) = \begin{cases} kx + 1 & 0 \leqslant x \leqslant 2 \\ 0 & \text{其他} \end{cases}$$

求：(1) 常数 k；(2) $P(1 < X < 3)$.

5. 随机变量 ξ 表示"掷一颗色子出现的点数"，求其概率分布.

8.2　分　布　函　数

8.2.1　分布函数的定义

设 X 是一个随机变量，称函数 $F(x) = P(X \leqslant x)$ 为随机变量 X 的分布函数，记作

$X \sim F(x)$.

对于离散型随机变量 X，若它的概率分布是 $P_k = P(X = x_k)$，$(k = 1, 2, \cdots)$，则 X 的分布函数为

$$F(x) = P(X \leqslant x) = \sum_{x_k \leqslant x} P_k$$

对于连续型随机变量 X，其概率密度为 $f(x)$，则它的分布函数为

$$F(x) = P(X \leqslant x) = \int_{-\infty}^{x} f(t)\mathrm{d}t$$

即分布函数是概率密度的变上限的定积分.

由微分知识可得：$F'(x) = f(x)$

实际上，分布函数就是概率分布或概率密度的"累计和"，分布函数与概率分布或概率密度只要知道其一，另一个就可以求得.

分布函数具有如下性质.

性质 1　$0 \leqslant F(x) \leqslant 1$（因为 $F(x)$ 就是某种概率）

性质 2　$F(x)$ 单调不减函数，

且　$F(+\infty) = \lim\limits_{x \to +\infty} P(X \leqslant x) = 1$

$F(-\infty) = \lim\limits_{x \to -\infty} P(X \leqslant x) = 0$

性质 3　$\int_a^b f(x)\mathrm{d}x = F(b) - F(a)$

或　　　$\sum_{a < x_i \leqslant b} P_i = F(b) - F(a)$

8.2.2　分布函数的计算

例 8.4　设随机变量 X 的分布列为

X	-1	0	1
P	0.3	0.5	0.2

求 X 的分布函数.

解　当 $x < -1$ 时，因为事件 $\{X \leqslant x\} = \Phi$，所以 $F(x) = 0$

当 $-1 \leqslant x < 0$ 时，有

$$F(x) = P(X \leqslant x) = P(X = -1) = 0.3$$

当 $0 \leqslant x < 1$ 时，有

$$F(x) = P(X \leqslant x) = P(X = -1) + P(X = 0) = 0.8$$

当 $x \geqslant 1$ 时，有

$$F(x) = P(X \leqslant x) = P(X = -1) + P(X = 0) + P(X = 1) = 1$$

故 X 的分布函数为

$$F(x) = P(X \leqslant x) = \begin{cases} 0 & x < -1 \\ 0.3 & -1 \leqslant x < 0 \\ 0.8 & 0 \leqslant x < 1 \\ 1 & x \geqslant 1 \end{cases}$$

例 8.5　设随机变量 X 的概率密度为

$$f(x) = \begin{cases} \dfrac{1}{b-a}, & a \leqslant x \leqslant b \quad (a < b) \\ 0 & \text{其他} \end{cases}$$

求 X 的分布函数 $F(x)$.

解　由分布函数定义 $F(x) = P(X \leqslant x) = \displaystyle\int_{-\infty}^{x} f(t)\mathrm{d}t$

可得：　当 $x < a$ 时，$f(x) = 0$，故 $F(x) = 0$

当 $a \leqslant x < b$ 时，$f(x) = \dfrac{1}{b-a}$，故

$$F(x) = \int_{-\infty}^{x} f(t)\mathrm{d}t = \int_{a}^{x} \frac{1}{b-a}\mathrm{d}t = \frac{x-a}{b-a}$$

当 $b \leqslant x$ 时，$f(x) = 0$，故

$$F(x) = \int_{-\infty}^{x} f(t)\mathrm{d}t = \int_{-\infty}^{a} 0\mathrm{d}t + \int_{a}^{b} \frac{1}{b-a}\mathrm{d}t + \int_{b}^{x} 0\mathrm{d}t = 1$$

故 X 的分布函数为

$$F(x) = P(X \leqslant x) = \begin{cases} 0 & x < a \\ \dfrac{x-a}{b-a} & a \leqslant x < b \\ 1 & x \geqslant b \end{cases}$$

例 8.6　设随机变量 X 的分布函数

$$F(x) = \begin{cases} 0, & x < 0 \\ x^4, & 0 \leqslant x < 1 \\ 1 & x \geqslant 1 \end{cases}$$

求 ① $P(X \leqslant 0.5)$

② $P(0.2 < X < 0.8)$

③ 密度函数 $\varphi(x)$

解　① 由分布函数定义：

$$P(X \leqslant 0.5) = F(0.5) = 0.5^4 = 0.0625$$

② $P(0.2 < X < 0.8) = F(0.8) - F(0.5) = 0.408$

③ $F(x)$ 是连续函数，根据分布函数与概率密度的关系得

$$\varphi(x) = \begin{cases} 4x^3 & 0 < x < 1 \\ 0 & \text{其它} \end{cases}$$

习　题　8.2

1. 设一批产品的次品率 $P = 0.1$，有放回地连续抽取 3 次，每次取一件产品进行抽样检查. 求 3 次抽取中取得正品次数的分布函数.

2. 设随机变量 ξ 的分布函数为

$$F(x) = \begin{cases} 0 & x < 0 \\ Ax^2 & 0 \leqslant x \leqslant 1 \\ 1 & x \geqslant 1 \end{cases}$$

求：(1) 系数 A；(2) 落在区间$(0.3，0.7)$内的概率；(3) ξ 的分布密度.

3. 设 ξ 是连续型随机变量，其分布密度为 $f(x) = \begin{cases} C(4x - 2x^2) & 0 < x < 2 \\ 0 & \text{其他} \end{cases}$

求：(1) C 的值；(2) $P(\xi > 1)$.

4. 某线路公共汽车每隔 6 分钟开出一辆，乘客到车站候车时间 ξ 是一个随机变量. 且 ξ 在$[0，6]$上任一子区间内取值的概率与这区间长度正比，求 ξ 的分布函数 $F(x)$ 及密度函数 $\Phi(x)$.

8.3　几种常见随机变量的分布

8.3.1　几种常见离散型随机变量的分布

1. 两点分布($0-1$分布)

若随机变量 X 只取 0，1 两个值，且

$$P(X = 0) = q = 1 - p，\ P(X = 1) = p，\ p + q = 1$$

则称 X 服从两点分布或者称 $0-1$ 分布.

2. 二项分布

随机变量 X 的概率分布为

$$P(X = k) = C_n^k p^k (1 - p)^{n-k}，\ k = 0，1，2，\cdots，n$$

其中 $0 < p < 1$，则称随机变量 X 服从参数 n，P 的二项分布，记作 $X \sim B(n，p)$.

3. 泊松分布

设随机变量 X 取值为 0，1，2，$\cdots$，其相应的概率分布为：

$$P(X = k) = \frac{\lambda^k}{k!} e^{-\lambda}，\ k = 0，1，2，\cdots$$

其中 λ 为参数$(\lambda > 0)$，则称 X 服从泊松分布，记作 $P(\lambda)$

例 8.7　假设 3 人进入一家服装店，每个人购买的概率均为 0.3，而且彼此相互独立，求：

(1) 3 人中两个人购买的概率是多少？

(2) 3 人中至少两个人购买的概率是多少？

(3) 3 人中至多两个人购买的概率是多少？

解　设 X 为 3 人中购买服装的人数，则 X 服从 $n = 3$，$P = 0.3$ 的二项分布.

(1) 3 人中 2 人购买的概率，即 $X = 2$ 的概率，由二项分布的概率公式得

$$P(X = 2) = C_n^k p^k q^{n-k} = C_3^2\, 0.3^2\, 0.7^{3-2} = 0.189$$

(2) 3 人中至少有 2 人购买的概率是包括 $X = 2$ 和 $X = 3$ 的概率，即

$$P(X \geqslant 2) = \sum_{k=2}^{3} P(X = k) = \sum_{k=2}^{3} C_3^k\, 0.3^k\, 0.7^{3-k} = 0.189 + 0.027 = 0.216$$

(3) 3 人中至多有二人购买的概率包括 $X = 0$，$X = 1$，$X = 2$ 的概率，即

$$P(X \leqslant 2) = \sum_{k=0}^{2} P(X=k) = \sum_{k=0}^{2} C_3^k \, 0.3^k \, 0.7^{3-k} = 0.343 + 0.441 + 0.189 = 0.973$$

例 8.8　电话交换台每分钟接到的呼唤次数 X 为随机变量，设 $X \sim P(4)$，求一分钟内呼叫次数（1）恰好为 8 次的概率；（2）不超过一次的概率.

解　这里的 $\lambda = 4$，故

$$P(X=k) = \frac{4^k}{k!} e^{-4}, \quad k = 0, 1, 2, \cdots$$

（1）$P(X=8) = \dfrac{4^8}{8!} e^{-4} \approx 0.0298$；

（2）$P(X \leqslant 1) = P(X=0) + P(X=1) = \dfrac{4^0}{0!} e^{-4} + \dfrac{4^1}{1!} e^{-4} \approx 0.092$.

当 n 很大，p 很小时，二项分布可以用泊松分布近似，有

$$C_n^k (1-p)^{n-k} \approx \frac{\lambda^k}{k!} e^{-\lambda}$$

其中 $\lambda = np$，也就是说，泊松分布可以看做是一个概率很小的事件在大量试验中出现次数的概率分布. 实际计算中，当 $n > 10$，$P < 0.1$ 时，就可以用上述的近似公式.

8.3.2　几种常见连续型随机变量的分布

1. 均匀分布

如果随机变量 X 的概率密度为

$$f(x) = \begin{cases} \dfrac{1}{b-a} & a \leqslant x \leqslant b \\ 0 & \text{其他} \end{cases}$$

则称 X 服从 $[a, b]$ 上的均匀分布，记作 $U(a, b)$.

例 8.9　设随机变量 X 服从 $[a, b]$ 上的均匀分布，求 $P(c \leqslant X \leqslant d)$，其中 $a \leqslant c < d \leqslant b$.

解　$P(c \leqslant X \leqslant d) = \displaystyle\int_c^d f(x)\mathrm{d}x = \int_c^d \frac{1}{b-a}\mathrm{d}x = \frac{d-c}{b-a}$.

例 8.10　某城市某一个交通路口红灯的时间长度为 50s，某汽车在路口等候的时间长度为一个随机变量. 设其服从均匀分布，求该车等候时间在 10s ～ 30s 的概率是多少？

解　设 X 为该车在路口等待的时间长度，由题意 X 服从区间 $[0, 50]$ 上的均匀分布：

$$P(10 \leqslant X \leqslant 30) = \frac{30-10}{50-0} = \frac{2}{5}$$

2. 正态分布

若随机变量 X 的概率密度函数为

$$f(x) = \frac{1}{\sqrt{2\pi}\delta} e^{-\frac{(x-\mu)^2}{2\delta^2}}, \quad (-\infty < x < +\infty)$$

其中 μ，$\delta(\delta > 0)$ 都是常数，则称 X 服从参数 μ，δ 正态分布，记作 $X \sim N(\mu, \delta^2)$.

特别地，当 $\mu=0$，$\delta=1$时，X 的概率密度函数为$\phi(x)=\dfrac{1}{\sqrt{2\pi}}e^{-\frac{x^2}{2}}$，$(-\infty<x<+$

$\infty)$，这时，称随机变量 X 服从标准正态分布，记做 $X\sim N(0,1)$.

标准正态分布的密度函数是偶函数：$\phi(-x)=\phi(x)$，其函数图形关于 y 轴对称，如图 8-1 所示.

利用微积分的知识可知道正态分布的概率函数的性质.

（1）$f(x)$ 以 $x=\mu$ 为对称轴，并在 $x=\mu$ 处达到最大，最大值为$\dfrac{1}{\sqrt{2\pi}\delta}$.

（2）当 $x\to\pm\infty$ 时，$f(x)\to0$，即 $f(x)$ 以 x 轴为渐近线.

（3）用求导的方法可以证明，$x=\mu\pm\delta$ 为 $f(x)$ 的两个拐点的横坐标，且 δ 为拐点到对称轴的距离.

（4）若固定 δ 而改变 μ 的值，则正态分布曲线沿着 x 轴平行移动而不改变形状，可见曲线的位置完全由参数 μ 决定；若固定 μ 而改变 δ 的值，则当 δ 越小图形变得越陡峭；反之，则越平缓，因此 δ 的值刻画了随机变量取值的分散程度，即 δ 越小，取值分散程度越小；δ 越大，取值的分散程度越大，如图 8-2 所示.

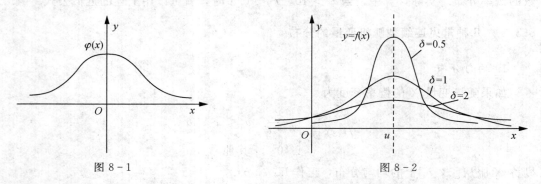

图 8-1 　　　　　　　　　　　　　　图 8-2

正态分布式概率论中最重要的一种分布，大量的随机变量如测量误差，人的身高、体重、智商，射击时弹着点与靶心的距离都可以认为服从或近似服从正态分布.

3. 正态分布的概率计算

（1）标准正态分布的概率计算.

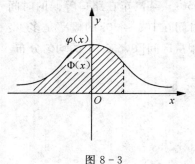

图 8-3

设 $X\sim N(0,1)$，由标准正态分布的密度函数 $\varphi(x)$，可计算随机变量 X 在任一区间上取值的概率. 为了计算的方便，书中附表（标准正态分布数值表）已给出了随机变量 X 在区间$(-\infty,x]$ $(x\geqslant0)$ 上取值的概率，并记作 $\Phi(x)$，即

$$\Phi(x)=P(X\leqslant x)=\int_{-\infty}^{x}\frac{1}{\sqrt{2\pi}}e^{-\frac{t^2}{2}}dt$$

上式的几何意义就是图 8-3 中阴影部分的面积.

随机变量 X 在区间$(a,b]$上的概率为

$$P(a < X \leqslant b) = \int_a^b \frac{1}{\sqrt{2\pi}} \mathrm{e}^{-\frac{x^2}{2}} \mathrm{d}x$$

$$= \int_{-\infty}^b \frac{1}{\sqrt{2\pi}} \mathrm{e}^{-\frac{x^2}{2}} \mathrm{d}x - \int_{-\infty}^a \frac{1}{\sqrt{2\pi}} \mathrm{e}^{-\frac{x^2}{2}} \mathrm{d}x$$

即　$P(a < X \leqslant b) = \Phi(b) - \Phi(a)$

用标准正态分布函数值表时，有一下几种情况.

(1) 因表中 x 的取值范围为 $[0.3, 3.09]$，因此，当 $x \in [0.3, 3.09]$ 时，可直接查表，对于 $x > 3.09$，取 $\Phi(x) \approx 1$.

(2) $\Phi(-x) = 1 - \Phi(x)$.

(3) $P(X < b) = P(X \leqslant b) = \Phi(b)$.

(4) $P(X \geqslant a) = P(X > a) = 1 - \Phi(a)$.

(5) $P(a < X \leqslant b) = \Phi(b) - \Phi(a)$.

(6) $P(|X| < b) = P(|X| \leqslant b) = \Phi(b) - \Phi(-b) = 2\Phi(b) - 1$.

例 8.11　随机变量 $X \sim N(0, 1)$，求：

(1) $P(X < 1.65)$　　(2) $P(1.65 \leqslant X < 2.09)$　　(3) $P(X \geqslant 2.09)$

(4) $P(X < -2)$　　(5) $P(X \geqslant -0.09)$　　(6) $P(|X| < 1.96)$

解　查附表：标准正态分布数值表得：

(1) $P(X < 1.65) = \Phi(1.65) = 0.9505$

(2) $P(1.65 \leqslant X < 2.09) = \Phi(2.09) - \Phi(1.65) = 0.9817 - 0.9505 = 0.0312$

(3) $P(X \geqslant 2.09) = 1 - P(X < 2.09) = 1 - \Phi(2.09) = 1 - 0.9817 = 0.0183$

(4) $P(X < -2) = \Phi(-2) = 1 - \Phi(2) = 1 - 0.9772 = 0.0228$

(5) $P(X \geqslant -0.09) = 1 - \Phi(-0.09) = \Phi(0.09) = 0.5359$

(6) $P(|X| < 1.96) = 2\Phi(1.96) - 1 = 0.9500$

(2) 一般正态分布的概率计算.

正态分布 $N(\mu, \delta^2)$ 均可以化为标准正态分布 $N(0, 1)$ 计算. 可以证明，对正态分布 $X \sim N(\mu, \delta^2)$，有

$$P(X \leqslant x) = \Phi\left(\frac{x - \mu}{\delta}\right)$$

$$P(a < X \leqslant b) = \Phi\left(\frac{b - \mu}{\delta}\right) - \Phi\left(\frac{a - \mu}{\delta}\right)$$

这样，正态分布的概率计算可以通过查标准正态分布数值表完成.

例 8.12　已知某车间工人完成某道工序的时间 X 服从 $N(10, 3^2)$，求：

(1) 从该车间工人中任选一个工人，求完成该道工序的时间至少为 7min 的概率；

(2) 为了保证生产的连续进行，要求 95% 的概率保证该道工序上工人完成工作时间不超过 15min，这一要求能否得到保证？

解　根据题设，$X \sim N(10, 3^2)$

(1) $P(X \geqslant 7) = 1 - P(X < 7)$

$$= 1 - \Phi\left(\frac{7 - 10}{3}\right) = 1 - \Phi(-1) = \Phi(1) = 0.8413$$

即从该车间工人中任选一人，其完成该道工序的时间至少 7min 的概率为 0.8413；

$$(2)\ P(0 < X \leqslant 15) = \Phi\left(\frac{15-10}{3}\right) - \Phi\left(\frac{0-10}{3}\right)$$
$$= \Phi(1.67) - \Phi(-3.33)$$
$$= \Phi(1.67) + \Phi(3.33) - 1 \approx 0.9525 > 0.95$$

此处用到 $\Phi(3.33) \approx 1$. 由以上计算可知，能够以 95% 的概率保证该道工序上工人完成工作时间不超过 15min，也就是可以保证生产连续进行.

习　题　8.3

1. 已知随机变量 X 的分布列为

X	0	1	3	5	7
P	0.1	0.3	0.2	0.3	0.1

试求：(1) $P(X=3)$；(2) $P(X<3)$；(3) $P(X \geqslant 3)$；(4) $P(3 \leqslant X < 7)$.

2. 设盒中 5 个白球，3 个黑球，从中任取 3 个，求"取到白球数"的分列布.

3. 某厂生产一种设备，其平均寿命为 10 年，标准差为 2 年，如该设备的寿命服从正态分布，求寿命不低于 9 年的设备占整批设备的比例.

4. 设 $X \sim N(0,1)$，计算

(1) $P(X<1.5)$　(2) $P(X>2)$　(3) $P(-1<X \leqslant 3)$　(4) $P(|X| \leqslant 2)$

5. 设一批零件的长度 X(cm) 服从正态分布 $N(20, 0.2^2)$，现从这批零件中任取一件，问：

(1) 长度与其均值的误差不超过 0.3cm 的概率是多大；

(2) 能以 0.95 的概率保证零件长度与其均值的误差不超过多少厘米。

8.4　随机变量的数字特征

随机变量 X 的分布能够完整地描述随机变量的统计规律，但要确定一个随机变量的分布有时是比较困难的，而且往往也是不必要的. 在实际问题中，有时只需要随机变量取值的平均数及描述随机变量取值分散程度等一些特征数即可，这些特征数在一定程度上刻画出随机变量的基本性态，而且也可以用整理统计的方法估计. 因此，研究随机变量的数字特征，无论是在理论还是实际中都有重要的意义.

8.4.1　数学期望

1. 离散型随机变量的数学期望

定义　离散型随机变量 X 的可能取值 $x_k(k=1,2,\cdots,n)$ 与其相应的概率 p_k 的乘积之和，称为 X 的数学期望，简称期望或均值，记作 $E(X)$，即

$$E(X) = x_1 P_1 + x_2 P_2 + \cdots + x_k P_k + \cdots + x_n P_n = \sum_{k=1}^{n} x_k P_k$$

数学期望 $E(X)$ 是一个确定的常量，它是 X 的所有可能取值以各自的相应概率为权数加权平均.

例 8.13　设 X 的概率分布为

X_k	-1	0	2	3
P_k	$\dfrac{1}{8}$	$\dfrac{1}{4}$	$\dfrac{3}{8}$	$\dfrac{1}{4}$

求 $E(X)$，$E(X^2)$，$E(-2X+1)$.

解　$E(X) = (-1) \times \dfrac{1}{8} + 0 \times \dfrac{1}{4} + 2 \times \dfrac{3}{8} + 3 \times \dfrac{1}{4} = \dfrac{11}{8}$

$E(X^2) = -1^2 \times \dfrac{1}{8} + 0 \times \dfrac{1}{4} + 2^2 \times \dfrac{3}{8} + 3^2 \times \dfrac{1}{4} = \dfrac{31}{8}$

$E(-2X+1) = 3 \times \dfrac{1}{8} + 1 \times \dfrac{1}{4} + (-3) \times \dfrac{3}{8} + (-5) \times \dfrac{1}{4} = -\dfrac{7}{4}$

2. 连续性随机变量的数学期望

设连续型随机变量 X 的概率密度函数为 $f(x)$，若积分 $\displaystyle\int_{-\infty}^{+\infty} |x| \cdot f(x)\mathrm{d}x$ 收敛，则称 $\displaystyle\int_{-\infty}^{+\infty} x \cdot f(x)\mathrm{d}x$ 为随机变量 X 的数学期望，记作 $E(X)$，即

$$E(X) = \int_{-\infty}^{+\infty} x \cdot f(x)\mathrm{d}x$$

例 8.14　设随机变量 X 服从均匀分布

$$f(x) = \begin{cases} \dfrac{1}{a} & 0 < x < a \\ 0 & \text{其他} \end{cases}$$

求 X 和 $Y = 5x^2$ 的数学期望（$a > 0$，a 为常数）.

解　$E(X) = \displaystyle\int_{-\infty}^{+\infty} x \cdot f(x)\mathrm{d}x = \int_0^a x \cdot \dfrac{1}{a}\mathrm{d}x = \dfrac{1}{2}a$

$E(Y) = \displaystyle\int_{-\infty}^{+\infty} 5x^2 f(x)\mathrm{d}x = \int_0^a 5x^2 \dfrac{1}{a}\mathrm{d}x = \dfrac{5}{3}a^2$

3. 随机变量的数学期望的性质

(1) $E(C) = C$　　（C 为常数）；

(2) $E(a\xi + b) = a \cdot E(\xi) + b$　　（a，b 为常数）.

8.4.2　方差

设 X 是一个随机变量，若 $E[X - E(X)]^2$ 存在，则称 $E[X - E(X)]^2$ 为 X 的方差，记为 $D(X)$，即

$$D(X) = E[X - E(X)]^2$$

而 $\sqrt{D(X)}$ 称为 X 的标准差，记作 $\delta = \sqrt{D(X)}$.

若离散型随机变量 X 的分布列为 $P_k = P(X = x_k)$，则 X 的方差为

$$D(X) = \sum_k \left[x_k - E(X) \right]^2 \cdot P_k$$

若连续型随机变量 X 的概率密度函数为 $f(x)$，则 X 的方差为

$$D(X) = \int_{-\infty}^{+\infty} \left[x - E(X) \right]^2 f(x) \mathrm{d}x$$

计算方差最常用的一个公式为

$$D(X) = E(X^2) - \left[E(X) \right]^2$$

例 8.15 设随机变量 X 服从两点分布，其分布列为 $P(X=1)=p$，$P(X=0)=1-p=q$，$(p+q=1)$，求 $D(X)$.

解 $E(X) = 1 \cdot p + 0 \cdot q = p$

$E(X^2) = 1^2 \cdot p + 0^2 \cdot q = p$

$D(X) = E(X^2) - \left[E(X) \right]^2 = p - p^2 = pq$

例 8.16 设 $X \sim N(0, 1)$，求 X 的期望和方差.

解 因为 $X \sim N(0, 1)$，于是

$$E(X) = \int_{-\infty}^{+\infty} x \cdot \frac{1}{\sqrt{2\pi}} \mathrm{e}^{-\frac{x^2}{2}} \mathrm{d}x = 0$$

$$E(X^2) = \int_{-\infty}^{+\infty} x^2 \cdot \frac{1}{\sqrt{2\pi}} \mathrm{e}^{-\frac{x^2}{2}} \mathrm{d}x = \int_{-\infty}^{+\infty} x \cdot \mathrm{d}\left(-\frac{1}{\sqrt{2\pi}} \mathrm{e}^{-\frac{x^2}{2}} \right) = 1$$

$$D(X) = E(X^2) - \left[E(X) \right]^2 = 1$$

8.4.3 常用分布的期望和方差

(1) 两点分布.

若 X 的分布列为 $P(X=1)=p$，$P(X=0)=q$，则 $E(X)=p$，$D(X)=pq$.

(2) 二项分布.

若 $X \sim B(n, p)$，其分布列为

$$P_k = P(X=k) = C_n^k p^k (1-p)^{n-k}, \quad k = 0, 1, 2, \cdots, n$$

则 $E(X) = np$，$D(X) = np(1-p)$.

(3) 泊松分布.

若 $X \sim P(\lambda)$，其分布列为 $P(X=k) = \dfrac{\lambda^k}{k!} \mathrm{e}^{-\lambda} (k = 0, 1, 2, \cdots, n)$，则 $E(X) = \lambda$，$D(X) = \lambda$.

(4) 均匀分布.

若 $X \sim U(a, b)$，则 $E(X) = \dfrac{a+b}{2}$，$D(X) = \dfrac{(b-a)^2}{12}$.

(5) 正态分布.

若 $X \sim N(0, 1)$，则 $E(X) = 0$，$D(X) = 1$.

若 $X \sim N(\mu, \delta^2)$，则 $E(X) = \mu$，$D(X) = \delta^2$.

习 题 8.4

1. 为了适应市场需要，某地提出扩大生产的两个方案，一个是建大工厂，另一方案是建小工厂，两个方案的损益值（单位：万元）以及市场状态的概率如下表所示：

概率	市场状态	建大工厂收益／万元	建小工厂收益／万元
0.7	销路好	200	80
0.3	销路差	−40	60

试问：在不考虑投资成本的情况下应选择哪种投资决策.

2. 假定国际市场上对我国某种商品的年需求量是一个随机变量 ξ（单位：吨），服从区间 $[a, b]$ 上的均匀分布，计算我国该种商品在国际市场上年销售量的期望.

3. 设 X 的概率密度函数为

$$f(x) = \begin{cases} 2x & 0 < x < 1 \\ 0 & \text{其他} \end{cases}$$

求 $E(X)$，$D(X)$.

4. 某公司考虑一项投资计划，该计划在市场状况良好时，能获利100万元；市场状况一般时，获利30万元；市场状况较差时，该项投资将亏损50万元. 已知明年市场状况良好的概率为 0.5，市场状况一般的概率为 0.3，市场状况较差的概率为 0.2. 试问，该投资计划的期望收益是多少.

5. 保险公司需要决定是否对某工程项目开办一个新保险，如果开办而不出险情，则可获利（除去成本）5 万元；如果开办后就发生险情，则将给保险公司造成 100 万元的赔款损失；如果不开办这个新保险，则不论出不出险情，保险公司都要付出调研费 5 千元. 根据过去不完全统计资料，预测承保后不出险情的概率是 0.96，而出险情概率是 0.04，在这种情况下，保险公司对该工程项目是承保还是不承保.

8.5　总体　样本　统计量

8.5.1　总体与样本

在数理统计中，往往研究相关对象的某一数量指标，如研究某种型号的电视机寿命这一数量指标. 为此需要考虑与这一数量指标相联系的随机试验，对这一数量指标进行试验或观测. 把研究对象的全体称为总体（或母体），组成总体的每一个基本单位称为个体. 如研究某型号的电视机寿命时，这一型号电视机的全体寿命值构成研究的总体，其中每台电视机的寿命值就是个体. 总体中所包含的个体的数量称为总体的容量. 容量有限的总体称为有限总体，容量无限的总体称为无限总体. 当总体的容量很大时，通常可以把有限总体看做无限总体.

总体中的每个个体是随机试验的一个观测值，随着试验的不同而变化，因此观测值为随机变量. 这样，一个总体对应于一个随机变量，常用大写英文字母 X（或 Y，Z）表示. 对总体的研究就是对一个随机变量 X 的研究，X 的分布函数和数字特征分别为总体的分布函数和数字特征. 今后将不区分总体与相应的随机变量，笼统地称为总体 X.

在实际中，总体 X 的分布一般是未知的. 有时即使有足够的理由认为总体 X 服从某种类型的分布,但这个分布的参数还是未知的. 在数理统计中,一般通过从总体中抽取一部分个体,根据获得的数据对总体分布进行推断. 从总体中抽出部分个体组成的集合称为样本,样本中样品的个数称为样本容量(简称样本量).

抽取样本的目的是为了对总体进行推断. 为了能从样本正确推断总体就要求所抽取的样本能很好地反映总体的信息,所以要有一个正确的抽取样本的方法. 通常抽取样本的方法是简单随机抽样. 满足下面两个条件的样本称为简单随机样本,简称样本(今后如无特别说明,所涉及样本均为简单随机样本).

第一,具有代表性,即要求每一样品与总体有相同的分布,也就是每个个体都有相同机会被抽入样本.

第二,具有独立性,即要求样本中每个样品取什么值不受其他样品取值的影响.

抽样通常有两种方式:一种是不重复抽样,指每次抽取一个不放回去,再抽取第二个,连续抽取 n 次;另一种是重复抽样,指每次抽取一个进行观测后放回去,再抽取第二个,连续抽取 n 次,构成一个容量为 n 的样本. 对于无限总体,抽取有限个后不会影响总体的分布. 在这种情况下,不重复抽样与重复抽样没什么区别. 对于有限总体,采用放回抽样就能得到简单随机抽样,但放回抽样在某些情形是不可能的,如电视机的寿命,玻璃产品的抗震强度等一些具有破坏性的试验,不可能采取放回抽样的方法. 因此在实际中,当个体总数 N 远大于样本容量 n 时,(通常 $\frac{N}{n} \geqslant 0$),可以将不放回抽样近似当做放回抽样来处理.

综上所述,所谓总体,就是一个随机变量 X. 所谓样本,就是 n 个相互独立且与总体 X 有相同分布的随机变量 $X_i(i = 1, 2, \cdots, n)$. 通常把它们看成一个 n 元的随机变量 $(X_1, X_2, \cdots, X_n)$,而每一次具体抽样所得的数据,就是 n 元随机变量的一个观测值,记为 $(x_1, x_2, \cdots, x_n)$.

如某食品有限公司生产的一批净重 258g 的桶装糖果,由于随机性,每桶的净重之间都略有差别,现从中随机抽取 10 桶糖果,称重的结果如下:

257.5　258.2　257.6　258.1　258.3　257.9　257.6　258.4　258.2　258.6

这是一个容量为 10 的样本观测值,它是来自一批糖果的净重这一总体.

8.5.2　统计量

样本是我们进行分析和推断的依据. 但在实际应用中,样本往往不能直接用于对总体的统计、推断,而是针对不同的问题,将分散于样本中的信息集中起来,构成样本的某种函数来实现对总体的统计、推断,这种函数称为统计量.

设 $X_1, X_2, \cdots, X_n$ 是来自总体 X 的一个样本,$f(X_1, X_2, \cdots, X_n)$ 为一个连续函数,如果函数 f 中不包含任何未知参数,则称 $f(X_1, X_2, \cdots, X_n)$ 为一个统计量. 如设 $X \sim N(\mu, \sigma^2)$,其中 μ 和 σ^2 均未知,X_1, X_2, X_3, X_4 为 X 的一个样本,则 $\sum_{i=1}^{4} X_i - 5$ 和 $\sum_{i=1}^{4} X_i^2$ 都是统计量,而 $\sum_{i=1}^{4} (X_i - \mu)^2$ 和 $\frac{1}{\sigma} \sum_{i=1}^{4} X_i$ 都不是统计量,因为它们包含了未知参数.

设 X_1，X_2，$\cdots$，X_n 是来自总体 X 的一个样本，则称统计量 $\overline{X} = \dfrac{1}{n}\sum\limits_{i=1}^{n} X_i$ 为样本均值，

$S^2 = \dfrac{1}{n-1}\sum\limits_{i=1}^{n}(X_i - \overline{X})^2 = \dfrac{1}{n-1}\left(\sum\limits_{i=1}^{n} X_i^2 - n\overline{X}^2\right)$ 为样本方差，$S = \sqrt{\dfrac{1}{n-1}\sum\limits_{i=1}^{n}(X_i - \overline{X})^2}$

为样本标准差.

例 8.5　某医院新生女婴的体重(单位：g)情况见表 9.1 所示，试计算该样本的样本均值和样本方差.

表 8.1

重量	2460	2620	2700	2880	2900	3000	3020	3040	3080	3100	3180	3200	3300	3420	3440	3500	3600	3880
频数	1	2	1	1	3	1	1	4	1	2	1	3	1	1	3	2	1	1

解　根据公式，该样本的样本均值为 $\bar{x} = \dfrac{1}{n}\sum\limits_{i=1}^{n} x_i = \dfrac{1}{30} \times 93740 \approx 3124.67$

样本方差为 $S^2 = \dfrac{1}{n-1}\left(\sum\limits_{i=1}^{n} x_i^2 - n\bar{x}^2\right) = \dfrac{1}{29} \times 2915747 \approx 100543$

习　题　8.5

1. 某篮球队队员的身高(单位：cm)分别为

185，187，192，195，200，202，205，206，207，208，210，214

试求其样本均值和样本方差.

2. 某学习小组成员的期末成绩为

95，88，92，93，88，96，99，85

试求其样本均值和样本方差.

本 章 小 结

一、本章主要内容及学习要点

本章我们引入了随机变量的概率，并讨论了离散型随机变量和连续型随机变量的概率分布，概率密度函数，分布函数，数字特征，常见的随机变量分布，并着重讨论了正态分布.

(1) 在理解随机变量的概念时，首先要弄清楚随机变量与随机事件之间的联系：随机变量 X 取某个数值 $X = a$ 或取某个范围的数值 $X < b$ 或者 $c < X < d$ 等都是随机事件；其次要清楚随机变量与普通变量的区别：随机变量的取值是与一定的概率相联系的，而普通变量的取值没有这一点.

(2) 因为随机变量的取值与概率相联系，因此研究随机变量重要的是研究它的概率分布(或概率密度函数). 离散型随机变量的取值规律是用分布列来描述的，连续型变量的取值规律是用概率密度函数描述的，分清两种描述方式是不同的[注意：连续型随机变量在某个区间上的概率是概率密度函数在这个区间上的定积分，并要注意到对于

连续型随机变量 X 在一点的取值 $X=a$ 的事件，虽然不是不可能事件，但是它的概率却是零，即 $P(X=a)=0$]. 在理解分布列和概率密度的概念时，还要注意它们的性质，两类随机变量取值变化规律可用分布函数统一描述.

（3）数字特征是从不同的侧面刻画随机变量概率分布特征的数值. 本章主要介绍的期望和方差两个特征数字，分别是随机变量取值的"代表性"数值和刻画"分散程度"的量，由于统计中最常用的一些随机变量的分布参数一般都与期望和方差有关，因此掌握好随机变量这两个特征数值，对后面学习统计推断的内容是很重要的.

（4）本章介绍了几个常用的分布，记住它们的分布列、概率密度，同时要结合实际背景理解它们的含义.

二、重点与难点

1. 重点

随机变量，分布函数，随机变量函数概念和性质，常见分布的概念及相关计算，数学期望，方差的概念、性质及计算，概率分布列，概率密度及分布函数的计算，利用概率密度解概率.

2. 难点

分布函数的计算.

综 合 训 练

一、填空题

1. 盒中有 12 只晶体管，其中有 10 只正品，2 只次品. 现从盒中任取 3 只，设 3 只中所含次品数为 X，则 $P\{X=1\}=$ _____.

2. 随机变量 $X \sim N(\mu,\ \sigma^2)$，则 $Y=\dfrac{Y-\mu}{\sigma} \sim$ _____.

3. 设随机变量 ξ 的概率密度为 $f(x)=\begin{cases} kx, & 0<x<1. \\ 0, & \text{其他} \end{cases}$，则 $k=$ _____.

4. 随机变量 X 的概率分布为

X	-0.5	0	0.5	1.5	2.5
P	0.1	0.1	0.2	0.2	0.4

$F(x)$ 是 X 的分布函数，则 $F(1)=$ _____.

5. 设某批电子元件的正品率为 4/5，次品率为 1/5. 现对这批元件进行测试，只要侧的一个正品就停止测试工作，则测试次数的分布列是 _____.

二、选择题

1. 当随机变量 X 的可能值充满区间（　），则 $F(X)=\dfrac{1}{1+x^2}$ 可以成为随机变量 X 的分布函数.

A. $(-\infty, +\infty)$ B. $(0, +\infty)$ C. $(-\infty, 0)$ D. $(0, 1)$

2. 设随机变量 X 的分布函数为 $F(x)$，在下列概率中可表示为 $F(a) - F(a-0)$ 的是（　　）

     A. $P\{X \leqslant a\}$ B. $P\{X > a\}$ C. $P\{X = a\}$ D. $P\{X \geqslant a\}$

3. 设随机变量 X 服从参数为 λ 的泊松分布，且 $P(X=1) = P(X=2)$，则 $P(X > 2)$ 的值为（　　）

     A. e^{-2} B. $1 - \dfrac{5}{\mathrm{e}^2}$ C. $1 - \dfrac{4}{\mathrm{e}^2}$ D. $1 - \dfrac{2}{\mathrm{e}^2}$

4. 设随机变量 $X \sim N(\mu, \sigma^2)$，其概率密度函数 $f(x)$ 的最大值为（　　）

     A. $\dfrac{19}{27}$ B. $\dfrac{1}{9}$ C. $\dfrac{1}{3}$ D. $\dfrac{8}{27}$

5. 随机变量 X 的概率函数 $P\{X=k\} = \dfrac{1}{C} \cdot \dfrac{\lambda^k}{k!}$，$k = 1, 2, \cdots$，其中 $\lambda > 0$，则 $C = $（　　）

     A. $\mathrm{e}^{-\lambda}$ B. e^{λ} C. $\mathrm{e}^{-\lambda} - 1$ D. $\mathrm{e}^{\lambda} - 1$

三、计算题

1. 设 X 为连续性随机变量，其概率密度为 $f(x) = \begin{cases} Ax^2 & 0 < x < 2 \\ 0, & \text{其他} \end{cases}$．试求：(1) 系数 A 及分布函数；(2) $P(1 < X < 2)$．

2. 设 $X \sim N(0.5, 2^2)$，(1) 求 $P(-0.5 < X < 1.5)$，$P|X+0.5| < 2)$，$P(X \geqslant 0.5)$；(2) 求常数 a，使 $P(X > a) = 0.8944$．

3. 把温度调节器放入贮存着某种液体的容器中，调节器定在 $d℃$，液体的温度 T 是随机变量，设 $T \sim N(d, 0.5^2)$．试求：(1) 若 $d = 90$，求 $T \leqslant 89$ 的概率；(2) 若要求保持液体的温度至少为 $80℃$ 的概率不低于 0.99，问 d 至少为多少 $℃$？

4. 测量某种零件的长度（单位：cm），它是服从参数 $\mu = 10.05$，$\sigma = 0.06$ 的正态分布的随机变量，若规定长度在 10.05 ± 0.12(cm) 内的零件为合格品，问这种零件出现不合格品的概率是多少？

5. 设某工程队完成某项工程所需时间 X（天）$\sim N(100, 5^2)$．规定：若在 100 天内完成该工程，可得超产奖 10000 元，若在 100 天至 115 天完成，可得一般奖 1000 元；若完成时间超过 115 天，则罚款 5000 元，求该工程对在完成这项工程时，获奖额 Y 的分布列．

6. 设钢管内径 X 服从正态分布 $N(\mu, \sigma^2)$，规定内径在 $98 \sim 102$ 之间为合格品，超过 102 为废品，不足 98 为次品，已知该批产品的次品率为 15.9%，内径超过 101 的产品在总产品中占 2.28%，求整批产品的合格率．

第9章 数学软件 Mathematica 应用

**学习目标：**

- 熟练掌握 Mathematica 系统的使用方法.
- 会用 Mathematica 系统解决相关的数学问题.

Mathematica 系统是美国 Wolfram 公司研究开发的数学软件系统. 1987 年推出了该系统的 1.0 版本，后经不断改进和完善，陆续于 1991 年、1997 年先后推出了 2.0 版、3.0 版，1999 年推出了现在广为使用的 4.0 版本. 本章介绍的是 Mathematica4.0 版本.

9.1 Mathematica 系统的简单操作

9.1.1 Mathematica 安装与启动

与一般 Windows 应用软件的安装方法类似，安装 Mathematica 软件可以通过双击 图标，按照安装的提示一步一步地进行，注意安装过程中所需的 "LicenseID"，"Password" 可以通过如图 9-1 所示的提示框(a)中给出的 "MathID"，填入经双击后得到的提示框(b)的相应位置来得到. 以后单击【Next】按钮，就可以顺利地完成 Mathematica 软件的安装了.

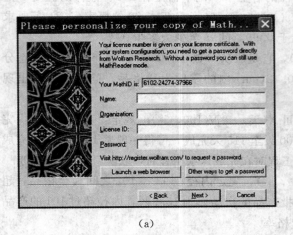

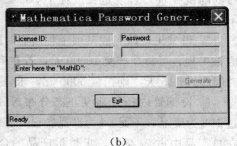

（a）   （b）

图 9-1

Mathematica 装好后，要启动 Mathematica 系统，需在 Windows 操作系统中单击【开始】→【程序】→【Mathematica】→【Mathematica4】，进入 Mathematica4.0 系统. 也可以双击 Mathematica 图标直接启动，如图 9-2 所示. 此时系统已进入交互状态，在等待用户输入命令.

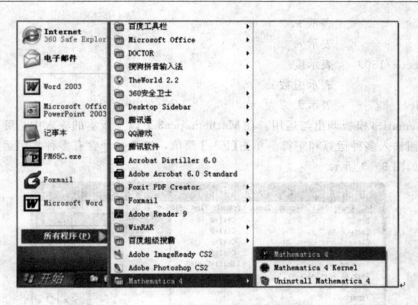

图 9 - 2

9.1.2　Mathematica 退出

当软件使用完毕后，需要退出 Mathematica 时，只须单击工作窗口右上方的■图标或在【File】菜单中选择【Exit】命令.

9.1.3　建立与保存文件

与 Windows 的相关操作类似，在打开的 Mathematica 界面上的【File】菜单中，选用【Saveas……】命令，输入文件名，然后单击【保存】即可. 若要再次打开该文件，需要在执行【File】→【Open】菜单命令，在打开的对话框中选择该文件，然后单击【打开】即可.

9.2　数、变量与数学函数

Mathematica 作为一个功能强大的数学软件包，在处理数值计算上具有非常强大的功能. 其使用就像几乎人人都会操作的计算器一样简单，不同的是需要用 Mathematica 的语言来描述所要进行的计算，而这种语言与数学中的语言及计算机语言的习惯很接近.

9.2.1　算术运算

1. 数及其基本运算

（1）Mathematica 的常数输入.

键盘输入的方法：与一般的 Windows 的操作类似，数字可以直接在键盘上输入，对于数学中的特殊常数，输入时有以下规定.

Pi　　　　　　　　表示 π.

E　　　　　　　　表示 e.

Degree(π/180)　　表示度.

I　　　　　　　　表示虚数 i.

Infinity　　　　　表示无穷大 ∞.

Mathematica 模板调出与运用：在 Mathematica3.0 以上版本的输入中，可以使用一个工具按钮输入多种运算和字符. 单击【File】菜单，选择一个含有多种常用运算和字符的模板，如图 9-3 所示.

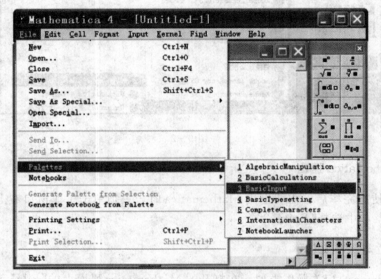

图 9-3

分别单击该模板中的 ![π e i ∞ °] 选项，可得到 π、e、°(度)、i、∞，这种模板输入的方法比用键盘输入的方法显得更加简单且容易掌握.

有效地把模板输入与键盘输入结合起来，会很好地帮助我们使用 Mathematica 软件.

（2）Mathematica 的运算符号.

键盘输入的方法：数字和运算符号可直接在键盘上输入，常见的运算符号有以下几种.

＋　　表示加.

－　　表示减.

＊　　表示乘(或两数相乘中间添加空格).

／　　表示除.

x^y　表示幂乘.

模板输入的方法：分别单击该模板中的 ![× ÷] ，![∧] 选项，可得到乘、除、幂的运算符号. 优先运算与数学中的习惯用法相近，同时可以使用圆括号进行优先运算，且可重复使用.

（3）Mathematica 的算术运算.

进入 Mathematica 4.0 系统后，在 Mathematica 的界面上直接输入数与运算符号，按【Shift＋Enter】组合键或右边小键盘上的【Enter】键，执行结果就会在屏幕上显示出来．如计算 $2＋3$，输入 $2＋3$，按【Shift＋Enter】组合键或右边小键盘上的【Enter】键后，计算机 Mathematica 的界面上显示：

In[1]：＝ $2＋3$

Out[1]：＝ 5

其中"In[1]：＝"与"Out[1]：＝"是计算机自动显示的内容，表示第一个输入与输出语句．

再如 In[2]：＝ $2＊4＋3(4＋9)$

Out[2]：＝ 47

注意：若直接按左边的【Enter】键，只是在输入的命令中起换行的作用．

2. 近似与精确

如果需要对具体的计算结果做出精确的要求，可采用以下的命令格式来实现．

命令格式：N[表达式，n]　　　　精确 n 位有效数字

　　　　　　N[表达式]　　　　　　近似值按计算机默认的数位（6 位）处理

　　　　　　[表达式]//N　　　　　同"N[表达式]"情形

特别地，若仅对上一次的结果进行精确或近似，可以将上式的表达式替换成"％"，"％"表示上一次的结果．

注　（1）当输出的结果是 10^6 以下数字，近似值按计算机默认的 6 位有效数字处理；10^6 及 10^6 以上的近似值计算机按科学计算法处理；

（2）N[表达式，n]——精确 n 位有效数字，而当 $n＝1，2，\cdots，16$ 时，结果都按计算机默认的 6 位处理．

如 In[1]：＝ N[π，18]

Out[1]：＝ 3.14159265358979324

In[2]：＝ N[π，12]

Out[2]：＝ 3.14159（按计算机默认的 6 位处理）

In[3]：＝ 4566000.66777777777777//N

Out[3]：＝ $4.566×10^6$

9.2.2　函数及其运算

1. Mathematica 中的数学函数

（1）常用的数学函数输入．

对函数的命令格式：log[x]（以 e 为底的对数函数）；log[a，x]（以 a 为底的对数函数）

三角函数的命令格式：sin[x]，cos[x]，tan[x]，cot[x]，sec[x]，csc[x]

反三角函数的命令格式：arcsin[x]，arccos[x]，……

幂函数、指数函数的输入方法：选择 BasicInput 模板的左上角的模块，将具体的数

值或变量填入即可. 特别地，对于根式可以选择该模板的 $\sqrt{\square}|\sqrt{\square}$ 进行输入.

注意函数表达式的运算规则：

① 它们都以大写字母开头，后面用小写字母. 当函数名可以反而成几段时，每一个段的头一个字母用大写，后面的字母用小写，如 ArcSin[x].

② 函数的名称是一个字符串，其中不能有空格.

③ 函数的自变量表用方括号括起来，不能用圆括号.

④ 多元函数的自变量之间用逗号分隔.

在 Mathematica 3.0 以上版本的输入中，可以使用工具按钮输入各种函数，即在【Palettes(调色板)】中选择【BasicaCalculations(基本计算)】命令，具体的函数选择读者可以在计算机上试试.

(2) 变量赋值.

命令格式：变量 x = 值 a   将值 a 赋给变量 x

        u = v = a   将值 a 赋给变量 u、v(给多个变量赋值)

        变量 x = 变量 y   用变量 y 替换变量 x

        [f[x]]/. x → a   变量 x 临时赋值为 a

        u =.   清除变量 u 的值

        clear[x]   清除变量 x 及赋的值，多用做清除函数

如输入：x = 3，计算机将 x 赋值为 3.

输入：u =.，计算机将 x 赋值 3 清除.

输入：clear[x]，计算机将变量 x 及其赋值的 3 全部清除.

输入：f[x] = 3x/. x → 2，计算机将 2 赋值给 $f(x)$ 中的 x，按【Enter＋Shift】组合键或右边小键盘上的【Enter】键后，计算机 Mathematica 的界面上就会显示赋值后的计算结果 6.

注意：在实际的计算中，养成良好的习惯，随时清理变量和赋值，否则容易造成混乱.

2. 函数运算

(1) 自定义函数及函数值的计算.

自定义函数的命令格式：

① f[x]：= 表达式(或 f[x] = 表达式)   定义的规则只对 x 成立

② f[x_]：= 表达式(或 f[x_] = 表达式)   定义的规则 x 可以被替代

③ 分段函数 $f(x) = \begin{cases} 表达式 1 & 条件 1 \\ 表达式 1 & 条件 2 \\ \vdots \\ 表达式 n & 条件 n \end{cases}$

的命令格式：

f[x_]：= Which[条件 1，表达式 1，条件 2，表达式 2，…，条件 n，表达式 n](或 f[x_]：= Which[条件 1，表达式 1，条件 2，表达式 2，…，条件 n，表达式 n])

④ Clear[f]   表示清除所有以 f 为函数名的函数定义.

注意：自定义函数“：＝”的含义是延迟赋值，在输出的形式上与含“＝”的自定义函数不同，读者可以在计算机上体验两者的区别.

例 9.1 定义函数 $f(x) = x^2 + \sqrt{x} + \cos x$，求 $f(1)$ 的值.

解 In[1]：= $f[x\_]：= x^2 + \sqrt{x} + \cos[x]$

$f[2.]$

Out[1]：= 4.99807

In[2]：= $f[2]$

Out[2]：= $4 + \sqrt{2} + \cos[2]$

注意：输入 $f[2]$ 与 $f[2.]$ 的区别，体现输出结果近似或精确的不同形式.

例 9.2 定义

$$g(x) = \begin{cases} x & x > 0 \\ 0 & x = 0 \\ -x & x < 0 \end{cases}$$

求 $g(1)$，$g(2)$，$g(0)$ 的值.

解 In[1]：= $g[x]：= \text{Which}[x > 0, x, x == 0, 0, x < 0, -x]$

$g[1]$

Out[1]：= 1

In[2]：= $g[-3]$

Out[2]：= 3

In[1]：= $g[0]$

Out[1]：= 0

注意：等号要输双等号.

（2）函数的基本运算.

函数的四则运算 $f_1[x] + f_2[x]$，$f_1[x] - f_2[x]$，$f_1[x] * f_2[x]$，$f_1[x]/f_2[x]$

Factor[表达式]　　　　　　　表示分解因式.

Expand[表达式]　　　　　　　表示展开多项式的和.

Simplefy[表达式]　　　　　　表示化简.

Apart[表达式]　　　　　　　表示分解为部分分式.

例 9.3 已知 $p_1 = 3x^2 + 2x - 1$，$p_2 = x^2 - 1$，计算 $p_1 + p_2$，$p_1 \times p_2$，$p_1 \div p_2$. 将 $p_1 \times p_2$ 结果分解因式、展开多项式，将 $p_1 \div p_2$ 分解为部分分式.

解 In[1]：= $p_1 = 3x^2 + 2x - 1$

Out[1]：= $-1 + 2x + 3x^2$

In[2]：= $p_2 = x^2 - 1$

Out[2]：= $-1 + x^2$

In[3]：= $p_1 + p_2$

Out[3]：= $-2 + 2x + 4x^2$

In[4]：= $p_1 * p_2$

Out[4]：= $(-1 + x^2)(-1 + 2x + 3x^2)$

In[5]: $= p_1/p_2$

Out[5]: $= \dfrac{-1+2x+3x^2}{-1+x^2}$

In[6]: $=$ Factor$[p_1 * p_2]$

Out[6]: $= (-1+x)(1+x)^2(-1+3x)$

In[7]: $=$ Expand$[p_1 * p_2]$

Out[7]: $= 1-2x-4x^2+2x^3+3x^4$

In[8]: $=$ Apart$[p_1/p_2]$

Out[8]: $= 3+\dfrac{2}{-1+x}$

习 题 9.2

1. 计算.

(1) $3^4 + \log_2 56 - e^6$(保留 5 位有效数字)

(2) $\sin 30° + \tan \dfrac{\pi}{6}$(精确到小数点后两位)

(3) $\arcsin 1 + \arctan \dfrac{1}{2} + \lg 7$

2. 给变量赋值并计算.

(1) 若 $x=6$，$y=e$，$z=x+3y$，计算 $3z-5y^2+6(x-7)^5$ 的值

(2) 若 $x=3$，$y=\dfrac{\pi}{5}$，计算 $\lg x \arccos(2y)-9$(保留 18 位有效数字).

3. 已知分段函数 $f(x)=\begin{cases} \cos x + 2^{3x} & x>0 \\ x-\sqrt[3]{2x-x^2} & x\leqslant 0 \end{cases}$，求 $f(1)$，$f(0)$，$f(-1)$.

4. 已知 $p_1=x^2+2x-15$，$p_2=x^5-1$，计算 p_1+p_2，$p_1 \times p_2$，$p_1 \div p_2$. 将 $p_1 \times p_2$ 结果分解因式、展开多项式，将 $p_1 \div p_2$ 分解为部分分式.

9.3 Mathematica 在方程与图形中的应用

9.3.1 解方程

1. 解方程命令格式

解方程 $f(x)=0$ 的命令格式：Solve$[f(x)==0，x]$

2. 解方程组的命令格式

解方程组 $\begin{cases} f(x)=0 \\ g(y)=0 \\ \vdots \end{cases}$ 的命令格式为 Solve$[\{f(x)==0，g(y)==0，\cdots\}，\{x，y，\cdots\}]$

注意：每个方程的等号要输为双等号.

例 9.4　解方程组

(1) $\begin{cases} 2x + y = 4 \\ x + y = 3 \end{cases}$ 　(2) 解方程 $x - 1 = 0$ 　(3) 解方程组 $\begin{cases} x - y - 1 = 0 \\ x + 4y = 2 \end{cases}$

解　(1) In[1]：= Solve[{2x + y == 4, x + y == 3}, {x, y}]

Out[1]：= {{x → 1, y → 2}}

(2) In[2]：= Solve[x - 1 == 0, x]

Out[2]：= {{x → 1}}

(3) In[3]：= Solve[{x - y - 1 == 0, x + 4y == 2}, {x, y}]

Out[3]：= {{x → 6/5, y → 1/5}}

注意：上述命令可以通过模板调出，采用以下步骤：

(1) 选择菜单栏中的【File】.

(2) 在下拉菜单中选择【Palettes】命令.

(3) 在下一级菜单中单击基本计算 BasicCalculations 选项，将会另外出现一个工具窗口.

(4) 在其窗口中选择图形 Algebra 选项前的符号"▷"，使其符号变成"▽"并列出【SolvingEquations】项的清单进行选择.

9.3.2　绘图

1. 作函数 $y = f(x)$ 图像的命令格式

(1) 只规定变量范围的作图命令：

Plot[f(x)，{x，x1，x2}]

(2) 不仅规定自变量范围，还规定因变量范围的作图命令：

Plot[f(x)，{x，x1，x2}，PlotRange → {y1，y2}]

(3) 不仅规定自变量范围，还可以加标注（函数名称，坐标轴）：

Plot[f(x)，{x，x1，x2}，PlotLabel → "表达式"，AxesLabel → {"x"，"y"}]

当然作图除了上述 3 条以外，还可以添加线条的颜色及控制线条的粗细等，有兴趣的读者可以参考介绍此软件的其他书籍.

2. 观察多个函数图形在同一个坐标系的情况

设 $y = f_1(x)$，$y = f_2(x)$，…，在一个坐标系里观察这几个函数图像，其命令格式：

Plot[{f$_1$(x)，f$_2$(x)，…}，{x，x1，x2}]

例 9.5　绘出 $y = \sin \dfrac{4x}{3}$ 在 $[-4\pi, 4\pi]$ 之间的图像.

解　输入命令

Plot[sin[4x/3]，{x，-4π，4π}]

执行得出的结果如图 9 - 4 所示.

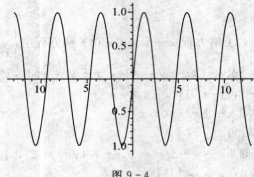

图 9 - 4

例 9.6　绘出 $y = \tan \dfrac{3x}{2}$ 在 $[0, 4\pi]$，$y \in [-5, 5]$ 之间的图像.

解　输入命令

Plot[tan[3x/2], {x, 0, 4π}, PlotRange → {-5, 5}]

执行得出的结果如图 9 - 5 所示.

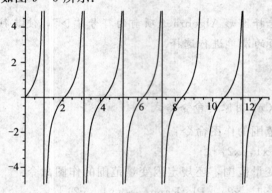

图 9 - 5

例 9.7　在一个坐标系中绘出 $y = \sin 3x$，$y = 2x$ 在 $[0, 2\pi]$ 的图像.

解　输入命令

Plot[{sin[3x], 2x}, {x, 0, 2Pi}]

执行得出的结果如图 9 - 6 所示.

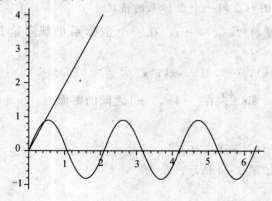

图 9 - 6

3. 分段函数的绘图

先利用条件 Which 语句自定义分段函数，然后用 Plot 语句画出分段函数的图形. 即首先输入 f[x_]：= Which[条件1，表达式1，条件2，表达式2，… 条件n，表达式n]，然后再输入 Plot[f(x)，{x，x1，x2}].

例 9.8　绘出 $g(x) = \begin{cases} x^2 & x > 0 \\ 0 & x = 0 \\ -x & x < 0 \end{cases}$ 的图像.

解　输入命令

g[x_]：= Which[x > 0，x²，x == 0，0，x < 0，- x]

Plot[g(x)，{x，- 2，2}]

执行得出的结果如图 9 - 7 所示.

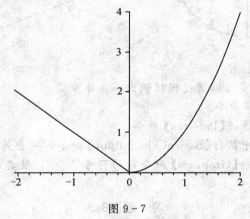

图 9 - 7

4. 参数方程绘图

使用 ParametricPlot 函数可以画参数形式的图形，其命令格式：

ParametricPlot[{x(t)，y(t)}，{t，a，b}，可选项]

ParametricPlot[{{x1(t)，y1(t)}，{x2(t)，y2(t)}，…}，{t，a，b}，可选项]

例 9.9　绘出圆的参数方程的 $\begin{cases} x = \cos t \\ y = \sin t \end{cases}$ (0 < t < 2) 曲线图形.

解　输入命令

ParametricPlot[{sin[t]，cos[t]}，{t，0，2Pi}，AspectRatio → Automatic]

执行得出的结果如图 9 - 8 所示.

AspectRatio：指定绘图的纵横比例. 默认值约 0.618：1. 可以为 AspectRatio 指定任何一个其他数值. 如果希望系统按实际情况绘图即纵横比例为 1：1，则需要将这个可选性设置为 Automatic.

5. 二元函数的图像

使用 Plot3D 函数可以画二元函数的图形，其具体步骤如下.

(1) 定义二元函数，其命令格式：z[x，y] = 表达式.

(2) Plot3D[z[x，y]，{x，x1，x2}，{y，y1，y2}].

例 9.10 绘出 $z = \sqrt{x^2 + y^2}$ 的图像.

解 输入命令

Z[x_, y_] = (x^2 + y^2)^(1/2)

Plot3D[z[x, y], {x, -4, 4}, {y, -4, 4}]

执行得出的结果如图 9-9 所示.

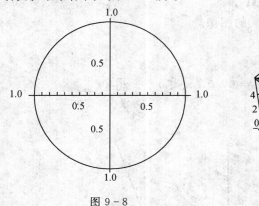

图 9-8

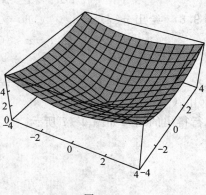

图 9-9

注意：上述命令大多可以通过模板调出，具体步骤：

(1) 执行【File】菜单命令.

(2) 在下拉菜单中选择【Palettes】命令.

(3) 在下一级菜单中执行【BasicaCalculations】命令，将会另外出现一个工具窗口.

(4) 在其窗口中执行【Graphics】命令前的符号"▷"，使其符号变成"▽"并列出子选项的清单进行选择.

习 题 9.3

1. 解方程组 $\begin{cases} y^2 = 4x \\ x + y = 3 \end{cases}$

2. 设 $f(x) = 2x^2 + 5x - 8$，求(1) $f(3)$．(2)绘出函数 $f(x)$ 的图像.

3. 绘出 $f(x) = \begin{cases} \sin x & x < 0 \\ \sqrt[3]{2x - x^2} & 0 \leqslant x \leqslant 2 \\ x - 2 & x > 2 \end{cases}$ 图像，并求 $f(0.3)$ 的值.

4. 在同一个坐标系中，绘出 $y = \cos x$ 和 $y = \cos 2x$ 在 $[0, 2\pi]$ 的图像.

5. 绘出 $z = \dfrac{x^2 + y^2}{2}$ 的图像.

9.4 Mathematica 在微积分中的应用

9.4.1 极限与连续

1. 极限

(1) 关于 $x \to x_0$ 的极限.

在 Mathematic 系统中，求一元函数极限的命令格式：

Limite$[f(x)$，$x \to x_0]$　　　　　　　　　表示求函数 $x \to x_0$ 的极限；

Limite$[f(x)$，$x \to x_0$，Direction $\to 1]$　　　表示求函数 $x \to x_0^-$ 的极限（左极限）；

Limite$[f(x)$，$x \to x_0$，Direction $\to -1]$　　表示求函数 $x \to x_0^+$ 的极限（右极限）.

（2）关于 $x \to \infty$ 函数的极限.

Limite$[f(x)$，$x \to \infty]$　　　　　　　　表示求函数 $x \to \infty$ 的极限；

Limite$[f(x)$，$x \to -\infty]$　　　　　　　　表示求函数 $x \to -\infty$ 的极限；

Limite$[f(x)$，$x \to +\infty]$　　　　　　　　表示求函数 $x \to +\infty$ 的极限；

注：$\to$、∞ 也可由【File】→【Palettes】→【BasicInput】中的模板▦、▯中符号输入.

例 9.11　求下列函数的极限.

（1）$\lim\limits_{x \to 2} \dfrac{x^2 - x - 2}{x - 2}$

（2）$\lim\limits_{n \to +\infty} (\sqrt{n+5} - 2\sqrt{n+3} + \sqrt{n+1})$

（3）$\lim\limits_{n \to \infty} \left(1 + \dfrac{8}{4x-5}\right)^{6x}$

解：（1）In[1]：= Limit$\left[\dfrac{x^2 - x - 2}{x - 2}，\text{x} \to 2\right]$

Out[1]：= 3

（2）In[2]：= Limit$\left[\sqrt{n+5} - 2\sqrt{n+3} + \sqrt{n+1}，\text{x} \to +\infty\right]$

Out[2]：= 0

（3）In[3]：= Limit$\left[\left(1 + \dfrac{8}{4x-5}\right)^{6x}，\text{x} \to \infty\right]$

Out[3]：= e^{12}

例 9.12　求 $\lim\limits_{x \to 1^-} e^{\frac{1}{x-1}}$ 和 $\lim\limits_{x \to 1^+} e^{\frac{1}{x-1}}$.

解　In[1]：= Limit$[e^{\frac{1}{x-1}}$，$\text{x} \to 1$，Direction $\to 1]$

Limit$[e^{\frac{1}{x-1}}$，$\text{x} \to 1$，Direction $\to -1]$（e 为 BasicInput 符号栏中的 e）

Out[1]：= 0　（左极限）

Out[2]：= ∞　（右极限）

还有一些函数没有极限，此时系统会进行相应的处理，返回一些特殊的结果.

例 9.13　求当 $x \to 0$ 时，$y = \cos \dfrac{2}{x}$ 的极限.

解　In[1]：= Limit$[\text{Cos}[2/\text{x}]$，$\text{x} \to 0]$

　　Out[1]：= Interval$[\{-1，1\}]$

上面这个例子表示当 $x \to 0$ 时，函数 $\sin \dfrac{1}{x}$ 在 -1 与 1 之间无穷震荡，所以没有确定的极限.

2. 分段函数分界点的连续性

根据连续的概念，利用上述命令，判断函数在某一点的极限，并判断极限值与此点的函数值是否相等，若相等，则函数在此点连续.

例 9.14　判定函数 $f(x)=\begin{cases}\dfrac{\sin 3x}{x} & x>0 \\ 2x+3 & x\leqslant 0\end{cases}$，在 $x=0$ 点是否连续.

解　In[1]：= Limit$\left[\dfrac{\sin[3x]}{x},\ x\to 0,\ \text{Direction}\to -1\right]$　　　　（右极限）

Out[1]：= 3

In[2]：= Limit[2x+3，x→0，Direction→1]　　　　（左极限）

Out[2]：= 3

In[3]：= 2x+3/. x→0　　　　　　　　　　　　　（计算函数值）

Out[3]：= 3

所以函数在 $x=0$ 这一点连续.

另外，用 Mathematica 求极限，有时求不出来. 如

In[1]：= Limit[1/n!，n→Infinity]

Out[1]：= Limit$\left[\dfrac{1}{n!},\ n\to\infty\right]$

说明计算超出了 Mathematiac 的范围.

9.4.2　导数与微分

1. 导数运算

（1）显函数的导数运算.

一阶导数 $f'(x)$ 的命令格式为 D$[f，x]$　　（f 为函数表达式，x 为自变量）

n 阶导数 $f^{(n)}(x)$ 的命令格式为 D$[f，\{x，n\}]$　　（n 为导数的阶数）

用 BasicInput 工具栏中的 ▪▪ 求一阶导数 $f'(x)$ 的形式：∂_x（函数表达式）

用 BasicInput 工具栏中的 ▪▪ 求二阶导数 $f''(x)$ 或 $f''_{xy}(x，y)$ 的形式：$\partial_{x,x}$（函数表达式），$\partial_{x,y}$（函数表达式）

函数表达式可以是一元或多元函数，变量可有一个或多个，使用灵活. 如

输入：$\partial_x(x^3+4x^2)$（求一元函数 x^3+4x^2 对 x 的一阶导数）

结果：$8x+3x^2$

输入：$\partial_{x,x}(x^3+4x^2)$（求一元函数 x^3+4x^2 对 x 的二阶导数）

结果：$8+6x$

输入：$\partial_y(x^3y+4x^2y^2)$（求二元函数 $x^3y+4x^2y^2$ 对 y 的一阶偏导数）

结果：x^3+8x^2y

输入：$\partial_{x,y}(x^3y+4x^2y^2)$（求二元函数 $x^3y+4x^2y^2$ 先对 x 后对 y 的二阶偏导数）

结果：$3x^2+16xy$

例 9.15　求下列函数的一阶导数.

（1）$y=2x^5-4x^3$　　（2）$y=x^2+e^x$　　（3）$y=\dfrac{\log_3 x}{2x+1}$

解　（1）In[1]：= D$[2x^5-4x^3，x]$

Out[1]：=$-12x^2+10x^4$

(2) In[2]：$= \partial_x(x^3 + e^x)$（e 为 BasicInput 符号栏中的 e）

Out[2]：$= 2e^x x + e^x x^2$

(3) In[3]：$= \partial_x(\text{Log}[3, x]/(2x+1))$

Out[3]：$= \dfrac{1}{\text{x}(1+2x)\text{Log}[3]} - \dfrac{2\text{Log}[\text{x}]}{(1+2\text{x})^2\text{Log}[3]}$

例 9.16　求函数 $f(x, y) = \ln\sqrt{x^2+y^2}$ 的偏导数 $\dfrac{\partial f}{\partial x}$，$\dfrac{\partial f}{\partial y}$，$\dfrac{\partial^2 f}{\partial x \partial y}$

解　In[1]：$= \partial_x([\text{Log}[\sqrt{x^2+y^2}])$

Out[1]：$= \dfrac{x}{x^2+y^2}$

In[2]：$= \partial_y([\text{Log}[\sqrt{x^2+y^2}])$

Out[2]：$= \dfrac{\text{y}}{x^2+y^2}$

In[3]：$= \partial_{x,y}([\text{Log}[\sqrt{x^2+y^2}])$

Out[3]：$= -\dfrac{2xy}{(x^2+y^2)^2}$

例 9.17　求函数 $C(Q) = 20Q - \dfrac{Q^2}{5}$，当 $Q = 15$ 和 $Q = 20$ 时的边际成本.

解　求函数在一点 x_0 的导数值，只需在输入表达式后面再继续输入 "/. $x \to x_0$"
即可.

方法一：In[1]：$= \text{D}\left[20Q - \dfrac{Q^2}{5}, Q\right]/.\ Q \to 5$

Out[1]：$= 14$（即 $Q = 15$ 时的边际成本）

In[2]：$= \text{D}[20Q - \dfrac{Q^2}{5}, Q]/.\ Q \to 20$

Out[3]：$= 12$（即 $Q = 20$ 时的边际成本）

方法二：∂_x（函数表达式）/. $x \to a$

In[1]：$= \partial_Q\left(20Q - \dfrac{Q^2}{5}\right)/.\ Q \to 15$

Out[1]：$= 14$

In[2]：$= \partial_Q\left(20Q - \dfrac{Q^2}{5}\right)/.\ Q \to 20$

Out[2]：$= 12$

例 9.18　求下列函数的高阶导数.

(1) $y = x^5$，求 y'''；(2) $y = \dfrac{\sin x}{\sin x + \cos x}$，求 y''.

解　(1) In[1]：$= \text{D}[x\hat{\ }5, \{x, 2\}]$

Out[1] $= 60x^2$

(2) In[2]：$= \text{Simplify}[\text{D}[\text{Sin}[x]/(\text{Sin}[x] + \text{Cos}[x]), \{x, 2\}]]$

Out[2]：$= -\dfrac{2(\cos[x] - \sin[x])}{(\cos[x] - \sin[x])^2}$

Simplify[x]为化简函数，特指对 x 化简，而 Simplify[%]表示对最近一次输出的结果进行简化.

（2）隐函数的导数运算.

由方程 $F(x, y)=0$ 确定的函数 $y=f(x)$，称为隐函数. 用 Mathematica 求隐函数的导数方法，原理与其数学方法基本是一致的，具体步骤如下：

（1）自定义一个 $F(x, y)$ 的导函数 $G[x\_]$，命令格式为 $G[x\_]=\partial_x(F(x, y[x])$ 或 $G[x\_]=D[F[x, y[x]], x]$

注意：必须将变量 y 输入为 $y[x]$，即 y 是 x 的函数.

（2）用 Solve 函数将 $y'[x]$ 解出，命令格式为 Solve[$G[x\_]==0, y'[x]$]

即先求导再解方程. 当然也可以将上面两步合在一起，命令格式 Solve[$\partial_x(F(x, y[x])==0, y'[x]$]，形式上显得更为简洁.

例 9.19 由方程 $\dfrac{x^2}{a^2}+\dfrac{y^2}{b^2}=1$ 所确定的隐函数的导数.

解

方法一：分为两步，即先求导再解方程

In[1]：= G[x_]=D$\left[\dfrac{x^2}{a^2}+\dfrac{y[x]^2}{b^2}-1, x\right]$

（先定义导函数 G[x]，也可以采用模板输入的方法求导，注意表达式中的 y 应写成 y[x]）

Out[1]：= $\dfrac{2x}{a^2}+\dfrac{2y[x]y'[x]}{b^2}$

In[2]：= Solve[$G[x]==0, y'[x]$]

（用解方程 Solve 命令，解出 $y'[x]$，这里方程必须使用双等号"=="）

Out[2]：= $\left\{\left\{y'[x]\to-\dfrac{b^2 x}{a^2 y[x]}\right\}\right\}$

方法二：直接输入

Solve$\left[\partial_x\left(\dfrac{x^2}{a^2}+\dfrac{y[x]^2}{b^2}-1\right)==0, y'[x]\right]$

得到结果

$\left\{\left\{y'[x]\to-\dfrac{b^2 x}{a^2 y[x]}\right\}\right\}$

例 9.20 设函数满足方程 $x\sin y+ye^{-x}=0$，求 $y'(x)$.

解 直接输入

Solve[$\partial_x(x\text{Sin}[y[x]]+y[x]e^{-x})==0, y'[x]$]

得到结果

$\left\{\left\{y'[x]\to-\dfrac{e^x\text{Sin}[y[x]]-y[x]}{1+e^x x\text{Cos}[y[x]]}\right\}\right\}$

2. 函数的微分、全微分

求函数的微分 dy，其命令格式 Dt[$f(x)$]. 输出的表达式中所含的 Dt[x]，这里可以视为数学中的 dx 求函数 $f(x, y)$ 的全微分 dz，其命令形式为 Dt[$f[x, y]$]

例 9.21　求 $y = \sin 5x$ 的微分 $\mathrm{d}y$.

解　$\text{In}[1] := \text{Dt}[\text{Sin}[5\text{x}]]$

$\text{Out}[1] := 5\text{Cos}[5\text{x}]\text{Dt}[\text{x}]$

例 9.22　求函数 $y = x^3 \ln x + \mathrm{e}^{-7x}$ 的微分 $\mathrm{d}y$.

解　$\text{In}[1] := \text{Dt}[\text{x\textasciicircum}3\text{Log}[\text{x}] + \text{Exp}[-7\text{x}]]$

$\text{Out}[1] = -7\mathrm{e}^{-7\text{x}}\text{Dt}[\text{x}] + \text{x}^2\text{Dt}[\text{x}] + 3\text{x}^2\text{Dt}[\text{x}]\text{Log}[\text{x}]$

再化简一下，得

$\text{In}[2] := \text{Simplify}[\%]$

$\text{Out}[2] := \text{Dt}[\text{x}](-7\mathrm{e}^{-7\text{x}} + \text{x}^2 + 3\text{x}^2\text{Log}[\text{x}])$

即 $\mathrm{d}y = (-7\mathrm{e}^{-7x} + x^2 + 3x^2 \ln x)\mathrm{d}x$

例 9.23　求函数 $z = xy^2$ 的全微分.

解　$\text{In}[1] := \text{Dt}[\text{xy\textasciicircum}2]$

$\text{Out}[2] := \text{y}^2\text{Dt}[\text{x}] + 2\text{xyDt}[\text{y}]$

3.　用 Mathematica 解微分方程

(1) 没有初始条件的微分方程

命令格式：$\text{DSolve}[$微分方程，$\text{y}[\text{x}]$，$\text{x}]$

注意：要将 y 输入成 $\text{y}[\text{x}]$，另外，微分方程中的等号要用双等号.

(2) 含初始条件的微分方程

命令格式：$\text{DSolve}[\{$微分方程，初始条件$\}$，$\text{y}[\text{x}]$，$\text{x}]$

注意：要将 y 输入成 $\text{y}[\text{x}]$，另外，微分方程及初始条件中的等号要用双等号.

例 9.24　解微分方程 $y'(x) + y(x) = 1$.

解　$\text{In}[1] := \text{DSolve}[\text{y}'[\text{x}] + \text{y}[\text{x}] == 1, \text{y}[\text{x}], \text{x}]$

$\text{Out}[1] := \{\{\text{y}[\text{x}] \to 1 + \mathrm{e}^{-\text{x}}\text{C}[1]\}\}$

注意：导数符号"$'$"的输入可以按【Enter】键的左边的"引号"键直接得到.

例 9.25　求微分方程 $(x^2 + y^2)\mathrm{d}x - xy\mathrm{d}y = 0$ 的通解.

解：$\text{In}[1] := \text{DSolve}[(\text{x\textasciicircum}2 + \text{y}[\text{x}]\text{\textasciicircum}2)\text{Dt}[\text{x}] - \text{xy}[\text{x}]\text{Dt}[\text{y}[\text{x}]] == 0,$
$\text{y}[\text{x}], \text{x}]$

$\text{Out}[1] := \{\{\text{y}[\text{x}] \to -\text{x}\sqrt{\text{C}[1] + 2\text{Log}[\text{x}]}\}, \{\text{y}[\text{x}] \to \text{x}\sqrt{\text{C}[1] + 2\text{Log}[\text{x}]}\}\}$

注意：微分方程中的 $\mathrm{d}x$、$\mathrm{d}y$ 的输入为 $\text{Dt}[\text{x}]$、$\text{Dt}[\text{y}]$.

例 9.26　求微分方程 $(x^2 + 1)y' = 2xy$ 满足初始条件 $y\mid_{x=0} = 1$ 的特解.

解　$\text{In}[1] := \text{DSolve}[\{(\text{x\textasciicircum}2 + 1)\text{y}'[\text{x}] == 2\text{xy}[\text{x}], \text{y}[0] == 1\}, \text{y}[\text{x}], \text{x}]$

$\text{Out}[1] := \{\{\text{y}[\text{x}] \to 1 + \text{x}^2\}\}$

注意：微分方程中含初始条件，需将微分方程与初始条件用大括号括起，形成一个整体.

9.4.3　积分运算及简单应用

1.　不定积分

输入格式：在 BasicInput 模板中的 ∫▯d▯，输入数学积分式.

注意： 输出结果均不带积分常数.

例 9.27 求下列不定积分 $\int x^5 \mathrm{d}x$.

解 单击 ∫▪d▫ 后，在得到的 $\int \square \mathrm{d}l\square$ 的相应位置输入被积函数、积分变量，即可

输入：$\int x^5 \mathrm{d}x$

结果：$\dfrac{x^6}{6}$

2. 定积分

输入格式：在 BasicInput 模板中的 ∫▪▪d▫，输入数学积分式.

例 9.28 求下列定积分 $\int_1^5 x^3 \sqrt{x^2-1}\,\mathrm{d}x$.

解 单击 ∫▪▪d▫ 后，在得到的 $\int_\square^\square \square \mathrm{d}l\square$ 的相应位置输入被积函数、积分变量、上下限，即可.

输入：$\int_1^5 x^3 \sqrt{x^2-1}\,\mathrm{d}x$

结果：$\dfrac{1232\sqrt{6}}{5}$

例 9.29 计算广义积分 $\int_0^{+\infty} \dfrac{1}{1+x^2}\mathrm{d}x$.

解 单击 ∫▪▪d▫ 后，在得到的 $\int_\square^\square \square \mathrm{d}l\square$ 的相应位置输入被积函数、积分变量、上下限，即可。

输入：$\int_0^{+\infty} \dfrac{1}{1+x^2}\mathrm{d}x$

结果：$\dfrac{\pi}{2}$

例 9.30 计算由抛物线 $y=x^{\frac{1}{2}}$ 和直线 $y=x$ 所围成的平面图形(图 9-10)的面积及该图形绕 x 轴旋转一周所得的旋转体体积(表示出必要的步骤).

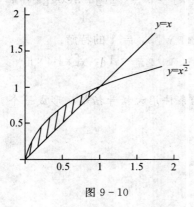

图 9-10

解 (1)绘图命令输入：

Plot[{x, x^(1/2)}, {x, 0, 2}]

结果输出：

(2)求交点输入：

Solve[{y == x, y == x^(1/2)}, {x, y}]

结果输出：[{y → 0, x → 0}, {y → 1, x → 1}]

(3)定积分求面积输入：

$\int_0^1 (x\hat{\ }(1/2) - x)\mathrm{d}lx$

结果输出：$\dfrac{1}{6}$

(4) 定积分求体积输入：

$$\pi \int_0^1 (x - x^2) \mathrm{d}lx$$

结果输出：$\dfrac{\pi}{6}$

习　题　9.4

1. 求导数.

(1) $y = \dfrac{1}{2}\arctan \sqrt[4]{1 + x^4}$ 　　　　　(2) $y^2 \cos(xy) = \sin^2 3x$，求 y'

(3) $y = \mathrm{e}^x x^6$，求 $y^{(4)}(1)$ 　　　　(4) $z = y\cos x$，求 z_x'，z_y'

(5) 求 $z = \mathrm{e}^{\sin x}\cos y$ 的二阶偏导数

2. 求微分及全微分.

(1) $y = 3x^5 + 4x^3 - 7x + 6$ 　　　　(2) $y = \mathrm{e}^{2x^3}\cot(1nx)$

(3) $y = 1n\sin x + \dfrac{x}{1 + x}$ 　　　　　(4) $z = \mathrm{e}^x \sin y$

3. 解微分方程.

(1) 求微分方程 $\dfrac{\mathrm{d}y}{\mathrm{d}x} = -\dfrac{x}{y}$ 的通解.

(2) 求微分方程 $xy^2 \mathrm{d}x + (1 + x^2)\mathrm{d}y = 0$ 的通解.

(3) 求微分方程 $\dfrac{\mathrm{d}y}{\mathrm{d}x} - y\cot x = 2x\sin x$ 的通解.

(4) 求微分方程 $xy' + 2y = x^4$ 满足初始条件 $y(1) = \dfrac{1}{6}$ 的特解.

4. 求下列极限.

(1) $\displaystyle\lim_{x \to -1}\dfrac{x + 1}{x^3 + 1}$ 　　　　　　(2) $\displaystyle\lim_{x \to \infty}\left(\dfrac{x}{1 + x}\right)^{-2x+1}$

5. 求下列积分.

(1) $\displaystyle\int \dfrac{1n\sin x}{\sin^2 x}\mathrm{d}x$ 　　　　　　(2) $\displaystyle\int_{-1}^1 \dfrac{x}{\sqrt{5 - 4x}}\mathrm{d}x$

(3) $\displaystyle\int_{-\infty}^0 x\mathrm{e}^{-x^2}\mathrm{d}x$ 　　　　　(4) $\displaystyle\int_{-\infty}^{+\infty}\dfrac{1}{4 + x^2}\mathrm{d}x$

6. 计算由曲线 $y = x - 1$ 和 $y = x + 1$ 所围成的平面图形的面积（表示出必要的步骤）.

9.5　Mathematica 在线性代数中的应用

9.5.1　Mathematica 中矩阵的相关计算

1. 矩阵的输入方法

(1) 按表的格式输入（一般方法）.

$A = \{\{a_{11}, a_{12}, \cdots, a_{1n}\}, \{a_{21}, a_{22}, \cdots, a_{2n}\}, \cdots, \{a_{m1}, a_{m2}, \cdots, a_{mn}\}\}$，生成

m 行 n 列的矩阵.

注意：此时输出格式与我们常见的矩阵形式不同，若要转换为数学格式，则其命令格式：

$A = \{\{a_{11}, a_{12}, \cdots, a_{1n}\}, \{a_{21}, a_{22}, \cdots, a_{2n}\}, \cdots, \{a_{m1}, a_{m12}, \cdots, a_{mn}\}\}//\text{MatrixForm}$

(2) 菜单输入(适用于大矩阵).

具体方法：

执行【Input】→【CreateTable/Matrix】菜单命令，输入行数及列数，可形成数学形式的矩阵，然后我们在相应的位置输数即可.

(3) 点击【BasicInput】模板中的 ⊞ 进行输入(适用于二阶小矩阵).

2. 计算矩阵 A 的行列式

计算矩阵 A 的行列式值的方法：

① 输入矩阵 A；② 计算矩阵行列式的值：命令格式为 $\text{Det}[A]$.

例 9.31　计算行列式 $\begin{vmatrix} 1 & 2 & 6 & 0 \\ 4 & 7 & -8 & 1 \\ 2 & -7 & 0 & 6 \\ 1 & 9 & 3 & 5 \end{vmatrix}$ 的值.

解　首先输入矩阵，然后计算行列式的值

$\text{In}[1]: = A = \{\{1, 2, 6, \}, \{4, 7, -8, 1\}, \{2, -7, 0, 6\}, \{1, 9, 3, 5\}\}$

$\text{Out}[1]: = \{\{1, 2, 6, 0\}, \{4, 7, -8, 1\}, \{2, -7, 0, 6\}, \{1, 9, 3, 5\}\}$

$\text{In}[2]: = \text{Det}[A]$

$\text{Out}[2]: = -2945$

3. 矩阵的基本运算

命令格式：

$A + B$　　　　　　　　表示矩阵 A 与 B 相加.

$k * A$　　　　　　　　表示数 k 与矩阵 A 相乘.

$\text{Transpose}[M]$　　　表示矩阵 M 的转置 M^T.

$A. B$　　　　　　　　表示矩阵 A 与 B 相乘.

$M//\text{MatrixForm}$　　　表示矩阵，标准形式输出(数学常见形式).

例 9.32　已知 $A = \begin{bmatrix} 1 & 3 & 4 \\ 2 & 7 & 9 \\ 4 & 5 & 7 \end{bmatrix}$，$B = \begin{bmatrix} 1 & 1 & -1 \\ 0 & 2 & 5 \\ 2 & 5 & 6 \end{bmatrix}$，求 $3AB - A$，A^TB.

解　输入命令：$A = \{\{1, 3, 4\}, \{2, 7, 9\}, \{4, 5, 7\}\}$

　　　　　　　　$B = \{\{1, 1, -1\}, \{0, 2, 5\}, \{2, 5, 6\}\}$

$(3A. B - A)//\text{MatrixForm}$

$M = \text{Transpose}[A]$

$M. B//\text{MatrixForm}$

执行，得结果：

$$
\begin{bmatrix} 26 & 78 & 110 \\ 58 & 176 & 252 \\ 50 & 142 & 182 \end{bmatrix},\ \begin{bmatrix} 9 & 25 & 33 \\ 13 & 42 & 62 \\ 18 & 57 & 83 \end{bmatrix}
$$

即 $3AB - A = \begin{bmatrix} 26 & 78 & 110 \\ 58 & 176 & 252 \\ 50 & 142 & 182 \end{bmatrix}$, $A^{\mathrm{T}}B = \begin{bmatrix} 9 & 25 & 33 \\ 13 & 42 & 62 \\ 18 & 57 & 83 \end{bmatrix}$

4. 矩阵求逆

命令格式：

Inverse[A]　　　　　　　　求方阵 A 的逆矩阵.

Inverse[A]//MatrixForm 求方阵 A 的逆矩阵，并以标准形式（即数学中常见的矩阵形式输出）.

例 9.33　已知 $A = \begin{bmatrix} 4 & 3 & 5 \\ 2 & 7 & 9 \\ 4 & -7 & 11 \end{bmatrix}$，求 A 的逆矩阵.

解　（1）应先判断是否可逆（计算相应行列式是否为零）.

输入命令：Det[{{4, 3, 5}, {2, 7, 9}, {4, -7, 11}}]

执行：392

判断可逆

（2）求逆：

Inverse[{{4, 3, 5}, {2, 7, 9}, {4, -7, 11}}]

执行，得结果 $\left\{ \left\{ \dfrac{5}{14}, -\dfrac{17}{98}, -\dfrac{1}{49} \right\}, \left\{ \dfrac{1}{28}, \dfrac{3}{49}, -\dfrac{13}{196} \right\}, \left\{ -\dfrac{3}{28}, \dfrac{5}{49}, \dfrac{11}{196} \right\} \right\}$

5. 矩阵求秩

方法：用初等变换将矩阵化为行最简形，非零行数即为矩阵的秩.

命令格式：RowReduce[A]//MatrixForm

例 9.34　已知 $A = \begin{bmatrix} 4 & 3 & 5 & 6 \\ 2 & 7 & 9 & 3 \\ 4 & -7 & 11 & 6 \end{bmatrix}$，求 A 的秩.

解　输入命令：

A = {{4, 3, 5, 6}, {2, 7, 9, 3}, {4, -7, 11, 6}}

RowReduce[A]//MatrixForm

执行，得结果：

$$
\begin{bmatrix} 1 & 0 & 0 & \dfrac{3}{2} \\ 0 & 1 & 0 & 0 \\ 0 & 0 & 1 & 0 \end{bmatrix}
$$

结论：秩为 3.

9.5.2　用 Mathematica 求解线性方程组

1. 判断方程组解是否存在

判断系数矩阵和增广矩阵的秩 $r(A)$，$r(AB)$ 是否相等，即可判断方程组的解是否存在. 具体的步骤如下:

(1) 求系数矩阵和增广矩阵的秩.

命令格式: RowReduce[M]，秩为执行结果矩阵中的非零行数.

(2) 判断若 $r(A) = r(AB)$，则有解.

当 $r(A) = r(AB) = n$，有唯一解; $r(A) = r(AB) < n$ 有无穷多解. 其中，n 为未知数的个数.

特别: 若方程组是齐次线性方程组，则当 $r(A) = n$ 时，齐次线性方程组只有零解; 当 $r(A) < n$ 时，齐次线性方程组有非零解.

例 9.35　判断方程组 $\begin{cases} x_1 + 2x_2 - 3x_3 = -11 \\ -x_1 - x_2 + x_3 = 7 \\ 2x_1 - 3x_2 + x_3 = 6 \\ -3x_1 + x_2 + 2x_3 = 4 \end{cases}$　是否有解?

解　输入命令如下:

A = {{1, 2, −3}, {−1, −1, 1}, {2, −3, 1}, {−3, 1, 2}}

B = {{1, 2, −3, −11}, {−1, −1, 1, 7}, {2, −3, 1, 6}, {−3, 1, 2, 4}}

执行结果:

$$\begin{pmatrix} 1 & 0 & 0 \\ 0 & 1 & 0 \\ 0 & 0 & 1 \\ 0 & 0 & 0 \end{pmatrix}, \quad \begin{pmatrix} 1 & 0 & 0 & 0 \\ 0 & 1 & 0 & 0 \\ 0 & 0 & 1 & 0 \\ 0 & 0 & 0 & 1 \end{pmatrix}$$

说明: A 的秩为 3，B 的秩为 4，该方程组无解.

例 9.36　判断齐次线性方程组 $\begin{cases} 2x_1 + x_2 + 3x_3 + 5x_4 - 5x_5 = 0 \\ x_1 + x_2 + x_3 + 4x_4 - 3x_5 = 0 \\ 3x_1 + x_2 + 5x_3 + 6x_4 - 7x_5 = 0 \end{cases}$　是否有解?

解　输入命令如下:

A1 = {{2, 1, 3, 5, −5}, {1, 1, 1, 4, −3}, {3, 1, 5, 6, −7}}

RowReduce[A1]//MatrixForm

执行结果:

$$\begin{pmatrix} 1 & 0 & 2 & 1 & -2 \\ 0 & 1 & -1 & 3 & -1 \\ 0 & 0 & 0 & 0 & 0 \end{pmatrix}$$

说明: A1 的秩为 2，该方程组有无穷多组解.

2. 求齐次线性方程组的基础解系和通解

若判断齐次线性方程组有无穷多组解，则求其解的具体步骤如下:

（1）求出 $AX = O$ 的基础解系.

命令格式：NullSpace[A]

执行结果：$\{\alpha_1,\ \alpha_2,\ \cdots,\ \alpha_n\}$

（2）写出通解形式：

$$X = k_1\alpha_1 + k_2\alpha_2 + \cdots + k_n\alpha_n$$

例 9.37　求齐次线性方程组 $\begin{cases} 2x_1 + x_2 + 3x_3 + 5x_4 - 5x_5 = 0 \\ x_1 + x_2 + x_3 + 4x_4 - 3x_5 = 0 \\ 3x_1 + x_2 + 5x_3 + 6x_4 - 7x_5 = 0 \end{cases}$　的基础解系和全部解.

解.　由例 6 知此方程组有无穷多组解. 现在来求其基础解系和全部解，命令如下：

A1 = {{2, 1, 3, 5, −5}, {1, 1, 1, 4, −3}, {3, 1, 5, 6, −7}}

NullSpace[A1]

执行结果：得基础解系为

{{2, 1, 0, 0, 1}, {−1, −3, 0, 1, 0}, {−2, 1, 1, 0, 0}}

全部解：$X = C_1\{2,\ 1,\ 3,\ 5,\ -5\} + C_2\{1,\ 1,\ 1,\ 4,\ -3\} + C_3\{3,\ 1,\ 5,\ 6,\ -7\}$

3. 求非齐次线性方程组的基础解系和通解

求非齐次线性方程组的基础解系和通解的具体的步骤如下：

（1）求非齐次线性方程组导出组的全部解.

命令格式：NullSpace[A]

执行结果：$\{\alpha_1,\ \alpha_2,\ \cdots,\ \alpha_n\}$

（2）求非齐次线性方程组的特解或唯一解的命令格式：

LinearSolve[系数矩阵，常数项矩阵]

（3）写出通解 $X = X_0 + k_1\alpha_1 + k_2\alpha_2 + \cdots + k_n\alpha_n$

注意：如方程组有唯一的解，则用命令格式：LinearSolve[系数矩阵，常数项矩阵] 就可以得到其唯一解.

例 9.38　求 $\begin{cases} 2x_1 - 4x_2 + 5x_3 + 3x_4 = 7 \\ 3x_1 - 6x_2 + 4x_3 + 2x_4 = 7 \\ 4x_1 - 8x_2 + 17x_3 + 11x_4 = 21 \end{cases}$　的全部解.

解　（1）判断此方程组解的情况，输入命令

A = {{2, −4, 5, 3}, {3, −6, 4, 2}, {4, −8, 17, 11}}

B = {{2, −4, 5, 3, 7}, {3, −6, 4, 2, 7}, {4, −8, 17, 11, 21}}

RowReduce[A]//MatrixForm

RowReduce[B]//MatrixForm

执行结果：

$$\begin{bmatrix} 1 & -2 & 0 & -\dfrac{2}{7} \\ 0 & 0 & 1 & \dfrac{5}{7} \\ 0 & 0 & 0 & 0 \end{bmatrix}$$（系数矩阵 A 的秩为 2）

$$\begin{bmatrix} 1 & -2 & 0 & -\dfrac{2}{7} & 1 \\ 0 & 0 & 1 & \dfrac{5}{7} & 1 \\ 0 & 0 & 0 & 0 & 0 \end{bmatrix}$$ （增广矩阵 B 的秩为 2）

说明：$r(A) = r(B) = 2 < 4$，方程有无穷多组解.

（2）求非齐次线性方程组的特解及导出组的基础解系，输入命令：

b = {7，7，21}

LinearSolve[A，b]

NullSpace[A]

执行结果，得（前者是特解，后者为基础解系）：

{1，0，1，0}

{{2，0，-5，7}，{2，1，0，0}}

（3）写出通解.

方程组的通解：

$$X = k_1 \begin{pmatrix} 2 \\ 0 \\ -5 \\ 7 \end{pmatrix} + k_2 \begin{pmatrix} 2 \\ 1 \\ 0 \\ 0 \end{pmatrix} + \begin{pmatrix} 1 \\ 0 \\ 1 \\ 0 \end{pmatrix}$$

习　题　9.5

1. 求矩阵 B 的行列式的值，并求矩阵的秩.

$$B = \begin{pmatrix} 5 & 3 & 2 & 0 \\ 3 & 1 & -1 & 12 \\ 21 & -17 & 0 & 5 \\ 10 & 9 & -3 & 2 \end{pmatrix}$$

2. 已知 $A = \begin{bmatrix} 3 & 5 & 4 \\ 2 & 8 & -9 \\ 1 & -5 & 3 \end{bmatrix}$，$B = \begin{bmatrix} 2 & 1 & -3 \\ 1 & -2 & 5 \\ 3 & 5 & 7 \end{bmatrix}$，求 $AB - 2A$，$A^T B$，A 的逆矩阵.

3. 求 $\begin{cases} 5x_1 + 3x_2 + 2x_3 - x_4 + 4x_5 = 1 \\ 3x_1 + x_2 + 5x_3 + 3x_4 + x_5 = 5 \\ 2x_1 - 3x_2 + 11x_3 + 11x_4 - 5x_5 = 13 \\ 3x_1 - x_2 + 8x_3 + 7x_4 - 2x_5 = 9 \end{cases}$ 的全部解.

9.6　Mathematica 在统计中的应用

9.6.1　数据的统计与分析

Mean[data]　　　　　　　　计算 data 的均值.

Variance[dist]　　　　　　　计算 data 的样本方差 $\dfrac{1}{n-1}\displaystyle\sum_{i=1}^{n}(x_i-\bar{x})^2$.

VarianceMLE[dist]　　　　　计算 data 的方差 $\dfrac{1}{n}\displaystyle\sum_{i=1}^{n}(x_i-\bar{x})^2$.

Median[data]　　　　　　　　计算 data 的中位值.

注意：利用 Mathematica 计算上式时，必须要先调出相应的软件包，格式如下：

$<<$ Statistics`DescriptiveStatistics`

其中，"`"是用键盘上 Esc 键下方的键键入的.

例 9.39　从某班抽出 10 人，测量身高. 数据如下：1.54，1.63，1.71，1.54，1.66，1.57，1.72，1.78，1.59，1.56，求这组样本数据的均值，样本方差和中位值.

解　输入命令：

$<<$ Statistics`DescriptiveStatistics`

Data1 = {1.54，1.63，1.71，1.54，1.66，1.57，1.72，1.78，1.59，1.56}

Mean[data1]

执行，得均值结果

1.63

输入命令：

Variance[data1]

执行，得样本方差的结果

0.00713333

输入命令：

Median[data1]

执行，得中位值结果

1.61

9.6.2　线性回归

线性回归的统计方法是我们经常用到的，Mathematica 软件可以根据样本数据给出回归方程和分析报告. 这里主要介绍一元线性回归方程. 格式如下：

Regress[data，{1，x}，x]

其中，data 为数据，其形式 $\{x_1，y_1\}$，$\{x_2，y_2\}$，…，$\{x_n，y_n\}$.

注意：利用 Mathematica 软件进行回归计算，需要事先调出相应的软件包，其格式：

$<<$ Statistics`LinearRegression`

例 9.40　某项试验工作中，其数据见表 9.1 所示.

表 9.1

x	1.1	2.0	2.2	2.4	2.5	2.7	2.8	3.1	3.3	3.5
y	4.9	3.4	3.0	2.8	2.4	2.5	2.1	1.5	1.3	1.3

若已知两个变量间存在线性关系，求此回归方程.

解 In[1]：=<< Statistics'LinearRegression'

In[2]：= data = {{1.1, 4.9}, {2.0, 3.4}, {2.2, 3.0}, {2.4, 2.8}, {2.5, 2.4}, {2.7, 2.5}, {2.8, 2.1}, {3.1, 1.5}, {3.3, 1.3}, {3.5, 1.3}}

In[3]：= Regress[data, {1, x}, x]

Out[3]：=

{ParameterTable →

	Estimate	SE	TStat	PValue
1	6.52044	0.200101	32.5856	8.57574×10^{-10}
x	−1.56267	0.0756637	−20.6528	3.16463×10^{-8}

, RSquared → 0.98159, AdjustedRSquared → 0.979288,

EstimatedVariance → 0.0252129, ANOVAT →

	DF	SLmOfSq	MeanSq	ERatio	PValue
Model	1	10.7543	10.7543	426.54	3.16463×10^{-8}
Error	8	0.201703	0.0252129		
Total	9	10.956			

}

所以 y[x] = 6.52044 − 1.56267x，该线性方程常系数是上述输出结果中 1 右侧 Estimate 下方对应的数据，该方程一次项系数是 x 右侧 Estimate 下方对应的数据.

同时，利用绘图命令，我们也能观察出数据的线性关系和回归方程的情形：

输入命令：

aa = ListPlot[data]

cc = Plot[y[x], {x, 0.5, 4}]

Show[aa, cc]

执行命令后，可以观察回归拟合情形，如图 9-11 所示.

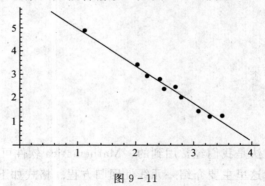

图 9-11

习 题 9.6

1. 从某班抽出 10 人，测量体重(单位：kg). 数据如下：54，63，41，54，66，57，42，58，53，56，求这组样本数据的均值，样本方差和中位值.

2. 某产品代理销售业绩见表 9.2 所示.

表 9.2

x	1999	2000	2001	2002	2003	2004	2005
y	47	44	65	76	65	78	85

若已知两个变量间存在线性关系，求此回归方程.

附录 1　课后习题答案

第 1 章

习题 1.1

1. （1）不是　（2）不是　（3）不是　（4）是

2. $x^2 + x + 3$，$x^2 - x + 3$

3. 1，1；

4. （1）$y = x^3 - 1$，（2）$f(x) = \begin{cases} x+1, & x < -1 \\ \sqrt{x}, & x \geqslant 0 \end{cases}$

5. （1）奇　（2）偶　（3）非奇非偶　（4）奇

习题 1.2

1. （1）$y = \cos^3 e^x$；　（2）$y = \ln \sqrt[3]{1 + \cot x}$；　（3）$y = \ln^2 (x^2 - x + 2)$

2. （1）$y = u^2$，$u = \cos v$，$v = 3x + \dfrac{\pi}{4}$；

　　（2）$y = \ln u$，$u = \tan v$，$v = 2x$；

习题 1.3

1. 2600 元.

2. 1.6%

3. 200；$\dfrac{20}{3}$

4. （1）$-q^2 + 8q - 7$；　（2）9；2.25

（3）两个盈亏平衡点 1，7；当 $1 < q < 7$ 时，盈利，当 $q > 7$ 时，亏损.

综合训练

一、1. $y = \sqrt{u}$，$u = \log_a v$，$v = \cos x + 2^x$　2. $[2, 5)$　3. $(-2, 3)$　4. -1

　　5. $y = u^2$，$u = \sin v$，$v = 3x + 1$　6. $x^4 - 2x^2$　7. $y = e^{x-1}$　8. $[-4, 2]$

　　9. 7.4　10. $C(x) = 1000 + 2x$

二、1. D.　2. B.　3. A.　4. A.　5. C.　6. D.

三、1. （1）$(-\infty, -4] \cup [3, +\infty)$　（2）$[\log_3^2, +\infty)$

　　2. e，$(-\infty, 8]$

　　3. （1）偶　（2）奇　（3）奇　（4）奇

　　4. （1）$y = e^u$，$u = \sqrt{v}$，$v = x^2 + 1$，$y = \ln u$，$u = \sin v$，$v = 5x^2 - 3$

　　5. （1）6500 元　（2）6691.

　　6. （1）$-q^2 + 11q - 18$，　（2）12

　　（3）$q_1 = 2$，$q = 9$ 盈利（3）盈亏平衡点，并判断销售量为 10 时能否盈利.

第 2 章

习题 2.1

1. (1) C (2) B (3) C (4) B (5) D

2. 解：$\lim\limits_{x\to 3^-} f(x) = \lim\limits_{x\to 3^-}(x+1) = 4$，$\lim\limits_{x\to 3^+} f(x) = \lim\limits_{x\to 3^+}(2x-3) = 3$

故 $\lim\limits_{x\to 3^-} f(x) \neq \lim\limits_{x\to 3^+} f(x)$，因而 $\lim\limits_{x\to 3} f(x)$ 不存在。

3. $\lim\limits_{x\to 0} f(x)$ 不存在，$\lim\limits_{x\to 1} f(x) = 1$

4. $a = 3$

5. $b = 2$

习题 2.2

1. (1) D (2) A (3) C (4) C (5) C (6) C (7) B (8) B
(9) A (10) B

2. (1) 0 (2) 1 (3) 0 (4) 1

3. $c = 2$

习题 2.3

1. (1) A (2) C (3) B (4) A (5) B

2. 解：$\lim\limits_{x\to 0^-} f(x) = \lim\limits_{x\to 0^-}(x+3) = 3$，$\lim\limits_{x\to 0^+} f(x) = \lim\limits_{x\to 0^+}(x^2+a) = a$，故 $a=3$

$\lim\limits_{x\to 1^-} f(x) = \lim\limits_{x\to 1^-}(x^2+3) = 4$，$\lim\limits_{x\to 1^+} f(x) = \lim\limits_{x\to 1^+}(bx) = b$，故 $b=4$

3. (1) $\dfrac{1}{2}$ (2) 1 (3) 0 (4) 1

4. 解：定义域 $\{x \mid x \neq 3 \text{ 且 } x \neq 2\}$，连续区间 $(-\infty, -3)\bigcup(-3, 2)\bigcup(2, +\infty)$

$\lim\limits_{x\to 0} f(x) = f(0) = \dfrac{1}{2}$，$\lim\limits_{x\to -3} f(x) = \lim\limits_{x\to -3}\dfrac{x^2(x+3)-(x+3)}{(x+3)(x-2)} = \lim\limits_{x\to -3}\dfrac{x^2-1}{x-2} = -\dfrac{8}{5}$

5. (1) $x=1$ 可去间断点，$x=2$ 无穷间断点

(2) $x=\pm 1$ 均为无穷间断点

(3) $x=2$ 为可去间断点

(4) $x=-1$ 可去间断点

综 合 训 练

一、(1) 0 (2) $\dfrac{1}{2}$ (3) 3 (4) 等价 (5) 0 (6) 1

(7) $(-\infty, 1]\bigcup[2, +\infty)$ (8) 可去 (9) e^a (10) 2

二、(1) A (2) A (3) B (4) A (5) D (6) D (7) B (8) B
(9) C (10) D

三、1. $k=-2$ 2. e^{-1} 3. $\dfrac{1}{2}\ln 2$ 4. $a=1$

5. $\lim\limits_{x\to 1^-} f(x) = \lim\limits_{x\to 1^-}(x+1) = 2$，$\lim\limits_{x\to 1^+} f(x) = \lim\limits_{x\to 1^+}(6x-4) = 2$

故 $\lim\limits_{x\to 1} f(x) = 2 = f(1)$，因此 $x=1$ 为连续点，连续区间为 $(-\infty, +\infty)$

6. 1　　7. 0　　8. $(-\infty, -1) \bigcup (1, +\infty)$

第 3 章

习题 3.1

1. (1) $2f'(x_0)$　(2) $-2f'(x_0)$　(3) $2f'(x_0)$　(4) $-f'(x_0)$

2. (1) a　(2) $-\dfrac{1}{x^2}$　(3) e^x　(4) $-\sin x$

3. (1) ex^{e-1}　(2) $-\dfrac{1}{3}x^{-\frac{4}{3}}$　(3) $\sqrt[6]{x}$

4. $y = x - 1$　$y = 1 - x$

5. $y - 9 = 6(x - 3)$

习题 3.2

1. (1) $6x + \dfrac{4}{x^3}$　(2) $\dfrac{25}{6}x^{\frac{19}{6}} - \dfrac{1}{3}x^{-\frac{4}{3}} + x^{-2}$　(3) $4x + \dfrac{5}{2}x^{\frac{3}{2}}$

(4) $10x^9 + 10^x \ln 10 + \dfrac{1}{10\ln 10}$　(5) $\ln x + 1$　(6) $-\dfrac{1}{2}x^{-\frac{3}{2}} - \dfrac{1}{2}x^{\frac{1}{2}}$

(7) $\sec^2 x - \dfrac{1}{x(\ln x)^2}$　(8) $\dfrac{7}{8}x$　(9) $(x\cos x + \sin x)\ln x + \sin x$

2. (1) $8(2x - 1)$　(2) $3\sin 6x$　(3) $\dfrac{1}{2}\cot\dfrac{x}{2}\sec^2\dfrac{x}{2}$　(4) $\dfrac{x}{\sqrt{(a^2 - x^2)^3}}$

(5) $-3x^2 \sin x^3$

3. (1) $y' = \dfrac{-e^y}{xe^y + 2y}$　　(2) $y' = (\sin x)^{\ln x}\left(\dfrac{1}{x}\ln\sin x + \cot x \ln x\right)$

(3) $y' = \dfrac{xy\ln y - y^2}{xy\ln y - x^2}$　　(4) $y''\left(\dfrac{\pi}{2}\right) = -2y' = \dfrac{-e^y - ye^x}{xe^y + e^x}$

4. (1) $y' = \cos x^{\sin x}\left(\cos x \ln\cos x - \dfrac{\sin^2 x}{\cos x}\right)$　(2) $y' = \sqrt{\dfrac{1-x}{1+x}}\dfrac{1-x-x^2}{1-x^2}$

(3) $y' = 2x^{\sqrt{x}}\left(\dfrac{\ln x}{2\sqrt{x}} + \dfrac{1}{\sqrt{x}}\right)$

(4) $y' = \dfrac{x^2}{1-x}\sqrt[3]{\dfrac{5-x}{(3+x)^2}}\left[\dfrac{2}{x} + \dfrac{1}{1-x} - \dfrac{1}{3(5-x)} - \dfrac{2}{3(3+x)}\right]$

5. (1) $y'' = \dfrac{-2(1+x^2)}{(1-x^2)^2}$　　(2) $y'' = 2e^x + xe^x$

(3) $y'' = 2\arctan x + \dfrac{2x}{1+x^2}$　(4) $y''\left(\dfrac{\pi}{2}\right) = -2$

习题 3.3

1. (1) $dy = (2x + \sin 2x - 3)dx$　　(2) $dy = \dfrac{1-x^2}{(1+x^2)^2}dx$

(3) $dy = e^{2x}\left(2\sin\dfrac{x}{3} + \dfrac{1}{3}\cos\dfrac{x}{3}\right)dx$　(4) $dy = \dfrac{-3x^2}{2(1-x^3)}dx$

(5) $dy = -2\sin 2(2x - 5)dx$　　(6) $dy = -e^{\cot x}\dfrac{1}{\sin^2 x}dx$

(7) $dy = \dfrac{2x\cos x - \sin x(1-x^2)}{(1-x^2)^2}dx$ (8) $dy = \dfrac{2x}{3\sqrt[3]{1+x^2}}dx$

2. (1) x^3 (2) $\arctan x$ (3) $\sin 2x$ (4) $\ln(x-1)$ (5) $\dfrac{1}{2}\ln^2 x$ (6) $-\dfrac{1}{x}$

综 合 训 练

一、1. $-2f'(x)$ 2. $y-2=9(x+1)$ 3. $2f(x_0)f'(x_0)$ 4. 1   5. $2a^2\cos a^3$

二、1. C   2. A   3. A   4. B   5. D   6. B   7. B

三、1. $\dfrac{1}{x^2-a^2}$ 2. $\dfrac{x}{1+x^2}$ 3. $\dfrac{2x^2+1}{2\sqrt{x^2+1}}$

四、1. $3\cot 3x\,dx$ 2. $e^{-x}[\sin(3-x)-\cos(3-x)]dx$

五、1. $a=\dfrac{1}{2}$, $b=1$, $c=1$ 2. $a=2$, $b=-1$

第 4 章

习题 4.1

1. (1) 不满足洛罗尔中值定理的条件   (2) 满足洛罗尔中值定理的条件，且 $\xi=2$
    (3) 满足洛罗尔中值定理的条件，且 $\xi=1$ (4) 不满足洛罗尔中值定理的条件

2. 4 个实根，所在的区间分别为 $(0，1)(1，2)(2，3)(3，5)$

3. (1) 满足洛罗尔中值定理的条件，且 $\xi=\sqrt{3}$

   (2) 满足洛罗尔中值定理的条件，且 $\xi=\arccos\dfrac{2}{\pi}$

   (3) 满足洛罗尔中值定理的条件，且 $\xi=1$

   (4) 满足洛罗尔中值定理的条件，且 $\xi=\dfrac{1}{\ln x}-1$

4. 略

习题 4.2

1. (1) $\cos a$ (2) $\dfrac{m}{n}a^{m-n}$ (3) -1 (4) 1   (5) $+\infty$ (6) $\dfrac{1}{2}$ (7) $\dfrac{1}{3}$ (8) $-\infty$

   (9) $+\infty$ (10) $e^{\frac{1}{2}(n+1)}$ (11) 1   (12) 1   (13) e^{-6} (14) 1

2. (1) 不能用洛比达法则，1   (2) 不能用洛比达法则，1
   (3) 不能用洛比达法则，∞ (4) 能用洛比达法则，∞

3. 函数 $f(x)$ 在处不连续。修改后的函数为

$$f(x) = \begin{cases} \dfrac{\ln\cos(x-1)}{1-\sin\dfrac{\pi}{2}x}, & x\neq 1 \\[4mm] -\dfrac{4}{\pi^2}, & x=1 \end{cases}$$

4. $c=\ln 2$

习题 4.3

1. 单调递增

2. 函数在其定义域$(-\infty, +\infty)$上单调递减

3. 函数在其定义域$(-\infty, +\infty)$上单调递减

4. (1) 单调增区间：$(-\infty, -1)$ 单调减区间：$(-1, +\infty)$

   (2) 单调增区间：$(-\infty, -\frac{1}{3})(1, +\infty)$ 单调减区间：$(-\frac{1}{3}, 1)$

   (3) 单调增区间：$(-\infty, 2)(2, +\infty)$

   (4) 单调增区间：$(\frac{1}{2}, +\infty)$ 单调减区间：$(-1, +\infty)$

   (5) 单调增区间：$(-\frac{1}{2}, 0)(\frac{1}{2}, +\infty)$ 单调减区间：$(-\infty, -\frac{1}{2})(0, \frac{1}{2})$

   (6) 单调增区间：$(-\infty, 0)$ 单调减区间：$(0, +\infty)$

5. 略

6. 略

习题 4.4

1. (1) 极大值 $f(0) = 7$，极小值 $f(2) = 3$

   (2) 极大值 $f(2) = 4e^{-2}$，极小值 $f(0) = 0$

   (3) 极大值 $f(\frac{3}{4}) = 7$，无极小值

   (4) 极小值 $f(e) = e$ ，无极大值

   (5) 极大值 $f(\frac{1}{2}) = \left(\frac{3}{2}\right)^2 \cdot \left(\frac{1}{2}\right)^{\frac{2}{3}}$，极小值 $f(0) = f(2) = 0$

   (6) 极小值 $f(-\frac{1}{2}\ln 2) = \frac{\sqrt{2}}{2}$，无极大值

2. $a = 2$，是极大值且 $f(\frac{\pi}{3}) = \sqrt{3}$

3. (1) 最大值 $f(4) = 80$，最小值 $f(-1) = -5$

   (2) 最大值 $f(-1) = f(2) = 11$，最小值 $f(-2) = f(1) = -1$

   (3) 最大值 $f(\frac{\pi}{4}) = -1$，最小值 $f(-\frac{\pi}{4}) = -3$

   (4) 最大值 $f(2) = \frac{4}{3}$，最小值 $f(0) = 0$

4. 最小值 $f(1) = 4$

5. 当 $v = 20 \frac{km}{h}$ 时，每公里所需费用最小，为 7.2 元

6. 当产量是 200 时，利润为最大，为 300 元

7. 分 7 批生产可使费用最低。

习题 4.5

1. (1) 曲线在区间$(-\infty, 0)$内是凸的，曲线在区间$(0, +\infty)$内是凹的

   (2) 曲线在定义域$(-\infty, +\infty)$内是凹的

(3) 曲线在区间$(-\infty, 0)$内是凸的，曲线在区间$(0, +\infty)$内是凹的

(4) 曲线在区间$(-\infty, 0)$内是凸的，曲线在区间$(0, +\infty)$内是凹的

2. (1) 曲线的凸区间：$(0, \frac{2}{3})$ 曲线的凹区间：$(-\infty, 0)$，$(\frac{2}{3}, +\infty)$。拐点为$(0, 1)$，$(\frac{2}{3}, \frac{11}{27})$

(2) 曲线的凸区间：$(2, +\infty)$ 曲线的凹区间：$(-\infty, 2)$．拐点为$(2, 2e^{-2})$

(3) 曲线的凸区间：$(-\infty, 6)$　曲线的凹区间：$(6, +\infty)$，拐点为$(6, \frac{11}{3})$

(4) 曲线的凸区间：$(-\infty, -1)(1, +\infty)$．无拐点

3. $a = 1$，$b = 3$

4. (1) 曲线的铅直渐近线：$x = 0$

(2) 曲线的水平渐近线：$y = 1$ 曲线的铅直渐近线：$x = 0$

(3) 曲线的水平渐近线：$y = 0$ 曲线的铅直渐近线：$x = -1$，$x = 1$

(4) 曲线的铅直渐近线：$x = -1$

5. 略

习题 4.6

1. $q = 900$ 时边际成本 150 元，其经济意义是当产量 $q = 900$ 时，再多生产一件产品，总成本要增加 150 元

2. 总收益为 14900，边际收益为 148

3. (1) 边际利润 $ML = 40 - \frac{q}{500}$　(2) 收益增加 0.798%

4. $E_p = -p\ln4$

5. $L(q) = -q^2 + 38q - 100$　当边际利润为零时月产量 $q = 19$

6. 当 $p > 40$ 时，需求是富有弹性．

综 合 训 练

一、填空题

1. $[0, 1]$　2. 0　3. $2f'(x_0)$　4. $f(0) = 2$，$f(-1) = 0$　5. $\frac{1}{3}$

6. $\frac{2\sqrt{3}}{9}$　7. -1　8. $-p\ln2$　9. q　10. 190

二、 1. B　2. C　3. A　4. D　5. B　6. B　7. A　8. C　9. B　10. C

三、 1. -1　2. 1　3. 1　4. $\frac{1}{2}$　5. $\frac{1}{3}$　6. $-\frac{1}{2}$

四、解答题

1. 极大值 $f(x)$，极小值 $f(-2) = -\frac{1}{4}$

2. 单调增区间：$(-\frac{1}{2}, \frac{1}{2})$ 单调减区间：$(-\infty, -\frac{1}{2})$，$(\frac{1}{2}, +\infty)(-\infty, -\frac{1}{2})$，$(\frac{1}{2}, +\infty)$．

极大值 $f\left(\dfrac{1}{2}\right)=\dfrac{1}{2}e^{-\frac{1}{2}}$，极小值 $f\left(-\dfrac{1}{2}\right)=-\dfrac{1}{2}e^{-\frac{1}{2}}$

3. 曲线的凸区间：$(-\infty,-1)$，$(-1,2)$

曲线的凹区间：$(2,+\infty)$. 拐点为 $\left(2,\dfrac{2}{9}\right)$

4. 最大值 $f(-1)=1$，最小值 $f(2)=1-2\sqrt[3]{9}$

5. 答：每团 60 人时利润最大，最大利润为 21000 元.

6. (1) 50 件　(2) 150 件

五、证明题略

第 5 章

习题 5.1

1. (1) 成立　(2) 成立　(3) 成立　(4) 成立

2. (1) $x+C$，$x+C$　(2) x^4+C，x^4+C　(3) e^x+C，e^x+C

(4) $\tan x+C$，$\tan x+C$　(5) $\sin x+C$，$\sin x+C$.

3. (1) $\dfrac{1}{2}x^2-x^3+C$　(2) $\dfrac{2^x}{\ln2}+\dfrac{1}{4}x^4-x+C$　(3) $\dfrac{1}{6}x^2-\ln|x|+\dfrac{3}{2}\dfrac{1}{x^2}-\dfrac{5}{3}\dfrac{1}{x^3}+C$

(4) $\dfrac{2}{3}x^{\frac{3}{2}}+2\sqrt{x}+C$　(5) $-\dfrac{2}{3}x^{-\frac{5}{2}}+C$　(6) $\dfrac{1}{2}x^2+3x+3\ln|x|-\dfrac{1}{x}+C$

(7) $x^3+\arctan x+C$　(8) $\dfrac{2}{3}x^{\frac{3}{2}}-2x+C$　(9) $3x+\dfrac{4\left(\dfrac{3}{2}\right)^x}{\ln3-\ln2}+C$

(10) e^x+x+C　(11) $e^{x-3}+C$　(12) $\dfrac{(80)^x}{\ln80}+C$

4. $y=\ln|x|+2$

5. $y=x^2+3x-2$

6. $S(t)=3\sin t+4$

7. $R(x)=60x-x^2-\dfrac{2}{3}x^3$

习题 5.2

1. (1) $\dfrac{1}{3}x^3+\dfrac{3}{4}x^{\frac{4}{3}}+x\ln2+C$　(2) $-\dfrac{2}{3}x^{-\frac{3}{2}}+C$　(3) $\dfrac{a^x e^x}{\ln a+1}+C$

(4) $e^{x+2}+C$　(5) $\dfrac{1}{12}x^3+3x-\dfrac{9}{x}+C$　(6) $\dfrac{1}{2}\sin x+\dfrac{1}{2}x+C$

(7) $3x-2\arcsin x+C$　(8) $-\dfrac{1}{32}(3-2x)^{16}+C$

2. (1) $-\dfrac{1}{5}\cos5x+C$　(2) $-\dfrac{1}{3}(1-2x)^{\frac{3}{2}}+C$　(3) $-\dfrac{1}{2}e^{-2x}+C$

(4) $\dfrac{1}{4}\ln(1+4x^2)+C$　(5) $-\dfrac{1}{2}e^{-x^2}+C$　(6) $\ln|\ln x|+C$

(7) $-\sin\dfrac{1}{x}+C$　(8) $-e^{\frac{1}{x}}+C$

3. (1) $-x\cos x+\sin x+C$　(2) $-xe^{-x}-e^{-x}+C$　(3) xe^x-2e^x+C

(4) $x(\ln x + 1) + C$ (5) $2x^{\frac{1}{2}} \ln x + \frac{4}{3} x^{-\frac{3}{2}} + C$ (6) $x\tan x + \ln|\cos x| - \frac{1}{2} x^2 + C$

习题 5.3

1. 略   2. 略   3. $W = \int_a^b F(x)\mathrm{d}x$ 4. 略   5. $<$ 6. 略   7. 略

习题 5.4

1. (1) $2x\sqrt{1+x^4}$ (2) $2x|x|\cos^2 x^2$ (3) 1

2. (1) $\frac{271}{6}$ (2) $1 + \frac{8}{3}\sqrt{2} + \ln 2$ (3) $\ln(1+\sqrt{3})$ (4) $\frac{3}{2}$ (5) $\frac{\pi}{4} - 1$ (6) 4

(7) $2(\sqrt{2}-1)$ (8) $\frac{19}{6}$ (9) $\frac{3}{2}$ (10) $\frac{2}{7}$

3. (1) $\frac{1}{2}$ (2) 0

4. (1) 1   (2) 1

习题 5.5

1. (1) 收敛于 1   (2) 不收敛   (3) 收敛于 $\frac{\pi}{2}$ (4) 收敛于 1.

习题 5.6

1. 略

2. 略

3. $y = x^2 + 1$

4. $C(x) = 5\mathrm{e}^{2x + \frac{1}{2}x^2}$

5. (1) $y = C\mathrm{e}^{x^2}$ (2) $y^2 - 1 = C(x-1)^2$

6. $\ln|A - L| = -kx + \ln|A|$

7. $y = \frac{1}{2}ax^2 + bx + y_0$

习题 5.7

1. $\frac{1}{6}$

2. 1

3. $\mathrm{e} - 2$

4. $\frac{38}{5} \times 10^5$

综 合 训 练

1. (1) B   (2) B   (3) D   (4) B   (5) D   (6) A   (7) B

2. (1) $f(\xi)(b-a)$ (2) $\frac{-2}{(x-1)^2}$ (3) $\sin x^2$ (4) $3x^2\mathrm{e}^x + x^3\mathrm{e}^x$

3. (1) $\tan x - \cot x - x + C$ (2) $-\frac{1}{x} + \arctan x + C$ (3) $-x\cos x + \sin x + C$

(4) $\frac{1}{2}x^2\ln x - \frac{1}{4}x^2 + C$ (5) $\sqrt{x^2-1} + C$ (6) $\frac{1}{2}\ln(1+x^2) + \arctan x + C$

(7) $\dfrac{1}{2}\ln^2 x + C$　　(8) $\dfrac{1}{3}x^3 + \dfrac{1}{2}x^2 + C$

4. $y = \sin x - \cos x + 1$

5. $y = \ln|x| + 1$

6. $y = x^3 - 3x + 2$

7. $\dfrac{1}{4}x^4 - \dfrac{3}{2}x^2 + 9x - 9$

8. $S(t) = t^3 + 2t^2 + 2t - 4$

9. $C(x) = x^2 + 10x + 20$

10. $C(x) = \dfrac{1}{3}x^3 - x^2 + 6x + 10$　　$R(x) = 105x - x^2$

11. (1) $\dfrac{52}{3}$　(2) 12　(3) 6　(4) $\dfrac{711}{12}$　(5) $\dfrac{1}{6}a^2$　(6) $e - \dfrac{5}{2}$

　　　(7) $\dfrac{1}{2}(e^2 + 1)$　(8) -1　(9) $1 - \dfrac{\pi}{4}$　(10) $1 - \dfrac{\sqrt{3}}{3} - \dfrac{\pi}{6}$

12. (1) $y = \ln|e^x + C|$　　(2) $(1 + 2y)(1 + x^2) = C$

13. (1) $\dfrac{1}{4}$　　(2) $\dfrac{9}{2}$

14. $\dfrac{16}{3}$

第 6 章

习题 6.1

1. (1) 144　(2) 1　(3) 19　(4) -30　(5) b^2

2. (1) 10　(2) $4abcdef$　(3) 61

3. (1) 0　(2) 7　(3) 4　(4) -31

习题 6.2

1. (1) $x_1 = -1$，$x_2 = 3$，$x_3 = -1$

　　(2) $x_1 = 1$，$x_2 = 2$，$x_3 = -1$，$x_4 = -2$

　　(3) $x_1 = 1$，$x_2 = -3$，$x_3 = 3$

　　(4) $x_1 = -2$，$x_2 = 5$，$x_3 = -3$

2. $\mu = 0$，或 $\lambda = 1$

3. $\lambda = 0$，2，3.

4. $\lambda \neq 1$，-2

习题 6.3

1. (1) $\begin{pmatrix} 58 & 27 & 15 & 4 \\ 72 & 30 & 18 & 5 \\ 65 & 25 & 14 & 3 \end{pmatrix}$，$\begin{pmatrix} 63 & 25 & 13 & 5 \\ 90 & 30 & 20 & 7 \\ 80 & 28 & 18 & 5 \end{pmatrix}$；(2) $\begin{pmatrix} 121 & 52 & 28 & 9 \\ 162 & 60 & 38 & 12 \\ 145 & 53 & 32 & 8 \end{pmatrix}$

2. (1) $\begin{pmatrix} 0 & 0 \\ 0 & 0 \end{pmatrix}$　(2) $\begin{pmatrix} 2 & 1 \\ 6 & 7 \end{pmatrix}$　(3) $\begin{pmatrix} 5 & -5 \\ 2 & 0 \\ -7 & 3 \end{pmatrix}$　(4) $\begin{pmatrix} -1 & 0 & 2 \\ 8 & 3 & 8 \end{pmatrix}$

3. (4　1)；　4. -3；　5. $a=3$，$b=2$；　6. $a=1$，$b=6$，$c=0$，$d=-2$

习题 6.4

1. (1) $\begin{bmatrix} \dfrac{3}{4} & 1 \\[2mm] \dfrac{5}{4} & 2 \end{bmatrix}$ 　(2) $\begin{pmatrix} \cos\alpha & -\sin\alpha \\ \sin\alpha & \cos\alpha \end{pmatrix}$ 　(3) $\begin{bmatrix} 1 & -4 & -3 \\ 1 & -5 & -3 \\ -1 & 6 & 4 \end{bmatrix}$

(4) $\begin{bmatrix} 0 & 0 & 0 & 1 \\[2mm] \dfrac{1}{2} & 0 & 0 & 0 \\[2mm] 0 & \dfrac{1}{3} & 0 & 0 \\[2mm] 0 & 0 & \dfrac{1}{4} & 0 \end{bmatrix}$

2. $\begin{bmatrix} \dfrac{1}{4} & 0 & \dfrac{3}{4} \\[2mm] \dfrac{1}{2} & 1 & \dfrac{5}{2} \\[2mm] \dfrac{3}{4} & 1 & \dfrac{9}{4} \end{bmatrix}$　3. $\begin{bmatrix} -4 \\ 13 \\ -5 \end{bmatrix}$　4. $\begin{bmatrix} 0 & -2 \\[2mm] \dfrac{3}{2} & 1 \end{bmatrix}$

习题 6.5

1. (1) 3；　(2) 2；　(3) 2；　(4) 1；　(5) 3；

习题 6.6

(1) $x_1=9$，$x_2=-1$，$x_3=-6$

(2) $x_1=-8$，$x_2=0$，$x_3=0$，$x_4=-3$

习题 6.7

1. (1) D；　(2) C；　(3) D

2. (1) 有解，有无穷多解。

(2) $\lambda=-2$，无解；$\lambda\neq1$且$\lambda\neq-2$时有唯一解；$\lambda=1$时有无穷多解，$x_1=1-x_2-x_3$

习题 6.8

1. (1) $\begin{bmatrix} x_1 \\ x_2 \\ x_3 \\ x_4 \end{bmatrix}=c\begin{bmatrix} \dfrac{3}{4} \\[2mm] -3 \\[2mm] \dfrac{3}{4} \\[2mm] 1 \end{bmatrix}$ 　(2) $\begin{bmatrix} x_1 \\ x_2 \\ x_3 \\ x_4 \end{bmatrix}=\begin{bmatrix} 0 \\ 0 \\ 0 \\ 0 \end{bmatrix}$ 　(3) $\begin{bmatrix} x_1 \\ x_2 \\ x_3 \\ x_4 \end{bmatrix}=c_1\begin{bmatrix} 1 \\ 0 \\ 0 \\ 1 \end{bmatrix}+c_2\begin{bmatrix} -2 \\ 1 \\ 0 \\ 0 \end{bmatrix}$

(4) $\begin{bmatrix} x_1 \\ x_2 \\ x_3 \\ x_4 \end{bmatrix}=c_1\begin{bmatrix} -7 \\ 1 \\ 0 \\ 0 \end{bmatrix}+c_2\begin{bmatrix} 8 \\ 0 \\ 1 \\ 0 \end{bmatrix}+c_3\begin{bmatrix} -9 \\ 0 \\ 0 \\ 1 \end{bmatrix}$

2.（1）无解　（2）$\begin{bmatrix} x_1 \\ x_2 \\ x_3 \end{bmatrix} = c\begin{bmatrix} -2 \\ 1 \\ 1 \end{bmatrix} + \begin{bmatrix} -1 \\ 2 \\ 0 \end{bmatrix}$　（3）$\begin{bmatrix} x_1 \\ x_2 \\ x_3 \\ x_4 \end{bmatrix} = c\begin{bmatrix} \frac{2}{5} \\ 0 \\ \frac{9}{5} \\ 1 \end{bmatrix} + \begin{bmatrix} 1 \\ 0 \\ 1 \\ 0 \end{bmatrix}$

3. $a \neq 1$ 或 $a = 1$，$b \neq 3$ 时无解。

$a = 1$，$b = 3$ 时，$\begin{bmatrix} x_1 \\ x_2 \\ x_3 \\ x_4 \\ x_5 \end{bmatrix} = c_1\begin{bmatrix} 1 \\ -2 \\ 1 \\ 0 \\ 0 \end{bmatrix} + c_2\begin{bmatrix} 1 \\ -2 \\ 0 \\ 1 \\ 0 \end{bmatrix} + c_3\begin{bmatrix} 5 \\ -6 \\ 0 \\ 0 \\ 1 \end{bmatrix} + \begin{bmatrix} -2 \\ 3 \\ 0 \\ 0 \\ 0 \end{bmatrix}$

习题 6.9

1. 接生 9 次，手术 3 次

2. 设每日生产 x_1（百吨）褐煤，x_2（百吨）无烟煤，s 为每日获利（千元），
目标函数 $\max s = 4x_1 + 3x_2$

约束条件 $\begin{cases} 3x_1 + 4x_2 \leqslant 12 \\ 3x_1 + 3x_2 \leqslant 10 \\ 4x_1 + 2x_2 \leqslant 8 \\ x_1 \geqslant 0, \ x_2 \geqslant 0 \end{cases}$

3.（1）$\max s = 10$；
（2）$x = 2$，$y = 1$，$\min s = 7$

综 合 训 练

一、1. D　2. A　3. C

二、1. $\begin{bmatrix} 4 \\ 4 \\ 0 \\ 5 \end{bmatrix}$　$\begin{bmatrix} -7 \\ -2 \\ 10 \\ 5 \end{bmatrix}$　2. $c = 0$，$a = d - b$，

三、计算题。

1.（1）0；（2）$4abcdef$；（3）0；（4）41；

2. $\begin{pmatrix} 1 & 7 \\ 5 & 15 \end{pmatrix}$

3. $3\boldsymbol{AB} - 2\boldsymbol{A} = \begin{bmatrix} -2 & 13 & 22 \\ -2 & -17 & 20 \\ 4 & 29 & -2 \end{bmatrix}$，$\boldsymbol{A}^T\boldsymbol{B} = \begin{bmatrix} 0 & 5 & 8 \\ 0 & -5 & 6 \\ 2 & 9 & 0 \end{bmatrix}$

4.（1）$\begin{bmatrix} 35 \\ 6 \\ 49 \end{bmatrix}$；（2）10；（3）$\begin{pmatrix} 6 & -7 & 8 \\ 20 & -5 & -6 \end{pmatrix}$；（4）$\begin{bmatrix} 1 & 2 & 5 & 2 \\ 0 & 1 & 2 & -4 \\ 0 & 0 & -4 & 3 \\ 0 & 0 & 0 & -9 \end{bmatrix}$

5. $R(A) = 3$，$R(B) = 3$　　6. $\begin{pmatrix} -1 & 13 \\ 1 & 1 \\ 0 & -4 \end{pmatrix}$

7. $x_1 = 3$，$x_2 = -4$，$x_3 = -1$，$x_4 = 1$

8. (1) $\begin{pmatrix} x_1 \\ x_2 \\ x_3 \end{pmatrix} = \begin{pmatrix} 0 \\ 0 \\ 0 \end{pmatrix}$　　(2) $\begin{pmatrix} x_1 \\ x_2 \\ x_3 \\ x_4 \\ x_5 \end{pmatrix} = c_1 \begin{pmatrix} -1 \\ -\dfrac{1}{4} \\ 0 \\ 0 \\ 1 \end{pmatrix} + c_2 \begin{pmatrix} -\dfrac{3}{4} \\ \dfrac{7}{4} \\ 0 \\ 1 \\ 0 \end{pmatrix} + \begin{pmatrix} \dfrac{5}{4} \\ -\dfrac{1}{4} \\ 0 \\ 0 \\ 0 \end{pmatrix}$

9. $k \neq 0$ 且 $k \neq 1$

10. (1) 24000；54000；

　　设生产书桌 x，生产书橱 y，

　　目标函数 $\max s = 80x + 120y$

　　约束条件 $\begin{cases} 0.1x + 0.2y \leqslant 90 \\ 2x + y \leqslant 600 \\ x,\ y \geqslant 0 \end{cases}$

　　生产书桌 100，书橱 400 时获利最大，5600 元。

(2) 设 A 型卡车 x 辆，B 型卡车 y 辆，

　　目标函数 $\min s = 1280x + 1512y$

　　约束条件 $\begin{cases} 24x + 30y \geqslant 180 \\ x + y \leqslant 10 \\ x \leqslant 8 \\ y \leqslant 4 \end{cases}$

　　解得 $x = 3$，$y = 4$ 时，$\min s = 9888$

　　只调配 A 成本 10240，只调配 B 成本 6048

第 7 章

习题 7.1

1. (1) $\overline{C}$　　(2) $AB\overline{C}$　　(3) $A + B + C$　　(4) $A\overline{B}\,\overline{C} + \overline{A}B\overline{C} + \overline{A}\,\overline{B}C$
(5) $\overline{A} + \overline{B} + \overline{C}$　　(6) $\overline{ABC}$ 或 $\overline{A} + \overline{B} + \overline{C}$

2. (1) A 和 B 都发生　　(2) A 不发生 B 发生　　(3) A 和 B 都不发生
(4) A、B 至少有一个发生，但不同时发生

习题 7.2

1. 0.2735

2. 0.1

3. 0.15

4. (1) 0.2022　　(2) 0.0001　　(3) 0.7864　　(4) 0.0214　　(5) 0.011

习题 7.3

1. (1) 0.93　　(2) 0.9474　2. 0.3333　3. (1) 0.8　(2) 0.2　4. 0.041

习题 7.4

1. 0.1887

2. (1) 0.56　(2) 0.94　(3) 0.38

3. 0.146

4. 0.2143

5. 0.1

综 合 训 练

一、选择题

　　1. A　2. D　3. D　4. A　5. A

二、填空题

　　1. $\overline{A}\,\overline{B}\,\overline{C}$, $AB\overline{C}\cup A\overline{B}C\cup \overline{A}BC$

　　2. 0.3

　　3. 0.1　0.2

　　4. 0.6

　　5. $1-(1-p)^2$　　$(1-p)^n+np\,(1-p)^{n-1}$

三、计算题

1. (1) 样本空间：{正面，正面，正面}，{正面，正面，反面}，{正面，反面，正面}，{正面，反面，反面}，{反面，正面，正面}，{反面，正面，反面}，{反面，反面，正面}，{反面，反面，反面}；(2) {0, 1, 2, 3}

2. 样本空间：$\{A_1A_2,\ A_1\overline{A_2},\ \overline{A_1}A_2,\ \overline{A_1}\,\overline{A_2}\}$.

　　(1) A_1A_2　　(2) $\overline{A_1}\,\overline{A_2}$　　(3) $A_1\overline{A_2}\cup \overline{A_1}A_2$　　(4) $A_1\cup A_2$

3. (1) $\overline{A_1}A_2\overline{A_3}$　　(2) $A_1\cup A_2\cup A_3$　　(3) $A_1A_2\overline{A_3}+A_1\overline{A_2}A_3+\overline{A_1}A_2A_3$

　　(4) $\overline{A_1}\,\overline{A_2}\,\overline{A_3}$

4. (1) 0.03　(2) 0.0855　(3) 0.9122

5. 0.1　0.3

6. 0.7

7. (1) 0.4　(2) 0.73　(3) 0.67

8. 0.0944

9. 0.2133

10. 0.3166

11. 0.0082

12. 0.96

13. 0.625

14. 0.175

15. (1) 0.056　(2) 0.0556

第 8 章

习题 8.1

1.

X	1	0
P	1/2	1/2

2. $\xi = 0$ 表示产品为合格品，$\xi = 1$ 表示产品为废品，概率分布为

ξ	0	1
P	0.95	0.05

3. (1) $\dfrac{1}{2}$　(2) $\dfrac{\sqrt{2}}{4}$

4. (1) $-\dfrac{1}{2}$　(2) $\dfrac{1}{4}$

5.

ξ	1	2	3	4	5	6
P	1/6	1/6	1/6	1/6	1/6	1/6

习题 8.2

1. $F(x) = \begin{cases} 0 & x < 0 \\ 0.001 & 0 \leqslant x < 1 \\ 0.028 & 1 \leqslant x < 2 \\ 0.271 & 2 \leqslant x < 3 \\ 1 & x \geqslant 3 \end{cases}$

2. (1) 1　(2) 0.4　(3) $f(x) = \begin{cases} 0 & \text{其他} \\ 2x & 0 < x < 1 \end{cases}$

3. (1) $\dfrac{3}{8}$　(2) $\dfrac{1}{2}$

4. $F(x) = P(\xi \leqslant x) = \begin{cases} 0 & x < 0 \\ \dfrac{x}{6} & 0 \leqslant x < 6 \\ 1 & x \geqslant 6 \end{cases}$，$\Phi(x) = \begin{cases} \dfrac{1}{6} & 0 < x < 6 \\ 0 & \text{其他} \end{cases}$

习题 8.3

1. (1) 0.2　(2) 0.4　(3) 0.6　(4) 0.5

2.

X	0	1	2	3
P	1/56	15/56	15/28	5/28

3. 69.15%

4. (1) 0.9332　(2) 0.0227　(3) 0.84　(4) 0.9545

5. (1) 0.8664　(2) 0.392

习题 8.4

1. 建大工厂

2. $\dfrac{a+b}{2}$

3. $E(X) = \dfrac{2}{3}$，$D(X) = \dfrac{1}{18}$

4. 49

5. 选择承保方案

习题 8.5

1. 200.92　84.62

2. 92　22.29

综 合 训 练

一、1. $\dfrac{9}{22}$

2. $N(0，1)$

3. 2

4. 0.4

5. $P\{X = k\} = \left(\dfrac{1}{5}\right)^{k-1} \dfrac{4}{5}(k = 1，2，\ldots)$

二、1. C　2. C　3. B　4. D　5. D

三、1. (1) $A = \dfrac{3}{8}$，$F(x) = \begin{cases} 0 & x \leqslant 0 \\ \dfrac{x^3}{8} & 0 < x \leqslant 2 \\ 1 & x > 2 \end{cases}$　(2) $P(1 < X < 2) = \dfrac{7}{8}$

2. (1) 0.3829　0.6247　0.5987　(2) $a = -2$

3. (1) 0.0228　(2) $d \geqslant 81.165$

4. 0.0456

5.

X	-5000	1000	10000
P	0.0013	0.4987	0.5

第九章(略)

附录 2   标准正态分布函数数值表

$\varphi(x) =$

$\varphi(-x) = 1 - \varphi(x)$

$\phi(x)$ \ x	0.00	0.01	0.02	0.03	0.04	0.05	0.06	0.07	0.08	0.09
0.0	0.5000	0.5040	0.5080	0.5120	0.5160	0.5199	0.5239	0.5279	0.5319	0.5359
0.1	0.5398	0.5438	0.5478	0.5517	0.5557	0.5596	0.5636	0.5675	0.5714	0.5753
0.2	0.5793	0.5832	0.5871	0.5910	0.5948	0.5987	0.6026	0.6064	0.6103	0.6141
0.3	0.6179	0.6217	0.6255	0.6293	0.6331	0.6368	0.6406	0.6443	0.6480	0.6517
0.4	0.6554	0.6591	0.6628	0.6664	0.6700	0.6736	0.6772	0.6808	0.6844	0.6879
0.5	0.6915	0.6950	0.6985	0.7019	0.7054	0.7088	0.7123	0.7157	0.7190	0.7224
0.6	0.7257	0.7291	0.7324	0.7357	0.7389	0.7422	0.7454	0.7486	0.7517	0.7549
0.7	0.7580	0.7611	0.7642	0.7673	0.7703	0.7734	0.7764	0.7794	0.7823	0.7852
0.8	0.7881	0.7910	0.7939	0.7967	0.7995	0.8023	0.8051	0.8078	0.8106	0.8133
0.9	0.8159	0.8186	0.8212	0.8238	0.8264	0.8289	0.8315	0.8340	0.8365	0.8389
1.0	0.8413	0.8438	0.8461	0.8485	0.8508	0.8531	0.8554	0.8577	0.8599	0.8621
1.1	0.8643	0.8665	0.8686	0.8708	0.8729	0.8749	0.8770	0.8790	0.8810	0.8830
1.2	0.8849	0.8869	0.8888	0.8907	0.8925	0.8944	0.8962	0.8980	0.8997	0.9015
1.3	0.9032	0.9049	0.9066	0.9082	0.9099	0.9115	0.9131	0.9147	0.9162	0.9177
1.4	0.9192	0.9207	0.9222	0.9236	0.9251	0.9265	0.9278	0.9292	0.9306	0.9319
1.5	0.9332	0.9345	0.9357	0.9370	0.9382	0.9394	0.9406	0.9418	0.9430	0.9441
1.6	0.9452	0.9463	0.9474	0.9484	0.9495	0.9505	0.9515	0.9525	0.9535	0.9545
1.7	0.9554	0.9564	0.9573	0.9582	0.9591	0.9599	0.9608	0.9616	0.9625	0.9633
1.8	0.9641	0.9648	0.9656	0.9664	0.9671	0.9678	0.9686	0.9693	0.9700	0.9706
1.9	0.9713	0.9719	0.9726	0.9732	0.9738	0.9744	0.9750	0.9756	0.9762	0.9767
2.0	0.9772	0.9778	0.9783	0.9788	0.9793	0.9798	0.9803	0.9808	0.9812	0.9817
2.1	0.9821	0.9826	0.9830	0.9834	0.9838	0.9842	0.9846	0.9850	0.9854	0.9857
2.2	0.9861	0.9864	0.9868	0.9871	0.9874	0.9878	0.9881	0.9884	0.9887	0.9890
2.3	0.9893	0.9896	0.9898	0.9901	0.9904	0.9906	0.9909	0.9911	0.9913	0.9916
2.4	0.9918	0.9920	0.9922	0.9925	0.9927	0.9929	0.9931	0.9932	0.9934	0.9936
2.5	0.9938	0.9940	0.9941	0.9943	0.9945	0.9946	0.9948	0.9949	0.9951	0.9952
2.6	0.9953	0.9955	0.9956	0.9957	0.9959	0.9960	0.9961	0.9962	0.9963	0.9964
2.7	0.9965	0.9966	0.9967	0.9968	0.9969	0.9970	0.9971	0.9972	0.9973	0.9974
2.8	0.9974	0.9975	0.9976	0.9977	0.9977	0.9978	0.9979	0.9979	0.9980	0.9981
2.9	0.9981	0.9982	0.9982	0.9983	0.9984	0.9984	0.9985	0.9985	0.9986	0.9986
3.0	0.9987	0.9990	0.9993	0.9995	0.9997	0.9998	0.9998	0.9999	0.9999	1.0000

注：本表最后一行自左至右依次是 $\phi(3.0)$、…、$\phi(3.9)$ 的值

主要参考文献

陈建华. 2004. 经济应用数学.线性代数. 北京：高等教育出版社.

耿玉霞. 2007. 经济应用数学. 北京：电子工业出版社.

顾静相，冯泰. 2009. 经济应用数学(第 2 版). 北京：高等教育出版社.

贾明斌，赵红革. 2008. 经济应用数学. 北京：北京大学出版社.

李润英. 2009. 经济应用数学. 山东：山东人民出版社.

王敬修. 2008. 经济应用数学基础. 北京：化学工业出版社.

赵善基，龚力强. 2008. 经济应用数学. 上海：同济大学出版社.